1 – Qu'est-ce que [vous] faites aujourd'hui ? *(aujourd'hui quel[-particule COD] faire)*

2 – [Je] déjeune avec [mes] amis. *(ami-avec déjeuner[-particule COD] manger)*

3 – Quel plat aimez-[vous], So-yun ? *(So-yun [honorifique-particule de thème] quel plat[-particule COD] aimer)*

무엇을 해요 ?

savoir s'il s'agit d'une ou de plusieurs personne(s) ? Ce n'est pas précisé en coréen, il faut poser des questions complémentaires pour le savoir.

4 먹어요 mog-oyô = 먹 mog (du verbe 먹다 mog-da, *manger*) + 어요 oyô (terminaison de style poli). Contrairement au français, ce verbe, en coréen, ne peut pas s'utiliser sans son COD. Dans cette phrase, le COD est 점심 djomsim, "repas de midi".

5 무슨 mouseun, *quel*, est un adjectif interrogatif qui s'emploie avec un <u>nom</u> : 무슨 음식 mouseun eumsig, *quel plat*. (cf. 무엇 mouos, *que*, accompagne un <u>verbe</u> : 무엇을 해요 mouos-eul hèyô). 무슨 음식 mouseun eumsig est le COD du verbe, il faut donc le marquer de la particule de COD 을 -eul : 무슨 음식을 mouseun eumsig-eul.

6 Tous les verbes composés du verbe 하다 ha-da se construisent de la même façon. C'est pour cela que le verbe 좋아하다 djôhaha-da, *aimer*, est devenu 좋아해요 djôhahèyô au style poli.

4 – 음, 김밥하고 떡볶이를 ⁷ 좋아해요.
eum, gimbab-hagô ttogbôkki-leul djôhahèyô

5 다비드 씨는 무슨 음식을 좋아해요 ? ☐
dabideu ssi-neun mouseun eumsig-eul djôhahèyô

🗨 *4 eum kimm-ppa-pʰa-gô ttoᵏ-ppô-kki-Reul djô-a-Hè-yo* **5** *da-pi-deu chi-neun mou-seun eum-chi-geul djô-a-Hè-yo*

📑 : Note

7 La particule 하고 -hagô est également particule de coordination : 김밥하고 떡볶이 **gimbab**-hagô **ttogbôkki**, *le kimbap et le tteokbokki* ; 김밥하고

***

▶ 연습 1 – 번역하십시오.
❶ 무엇을 좋아해요 ?
mouos-eul djôhahèyô

❷ 김밥을 좋아해요.
gimbab-eul djôhahèyô

❸ 무슨 음식을 좋아해요 ?
mouseun eumsig-eul djôhahèyô

***

연습 2 – 빈칸을 채우십시오.
❶ J'aime le kimbap et le tteokbokki.
_ _ _ _ 떡볶이를 좋아해요.
.... ttog-bôkk-i-leul djôh-a-hè-yo

❷ Je déjeune. *(mange le repas de midi)*
_ _ _ 먹어요.
.... mog-o-yô

❸ Est-ce que vous déjeunez avec les amis ?
_ _ _ _ 점심을 먹어요 ?
.... djom-sim-eul mog-o-yô

La méthode intuitive

 # Le coréen
Collection Sans Peine

par Inseon KIM-JUQUEL

Illustrations de Nico

3 rue Gay-Lussac
94430 Chennevières-sur-Marne
FRANCE

© ASSIMIL 2018
ISBN 978-2-7005-0679-2

ASSiMiL
La méthode intuitive

Nos méthodes

sont accompagnées
d'enregistrements
sur CD audio, CD
mp3, clé-USB ou en
téléchargement, et
existent désormais en
version numérique.

Sans Peine

L'Allemand - L'Anglais - L'Anglais d'Amérique -
L'Arabe - Le Bulgare - Le Cantonais - Le Chinois -
L'Écriture chinoise - Le Coréen - Le Croate -
Le Danois - L'Égyptien hiéroglyphique - L'Espagnol -
Le Finnois - Le Grec moderne - Le Grec ancien -
L'Hébreu - Le Hindi - Le Hongrois - L'Indonésien -
L'Italien - Le Japonais - Le Japonais kanji -
Le Khmer - Le Latin - Le Malgache - Le Néerlandais -
Le Norvégien - Le Persan - Le Polonais -
Le Portugais - Le Portugais du Brésil -
Le Roumain - Le Russe - Le Sanskrit - Le Suédois -
Le Swahili - Le Tchèque - Le Thaï -
Le Turc - L'Ukrainien - Le Vietnamien - Le Yiddish

Perfectionnement

Allemand - Anglais - Arabe - Espagnol - Italien
- Russe

Langues régionales

Le Breton
Le Catalan
Le Corse
L'Occitan

Affaires

L'Anglais des affaires

Objectif Langues

Apprendre l'allemand
Apprendre l'anglais
Apprendre l'arabe
Apprendre le chinois
Apprendre le créole guadeloup
Apprendre l'espagnol
Apprendre l'islandais
Apprendre l'italien
Apprendre le néerlandais
Apprendre le wolof

Sommaire

Remerciements

Tout d'abord, je tiens à remercier l'équipe Assimil pour son professionnalisme dans la réalisation de cette méthode à la technique si bien structurée. Tout est réfléchi pour un apprentissage progressif et vivant tout en s'amusant. C'est la combinaison parfaite pour assimiler une langue telle que le coréen.

Je remercie tout particulièrement So-Hee KIM, la relectrice, et les quatre locuteurs qui ont participé aux enregistrements. À travers leur travail, c'est la voix de l'auteur qui vous apparaît claire et nette.

Je tiens également à remercier tous mes élèves qui m'ont inspirée dans la rédaction de cette méthode. Leurs questions m'ont permis de mieux comprendre les attentes des apprenants, me permettant ainsi de les accompagner, débutants ou faux-débutants, dans l'apprentissage ou la consolidation de leurs acquis.

Enfin, merci à ma famille qui a joué un rôle principal au cours de la création de cette méthode. La dose d'amour et de tendresse qui s'en dégage, c'est grâce à vous.

Introduction

La langue coréenne et son histoire

Le coréen présenté dans cette méthode se base sur le coréen standard, dialecte de Séoul en Corée du Sud. Cela ne veut pas dire que le coréen du Sud et du Nord sont différents. Il s'agit de la même langue mais depuis la séparation du pays en deux en 1945, une certaine dissemblance au niveau du lexique, de l'intonation, de la prononciation et de l'écriture a progressivement vu le jour.

Une des particularités de la langue coréenne qui la rend unique est le système d'écriture dont l'invention revient au *roi Sejong le Grand*, 세종대왕 **sédjôngdèwang** *[sé-djông-dè-wang]*. Celui-ci a créé le 한글 **han'geul**, *hangeul* (lettre coréenne), en 1443 avec ses érudits dans le but d'alphabétiser le peuple. Avant cette date, les Coréens utilisaient l'écriture chinoise. Parler coréen mais écrire en caractères chinois n'était pas pratique du fait de la grande différence linguistique ; de plus l'apprentissage de l'écriture chinoise n'était réservé qu'à l'élite, aux nobles et aux intellectuels, les femmes et les gens des classes populaires n'y avaient pas accès. Sejong le Grand a testé pendant trois ans cet alphabet et a annoncé sa création en 1446 dans un ouvrage intitulé 훈민정음 **hounmindjong'eum** *[Houn-minn-djong-eumm]* dans lequel il y a dit, en parlant du hangeul, qu'"un homme sage peut l'apprendre en une matinée, et un idiot en moins de dix jours". L'ouvrage en question décrit l'objectif et la logique qui ont inspiré la création des 28 lettres qui composent l'alphabet coréen. Dans le coréen actuel, 4 lettres de cet alphabet ont été supprimées. Il s'agit de :
• (아래아) **(alèa)** dont le son a disparu,
ㆁ (옛이응) **(yésieung)**, qui a été remplacée par la consonne muette ㅇ,
ㆆ (여린히읗) **(yolinhieuh)** et ㅿ (반치음) **(bantchieum)**, dont le son a disparu également.
La formation des consonnes est inspirée de la forme des organes de la parole ou de leur position lorsqu'on les prononce et les voyelles ont été conçues sur une réflexion philosophique autour des trois

composants de l'univers ; le ciel, par exemple, était représenté par un point (•), aujourd'hui représenté par un petit tiret, à la fois vertical ou horizontal, que l'on retrouve, par exemple, dans ces lettres :

$$ \vdash \quad \perp \quad \top $$

Dans cette réflexion, l'homme est représenté par un trait vertical (|) et la terre est représentée par un trait horizontal (—).

Le coréen est une langue syllabique. La syllabe coréenne n'est pas seulement une unité de prononciation, c'est aussi une unité d'écriture, composée d'une ou deux consonnes (C) et d'une voyelle (V). L'écriture d'une syllabe composée de consonne(s) et d'une voyelle s'inscrit dans un espace carré selon l'ordre C-V ou C-V-C. Par exemple, le terme 한글 **han'geul** est composé de deux syllabes (deux carrés d'écriture) ; on a donc deux unités de son : *[hann-geul]*.

Si la décomposition des lettres d'une syllabe ainsi que la façon de tracer des consonnes et des voyelles vous intéresse, nous vous invitons à consulter notre cahier d'écriture pour apprivoiser le *hangeul* (*Coréen, les bases*, coll. "Les cahiers d'écriture", Assimil). Vous y trouverez des pas à pas fléchés pour apprendre à tracer les lettres du *hangeul* mais aussi des mots et des expressions courantes.

Translittération et transcription phonétique de la langue coréenne

Apprendre le coréen n'est pas difficile, mais c'est une langue très différente du français. L'objectif d'apprentissage variant en fonction des lecteurs, nous proposons une translittération des dialogues tout au long de l'ouvrage pour ceux qui ne souhaiteraient pas apprendre à écrire le coréen. Ceci sera également utile à tous pour se repérer plus facilement face à cet alphabet inconnu ou presque ! Qu'est-ce que la translittération ? Il s'agit d'une transcription d'un système d'écriture dans un autre système d'écriture, autrement dit, dans cet ouvrage, nous allons transposer le *hangeul* en alphabet latin afin de vous guider ; vous repérerez facilement cette translittération car elle suit les éléments en caractères coréens et est détectable grâce à la police d'écriture différente que nous avons utilisée (ex. : 꽃, *fleur*, translittération = **kkôtch**). La translittération proposée dans la méthode n'est pas identique à la romanisation officielle du *hangeul* car la présente méthode est basée sur un apprentissage pour des locuteurs francophones.

Les leçons 1 à 6 et 8 à 13 présentent, en plus de la translittération, une transcription phonétique (en italique, entre crochets, ex. : 꽃, *fleur*, translittération = **kkôtch**, transcription phonétique = *[kkôⁱ]*) qui vous aidera à mieux comprendre comment bien prononcer le coréen. En effet, tout comme cela peut être le cas en français, certaines lettres se prononcent différemment selon la place qu'elles prennent dans un mot (par ex., en français, le *s* se prononce *[ss]* dans certains mots et *[z]* dans d'autres). En résumé, l'objectif de la translittération est de "transformer" le *hangeul* en alphabet latin pour mieux découper les éléments des mots, des phrases alors que la transcription phonétique permet de présenter la prononciation "réelle" du coréen en tenant compte des règles de prononciation et de liaison.

Apprendre le coréen avec Assimil : mode d'emploi

Le principe de la méthode Assimil se base sur la régularité. Prenez dès aujourd'hui la décision de travailler régulièrement. Consacrez une demi-heure par jour à votre apprentissage et ne manquez pas ce rendez-vous quotidien car votre assiduité assurera votre immersion dans la langue et donc votre réussite.

La première vague

La "première vague" est ce que nous appelons "la phase d'imprégnation". Comment procéder ? Si vous disposez des enregistrements, ce que nous recommandons, commencez par écouter le dialogue de la leçon afin de vous mettre la "chanson" de la langue dans l'oreille. Vous serez aidé par notre translittération. Nous proposons également une transcription phonétique en début d'ouvrage pour vous guider sur le chemin de la prononciation de la langue coréenne car la translittération peut parfois présenter des différences par rapport à la prononciation, comme nous le disions un peu avant. Lisez bien également la partie "Prononciation" de cette introduction qui vous donnera de précieuses clés pour vous familiariser avec le *hangeul* et la façon de le prononcer.

Lisez ensuite le dialogue de la leçon en vous reportant à la traduction française. Nous incluons une traduction littérale sur une grande partie de l'ouvrage de façon à vous aider à assimiler la structure de la phrase coréenne.

Les notes ont pour but d'attirer votre attention sur certains points, de décortiquer les termes et expressions, et enfin d'analyser ce que vous avez acquis spontanément.

Une fois le texte compris, répétez le dialogue phrase par phrase (immédiatement après l'écoute si vous possédez les enregistrements). L'essentiel est que la phrase sorte naturellement, comme si vous étiez de langue maternelle coréenne.

À la fin de chaque leçon, faites les exercices proposés : ils constituent les applications directes de ce que vous venez d'apprendre.

Une fois par semaine, les leçons de révision font la synthèse de vos acquis grammaticaux, qu'elles complètent et systématisent. Attention ! Ces leçons font partie intégrante de votre apprentissage ; consacrez-leur autant de temps que pour toute nouvelle leçon.

La deuxième vague

Vous procéderez ainsi jusqu'à la 49e leçon. À partir de la 50e leçon, vous passerez à la "phase d'activation" ou "deuxième vague", c'est-à-dire que tout en continuant à avancer comme précédemment dans les nouvelles leçons, vous reprendrez une à une celles que vous avez déjà apprises, en commençant par la première et à raison d'une par jour. Nous vous demanderons alors de traduire les textes français de chaque leçon en coréen. Cette "deuxième vague" vous permettra de constater tous les progrès que vous avez faits tout en vous aidant à les consolider. Nous vous en reparlerons le moment voulu.

Les enregistrements

Réalisés par des locuteurs natifs de langue coréenne, ils vous permettront de vous familiariser avec la musique de la langue.

Pour vous permettre de vous accoutumer à la langue en douceur, les leçons 1 à 6 et 8 à 13 sont enregistrées deux fois : une première fois entièrement, une seconde fois phrase à phrase, chacune suivie d'un blanc vous permettant de répéter. Le reste de la méthode est enregistré une seule fois ; à vous d'appuyer sur la touche "pause" si vous souhaitez prendre le temps de répéter.

Prononciation

Dans cette méthode, nous utilisons nos propres systèmes de translittération et de transcription phonétique spécialement conçus pour des francophones afin d'approcher au maximum de la véritable prononciation du coréen. Chaque consonne a sa propre prononciation mais celle-ci se trouvera modifiée selon que la consonne se trouve en position initiale ou en position finale dans une syllabe ; la prononciation peut également se trouver modifiée en fonction de la liaison effectuée avec la lettre qui suit. Rassurez-vous, la prononciation du coréen est simple pour un francophone. Suivez le guide pas à pas ! Tout est prévu pour que vous prononciez le *hangeul* sans avoir d'accent !

Travailler avec les enregistrements permet un meilleur accompagnement. Sachant que la prononciation d'une consonne varie en fonction de la lettre qui la suit, les enregistrements peuvent révéler une différence de prononciation selon la liaison due à la vitesse de lecture de chaque locuteur, par ex.: 번역하십시오 **bonyogha-sibsiô**, *traduisez*, se prononcera *[bon-yoᵏ-Ha-chiᵖ-chi-ô]* si on essaie de prononcer chaque syllabe bien séparée, mais on entendra *[bo-nyo-kʰa-chiᵖ-chi-ô]* si on les prononce d'une manière fluide. Notez que ces deux prononciations sont bonnes.

Dans le vocabulaire coréen, certains mots sont empruntés à des langues étrangères. On parle alors d'anglais coréanisé, de français coréanisé, etc. La prononciation de ces mots peut présenter une légère différence entre les locuteurs selon la maîtrise personnelle de la langue empruntée. On peut même constater une différence entre l'écriture et la prononciation de certains néologismes, comme par ex. : 소맥 **sômèg**, *somaek*, soju mélangé à de la bière, qui peut se prononcer *[somèᵏ]* ou *[ssômèᵏ]* avec plus ou moins d'intensité selon l'enthousiasme du locuteur.

1 Les consonnes

Nous allons commencer par nous familiariser avec chacune des 19 consonnes de l'alphabet *hangeul*. Nous allons passer en revue la prononciation de chacune d'entre elles en fonction des différents cas possibles.

1.1 Les consonnes simples

Les consonnes simples coréennes sont naturellement plus aspirées que les consonnes françaises. Astuce de prononciation : il faut les prononcer vite sans marquer de pause.

C = consonne ; V = voyelle
TRLIT = translittération

hangeul	TRLIT	Prononciation réelle selon la position de la consonne dans une syllabe		
		Consonne initiale <u>C</u>V(C)	Devant la voyelle ㅣ *[i]*	Consonne finale CV<u>C</u>
ㄱ	**g**	son compris entre *[g]* et *[k]* : 가구 **gagou** *[ga-gou]*, meuble	comme le son *[k]* de <u>k</u>raft : 김 **gim** *[kimm]*, *algue* ou nom de famille coréen *Kim*	*[ᵏ]* pas vraiment d'équivalent en français, à peine audible : 국 **goug** *[gouᵏ]*, soupe
ㄴ	**n**	*[n]* comme dans <u>n</u>on : 나 **na** *[na]*, moi		
ㄷ	**d**	son compris entre *[d]* et *[t]* : 돈 **dôn** *[dônn]*, argent (monnaie)	comme le son *[t]* de <u>t</u>rou : 잔디 **djandi** *[djann-ti]*, pelouse	*[ᵗ]* pas vraiment d'équivalent en français, à peine audible : 숟가락 **soudgalag** *[souᵗ-kka-raᵏ]*, cuillère

ㄹ	l	comme le son [l] de lait : 라면 **lamyon** [la-myonn], nouilles instantanées ; dans certains cas, se prononce comme le son [R] de **rain** (pluie en anglais), r roulé similaire à l'anglais lorsqu'elle se trouve entre deux voyelles : 사랑 **salang** [sa-Rang], amour		
ㅁ	m	comme le son [m] de miaou : 마늘 **maneul** [ma-neul], ail		
ㅂ	b	son compris entre [b] et [p] : 바다 **bada** [ba-da], mer	[p] comme dans propre : 비 **bi** [pi], pluie	[ᵖ] pas vraiment d'équivalent en français, à peine audible : 밥 **bab** [baᵖ], riz (cuit), repas
ㅅ	s	[s] comme dans semelle : 손 **sôn** [sônn], main	comme le son [ch] de chaise : 신발 **sinbal** [chinn-bal], chaussure	[ʃ] pas vraiment d'équivalent en français, à peine audible : 맛 **mas** [maˢ], goût
ㅇ	muet / ng	muet	muet	[ng] en consonne finale comme [ng] de **king** (anglais pour roi) : 방 **bang** [bang], chambre
ㅈ	dj	son compris entre [dj] et [tch] similaire au son [dj] de jean : 저 **djo** [djo], moi, je	comme le son [tch] de tchèque : 지금 **djigeum** [tchi-geum], maintenant	[ʃ] pas vraiment d'équivalent en français, à peine audible : 낮 **nadj** [naˢ], jour, journée

1.2 Les consonnes aspirées

Les consonnes aspirées se prononcent très aspirées, comme en anglais. Voici une astuce pour assimiler cette prononciation : portez devant votre bouche une feuille fine, horizontalement, et prononcez ces consonnes. Si le souffle dégagé par la prononciation fait balancer la feuille, vous les aurez prononcées correctement ! Lorsqu'elles sont prononcées en consonne finale, elles sont à peine audibles. Il n'y a pas vraiment équivalent en français.

hangeul	TRLIT	Prononciation réelle selon la position de la consonne dans une syllabe	
		Consonne initiale C̲V(C)	Consonne finale CVC̲
ㅊ	**tch**	comme le son *[tch]* de <u>*tch*in-*tch*in</u> : 친구 **tchin'gou** *[tchinn-gou]*, ami	*[ˡ]* à peine audible : 꽃 **kkôtch** *[kkôˡ]*, fleur
ㅋ	**kʰ**	comme le son *[kʰ]* de <u>*Ch*ristelle</u> : 크다 **kʰeu-da** *[kʰeu-da]*, être grand	*[ᵏ]* à peine audible : 부엌 **bou'okʰ** *[bou-oᵏ]*, cuisine
ㅌ	**tʰ**	comme le son *[tʰ]* de ***t**ake* (anglais pour *prendre*) : 타다 **tʰa-da** *[tʰa-da]*, monter	*[ˡ]* à peine audible : 같다 **gatʰ-da** *[gaˡ-tta]*, être identique, pareil
ㅍ	**pʰ**	*[pʰ]* comme dans ***p**ink* (anglais pour *rose*) : 피 **pʰi** *[pʰi]*, sang	*[ᵖ]* à peine audible : 높다 **nôpʰ-da** *[nôᵖ-tta]*, être haut, élevé
ㅎ	**h**	se prononce aspiré comme en anglais, comme le son *[H]* de ***h**ello* (anglais pour *bonjour*) : 학교 **haggyô** *[Haᵏ-kkyô]*, école	*[ˡ]* à peine audible : 넣다 **noh-da** *[noˡ-tʰa]*, mettre (dans)

1.3 Les consonnes doubles

Les consonnes doubles, quelle que soit leur position dans les syllabes, se forment avec un petit blocage juste avant de les prononcer. Voici une astuce pour les reproduire : inspirez et bloquez la respiration et enfin, prononcez-les de façon très légère. Vous pouvez à nouveau utiliser une feuille de papier pour constater que la prononciation des consonnes doubles laisse la feuille immobile car elles ne sont pas suffisamment aspirées. Lorsqu'elles se trouvent en position finale dans un mot, elles n'ont pas vraiment d'équivalent en français. Elles sont à peine audibles.

hangeul	TRLIT	Prononciation réelle selon la position de la consonne dans une syllabe		
		Consonne initiale C̱V(C)	Devant la voyelle ㅣ [i]	Consonne finale CVC̱
ㄲ	**kk**	comme le son [kk] de c̱oriandre : 꽃 **kkôtch** [kkôⁱ], fleur		[ᵏ] à peine audible : 밖 **bakk** [baᵏ], dehors, extérieur
ㄸ	**tt**	comme le son [tt] de ṯoilette : 또 **ttô** [ttô], encore		pas employé en consonne finale
ㅃ	**pp**	comme le son [pp] de p̱ortable : 아빠 **appa** [a-ppa], papa		pas employé en consonne finale
ㅆ	**ss**	comme le son [ss] de s̱ac : 싸다 **ssa-da** [ssa-da], être peu cher	[ch] pas vraiment d'équivalent. Comme [ch] de c̱haise mais avec plus de force : 씨 **ssi** [chi], pépin	[ᵗ] à peine audible : 있다 **iss-da** [iᵗ-tta], il y a, avoir
ㅉ	**ts**	[ts] pas vraiment d'équivalent mais similaire au son [ts] de ṯsigane : 짜다 **tsa-da** [tsa-da], être salé		pas employé en consonne finale

Parmi les 19 consonnes que compte l'alphabet *hangeul*, seules les 7 consonnes suivantes s'entendent lorsqu'elles se trouvent en position de consonne finale dans une syllabe : ㄴ **n** [n]; ㄹ **l** [l]; ㅁ **m** [m]; ㅇ **ng** [ng]; ㄱ **g**; ㅋ **kʰ**; ㄲ **kk** [ᵏ]; ㄷ **d**; ㅅ **s**; ㅈ **dj**; ㅊ **tch**; ㅌ **tʰ**; ㅎ **h**; ㅆ **ss** [ᵗ] et ㅂ **b**; ㅍ **pʰ** [ᵖ].

Et voici les 11 consonnes composées que l'on peut éventuellement trouver en position finale. Notez qu'on ne prononce qu'une seule consonne selon la consonne qui suit, excepté en cas de liaison :

ㄳ comme par exemple dans le mot 넋 **nogs** [noᵏ], âme ;

ㄵ comme dans 앉다 **andj-da** [ann-tta], s'asseoir ;

ㄶ comme dans 많다 **manh-da** [mann-tʰa], être nombreux ;

ㄺ comme dans 읽다 **ilg-da** [iᵏ-tta], lire ;

ㄻ comme dans 삶 **salm** *[sam], vie ;*
ㄼ comme dans 넓다 **nolb-da** *[nol-tta], être spacieux ;*
ㄳ comme dans 곬 **gôls** *[gôl], chemin unique ;*
ㅀ comme dans 핥다 **halt**ʰ**-da** *[Hal-tta], lécher ;*
ㄿ comme dans 읊다 **eulp**ʰ**-da** *[euᵖ-tta], réciter ;*
ㅀ comme dans 잃다 **ilh-da** *[il-t*ʰ*a], perdre ;*
ㅄ comme dans 없다 **obs-da** *[oᵖ-tta], ne pas avoir.*

2 Les voyelles

2.1 Les voyelles de base

hangeul	TRLIT	Prononciation et exemples
ㅏ	**a**	comme le son *[a]* de m<u>a</u>man : 엄마 **omma** *[om-ma], maman*
ㅑ	**ya**	comme le son *[ya]* de <u>Ya</u>nnick : 야구 **yagou** *[ya-gou], baseball*
ㅓ	**o**	proche du son français *[o]*, mais en ouvrant plus la bouche : 엄마 **omma** *[om-ma], maman*
ㅕ	**yo**	proche du son français *[yo]*, mais en ouvrant plus la bouche : 여기 **yogi** *[yo-ki], ici*
ㅗ	**ô**	proche du son français *[ô]*, mais en arrondissant plus la bouche : 오다 **ô-da** *[ô-da], venir*
ㅛ	**yô**	proche du son français *[yô]*, mais en arrondissant plus la bouche : 요리 **yôli** *[yô-Ri], cuisine*
ㅜ	**ou**	comme *[ou]* de n<u>ou</u>s : 우유 **ouyou** *[ou-you], lait*
ㅠ	**you**	comme le son *[you]* de <u>you</u>pi : 우유 **ouyou** *[ou-you], lait*
ㅡ	**eu**	proche du son français *[eu]* mais bien étiré ; si c'est difficile, prononcez en serrant les dents : 음악 **eumag** *[eu-ma*ᵏ*], musique*
ㅣ	**i**	comme le son *[i]* de am<u>i</u> : 이 **i** *[i], dent*

2.2 Les voyelles composées

hangeul	TRLIT	Prononciation et exemples
ㅔ*	é	comme le son *[é]* de *clé* : 가게 **gagé** *[ga-gué]*, *magasin*
ㅖ*	yé	comme le son *[yé]* de *hiérarchie* : 예술 **yésoul** *[yé-soul]*, *art*
ㅐ*	è	comme le son *[è]* de *père* : 내일 **nèil** *[nè-il]*, *demain*
ㅒ*	yè	comme le son *[yè]* de *pierre* : 얘기 **yègi** *[yè-ki]*, *conversation, bavardage*
ㅘ	wa	comme le son *[wa]* de *moi* : 과일 **gwa'il** *[gwa-il]*, *fruit*
ㅙ*	wè	comme le son *[wè]* de *ouais* : 돼지 **dwèdji** *[dwè-tchi]*, *cochon*
ㅚ*	wé	comme le son *[wé]* de *bouée* : 외국 **wégoug** *[wé-gouᵏ]*, *étranger*
ㅝ	wo	comme le son *[wo]* de *wolof* : 뭐 **mwo** *[mwo]*, *quoi*
ㅞ*	wé	comme le son *[wé]* de *bouée* : 훼손 **hwésôn** *[Hwé-sônn]*, *endommagement*
ㅟ	wi	comme le son *[wi]* de *oui* : 귀 **gwi** *[kwi]*, *oreille*
ㅢ	eui	ce son, *[eui]*, n'a pas vraiment d'équivalent en français ; on peut le former en prononçant un son *[eu]* étiré et un son *[i]* presque simultanément : 의사 **euisa** *[eui-sa]*, *médecin*

Les sons de ce tableau commençant par *[y]* et *[w]* sont très très légers.

* En coréen moderne, la différence entre les sons *[é]* et *[è]* ne se distingue pas très clairement, c'est pour cela que l'on entend la même chose entre ㅔ **é** et ㅐ **è**, entre ㅖ **yé** et ㅒ **yè** et entre ㅙ **wè**, ㅚ **wé** et ㅞ **wé**.

Avant de commencer, il est absolument nécessaire de lire l'introduction qui précède, même si vous êtes faux débutant. Dans la traduction des dialogues, les crochets [ ] permettent de repérer les mots nécessaires

1

제일 과
djé-il gwa *[djé-il gwa]*

▶

인사
insa

1 – 안녕하십니까 ¹ ? ² 김소윤입니다. ³
annyong-ha-si-bni-kka ? gim-sô-youn-i-bni-da

2 – 반갑습니다. ⁴ 저는 ⁵ 다비드 주껠입니다.
ban'gab-seubni-da. djo-neun dabideu djoukkél-i-bni-da

3 – 다비드 씨 ⁶, 반갑습니다.   □
dabideu ssi, ban'gab-seubni-da

💬 Prononciation
inn-sa **1** *ann-nyong-Ha-chimm-ni-kka? kimm-sô-you-nimm-ni-da* **2** *bann-ga^p-sseum-ni-da. djo-neun da-pi-deu djou-kké-Rimm-ni-da* **3** *da-pi-deu chi, bann-ga^p-sseum-ni-da*

Remarque de prononciation
Les numéros entre parenthèses qui figurent en marge indiquent les phrases du dialogue dans lesquelles se trouvent les mots concernés par ces remarques. **(1), (2), (3)** Attention ! En coréen, lorsqu'une consonne non-nasale (ex. : ㅂ **b**) est suivie d'une consonne nasale (ex. : ㄴ **n**), la première se prononce "nasalisée", *[m]* dans notre exemple. C'est pourquoi ce qui, orthographiquement, s'écrit ㅂ니 **-bni-** dans tous les verbes de cette leçon, se prononce *[-m-ni-]*.

🚩 Notes

1 안녕하십니까 ? **annyong-ha-si-bni-kka**, *bonjour*, vient du verbe **annyong-ha-da** : **annyong**, *paix* ; **ha-da**, *faire/être*, littéralement : "êtes[-vous] en paix ?". On y a ajouté la marque honorifique **-si-** 시 pour marquer la déférence ainsi que la terminaison de style ultra formel interrogatif **-bni-kka** ㅂ니까 qui indique le niveau de politesse.

2 En coréen, le sujet est facultatif. Lorsqu'il est évident, on l'omet. Quand il est nécessaire de le préciser, on l'indique par *je* ou *nous* voire d'autres

en français mais qui n'apparaissent pas dans la phrase coréenne. Les mots entre parenthèses ( ) et en italique indiquent la traduction littérale, mot à mot.

1

Première leçon

Salutations

1 – Bonjour ! [Je] suis Kim So-yun. *(paix-être ? Kim-So-yun-être)*

2 – [Je] suis ravi [de vous rencontrer]. Je suis David Juquel. *(être-ravi. je[-particule de thème] David Juquel-être)*

3 – Enchantée David. *(David [honorifique], être-ravi)*

moyens, que nous verrons ultérieurement. Dans la mesure du possible, on évite de se désigner soi-même et de désigner les autres directement.

3 입니다 **i-bni-da** vient du verbe 이다 **i-da**, *être*. Notez que le verbe *être* s'accole toujours à son complément. Le radical **i-** prend la terminaison de style ultra formel déclaratif ㅂ니다 **-bni-da**. Cette terminaison indique un ton poli et formel (cf. vouvoiement en français).

4 반갑습니다 **ban'gab-seubni-da** est formé du radical du verbe 반갑다 **ban'gab-da**, *être heureux(-euse)/ravi(e)/enchanté(e)*, et de la terminaison de style ultra formel déclaratif 습니다 **-seubni-da**. Il y a deux terminaisons pour le style ultra formel déclaratif : 습니다 **-seubni-da** après un radical se terminant par une consonne d'où 반갑습니다 **ban'gab-seubni-da**, et ㅂ니다 **-bni-da** après un radical se terminant par une voyelle.

5 Dans 저는 **djo-neun**, 저 **djo** peut se traduire par *je, me, moi*, sans être accompagné d'une particule, et 는 **-neun** est la particule de thème qui indique le thème, autrement dit le sujet, de la phrase. C'est ce 는 **-neun** qui nous permet d'identifier le cas de 저 **djo** comme étant le sujet *je*.

6 씨 **ssi** est un terme honorifique qui s'emploie <u>après</u> un prénom ou un nom complet (équivaut au français *monsieur, madame* ou *mademoiselle*) : 다비드씨 **Dabideu ssi**, *Monsieur [Juquel] David*. Attention, on n'utilise ce terme que pour désigner son interlocuteur, jamais pour soi-même.

▶ 연습 1 – 번역하십시오.
yonseub il – bonyogha-sibsiô
Exercice 1 – Traduisez
Cet exercice reprend les mots et tournures que vous venez d'apprendre dans cette leçon. Essayez de les reconnaître et traduisez-les.

❶ 저는 김소윤입니다.
djo-neun gim-sô-youn-i-bni-da

❷ 다비드입니다.
dabideu-i-bni-da

❸ 반갑습니다.
ban'gab-seubni-da

❹ 안녕하십니까 ?
annyong-ha-si-bni-kka

***

연습 2 – 빈칸을 채우십시오.
yonseub i – binkʰaneul tchèou-sibsiô
Exercice 2 – Complétez
En première ligne, en écriture coréenne, chaque trait représente une syllabe.
En deuxième ligne, chaque point représente un caractère latin.

❶ Je suis Kim So-yun.
저는 김소윤입니다.
.... gim-sô-youn-ib-ni-da

❷ Enchanté(e) mademoiselle So-yun.
소윤씨 반갑습니다.
sô-yun ... ban'gab-seubni-da

***

연습 3 – 한글로 쓰십시오.
yonseub sam – han'geullô sseu-sibsiô
Exercice 3 – Écrivez
Écrivez en coréen les mots en translittération suivants. Dans cet exercice, les syllabes sont découpées pour faciliter le repérage.

❶ **ib-ni-da**, *être* ❷ **an-nyong-ha-sib-ni-kka**, *Bonjour !* ❸ **ban'gab-seubni-da**, *enchanté(e)*

❺ 다비드 씨, 반갑습니다.
da-bi-deu ssi, ban'gab-seubni-da

Corrigé de l'exercice 1

❶ Je suis Kim So-yun. ❷ Je suis David. ❸ Enchanté(e). ❹ Bonjour !
❺ Enchanté(e) David.

안녕하십니까 ?

***

❸ Bonjour !
안녕 하십 ?니 까
an-nyong-

❹ Je suis David.
다비드 입니다
da-bi-deu-

Corrigé de l'exercice 2

❶ 저는 – ❷ – 씨 – ❸ – 하십니까 ❹ – 입니다
❶ djo-neun – ❷ – ssi – ❸ – ha-sib-ni-kka ❹ – ib-ni-da

***

Corrigé de l'exercice 3

❶ 입니다 ❷ 안녕하십니까 ? ❸ 반갑습니다

안녕하십니까 ? **annyong-ha-si-bni-kka**, *"êtes-vous en paix ?", équi-*
vaut à notre Bonjour ! *Étymologiquement, cette salutation est une*
question que l'on pose afin de s'assurer que l'interlocuteur n'a pas eu
d'ennuis au cours de la nuit précédente. L'insuffisance de denrées ali-
mentaires, les risques d'attaques de bêtes sauvages et les épidémies
faisaient partie des préoccupations que l'on pouvait avoir autrefois,
les conditions de vie pouvant être très précaires. C'est aujourd'hui
devenu une salutation employée à tout moment de la journée.

2

제이 과
djé-i gwa *[djé-i gwa]*

▶

한국 사람
han'goug salam

1 – 저는 한국 사람입니다 ¹.
djo-neun han'goug salam-i-bni-da

2 다비드 씨는 어느 나라 사람입니까 ² ?
dabideu ssi-neun oneu nala salam-i-bni-kka

3 – 프랑스 ³ 사람입니다. ☐
pʰeulangseu salam-i-bni-da

🗣 Prononciation
Hann-gouᵏ ssa-Ramm 1 djo-neun Hann-gouᵏ sa-Ra-mimm-ni-da
2 da-pi-deu chi-neun o-neu na-Ra sa-Ra-mimm-ni-kka 3 pʰeu-
Rang-sseu sa-Ra-mimm-ni-da

Remarque de prononciation
(1), (2), (3) La consonne ㄹ l se prononce de deux manières : lorsqu'elle se
trouve entre deux voyelles, comme dans 사람 salam, elle se prononce *[R]*
comme le *r* anglais *[saRamm]*, dans les autres cas, elle se prononce *[l]*.

🗐 Notes
1 Pour exprimer la nationalité en coréen, il faut utiliser le nom du pays
accompagné du mot 사람 **salam**, *personne*. La langue coréenne igno-

Bravo ! Vous venez d'accomplir un premier grand pas. Quelle fierté, vous pouvez désormais vous présenter en coréen !
Comme vous avez pu le constater dans cette première leçon, le coréen n'est pas aussi difficile que vous l'aviez imaginé au départ... C'est seulement très différent du français. Êtes-vous prêt à continuer ?

Deuxième leçon **2**

Les Coréens

1 – Je suis coréen[ne]. *(je[-particule de thème] Corée personne-être)*
2   David, de quelle nationalité êtes-[vous] ? *(David [politesse-particule de thème] quel pays personne-être)*
3 – [Je] suis français. *(France personne-être)*

rant l'article (défini, indéfini) et le genre (masculin, féminin), le mot 한국 사람 han'goug salam peut se traduire par *le/la/un(e) Coréen(ne)* selon le contexte. Nous verrons plus tard que le coréen n'indique pas non plus clairement le nombre (singulier et pluriel).

2 입니까 ? **i-bni-kka**, *Êtes[-vous]* / *Est-ce que [vous] êtes... ?* : 이 **i** est le radical du verbe d'état 이다 **i-da**, *être* ; ㅂ니까 **-bni-kka** est la terminaison de style ultra formel interrogatif.

3 프랑스 **pʰeulangseu** est la version coréanisée de *France*.

▶ 연습 1 – 번역하십시오.
Exercice 1 – Traduisez

❶ 다비드 씨는 프랑스 사람입니다.
dabideu ssi-neun pʰeulangseu salam-i-bni-da

❷ 다비드 씨는 프랑스 사람입니까 ?
dabideu ssi-neun pʰeulangseu salam-i-bni-kka

❸ 어느 나라 사람입니까 ?
oneu nala salam-i-bni-kka

***

연습 2 – 빈칸을 채우십시오.
Exercice 2 – Complétez

❶ David est français.
다비드 씨는 프랑스 입니다.
da-bi-deu ssi-neun . . . .-ib-ni-da

❷ Je suis coréen(ne).
저는 ＿＿ ＿＿＿ 입니다.
djo-neun . . . .-ib-ni-da

❸ Êtes-vous français(e) ?
프랑스 사람 ＿＿＿ ?
pʰeu-lang-seu sa-lam- . . . .

***

연습 3 – 한글로 쓰십시오.
Exercice 3 – Écrivez

❶ **han-goug**, *Corée* ❷ **na-la**, *pays* ❸ **sa-lam**, *personne*

***

Le nom en coréen se compose souvent de trois syllabes : la pre-mière représente le nom de famille, les deux dernières désignent un prénom. À la naissance, les enfants prennent le nom du père ; les femmes coréennes ne changent pas de nom de famille, même après leur mariage. Notez donc que tous les membres d'une famille portent le même nom, sauf la mère. Un conservateur du patrimoine parental ?

❹ 한국 사람입니다.
han'goug salam-i-bni-da

Corrigé de l'exercice 1
❶ David est français. **❷** David, êtes-vous français ? **❸** De quelle nationalité êtes-vous ? **❹** Je suis coréen(ne).

***

❹ De quelle nationalité êtes-vous ?
어 느 나라 사람입니까 ?
..... na-la sa-lam-ib-ni-kka

❺ Êtes-vous coréen(ne) ?
한국_ 사람입니까 ?
.... sa-lam-ib-ni-kka

Corrigé de l'exercice 2
❶ – 프랑스 사람 – **❷** – 한국 사람 – **❸** – 입니까 **❹** 어느 –
❺ 한국 –
❶ – pʰeu-lang-seu sa-lam – **❷** – han-goug sa-lam – **❸** – ib-ni-kka
❹ o-neu – **❺** han-goug –

***

Corrigé de l'exercice 3
❶ 한국 **❷** 나라 **❸** 사람

***

Êtes-vous content de pouvoir vous présenter et de poser des questions ? Mettez cela en pratique quand vous rencontrerez des Coréens ! Vous allez voir comme ils seront agréablement surpris ! En retour, ils vous répondront en coréen. Hum... comment allez-vous comprendre ce qu'ils disent ? Ne vous inquiétez pas, toutes les réponses arrivent dans les leçons suivantes ! On continue ?

제삼 과
djé-sam gwa [djé-samm gwa]

▶

직업
djigob

1 – 소윤 씨는 무엇을 ¹ 하십니까 ² ?
sô-youn ssi-neun mouos-eul ha-si-bni-kka

2 – 학생입니다. 다비드 씨는요 ³ ?
hagsèng-i-bni-da. dabideu ssi-neun-yô

3 – 회사원입니다. ☐
hwésawon-i-bni-da

🔊 Prononciation
tchi-go^p 1 sô-youn chi-neun mou-o-seul Ha-chimm-ni-kka 2 Ha^k-sèng-imm-ni-da. da-pi-deu chi-neun-nyo 3 Hwé-sa-wo-nimm-ni-da

📑 Notes

1 무엇 **mouos** est un mot interrogatif, *que* ; 을 **-eul** est la particule de complément d'objet direct (COD). Dans la phrase 무엇을 하십니까 **mouos-eul ha-si-bni-kka**, 무엇 **mouos** est le COD du verbe 하십니까 **ha-si-bni-kka** (verbe 하다 **ha-da**, *faire*), il faut alors le marquer de la particule de COD.

***

▶ 연습 1 – 번역하십시오.
❶ 무엇을 하십니까 ? Que faites vous
mouos-eul ha-si-bni-kka

❷ 소윤 씨는요 ? et vous, So Youn
sô-youn ssi-neun-yô

❸ 다비드 씨는 회사원입니까 ?
dabideu ssi-neun hwésawon-i-bni-kka
David, êtes vous employé

9 • 구 **gou** [gou]

Troisième leçon

Métier

1 – So-yun, que faites-vous [dans la vie] ? *(So-yun [honorifique-particule de thème] que [-particule COD] faire)*

2 – [Je] suis étudiante. Et [vous] David ? *(étudiant-être. David [honorifique-particule de thème-politesse])*

3 – [Je] suis employé. *(employé-être)*

Remarque de prononciation

(1), (2), (3) La consonne ㅎ h en coréen n'a pas la même valeur phonétique qu'en français, elle ressemble davantage au *h* aspiré anglais, comme dans **hello** !

2 하십니까 ha-si-bni-kka se compose du radical 하 ha- (du verbe 하다 ha-da, *faire*), de la marque honorifique 시 -si- et de la terminaison de style ultra formel interrogatif ㅂ니까 ? -bni-kka.

3 씨는요 ssi-neun-yô s'emploie après un prénom pour retourner la question *et vous ?* 씨 -ssi est le terme honorifique utilisé après le prénom, 는 -neun est la particule de thème et 요 -yô est une terminaison de politesse (nous y reviendrons plus tard). À nouveau, ceci permet de désigner la deuxième personne en coréen tout en évitant de mentionner le pronom personnel de deuxième personne.

***

❹ 다비드 씨는 학생입니다.   David est étudiant
   dabideu ssi-neun hagsèng-i-bni-da

❺ 소윤 씨는 학생입니까 ?   Êtes vous étudiante
   sô-youn ssi-neun hagsèng-i-bni-kka

Corrigé de l'exercice 1

❶ Qu'est-ce que vous faites dans la vie ? ❷ Et vous, So-yun ? ❸ David, êtes-vous employé ? ❹ David est étudiant. ❺ So-yun, êtes-vous étudiante ?

연습 2 – 빈칸을 채우십시오.

❶ Je suis étudiant(e).

_____ . 저는 학생입니다

❷ Je suis employé(e).

_____ 입니다. 회사원

.... -ib-ni-da

❸ Qu'est-ce que vous faites dans la vie ?

무엇을 ____ ? 하십니까

mou-os-eul ....

❹ Et vous, David ?

다비드 ___ ? 씨는 요

da-bi-deu ....

❺ So-yun, êtes-vous employée ?

_____ 회사원입니까 ? 소윤 씨는

.... hwé-sa-won-ib-ni-kka

***

연습 3 – 한글로 쓰십시오.
❶ **djig-ob**, *métier* ❷ **mou-os**, *que* ❸ **hag-sèng**, *étudiant(e)*

직업   무엇   학생

***

Tout comme en France, demander quel métier votre interlocuteur exerce au début d'une rencontre est tout à fait commun. Cependant, les Coréens ne donnent pas vraiment de détails sur leur activité et répondent plutôt de façon générale, en disant qu'ils sont employé(e) d'une société, qu'ils exercent une profession libérale, ou encore qu'ils sont entrepreneur ou fonctionnaire.

Corrigé de l'exercice 2

❶ 학생입니다 ❷ 회사원 – ❸ – 하십니까 ❹ – 씨는요
❺ 소윤 씨는 –
❶ hag-sèng-ib-ni-da ❷ hwé-sa-won – ❸ – ha-sib-ni-kka ❹ – ssi-neun-yô ❺ sô-youn ssi-neun –

Corrigé de l'exercice 3

❶ 직업 ❷ 무엇 ❸ 학생

***

Qu'en dites-vous ? Vous avez appris à vous présenter en donnant votre nom, votre nationalité et le métier que vous exercez en trois jours ! Ce n'était pas si difficile, n'est-ce pas ? Continuez à étudier de manière régulière, une leçon par jour, et une seule !

제사 과
djé-sa gwa [djé-sa gwa]

⏵

만남
mannam

1 – 안녕하세요 ? [1] 소윤 씨. 잘 [2]
지냈어요 [3] ?
annyong-ha-séyô ? sô-yun ssi. djal djinè-ss-oyô

2 – 네 [4], 잘 지냈어요 [5]. 다비드 씨는요 ?
né, djal djinè-ss-oyô. dabideu ssi-neun-yô

3 – 네, 저도 [6] 잘 지냈어요.   □
né, djo-dô djal djinè-ss-oyô

💬 Prononciation
mann-namm **1** *ann-nyong-Ha-sé-yo? sô-youn chi. djal tchi-nè-sso-yo* **2** *né djal tchi-nè-sso-yo. da-pi-deu chi-neun-nyo* **3** *né djo-dô djal tchi-nè-sso-yo*

Remarque de prononciation
(1), (2), (3) Les Coréens ne font presque plus la différence entre le son *[é]* et *[è]*. Aussi 네, **né**, *oui*, et 내, **nè** du verbe 지냈어요, **djinèssoyô**, se différencient à peine à l'oral.

🔲 : Notes
1 Ici, le verbe 안녕하다 **annyongha-da** prend la terminaison du style poli 어요 **-oyô** (시 **-si-** (marque honorifique) + **-oyo** se contractent obligatoirement → 세요 **-séyô** : ce style caractérise un registre poli mais décontracté. Le style poli est généralement plus naturel pour tenir une conversation détendue et courtoise à la fois.

2 잘 **djal**, *bien*, est un adverbe que l'on place devant le verbe.

3 지냈어요 **djinè-ss-oyô** est formé de 지내 **djinè-** (verbe 지내다 **djinè-da**, *passer le temps*) + 었 **-oss-** (marque du passé) + 어요 **-oyô** (terminaison

Quatrième leçon

[Une] rencontre

1 – Bonjour, So-yun. [Vous] allez bien ? *(paix-être ? So-yun [honorifique]. bien passer-le-temps)*

2 – Oui, [je] vais bien. Et [vous], David ? *(oui, bien passer-le-temps. David [honorifique-particule de thème-politesse])*

3 – Oui, je vais bien aussi. *(oui, je-aussi bien passer-le-temps)*

de style poli) = 지냈어요 **djinèssoyô** ; 어 **o** se contracte obligatoire-ment, litt. "avoir bien passé du temps [depuis la dernière fois qu'on s'est rencontrés]". Cette formule de politesse équivaut à *Comment allez-vous ?* et s'exprime au passé, en coréen.

4 On ne peut pas répondre à une question seulement par 네 **né**, *oui*, ou 아니요 **aniyo**, *non*. Il faut au moins répéter le verbe utilisé dans la question pour montrer une volonté de continuer la conversation avec son interlocuteur.

5 Lorsqu'on s'exprime au style poli, le déclaratif (지냈어요 **djinèssoyô**) et l'interrogatif (지냈어요 ? **djinèssoyô ?**) ont la même forme, avec un point d'interrogation en plus au style interrogatif.

6 도 **-dô** est une particule spéciale qui ajoute un sens équivalent à *aussi, également*. Elle remplace la particule de thème.

▶ 연습 1 – 번역하십시오.

❶ 안녕하세요 ?
annyongha-séyô

Bonjour

❷ 저도 잘 지냈어요.
djo-dô djal djinè-ss-oyô

Moi aussi je vais bien

❸ 다비드 씨는요 ?
dabideu ssi-neun-yô

Et vous David

***

연습 2 – 빈칸을 채우십시오.

❶ Bonjour !
안녕 ___ ?
an-nyong- ....

안녕하세오

❷ Oui, je vais bien.
네, _ 지냈어요.
né, ... dji-nèss-o-yô

잘

❸ Moi aussi.
저도 요.
djo- .. -yô

***

연습 3 – 한글로 쓰십시오.
❶ **an-nyong-ha-sé-yô**, *Bonjour !* ❷ **djal dji-nèss-o-yô**, *Je vais bien.*
❸ **né**, *oui*

안녕하세오 *** 잘 지냈어오
네

Suite à une question posée, si on répond par un simple "oui" ou "non", cela peut être interprété par "Je vous réponds parce que vous m'avez posé la question, mais je n'ai aucune intention de continuer la conversation avec vous" ou bien même comme de l'impolitesse. C'est important de connaître les codes culturels afin d'éviter les déconvenues et de froisser quelqu'un. Nous sommes là pour vous aider à les découvrir !

❹ 잘 지냈어요 ?
djal djinè-ss-oyô   *Comment allez vous ?*

❺ 소윤 씨도요 ?
sô-youn ssi-dô-yô   *Vous aussi So Yun ?*

Corrigé de l'exercice 1
❶ Bonjour. ❷ Je vais bien aussi. ❸ Et vous, David ? ❹ Vous allez bien ?
❺ Et vous aussi, So-yun ?

***

❹ Et vous, So-yun ?
소윤 ___ ?   *씨는요*
sô-youn ....

❺ So-yun, vous allez bien aussi ?
소윤 __ 잘 지냈어요 ?   *씨도*
sô-youn ...... djal dji-nèss-o-yô

Corrigé de l'exercice 2
❶ – 하세요 ❷ – 잘 – ❸ – 도 – ❹ – 씨는요 ❺ – 씨도 –
❶ – ha-sé-yô ❷ – djal – ❸ – dô – ❹ – ssi-neun-yô ❺ – ssi-dô –

***

Corrigé de l'exercice 3
❶ 안녕하세요 ? ❷ 잘 지냈어요. ❸ 네

***

N'ayez pas peur de faire des erreurs, elles vous feront avancer dans votre apprentissage. Encore une fois, nous insistons sur le fait que le coréen n'est pas difficile, mais simplement différent du français. Pour s'habituer à cette différence, il faut s'acclimater, en lisant du coréen régulièrement.

제오 과
djé-ô gwa [djé-ô gwa]

가족
gadjôg

1 – 이것이 ¹ 무엇이에요 ² ?
i-gos-i mouos-i-éyô

2 – 제 ³ 가족사진이에요.
djé gadjôg-sadjin-i-éyô

3 – 이 사람이 누구예요 ?
i salam-i nougou-yéyô

4 – 제 여동생이에요.
djé yodôngsèng-i-éyô

5 – 이름이 뭐예요 ? ⁴   □
ileum-i mwo-yéyô

🗨 Prononciation
ga-djô k *1 i-go-chi mou-o-chi-é-yo 2 djé ga-djô* k *-ssa-tchi-ni-é-yo*
3 i sa-Ra-mi nou-gou-yé-yo 4 djé yo-dông-sèng-i-é-yo 5 i-Reu-mi
mwo-yé-yo

Remarque de prononciation
(Titre), (2) La consonne ㄱ **g** placée à la fin d'une syllabe se prononce *[ᵏ]* à peine audible, sauf en cas de liaison.

🔲 Notes

1 D'une part, 이 **i-**, *ce(tte)…-ci*, est un adjectif démonstratif qui <u>précède</u> toujours le mot à démontrer et 것 **gos** signifie *chose*, donc 이것 **i-gos** = *cette chose(-ci)*. Il faut généralement inclure une espace entre ces deux mots, ex.: 이 사람 **i salam**, *cette personne (-ci)*. Dans le cas de 이것 **i-gos**, les éléments sont exceptionnellement accolés.

Cinquième leçon

Famille

1 – Qu'est-ce que c'est ? *(cette-chose[-particule sujet] que-être)*
2 – [C']est la photo [de] ma famille. *(ma famille-photo-être)*
3 – Qui est cette personne ? *(cette personne[-particule sujet] qui-être)*
4 – [C']est ma petite sœur. *(ma petite-sœur-être)*
5 – Quel est [son] nom ? *(prénom[-particule sujet] quoi-être)*

D'autre part, 이 **-i** est la particule de sujet qui indique le sujet "précis" :
on ne parle pas d'"une chose générale", on parle de "cette chose(-ci)"
indiquée. On la place <u>derrière</u> le mot. Attention, ne les confondez pas !

2 이에요 **-i-éyô** est une des deux formes exprimée au style poli du verbe
이다 **i-da**, *être*, l'autre forme étant 예요 **-yéyô**. Si le complément du
verbe se termine par une consonne, on emploie 이에요 **-i-éyô** (cf.
mouos-i-éyô) ; s'il se termine par une voyelle, on utilise 예요 **-yéyô** (cf.
nougou-yéyô).

3 제 **djé** est le pronom possessif de la 1ʳᵉ personne : *mon, ma, mes*. Il
précède le nom. Il est formé de la contraction du pronom personnel
de la 1ʳᵉ personne 저 **djo** (*je, me, moi*) et de la particule déterminative
의 **-eui**, *de*. Le fragment 제 여동생 **djé yodôngsèng**, *ma petite sœur*,
signifie littéralement "de moi petite sœur".

4 이름 **ileum** signifie *prénom / nom complet* ; 뭐 **mwo** est la forme
contractée du mot interrogatif 무엇 **mouos**, *que*. Cette contraction ne
s'utilise qu'à l'oral.

▶ 연습 1 – 번역하십시오.

❶ 이 사람이 누구예요 ?   *Qui est cette personne*
i salam-i nougou-yéyô

❷ 제 여동생이에요.   *C'est ma petite sœur*
djé yodôngsèng-i-éyô

❸ 무엇이에요 ?   *Qu'est ce que c'est*
mouos-i-éyô

***

연습 2 – 빈칸을 채우십시오.

❶ Quel est votre nom ?
이름이 무엇이에 요?
i-leum-i mou-os- . . . . . .

❷ Qui est cette personne ?
이 사람이 누구예 요?
i sa-lam- . nou-gou- . . . . .

❸ C'est quoi ?
뭐예요?
. . . . yé-yô

***

연습 3 – 한글로 쓰십시오.
❶ **i-gos**, *ceci* ❷ **i sa-lam**, *cette personne* ❸ **nou-gou**, *qui*

이것   이 사 람 *** 누구

La famille coréenne fait souvent appel à un photographe professionnel pour prendre une photo de famille dans un studio. Les parents se placent au milieu et les enfants les entourent, arborant des tenues et des coiffures soignées. Cette photo est souvent accrochée sur le mur du séjour chez les parents. Généralement, chaque membre de la famille garde aussi cette photo dans son portefeuille très précieusement.

Nous vous invitons maintenant à présenter votre famille. Ce serait intéressant d'essayer de "coréaniser" le prénom des membres de votre entourage ! Prenons un exemple : David* = **다비드** *(d* ㄷ*, a* ㅏ*, v* ㅂ*, i*

❹ 제 가족사진이에요. *C'est une photo de ma famille*
djé gadjôg-sadjin-i-éyô

❺ 이 사람이 제 여동생이에요. *cette personne est ma petite sœur*
i salam-i djé yodôngsèng-i-éyô

Corrigé de l'exercice 1

❶ Qui est cette personne ? ❷ C'est ma petite sœur. ❸ Qu'est ce que c'est ? ❹ C'est la photo de ma famille. ❺ Cette personne est ma petite sœur.

***

❹ C'est ma petite sœur.
_ 여동생이에요. *제*
... yo-dông-sèng-i-é-yô

❺ Est-ce que cette personne est votre petite sœur ?
_ 사람이 여동생이에요 ? *이*
. sa-lam-i yo-dông-sèng-i-é-yô

Corrigé de l'exercice 2

❶ – 이에요 ❷ – 이 – 예요 ❸ 뭐 – ❹ 제 – ❺ 이 –
❶ – i-é-yô ❷ – i – yé-yô ❸ mwo- – ❹ djé – ❺ i –

***

Corrigé de l'exercice 3
❶ 이것 ❷ 이 사람 ❸ 누구

***

|, d ⊏). La consonne v, qui n'existe pas en coréen, est remplacée par une lettre à la prononciation proche, comme ㅂ b, et la dernière syllabe prend la voyelle ―, car une syllabe coréenne doit au minimum avoir une consonne et une voyelle. Autre exemple : Élodie = 엘로디 (é ㅔ, l ㄹ, o ㅗ, d ⊏, i |) → une syllabe qui commence par une voyelle doit avoir une consonne muette ㅇ, et on met deux ㄹ pour qu'elle sonne plus naturelle. Amusez-vous bien !
* En Corée, il est interdit d'écrire le nom d'une personne vivante en rouge, car c'est une couleur utilisée pour écrire le nom de défunts.

6

제육 과
djé-youg gwa [djé-youᵏ kkwa]

▶

음식
eumsig

1 – 오늘 무엇을 ¹ 해요 ² ?
ôneul mouos-eul hèyô

2 – 친구하고 ³ 점심을 먹어요 ⁴.
tchin'gou-hagô djomsim-eul mog-oyô

3 – 소윤 씨는 무슨 ⁵ 음식을 좋아해요 ⁶ ?
sô-youn ssi-neun mouseun eumsig-eul djôhahèyô

💬 Prononciation
eum-chiᵏ 1 ô-neul mou-o-seul Hè-yo 2 tchinn-gou-Ha-gô djomm-chi-meul mo-go-yo 3 sô-youn chi-neun mou-seun eum-chi-geul djô-a-Hè-yo

Remarque de prononciation
(3), (4), (5) La consonne finale ㅎ h, suivie de la consonne muette ㅇ, ne se prononce pas. C'est pourquoi ce qui, orthographiquement, s'écrit 좋아해요 **djôh**-a-hè-yô se prononce *[djô-a-Hè-yo]*.

🗂 Notes

1 Souvenez-vous : 을 **-eul** est la particule de complément d'objet direct (COD). Dans la phrase 무엇을 해요 **mouos-eul hèyô**, 무엇 **mouos**, *que*, est le COD du verbe 하다 **ha-da**, *faire*, il faut donc le marquer de la particule de COD. Notez qu'en réalité, cette particule est très souvent omise.

2 Le verbe 하다 **ha-da**, *faire*, prend une forme irrégulière au style poli : il devient 해요 **hèyô**.

3 하고 **-hagô** est la particule circonstancielle d'accompagnement. Elle se traduit par *avec [quelqu'un]*. Dans le dialogue, 친구하고 **tchin'gou-hagô** se traduit par *avec un(e) ami(e)*, *avec mes ami(e)s*. Mais comment

4 – Hum, [j']aime le kimbap et le tteokbokki. *(hum, kimbap-et tteobokki[-particule COD] aimer)*

5 David, quel plat aimez-[vous] ? *(David [honorifique-particule de thème] quel plat[-particule COD] aimer)*

떡볶이 **gimbab-hagô ttogbôkki** étant le COD de la phrase, il est marqué de la particule de COD 를 **-leul** (après une voyelle). Si vous voulez énumérer plusieurs mots, c'est tout à fait possible, à condition de répéter la particule <u>entre les mots</u> et non à la suite, car les Coréens comprendraient alors un autre emploi de la particule, soit *avec* et non *et*.

***

❹ 오늘 김밥을 먹어요.
ôneul gimbab-eul mog-oyô

❺ 무엇을 해요 ?
mouos-eul hèyô

Corrigé de l'exercice 1
❶ Qu'est-ce que vous aimez ? ❷ J'aime le kimbap. ❸ Quel plat aimez-vous ? ❹ Aujourd'hui, je mange du kimbap. ❺ Qu'est-ce que vous faites ?

***

❹ So-yun aime le tteokbokki.
소윤 씨는 ____ 좋아해요.
sô-youn ssi-neun .... djôh-a-hè-yô

❺ Quel plat aimez-vous ?
__ 음식을 좋아해요 ?
.... eum-sig-eul djôg-a-hè-yô

Corrigé de l'exercice 2
❶ 김밥하고 – ❷ 점심을 – ❸ 친구하고 – ❹ – 떡볶이를 – ❺ 무슨 –
❶ gim-bab-ha-gô – ❷ djom-sim-eul – ❸ tchin-gou-ha-gô – ❹ – ttog-bôkk-i-leul – ❺ mou-seun –

연습 3 – 한글로 쓰십시오.

❶ **djôh-a-hè-yô**, *aimer* ❷ **hè-yô**, *faire* ❸ **ô-neul**, *aujourd'hui*

***

*Le **kimbap** (rouleau à base de riz et d'algue séchée, de thon, de légumes, etc.) et le **tteokbokki** (gâteau de riz sauté à la sauce pimentée) sont des plats (à emporter) très populaires en Corée. Vous les trouverez dans des petits restaurants ou des food-trucks situés partout où il y a du passage. En Corée, les restaurants sont généralement ouverts jusqu'à 23 h sans interruption. Les food-trucks dans les quartiers commerciaux restent ouverts encore plus longtemps, parfois jusqu'au matin. Vous ne manquerez pas d'occasions de goûter à*

7

제칠 과
djé-tchil gwa *[djé-tchil gwa]*

복습 bôgseub *[bô^k-sseu^p]* – **Révision**

Au cours des six premières leçons de cette méthode, vous avez découvert quelques particularités grammaticales du coréen. Nous les résumons ici.

1 L'ordre des mots

1.1 L'ordre des mots dans la phrase coréenne

저는 한국 사람입니다 **djo-neun han'goug salam-i-bni-da** ("je Corée personne-être"), *Je suis coréen(ne)*.
En général, la phrase en coréen suit l'ordre "sujet-complément d'objet-verbe" comme dans la phrase ci-dessus. Cet ordre n'est pas rigide sauf pour le verbe, qui se place presque toujours à la fin de la phrase.

1.2 L'omission du sujet

김소윤입니다, ("Kim So-yun-être"), *Je suis Kim So-yun.*
반갑습니다 ("être enchanté"), *Enchanté(e).*
En coréen, dans la mesure du possible, on évite de mentionner le sujet (pronom personnel).

Corrigé de l'exercice 3

❶ 좋아해요 ❷ 해요 ❸ 오늘

***

ces spécialités à tout moment de la journée ou de la nuit. En plus, ces plats ne sont pas chers et sont savoureux !

Avez-vous envie d'aller au restaurant coréen près de chez vous ? N'hésitez pas à complimenter le chef sur sa cuisine en coréen. Les restaurateurs seront agréablement surpris et pour vous, ce sera une belle occasion de faire avancer votre apprentissage. Bon appétit !

7

Septième leçon

1.3 L'ordre des mots dans un groupe de mots

한국 사람 **han'goug salam** *("Corée personne"), Coréen(ne)*
가족사진 **gadôg-sadjin** *("famille-photo"), photo de famille*
친구하고 **tchin'gou-hagô** *("ami-avec"), avec les amis*

L'ordre des mots dans un groupe de mots est inversé, comparé au français (voir les exemples ci-dessus), sauf pour les pronoms possessifs, démonstratifs ou interrogatifs :
제 여동생 **djé yodôngsèng** *("ma petite sœur"), ma petite sœur*
이 사람 **i salam** *("cette personne"), cette personne*
무슨 음식 **mouseun eumsig** *("quel plat"), quel plat ?*

2 Le nom en coréen

En français, le nom est déterminé par un genre, un nombre et est précédé d'un article, défini ou indéfini. En coréen, rien de tout cela : pas de genre, pas de nombre, ni d'article. Cela vous simplifiera l'apprentissage du vocabulaire !

2.1 La particule

Le nom coréen doit identifier sa fonction grammaticale dans la phrase. Pour cela, on utilise un dispositif qui s'appelle "la particule". Les particules ne peuvent pas être traduites en français parce qu'elles n'ont aucun sens. Elles sont là pour définir le rôle grammatical du mot dans la phrase d'un point de vue syntaxique : thème, sujet ou objet. Elles se placent toujours derrière le mot et possèdent souvent deux formes différentes selon la dernière lettre du mot à définir. Nous avons déjà vu dans les dialogues :

Particule	Après une consonne	Après une voyelle
de thème	은 **-eun**	는 **-neun**
de sujet	이 **-i**	가 **-ga**
d'objet direct	을 **-eul**	를 **-leul**

Il est possible d'omettre la particule s'il n'y a aucune ambiguïté quant à la fonction grammaticale d'un mot. D'ailleurs, en réalité on omet souvent les particules. Voyons les deux phrases ci-dessous :
1) Je te vois
2) Te me vois.
La première est correcte, l'autre ne l'est pas, parce qu'en français les pronoms personnels se déclinent en fonction de leur rôle grammatical dans la phrase : *je* occupe la place du sujet alors que les pronoms personnels *me* et *te* occupent la place de COD.

Voyons maintenant ces phrases en coréen. Rappelez-vous que le pronom personnel 저 **djo** peut se traduire par *je*, *me* ou *moi*, et que l'ordre des mots n'est pas rigide. On peut commencer une phrase par l'objet si on veut le mettre en valeur. Dans ce contexte, comment allez-vous traduire les deux phrases ci-dessous (la particule a été supprimée volontairement, le pronom *te* a été remplacé par un prénom, car, en coréen on évite de l'employer) ?
저 소윤 봐요 **djo sô-youn bw-ayô** ("je/me/moi So-yun regarder")
소윤 저 봐요 **sô-youn djo bw-ayô** ("So-yun je/me/moi regarder")

Est-ce moi qui regarde So-yun ou est-ce So-yun qui me regarde ? Nous n'avons aucun moyen de le savoir. Maintenant appliquons notre fameux dispositif "particule" :
저는 소윤을 봐요 **djo-neun sô-youn-eul bw-ayô**
("je[-particule de thème] So-yun[-particule COD] regarder"),
Je regarde So-yun.

저를 소윤은 봐요 **djo-leul sô-youn-eun bw-ayô**
("me[-particule COD] So-yun[-particule de thème] regarder"),
So-yun me regarde.

소윤은 저를 봐요 **sô-youn-eun djo-leul bw-ayô**
("So-yun[-particule de thème] me[-particule COD] regarder"),
So-yun me regarde.

소윤을 저는 봐요 **sô-youn-eul djo-neun bw-ayô**
("So-yun[-particule COD] je[-particule de thème] regarder"),
Je regarde So-yun.

Même si l'ordre des mots est mélangé, il n'y a aucun problème de
compréhension. Vous avez désormais compris pourquoi, en coréen,
la particule marque la fonction du mot dans la phrase : c'est pour
combler l'ambiguïté du cas du pronom personnel et la flexibilité
de l'ordre des mots.

2.2 La particule de thème et la particule de sujet

En gros, les deux marquent le sujet, mais chacune possède son
champ de travail déterminé :
– la particule de thème s'emploie pour identifier le pronom personnel *je/nous* et *tu/vous* :
저는 한국 사람입니다 **djo-neun han'goug salam-i-bni-da**, *Je suis
coréen(ne).*
다비드 씨는* 무슨 음식을 좋아해요 ? **dabideu ssi-neun mouseun
eumsig-eul djôhahèyô**, *Quel plat aimez-vous ?*
* pour dire *tu/vous* en coréen = prénom + terme de politesse 씨

– la particule de sujet s'occupe du sujet précis :
이 사람이 누구예요 ? **i salam-i nougou-yéyô**, *Qui est cette
personne(-ci) ?*
이것이 무엇이에요 ? **i-gos-i mouos-i-éyô**, *Qu'est-ce que c'est (cette
chose-ci) ?*
이름이 뭐예요 ? **ileum-i mwo-yéyô**, *Quel est (son/votre) prénom ?*

Peut-on remplacer l'une par l'autre ? La réponse est "oui".
Cependant, cette modification accompagne un changement de
nuance... que nous verrons le moment venu.

2.3 Les particules spécifiques

Les compléments 하고 **-hagô**, *et*, *avec*, et 도 **-dô**, *aussi*, existent sous forme de particule en coréen et s'accolent au mot précédent. Cependant, elles ne changent pas leur forme selon la dernière lettre du mot sur lequel elles se fixent.

3 Les verbes

Les verbes en coréen appartiennent à deux groupes :
• **Les verbes d'action**
Ils servent à énoncer une action, ex. : 하다 **ha-da**, *faire* ; 지내다 **djinè-da**, *passer le temps* ; 먹다 **mog-da**, *manger* ; 좋아하다 **djôhaha-da**, *aimer*.

• **Les verbes d'état**
Ils impliquent la description ou l'état du sujet, ex. : 이다 **i-da**, *être*, 반갑다 **ban'gab-da**, *être enchanté(e)*.

3.1 Les trois registres de langue

Un verbe se compose de deux parties : un radical, qui indique le sens (nous le ferons toujours suivre d'un trait d'union dans la translittération des dialogues pour bien indiquer qu'on attend quelque chose derrière : la terminaison) et une terminaison, qui définit le style de la phrase.
En coréen, le verbe se construit généralement selon le niveau de politesse choisi :

style ultra formel
style poli
style familier

• **Le style ultra formel**

Ce style représente la voix soutenue et protocolaire. Il s'emploie dans une situation formelle (une occasion officielle, professionnelle, etc.) ou à l'écrit. Il est marqué par les terminaisons suivantes selon la dernière lettre du radical :
ㅂ니다 **-bni-da** (après une voyelle)
습니다 **-seubni-da** (après une consonne)
Pour passer à la forme interrogative, il faut changer 다 **da** par 까 **kka** et ajouter un point d'interrogation à la fin de la phrase ; on obtient

donc : ㅂ니까 ? **-bni-kka** ou 습니까 ? **-seubni-kka** selon la dernière lettre du radical. Ici, tous les verbes se construisent de façon régulière sauf pour ceux dont le radical se termine par la consonne ㄹ. Nous découvrirons cette irrégularité dans les dialogues à venir.

• Le style poli

Ce style représente la voix polie mais décontractée. Il dépeint un ton familier tout en étant suffisamment poli, l'occasion se présentant plutôt à l'oral qu'à l'écrit. Il prend comme terminaison, si c'est régulier, soit 아요 **-ayô**, soit 어요 **-oyô** selon la dernière voyelle du radical :
– si celle-ci est ㅏ **a** ou ㅗ **ô**, insérez 아요
– si la dernière voyelle est autre, mettez 어요
Ce style dénote à la fois le déclaratif et l'interrogatif :
먹어요 **mog-oyô**, *(Je) mange* ; 먹어요 ? **mog-oyô**, *(Vous) mangez ?*
Notez qu'avec ce style, plusieurs verbes se construisent de façon irrégulière.

• Le style familier

Enfin, ce dernier style marque un ton très familier sans politesse. Il n'est pas vraiment conseillé de l'employer car ce style ne peut être utilisé que dans une situation particulière : avec la famille, les amis (de même âge), au sein du couple, etc. Ce style est tellement familier qu'il révèle aussi un manque de politesse dans certaines situations.

• Tableau récapitulatif des styles

Récapitulatif de la construction des verbes selon le registre de politesse :

Infinitif (radical)	Ultra formel	Poli
이다 (이-) **(i-)**	입니다 **i-bni-da**	이에요 / 예요 **i-éyô/yéyô**
반갑다 (반갑-) **(ban'gab-)**	반갑습니다 **ban'gab-seubni-da**	반가워요 **ban'gaw-oyô**
하다 (하-) **(ha-)**	합니다 **ha-bni-da**	해요 **hèyô**
지내다 (지내-) **(djinè-)**	지냅니다 **djinè-bni-da**	지내요 **djinèyô**

먹다 (먹-) **(mog-)**	먹습니다 **mog-seubni-da**	먹어요 **mog-oyô**
좋아하다 (좋아하-) **(djôhaha-)**	좋아합니다 **djôhaha-bni-da**	좋아해요 **djôhahèyô**

3.2 Les marques

En coréen, on peut accoler des marques (honorifique, de temps, etc.) après le radical verbal, puis faire suivre la terminaison (de style ultra formel, poli, etc.). Analysons ceci :

안녕하십니까 ? **annyongha-si-bni-kka** (litt. "*êtes-vous en paix ?*"), *Bonjour* !

무엇을 하십니까 ? **mouos-eul ha-si-bni-kka**, *Qu'est ce que vous faites* ?

잘 지냈어요 **djal djinè-(o)ss-oyô**, *Je vais bien*.

Dans les deux premières phrases, l'indication honorifique 시 **-si-** marque la déférence envers le sujet de la phrase, ex. *vous*, et la

***

▶ 복습 대화 – **Dialogue de révision**
bôgseub dèhwa *[bôᵏ-sseuᵖ-dè-hwa]*
(Traduisez)

Allez ! Nous avons bien travaillé cette première série et vous avez désormais acquis quelques bases du coréen. Voici un petit échantillon de phrases, composées de mots que vous avez vus au cours des six premières leçons, à vous de traduire !

1 소윤 씨는 프랑스 사람입니까 ?
sô-youn ssi-neun pʰeulangseu salam-ibni-kka

2 저는 학생이에요.
djo-neun hagsèng-i-éyô

3 반갑습니다.
ban'gab-seubni-da

4 잘 지냈어요 ?
djal djinè-ss-oyô

5 이것이 무엇이에요 ?
i-gos-i mouos-i-éyô

terminaison révèle la voix du locuteur, ultra formelle. Il y a deux formes de marques honorifiques : 으시 **-eusi-**, après un radical se terminant par une consonne et 시 **-si-**, après une voyelle.

Dans ces phrases, celui qui parle, s'adresse non seulement à son interlocuteur de façon formelle avec la terminaison ultra formelle, mais, en plus, il fait preuve de déférence, marquée par l'indication honorifique 시 **-si-**.

C'est pourquoi on n'utilise jamais cette indication 으시/시 **-eusi/-si** pour parler de soi, car il serait prétentieux de s'honorer soi-même ! Pour cette raison, quand cette indication 시 **-si-** suit le radical, on est sûr que le sujet n'est pas à la première personne (*je*).

Dans la troisième phrase d'exemple ci-contre, la marque du passé 었 **-oss-** représente le temps passé. Elle a deux formes : 았 **-ass-** après le radical dont la dernière voyelle est ㅏ **a** ou ㅗ **ô** ; 었 **-oss-** après les autres voyelles.

***

6 친구하고 점심을 먹어요.
   tchin'gou-hagô djomsim-eul mog-oyô

7 소윤 씨는 김밥을 좋아해요 ?
   sô-youn ssi-neun gimbab-eul djôhahèyô

8 제 가족사진이에요.
   djé gadjôg-sadjin-i-éyô

9 무슨 음식을 좋아하세요 ?
   mouseun eumsig-eul djôhaha-séyô

10 이 사람이 누구예요 ?
   i salam-i nougou-yéyô

Traduction

1 So-yun, est-ce que vous êtes française ? **2** Je suis étudiant(e). **3** Enchanté(e). **4** Vous allez bien ? **5** Qu'est-ce que ceci ? **6** Je déjeune avec mes amis. **7** So-yun, aimez-vous le kimbap ? **8** C'est la photo de ma famille. **9** Quel plat aimez-vous ? **10** Qui est cette personne ?

8

제팔 과
djé-pʰal gwa *[djé-pʰal gwa]*

학교
haggyô

1 소윤 씨는 학교에 ¹ 가요.
sô-youn ssi-neun haggyô-é g-ayô

2 학교에서 ² 프랑스어를 ³ 공부해요 ⁴.
haggyô-éso pʰeulangseu-o-leul gôngbouhèyô

3 학교에서 돌아와요. ⁵ ☐
haggyô-éso dôlaw-ayô

🗨 Prononciation

Haᵏ-kkyô **1** *sô-youn chi-neun Haᵏ-kkyô-é ga-yo* **2** *Haᵏ-kkyô-é-so pʰeu-Rang-sseu-o-Reul gông-bou-Hè-yo* **3** *Haᵏ-kkyô-é-so dô-Ra-wa-yo*

Remarque de prononciation

(1), (2), (3) ㄱ **g** en consonne finale se prononce *[ᵏ]* à peine audible, sauf en cas de liaison, auquel cas la consonne suivante se prononce naturellement de façon durcie, ex. : 학교 **hag-gyô** *[Haᵏ-kkyô]*.

Notes

1 La particule (notée à présent P. dans le mot à mot des dialogues) de lieu 에 **-é**, *à, en*, accompagnée d'un verbe de déplacement comme 가다 **ga-da**, *aller, se rendre*, indique la destination. 가다 **ga-da** au style poli se construit ainsi : 가 **ga** + 아요 **-ayô** = 가요 **g-ayô** (아 **a** se contracte obligatoirement).

2 La particule de lieu 에서 **-éso**, *à, dans*, accompagnée d'un verbe d'action marque l'endroit où celle-ci se produit. 에서 **-éso** s'emploie également pour marquer la provenance et se traduit alors *de* comme dans la phrase 3.

Huitième leçon

[À l']école

1 **So-yun va à l'école.** *(So-yun [hon.*-P.thème] école[-P.lieu] aller)*

2 **[Elle] étudie le français à l'école.** *(école[-P.lieu] français[-P.COD] étudier)*

3 **[Elle] rentre de l'école.** *(école[-P.lieu] rentrer)*

* *hon. = honorifique*

한국에서 돌아와요.

3 어 **-o** accolé après un nom de pays indique la langue de ce pays : 프랑스어 p**ʰeulangseu-o**, *français* (le *français* peut se dire également 불어 **boul-o**, terme sino-coréen interchangeable) ; autre *ex.* : 한국어 **han'goug-o**, *coréen*. N'oubliez pas la particule de COD 를 **-leul** car 프랑스어 est le COD du verbe *étudier*.

4 공부하다 **gôngbouha-da**, *étudier*, se compose de 공부 **gongbou**, *étude*, et de 하다 **ha-da**, *faire*. Les verbes se terminant par 하다 **ha-da** se conjuguent comme 해요 **hèyô**, *faire*, au style poli : 공부해요 **gôngbouhèyô**.

5 Le verbe 돌아오다 **dôlaô-da**, *rentrer*, se construit ainsi au style poli : 돌아오 **dôlaô** + 아요 **-ayô** = 돌아와요 **dôlaw-ayô** (오 **ô** et 아 **a** se contractent obligatoirement → 와 **wa**). *rentrer de…* se dira donc …에서 돌아오다 …**éso dôlaô-da**.

▶ 연습 1 – 번역하십시오.

❶ 다비드 씨는 한국어를 공부해요.
dabideu ssi-neun han'goug-o-leul gôngbouhèyô

❷ 소윤 씨는 프랑스어를 공부해요.
sô-youn ssi-neun pʰeulangseu-o-leul gôngbouhèyô

❸ 한국에서 돌아와요.
han'goug-éso dôlaw-ayô

❹ 학교에 가요.
haggyô-é g-ayô

***

연습 2 – 빈칸을 채우십시오.

❶ [Je] rentre de l'école.
학교에서 _ _ _ _ .
hag-gyô-é-so . . . .

❷ [J']étudie à l'école.
학교에서 _ _ _ _ .
hag-gyô-é-so . . . .

❸ [Je] vais à l'école.
_ _ _ 가요.
. . . . ga-yô

***

연습 3 – 한글로 쓰십시오.
❶ han-goug-o, *la langue coréenne* **❷ gông-bou**, *étude* **❸ hag-gyô*,
école

Corrigé de l'exercice 1

❶ David étudie le coréen. ❷ So-yun étudie le français. ❸ Je rentre de Corée. ❹ Je vais à l'école.

***

❹ David étudie le coréen en Corée.
다비드 씨는 _ _ _ _ 한국어를 공부해요.
da-bi-deu ssi-neun .... han-goug-o-leul gông-bou-hè-yô

Corrigé de l'exercice 2

❶ – 돌아와요 ❷ – 공부해요 ❸ 학교에 – ❹ – 한국에서 –
❶ – dôl-a-wa-yô ❷ – gông-bou-hè-yô ❸ hag-gyô-é – ❹ – han-goug-é-so –

***

Corrigé de l'exercice 3

❶ 한국어 ❷ 공부 ❸ 학교

***

Le français : 불어 **boulo** ou 프랑스어 **pʰeulangseuo** ? Et oui ! Un mot, en coréen, peut se dire de façons différentes et interchangeables : en coréen, en sino-coréen et en anglais coréanisé. Et ce n'est pas fini : vous trouverez aussi très prochainement plus de détails sur le français coréanisé !

제구 과
dje-gou gwa [djé-gou gwa]

▶

회사
hwésa

1 다비드 씨는 서울에 있어요 ¹.
dabideu ssi-neun so'oul-é iss-oyô

2 회사에 다녀요. ²
hwésa-é dany-oyô

3 한국 직장 동료들과 ³ 일해요 ⁴.
han'goug djigdjang dônglyô-deul-gwa ilhèyô

4 회사 생활이 재미있어요. ⁵   □
hwésa sènghwal-i djèmiiss-oyô

💬 Prononciation
Hwé-sa **1** *da-pi-deu chi-neun so-ou-Ré i-sso-yo* **2** *Hwé-sa-é
da-nyo-yo* **3** *Hann-gou^k tchi^k-tsang dông-nyô-deul-kwa il-Hè-yo*
4 *Hwé-sa sèng-Hwa-Ri djè-mi-i-sso-yo*

Remarque de prononciation
(3) Lorsqu'une syllabe se termine par les consonnes ㅁ **m** ou ㅇ **ng** et est
suivie de la consonne ㄹ **l**, cette dernière se prononce ㄴ *[n]*, ex. : 동료
dông-lyô [dông-nyô].

📑 Notes

1 있어요 **iss-oyô**, *se trouver*, vient du verbe d'état 있다 **iss-da**. En coréen,
être, se trouver (quelque part), s'exprime avec …에 있다 *…é iss-da* (avec
la particule de lieu 에 **-é** marquant la position) et non avec 이다 **i-da**,
être. Cette confusion est souvent constatée chez les Occidentaux mais
vous voilà prévenu, vous ne comettrez donc pas cette erreur !

2 Le verbe 다니다 **dani-da**, *fréquenter*, se construit ainsi au style poli :
다니 **dani** + 어요 **-oyô** = 다녀요 **dany-oyô** (les voyelles ㅣ **i** et 어 **o** se

Neuvième leçon

[À l']entreprise

1 **David est à Séoul.** *(David [hon.-P.thème] Séoul[-P. de lieu] se-trouver)*

2 **[Il] est employé d'une entreprise.** *(entreprise[-P.lieu] fréquenter)*

3 **[Il] travaille avec [des] collègues coréens.** *(Corée lieu-de-travail collègue[-pluriel]-avec travailler)*

4 **[Sa] vie professionnelle est intéressante.** *(entreprise vie[-P.sujet] être-intéressant)*

contractent obligatoirement → ㅕ **yo**). ...에 다니다 *...é dani-da*, *fréquenter (un endroit)* (toujours accompagné de la particule de lieu 에 **-é**) représente "l'appartenance" à une structure, ainsi : 회사에 다녀요 **hwésa-é dany-oyô**, *(Je) suis employé(e)* ; 학교에 다녀요 **haggyô-é dany-oyô**, *(Je) suis étudiant(e)*.

3 들 **-deul** est une particule du pluriel, attachée au nom. Son emploi est facultatif. 과 **-gwa**, *et*, *avec*, est une particule identique à 하고 **-hagô** ; elles sont interchangeables. Notez que la première peut prendre deux formes : 과 **-gwa**, après une consonne, et 와 **-wa**, après une voyelle.

4 일하다 **ilha-da**, *travailler* → 일 **il**, *travail* + 하다 **ha-da**, *faire* ; s'exprime ainsi au style poli : 일해요 **ilhèyô**. Attention ! Ce verbe n'est pas un synonyme d'*étudier*.

5 Voici un nouvel exemple d'utilisation de la particule de sujet 이 **-i** afin de mettre en valeur un sujet précis : 회사 생활 **hwésa sènghwal**, *vie professionnelle*. On ne parle pas de la vie professionnelle de tout le monde mais de celle de David. Notez la présence du verbe d'état 재미 있다 **djèmiiss-da**, *être intéressant(e)*, *drôle*, *amusant(e)*.

▶ 연습 1 – 번역하십시오.

❶ 소윤 씨는 학교에 다녀요 ?
sô-youn ssi-neun haggyô-é dany-oyô

❷ 한국 생활이 재미있어요 ?
han'goug sènghwal-i djèmiiss-oyô

❸ 직장 동료가 재미있어요.
djigdjang dônglyô-ga djèmiiss-oyô

***

연습 2 – 빈칸을 채우십시오.

❶ David est *(se trouve)* en Corée.
다비드 씨는 한국에 ___.
da-bi-deu ssi-neun han-goug-é . . . .

❷ [Il] travaille avec [ses] collègues *([de] travail)*.
직장 ____ 일해요.
djig-djang . . . . il-hè-yô

❸ David est au travail *(à l'entreprise)*.
다비드 씨는 ___ 있어요.
da-bi-deu ssi-neun . . . . iss-o-yô

***

연습 3 – 한글로 쓰십시오.
❶ il-hè-yô, *travailler* **❷** djè-mi-iss-o-yô, *être intéressant(e)* **❸** hwé-sa, *entreprise*

직장 동료가
재미있어요.

❹ 다비드 씨는 한국 회사에서 일해요.
dabideu ssi-neun han'goug hwésa-éso ilhèyô

Corrigé de l'exercice 1

❶ So-yun, êtes-vous étudiante ? ❷ Votre vie en Corée est-elle intéressante ? ❸ Mon collègue de travail est drôle. ❹ David travaille dans une entreprise coréenne.

***

❹ [Il] est employé dans *(fréquente)* une entreprise.
회사에 ___.
hwé-sa-é ....

❺ [Sa] vie [en] Corée est amusante.
한국 ___ 재미있어요.
han-goug .... djè-mi-iss-o-yô

Corrigé de l'exercice 2

❶ – 있어요 ❷ – 동료들과 – ❸ – 회사에 – ❹ – 다녀요
❺ – 생활이 –
❶ – iss-o-yô ❷ – dônglyô-deul-gwa – ❸ – hwé-sa-é – ❹ – da-nyo-yô
❺ – sèng-hwal-i –

***

Corrigé de l'exercice 3

❶ 일해요 ❷ 재미있어요 ❸ 회사

***

Connaissez-vous un peu le déroulement de la vie professionnelle en Corée ? Certes, c'est en train de changer mais les Coréens passent beaucoup de temps sur leur lieu de travail. Leurs collègues sont presque leur deuxième famille. Ils déjeunent ensemble, vont prendre un verre après le travail, ils pratiquent même de temps en temps des activités sportives ensemble le week-end. Cela va peut-être vous sembler étrange mais sachez que dans la société coréenne, la vie professionnelle occupe plus de temps que la vie en famille.

1

제십 과
djé-sib gwa [djé-chi^p kkwa]

슈퍼마켓
syoup^homak^hés

1 다비드 씨는 슈퍼에서 ¹ 우유와 빵과
   초콜릿을 ² 사요.
   dabideu ssi-neun syoup^ho-éso ouyou-wa ppang-gwa
   tchôk^hôllis-eul s-ayô

2 빵을 먹어요. 그리고 ³ 우유를 마셔요 ⁴.
   ppang-eul mog-oyô. geuligô ouyou-leul masy-oyô

3 다비드 씨는 초콜릿을 소윤 씨에게 ⁵
   줘요.
   dabideu ssi-neun tchôk^hôllis-eul sô-youn ssi-égé
   djw-oyô

🗨 Prononciation
chyou-p^ho-ma-k^hé^t 1 da-pi-deu chi-neun chyou-p^ho-é-so ou-you-wa ppang-gwa tchô-k^hôl-li-seul sa-yo 2 ppang-eul mo-go-yo. geu-Ri-gô ou-you-Reul ma-chyo-yo 3 da-pi-deu chi-neun tchô-k^hôl-li-seul sô-youn ssi-égué djwo-yo

Remarques de prononciation
(Titre) La consonne finale ㅅ **s** est à peine audible, il faut la prononcer comme un *t* [^t] très léger (sauf en cas de liaison avec la consonne muette ㅇ), ex. : 마켓 **ma-k^hés** [*ma-k^hé^t*].
(1), (3) *chocolat* s'écrit 초콜릿 **tchôk^hôllis** mais se prononce de deux manières : [*tchô-k^hôl-li^t*] ou [*tchô-k^hôl-lé^t*].

📖 Notes
1 Le terme 슈퍼 **syoup^ho** (abréviation de 슈퍼마켓 **syoup^homak^hés**, *supermarché*) est flanqué de la particule de lieu 에서 **-éso**, car c'est un endroit où l'on produit l'action d'*acheter*, 사다 **sa-da** (사 **sa** + 아요 **-ayô** = 사요 **s-ayô**, les deux **a** se contractent obligatoirement).

41 • 사십일 **sa-sib-il** [*sa-chi-pil*]

Dixième leçon

[Au] supermarché

1 David achète [du] lait, [du] pain et [du] chocolat au supermarché. *(David [hon.-P.thème] supermarché[-P.lieu) lait-et pain-et chocolat[-P.COD] acheter)*

2 [Il] mange [du] pain et [il] boit [du] lait. *(pain[-P.COD] manger. et lait[-P.COD] boire)*

3 David donne le chocolat à So-yun. *(David [hon.-P. thème] chocolat[-P.COD] So-yun [hon.-P.COI] donner)*

---

2 La proposition 우유와 빵과 초콜릿을 **ouyou-wa ppang-gwa tchôkʰôllis-eul**, *[du] lait, [du] pain et [du] chocolat*, dont les éléments sont reliés par la particule 와 **-wa**, *et* (après une voyelle), 과 **-gwa** (après une consonne), est le COD du verbe d'action 사다 **sa-da**, *acheter*. On marque donc ce groupe de mots de la particule de COD 을 **-eul**. En coréen, le lieu peut aussi bien être placé avant ou après le COD. Tant que la particule est bien attribuée, il n'y a aucun problème. N'oubliez pas qu'en coréen, le partitif (exprimé à l'aide des articles *du, de la...*) n'existe pas.

3 그리고 **geuligô**, *et*, est une conjonction de coordination qui sert à énumérer des mots mais aussi à assembler des phrases (ce qui n'est pas le cas de 하고 **-hagô** et 과 **-gwa** / 와 **-wa**, qui ne fonctionnent qu'avec des mots).

4 마시다 **masi-da**, *boire*, s'exprime ainsi au style poli : 마시 **masi** + 어요 **-oyô** = 마셔요 **masy-oyô** (ㅣ i et 어 o se contractent obligatoirement → ㅕ **yo** ; cf. 다녀요 **dany-oyô**, *fréquenter*). Même principe avec le verbe 주다 **djou-da**, *donner*, à la phrase suivante, il se construit ainsi au style poli : 주 **djou** + 어요 **-oyô** = 줘요 **djw-oyô** (les voyelles ㅜ ou et 어 o se contractent obligatoirement → ㅝ **wo**).

5 에게 **-égé** est la particule de complément d'objet indirect (COI). On l'emploie sans se soucier de la dernière lettre du COI, ex. : 선생님에게 **sonsèngnim-égé**, *à [un(e)/mon/son...] professeur* ; 친구에게 **tchin'gou-égé**, *à [un(e)/mes...] ami(e)/s*.

4 – "고마워요." [6]
gômaw-oyô

5 – "에이, 뭘요." [7]
éi mwo-l-yô

4 gô-ma-wo-yo 5 é-i mwol-lyo

: Notes
6 고맙다 gômab-da, *être reconnaissant(e)*, se construit au style poli d'une façon particulière : le ㅂ b du radical se transforme en 우 ou → 고마

***

▶ 연습 1 – 번역하십시오.
❶ 슈퍼에서 무엇을 사요 ?
syoupʰo-éso mouos-eul s-ayô

❷ 빵을 사요. 그리고 초콜릿을 사요.
ppang-eul s-ayô. geuligô tchôkʰôllis-eul s-ayô

❸ 소윤 씨는 우유를 마셔요.
sô-youn ssi-neun ouyou-leul masy-oyô

***

연습 2 – 빈칸을 채우십시오.
❶ Merci.

_ _ _ _ •
. . . .

❷ Il n'y a pas de quoi.

_ _ ' _ _ •
. . . , ...

***

연습 3 – 한글로 쓰십시오.
❶ geu-li-gô, *et* **❷** ppang, *pain* **❸** ou-you, *lait*

4 – "Merci. *(être-reconnaissant)*
5 – Oh, il n'y a pas de quoi." *([interjection], quoi[-P.COD-pol.*])*

* pol. = politesse

> 우 **gômaou** + 어요 **-oyô** = 고마워요 **gômaw-oyô** (우 **ou** et 어 **o** se
> contractent obligatoirement → 워 **wo**).
>
> **7** 뭘요 **mwo-l-yô**, *de rien*, *il n'y a pas de quoi* : 뭐 **mwo**, *quoi* + 를 **-leul**,
> particule de COD, se contractent pour former 뭘 **mwol** à l'oral. 요 **-yô**
> se met à la fin du mot pour manifester de la politesse, on pourrait
> illustrer la nuance en français ainsi : *Un café, s'il vous plaît* ! au lieu de
> *Un café* !

***

❹ 여동생에게 사진을 줘요.
  yodôngsèng-égé sadjin-eul djw-oyô

Corrigé de l'exercice 1
❶ Qu'est-ce que vous achetez au supermarché ? **❷** J'achète du pain
et j'achète du chocolat. **❸** So-yun boit du lait. **❹** Je donne une photo
à ma petite sœur.

***

❸ So-yun donne le chocolat à David.
  소윤 씨는 ___ ___ 초콜릿을 줘요.
  sô-youn ssi-neun .... **tchô-kʰôl-lis-eul djwo-yô**

Corrigé de l'exercice 2
❶ 고마워요 **❷** 에이, 뭘요 **❸** – 다비드 씨에게 –
❶ gô-ma-wo-yô **❷** é-i, mwol-yô **❸** – da-bi-deu ssi-é-gé –

***

Corrigé de l'exercice 3
❶ 그리고 **❷** 빵 **❸** 우유

11

제십일 과
djé-sib-il gwa [djé-chi-pil gwa]

쇼핑 !
syôpʰing

1 소윤 씨는 쇼핑을 좋아해요.
sô-youn ssi-neun syôpʰing-eul djôhahèyô

2 오늘 쇼핑을 해요 ¹.
ôneul syôpʰing-eul hèyô

3 옷, 신발, 가방을 사요.
ôs, sinbal, gabang-eul s-ayô

4 정말 예뻐요 ².
djongmal yépp-oyô

5 – "아 ! 이제 돈이 없어요 ³."
a ! idjé dôn-i obs-oyô

🗩 Prononciation
*chyô-pʰing 1 sô-youn chi-neun chyô-pʰing-eul djô-a-Hè-yo 2 ô-neul
chyô-pʰing-eul hè-yo 3 ôᵗ chinn-bal ga-bang-eul sa-yo 4 djong-mal
yé-ppo-yo 5 a i-djé dô-ni oᵖ-sso-yo*

Remarque de prononciation
(Titre), (1), (2), (3) La consonne ㅅ s se prononce *[ch]* devant les voyelles i
et y, ex.: 쇼핑 syôpʰing *[chyô-pʰing]* ; 신발 sinbal *[chinn-bal]*.

Le mot 빵 **ppang**, *pain, vous a semblé familier, non ? Vous trouverez dans la langue coréenne plusieurs mots français coréanisés, surtout dans le milieu de la mode et de la cuisine !*

11

Onzième leçon

Shopping !

1 So-yun aime [bien] le shopping. *(So-yun [hon.-P.thème] shopping[-P.COD] aimer)*

2 Aujourd'hui, [elle] fait du shopping. *(aujourd'hui shopping[-P.COD] faire)*

3 [Elle] achète des vêtements, des chaussures et des sacs. *(vêtement, chaussure, sac[-P.COD] acheter)*

4 [Ils] sont vraiment jolis. *(vraiment être-joli)*

5 – "Ah ! []e] n'ai [plus] d'argent maintenant." *(ah ! maintenant argent[-P.sujet] ne-pas-exister)*

Notes

1 쇼핑 **syôpʰing** *shopping* + 하다 **ha-da**, *faire* = 쇼핑(을) 하다, *faire du shopping*. Les verbes d'action formés de 하다 **ha-da** emploient la particule de COD, mais celle-ci est très souvent omise (cf. 일하다, 일(을) 하다 **il(eul) ha-da**, *travailler*).

2 Le verbe d'état 예쁘다 **yéppeu-da**, *être joli(e)*, se construit ainsi au style poli : 예쁘 **yépp** + 어요 **-oyô** (la voyelle — **eu** du radical tombe).

3 Le verbe d'état 없다 **obs-da**, *ne pas exister*, est ici utilisé pour construire l'expression 돈이 없다 **dôn-i obs-da**, litt. "l'argent (sujet) n'existe pas", *ne pas avoir d'argent*.

6 소윤 씨는 집에 돌아와요 [4].

sô-youn ssi-neun djib-é dôlaw-ayô

🗨 6 *sô-youn chi-neun tchi-bé dô-Ra-wa-yo*

📑: Note

> 4 Le lieu exprimé par 에 **-é** représente une destination : 집에 돌아오다 **djib-é dôlaô-da**, *rentrer*, *revenir chez soi*.

***

▶ 연습 1 – 번역하십시오.
- ❶ 옷하고 무엇을 사요 ?
  ôs-hagô mouos-eul s-ayô

- ❷ 어디서 쇼핑해요 ?
  odi-so syôpʰinghèyô

- ❸ 오늘 신발과 가방을 사요.
  ôneul sinbal-gwa gabang-eul s-ayô

***

연습 2 – 빈칸을 채우십시오.
- ❶ Je rentre chez moi.
  _ _ 돌아와요.
  . . . . . . dôl-a-wa-yô

- ❷ Où faites-vous du shopping ?
  어디서 _ _ _ _ ?
  o-di-so . . . .

- ❸ Est-ce que ce sac est joli ?
  이 가방이 _ _ _ ?
  i ga-bang-i . . . .

***

연습 3 – 한글로 쓰십시오.
❶ **ôs**, *vêtement* ❷ **ga-bang**, *sac* ❸ **sin-bal**, *chaussure*

6 **[Elle] rentre chez elle.** *(So-yun [hon.-P.thème] maison[-P. lieu] rentrer)*

❹ 집에 돌아와요.
djib-é dôlaw-ayô

Corrigé de l'exercice 1
❶ Qu'achetez-vous avec ces vêtements ? **❷** Où faites-vous votre shopping ? **❸** Aujourd'hui, j'achète des chaussures et un sac. **❹** Je rentre chez moi.

***

❹ Je n'ai pas d'argent.
_ _ 없어요.
..... obs-o-yô

Corrigé de l'exercice 2
❶ 집에 – **❷** – 쇼핑해요 **❸** – 예뻐요 **❹** 돈이 –
❶ djib-é – **❷** – syô-pʰing-hè-yô **❸** – yé-ppo-yô **❹** dôn-i –

***

Corrigé de l'exercice 3
❶ 옷 **❷** 가방 **❸** 신발

제십이 과
djé-sib-i gwa *[djé-chi-pi gwa]*

▶

토요일
tʰôyôil

1 토요일이에요.
tʰôyôil-i-éyô

2 다비드 씨는 일을 안 해요 ¹.
dabideu ssi-neun il-eul an hèyô

3 공원에서 운동을 해요.
gông'won-éso oundông-eul hèyô

4 그리고 집에서 게임을 해요.
geuligô djib-éso géim-eul hèyô

5 샤워해요. 일찍 자요 ². ☐
syawo-hèyô. iltsig dj-ayô

🗨 Prononciation
tʰô-yô-il 1 tʰô-yô-i-Ri-é-yo 2 da-pi-deu chi neun i-Reul ann Hè-yo 3 gông-wo-né-so oun-dông-eul Hè-yo 4 geu-Ri-gô tchi-bé-so gué-i-meul Hè-yo 5 chya-wo-Hèyo. il-tsiᵏ dja-yo

Remarque de prononciation
(4) Attention ! Ne confondez pas la translittération avec les règles de prononciations françaises. La consonne ㄱ g se prononce *[gu]* devant les voyelles i, e, y, ex. : 게임 géim *[gué-imm]*.

***

▶ 연습 1 – 번역하십시오.

❶ 오늘 쇼핑을 안 해요.
ôneul syôpʰing-eul an hèyô

❷ 신발이 안 예뻐요.
sinbal-i an yépp-oyô

❸ 운동 안 해요.
oundông an hèyô

Douzième leçon

[Un] samedi

1 [C']est un samedi. *(samedi-être)*
2 **David ne travaille pas.** *(David [hon.-P.thème] travail[-P. COD] ne-pas faire)*
3 [Il] **fait du sport au parc.** *(parc[-P.lieu] sport[-P.COD] faire)*
4 **Et [il] joue à des jeux à la maison.** *(et maison[-P.lieu] jeux[-P.COD] faire)*
5 [Il] **prend une douche. [Et il] se couche tôt.** *(douche-faire. tôt dormir)*

📔 Notes

1 Les verbes d'action formés du verbe 하다 **ha-da**, *faire*, prennent la marque de négation 안 **an**, *ne pas*, devant 하다 **ha-da** : 일(을) 하다 il(eul) **ha-da**, *travailler* → 일(을) 안 하다 il(eul) **an ha-da**, *ne pas travailler*.
2 자다 **dja-da**, *dormir*, donne, au style poli, 자요 **dj-ayô** (아 **a** se contracte obligatoirement).

❹ 공부 안 해요 ?
gôngbou an hèyô

Corrigé de l'exercice 1
❶ Aujourd'hui, je ne fais pas de shopping. ❷ Ces chaussures ne sont pas jolies. ❸ Je ne fais pas de sport. ❹ Vous n'étudiez pas ?

연습 2 – 빈칸을 채우십시오.

❶ On prend une douche.

___ 해요.
.... hè-yô

❷ Je ne prends pas de douche.
샤워를 _ 해요.
sya-wo-leul .. hè-yô

❸ Je dors tôt.
일찍 __.
il-tsig ......

***

연습 3 – 한글로 쓰십시오.
❶ t^hô-yô-il, *samedi* ❷ oun-dông, *sport* ❸ dja-da, *dormir*

13

제십삼 과
djé-sib-sam gwa *[djé-chi^p-ssamm gwa]*

일요일
ilyôil

1   일요일이에요.
    ilyôil-i-éyô

2   요리를 해요. 방을 청소해요.
    yôli-leul hèyô. bang-eul tchongsôhèyô

3   빨래도 해요.
    ppallè-dô hèyô

4 – "피곤해요 ¹ ?"
    p^higônhèyô

🔊 Prononciation
i-Ryô-il **1** *i-Ryô-i-Ri-é-yo* **2** *yô-Ri-Reul Hè-yo bang-eul tchong-sô-Hè-yo* **3** *ppal-lè-dô Hè-yo* **4** *p^hi-gônn-(H)è-yo*

❹ Que faites-vous au parc ?
  _ _ _ _ 무엇을 해요 ?
  . . . . mou-os-eul hè-yô

Corrigé de l'exercice 2
❶ 샤워를 – ❷ – 안 – ❸ – 자요 ❹ 공원에서 –
❶ sya-wo-leul – ❷ – an – ❸ – dja-yô ❹ gông-won-é-so –

***

Corrigé de l'exercice 3
❶ 토요일 ❷ 운동 ❸ 자다

13

Treizième leçon

[Un] dimanche

1 [C']est un dimanche. *(dimanche-être)*
2 [Il/Elle] cuisine [et il/elle] nettoie la chambre.
  (cuisine[-P.COD] faire. chambre[-P.COD] ménage-faire)
3 [Il/Elle] fait la lessive aussi. *(lessive-aussi faire)*
4 – "Êtes-vous fatigué(e) ? *(être-fatigué)*

Note

1 Le verbe 하다 ha-da permet également de former des verbes d'état avec un nom : 피곤 pʰigôn, *fatigue* + 하다 ha-da = 피곤해요 pʰigôn-hèyô, *être fatigué* (au style poli).

5 – "아니요, 안 피곤해요 ²."
aniyô an pʰigônhèyô　　　　　　　□

🔊 5 a-ni-yo ann pʰi-gônn-(H)è-yo

: Note

2　Contrairement aux verbes d'action, les verbes d'état formés à partir du verbe 하다 ha-da prennent la marque de négation 안 an devant le verbe entier, c'est-à-dire ici devant le nom 피곤 pʰigôn, mais non devant le verbe 하다 ha-da : 안 피곤하다 **an** pʰigônha-da, *ne pas être fatigué(e)* (cf. 일하다 ilha-da, *travailler* → 일 **안** 하다 **il an** ha-da, *ne pas travailler*).

***

▶ 연습 1 – 번역하십시오.
❶ 빨래가 방에 있습니다.
ppallè-ga bang-é iss-seubni-da

❷ 방이 안 예쁩니다.
bang-i an yéppeu-bni-da

❸ 정말 피곤합니다.
djongmal pʰigônha-bni-da

***

연습 2 – 빈칸을 채우십시오.
❶ Je nettoie la chambre.
방을 _ _ _ _ _.
bang-eul . . . .

❷ Je ne cuisine pas à la maison.
집에서 요리를 _ 합니다.
djib-é-so yô-li-leul . . hab-ni-da

❸ Je fais la lessive et le ménage.
_ _ _ _ 청소를 합니다.
. . . . tchong-sô-leul hab-ni-da

***

연습 3 – 한글로 쓰십시오.
❶ il-yô-il, *dimanche* **❷** yô-li, *cuisine* **❸** bang, *chambre*

5 – Non, [je] ne suis pas fatigué(e)." *(non, ne-pas être-fatigué)*

***

❹ 빨래를 합니다.
ppallè-leul ha-bni-da

❺ 청소를 안 합니다.
tchongsô-leul an ha-bni-da

Corrigé de l'exercice 1
❶ Le linge sale *(lessive)* est dans la chambre. ❷ La chambre n'est pas jolie. ❸ Je suis vraiment fatigué(e). ❹ Je fais la lessive. ❺ Je ne fais pas le ménage.

***

❹ Je ne suis pas fatigué(e).
_ 피곤해요.
.. pʰi-gôn-hè-yô

Corrigé de l'exercice 2
❶ – 청소합니다 ❷ – 안 – ❸ 빨래하고 – ❹ 안 –
❶ – tchong-sô-hab-ni-da ❷ – an – ❸ ppal-lè-ha-gô – ❹ an –

***

Corrigé de l'exercice 3
❶ 일요일 ❷ 요리 ❸ 방

Nous sommes très fiers de vous voir arriver jusqu'ici ! Quelle progression ! À présent, nous vous invitons à faire le point sur ce que vous avez appris cette semaine dans la leçon de révision qui suit. À demain !

14

제십사 과
djé-sib-sa gwa *[djé-chiᵖ-ssa gwa]*

복습 – Révision

1 Les particules (suite)

1.1 Les particules de complément du verbe

Nous avons vu qu'il existe diverses particules : de thème 은 **-eun** / 는 **-neun**, de sujet 이 **-i** / 가 **-ga**, de COD 을 **-eul** / 를 **-leul**. Ajoutons à présent les particules découvertes dans cette série :

• la particule de lieu 에 **-é** indique la position des éléments (souvent avec le verbe 있다 **iss-da**, *se trouver*) ou la destination (souvent avec un verbe de déplacement) :

집에 있어요 **djib-é iss-oyô**, *[Je] suis à la maison*.

집에 가요 **djib-é g-ayô**, *[Je] vais à la maison*.

• la particule de lieu 에서 **-éso** marque le lieu d'une action (avec les verbes d'action) ou la provenance :

집에서 먹어요 **djib-éso mog-oyô**, *[Je] mange à la maison*.

집에서 와요 **djib-éso wa-yô**, *[Je] viens de chez moi*.

• la particule de complément d'objet indirect (COI) 에게 **-égé** :

친구에게 초콜릿을 줘요 **tchin'gou-égé tchôkʰôllis-eul djw-oyô**, *[Je] donne du chocolat à un ami*.

1.2 Les particules dans la phrase

C'est la nature du verbe qui décide s'il faut ajouter des éléments à la phrase (COD, COI, temps, destination, etc.). Il faut ensuite les identifier avec des particules.

• le verbe *aller* demande une destination (*où*) que l'on marquera par la particule de lieu 에 **-é**, *à*, *en*, etc., ex. : 학교에 가다 **haggyô-é ga-da**, *aller à l'école* ;

Quatorzième leçon

• le verbe *acheter* a besoin d'un COD (*quoi*) que l'on marque par la particule COD 을 **-eul** / 를 **-leul**, ex. : 빵을 사다 **ppang-eul sa-da**, *acheter du pain* ;

• le verbe *donner* demande un COD (*qqch.*) que l'on marquera par 을 **-eul** / 를 **-leul**, et éventuellement un COI (*à qqun*) que l'on marquera par 에게 **-égé** ; 빵을 여동생에게 주다 **ppang-eul yodôngsèng-égé djou-da**, *donner du pain à sa petite sœur* ;

• le verbe d'état 없다 **obs-da**, *ne pas exister*, a besoin d'un sujet (*qui/quoi*) que l'on marquera par la particule de sujet 이 **-i** / 가 **-ga**, ex. : 여동생이 없다 **yodôngsèng-i obs-da**, litt. "une petite sœur n'existe pas", *ne pas avoir de petite sœur*.

Notez bien que si vous vous trompez de particule, le sens de la phrase change. Regardons un exemple découlant du mauvais emploi des particules :

빵을 먹어요 ("pain[-particule de COD] manger"), *[Je] mange du pain*. (correct)

빵이 먹어요 ("pain[-particule sujet] manger"), *Le pain [me] mange. / Le pain mange (qqch.)*. (erreur)

2 Les verbes (suite)

2.1 La construction au style poli

Lorsque l'on accole au radical des éléments qui commencent par la consonne muette ㅇ (ex. : terminaison de style poli 어요 **-oyô** / 아요 **-ayô**, marque du passé 었 **-oss** / 았 **-ass**, etc.), le radical de certains verbes prend la forme irrégulière :

• Verbes irréguliers

Verbe	Style ultra formel	Style poli*
일하다 **ilha-da**, *travailler*	일합니다 **ilha-bni-da**	일해요 **ilhèyô**
고맙다 **gômab-da**, *être reconnaissant(e)*	고맙습니다 **gômab-seubni-da**	① 고마워요 **gômaw-oyô**
예쁘다 **yéppeu-da**, *être joli(e)*	예쁩니다 **yéppeu-bni-da**	② 예뻐요 **yépp-oyô**

* Les verbes prennent la forme irrégulière avec le style poli (dont la terminaison commence par la consonne muette), mais pas avec le style ultra formel (dont la terminaison ne commence pas par la consonne muette).
① Dans un radical dont la dernière lettre est la consonne ㅂ **b**, cette dernière, au style poli, se transforme en 우 **ou** : ex. : 고마우 **gômaou** + 어요 **-oyô** = 고마워요 **gômaw-oyô**.
② La dernière voyelle — **eu** du radical tombe : 예뻐 **yépp** + 어요 **-oyô** = 예뻐요 **yépp-oyô**.

• Verbes dont les voyelles sont élidées

가다, *aller* : 가 **ga** + 아요 **-ayô** = 가요 **g-ayô**
돌아오다, *rentrer* : 돌아오 **dôlaô** + 아요 **-ayô** = 돌아와요 **dôlaw-ayô**
다니다, *fréquenter* : 다니 **dani** + 어요 **-oyô** = 다녀요 **dany-oyô**
주다, *donner* : 주 **djou** + 어요 **-oyô** = 줘요 **djw-oyô**

2.2 Les verbes en 하다 *ha-da*

Voici une règle permettant, dans plusieurs cas, de produire des verbes à partir d'un nom : "nom + 하다 **ha-da**" forme des verbes (d'action et d'état) :
Verbe d'action :
공부 **gôngbou**, *étude* + 하다 = 공부(를) 하다*/공부하다, **gôngbou(leul) ha-da**, *étudier*
Verbe d'état :
피곤 **pʰigôn**, *fatigue* + 하다 = 피곤하다 **pʰigônha-da**, *être fatigué(e)*
* Les verbes d'action peuvent prendre la particule de COD ou non.

Attention, si vous utilisez la particule, il faut mettre une espace entre la particule et le verbe.

***

▶ 복습 대화

Vous avez appris beaucoup de choses pendant ces deux semaines. Il est temps de consolider vos acquis avec ce dialogue de révision. Vous y arriverez sans difficultés avec un peu de concentration. Bon courage !

1 회사에 갑니다.
hwésa-é ga-bni-da

2 제 가족이 서울에 있어요.
djé gadjôg-i so'oul-é iss-oyô

3 학교에서 돌아와요.
haggyô-éso dôlaw-ayô

4 옷을 사요. 그리고 소윤 씨에게 줘요.
ôs-eul s-ayô. geuligô sô-youn ssi-égé djw-oyô

5 신발이 없어요.
sinbal-i obs-oyô

6 집에서 친구들과 게임을 해요.
djib-éso tchin'gou-deul-gwa géim-eul hèyô

7 슈퍼에서 빵하고 우유를 사요.
syoupʰo-éso ppang-hagô ouyou-leul s-ayô

8 무엇을 마셔요 ?
mouos-eul masy-oyô

9 오늘 일을 안 해요. 안 피곤해요.
ôneul il-eul an hèyô. an pʰigônhèyô

10 가방이 정말 예뻐요.
gabang-i djongmal yépp-oyô

Traduction

1 Je vais au travail. **2** Ma famille est à Séoul. **3** Je rentre de l'école. **4** J'achète des vêtements et je les offre à So-yun. **5** Je n'ai pas de chaussures. **6** Je joue à des jeux avec mes amis à la maison.

15

제십오 과

Vous êtes à présent suffisamment familier avec le hangeul pour pouvoir vous passer de la transcription phonétique. À présent, vous ne trouverez plus que la translittération des éléments en coréen et, à l'occasion toutefois, la transcription phonétique lorsqu'un petit peu d'aide vous sera nécessaire.

서울
so'oul

1 서울은 사람이 많습니다. [1]
so'oul-eun salam-i manh-seubni-da

2 프랑스 마을도 있습니다. [2]
pʰeulangseu ma'eul-dô iss-seubni-da

3 '서래마을'입니다.
'solè-ma'eul'-i-bni-da

4 서울에 식당, 가게, 학원, 교회가
많습니다 [3].
so'oul-é sigdang, gagé, hagwon, gyôhwé-ga manh-
seubni-da

Remarque de prononciation

(1), (4) La consonne finale composée ㄶ transcrite **nh** se prononce tout simplement *[n]*, ex.: 많습니다 *[mann-sseum-ni-da]*.

: Notes

1 많다, **manh-da**, *être nombreux(-euses)* ; litt. "quant à Séoul (marqué par P.thème) les gens (marqué par P.sujet) sont nombreux". Voici une

7 J'achète le pain et le lait au supermarché. **8** Que buvez-vous ?
9 Je ne travaille pas aujourd'hui. Je ne suis pas fatigué(e). **10** Ce
sac est vraiment joli !

15

Quinzième leçon

[À] Séoul

1 Il y a beaucoup [de] monde à Séoul. *(Séoul[-P.thème]
personne[-P.sujet] être-nombreux)*

2 Il y a aussi un village français. *(France village-aussi
exister)*

3 [Il] s'appelle "seorae maeul". *(seorae village-être)*

4 À Séoul, il y a beaucoup [de] restaurants, [de]
magasins, [d']instituts privés [et d']églises. *(Séoul[-P.
lieu] restaurant, magasin, institut-privé église[-P.sujet] être-
nombreux)*

phrase typiquement coréenne : on y trouve un thème et un sujet.
On pourra aussi marquer *Séoul* de la particule de lieu, comme à la
phrase 4.

2 …이/가 있다 …*i/ga iss-da*, *exister*, peut être traduit par *il y a…* Dans
cette phrase, la particule spéciale 도 -*dô*, *aussi*, remplace la particule de
sujet (이/가 *i/ga*).

3 Les termes "식당 **sigdang**, *restaurant(s)*, 가게 **gagé**, *magasin(s)*, 학원
hagwon, *institut(s) privé(s)*, 교회 **gyôhwé**, *église(s)*" sont tous sujets de
être nombreux mais ceci ne sera spécifié qu'une seule fois, avec la particule de sujet 가 -**ga** placée à la fin du groupe de noms. 학원 **hagwon**,
institut(s) privé(s), est un établissement privé où l'on donne des cours
de soutien scolaire, de langues, de cuisine, de danse, d'art, où l'on peut
se préparer à un concours, etc.

5 담배 가게는 ⁴ 없습니다 ⁵.

dambè gagé-neun obs-seubni-da

Remarque de prononciation

(5) La consonne finale composée ᆹ transcrite **bs** se prononce *[ᵖ]*, ex. : 없습니다 *[oᵖ-sseum-ni-da]*, sauf en cas de liaison.

: Notes

4 Voici un exemple de l'utilisation des particules en contexte. Lorsqu'on introduit un nouveau sujet, on emploie la particule de thème au lieu de la particule de sujet, introduction sous-entendue ici dans la traduction à l'aide de *en revanche*.

***

▶ 연습 1 – 번역하십시오.

❶ 서울은 가게가 많습니다.
   so'oul-eun gagé-ga manh-seubni-da

❷ 다비드 씨는 서울을 좋아합니다.
   dabideu ssi-neun so'oul-eul djôhaha-bni-da

❸ 프랑스 마을에서 빵을 삽니다.
   pʰeulangseu ma'eul-éso ppang-eul sa-bni-da

***

연습 2 – 빈칸을 채우십시오.

❶ Où sont les restaurants ?
   _ _ _ 어디에 있어요 ?
   . . . . o-di-é iss-o-yô

❷ Y a-t-il beaucoup de magasins au village français ?
   _ _ _ _ _ _ 가게가 많아요 ?
   . . . . ga-gé-ga manh-a-yô

❸ Où est le bureau de tabac *(magasin de cigarettes)* ?
   담배 가게가 _ _ _ 있습니까 ?
   dam-bè ga-gé-ga . . . . . . iss-seub-ni-kka

5 [En revanche,] il n'y a pas de bureau de tabac.
(cigarette magasin[-P.thème] ne-pas-exister)

프랑스 마을에서
빵을 삽니다.

5 없다 obs-da, *ne pas exister* (vs 있다 iss-da, *exister*).

***

❹ 교회도 많습니다.
gyôhwé-dô manh-seubni-da

❺ 학원도 많습니까 ?
hagwon-dô manh-seubni-kka

Corrigé de l'exercice 1

❶ À Séoul, il y a beaucoup de magasins. ❷ David aime bien Séoul.
❸ J'achète du pain au village français. ❹ Il y a aussi beaucoup
d'églises. ❺ Y a-t-il aussi beaucoup d'instituts privés ?

***

❹ [En revanche,] il n'y a pas d'église ?
_ _ _ 없습니까 ?
. . . . obs-seub-ni-kka

❺ Que trouve-t-on le plus à Séoul *(quoi est nombreux à Séoul)* ?
서울에 _ _ _ 많습니까 ?
so-oul-é . . . . manh-seub-ni-kka

Corrigé de l'exercice 2

❶ 식당이 – ❷ 프랑스 마을에 – ❸ – 어디에 – ❹ 교회는 –
❺ – 무엇이 –
❶ sig-dang-i – ❷ pʰeu-lang-seu ma-eul-é – ❸ – o-di-é – ❹ gyô-hwé-
neun – ❺ – mou-os-i –

연습 3 – 한글로 쓰십시오.
❶ dam-bè, *cigarette* ❷ ma-eul, *village* ❸ ga-gé, *magasin*

***

서래마을 **solè ma'eul** *est un village résidentiel où vivent beaucoup d'expatriés français, situé dans le quartier Banpo-dong et Bangbae-dong à Séoul. L'installation du lycée français en 1985 fut l'occasion pour eux de se rassembler dans un même quartier. On y trouve des boulangeries, des restaurants, des bars à vin, des épiceries fran-çaises... tout pour assurer le confort de ses habitants expatriés. Même la signalisation est inscrite, par endroits, en français. Par ailleurs, un projet nommé* "**Little France**" *est en cours de construction : il s'agit*

16

제십육 과

▶

주차장
djoutchadjang

1 – 주차장이 어디예요 ?
djoutchadjang-i odi-yéyô

2 여기에서 멀어요 ¹ ?
yogi-éso mol-oyô

3 – 아니요. 가까워요 ². 바로 저기예요.
aniyô. gakkaw-oyô. balô djogi-yéyô

4 – 감사합니다 ³.
gamsaha-bni-da

Remarque de prononciation
(1), (2), (3), (5) Les consonnes placées devant la voyelle ㅣ i (ou les voyelles doubles composées de ㅣ i) se prononcent aspirées (sauf la consonne ㅅ s qui se prononce *[ch]*), ex.: 어디 **o-di** *[o-ti]* ; 여기 yo-gi *[yo-ki]* ; 저기 djo-gi *[djo-ki]* ; 다비드 da-bi-deu *[da-pi-deu]*.

Corrigé de l'exercice 3

❶ 담배 **❷** 마을 **❸** 가게

***

d'un village entièrement dédié au cinéma, à la musique, à l'art et à la littérature français. En Corée, vous ne trouverez pas de bureau de tabac mais des **편의점 pʰyoneuidjom**, *sorte de "dépanneurs", magasins ouverts 24 h sur 24, à votre disposition. Vous pourrez y trouver presque tout ce que vous voulez : des cigarettes, des magazines, des produits courants et aussi des aliments, etc. On peut même s'y arrêter pour manger un petit en-cas, comme dans un fast-food ! C'est vraiment très pratique !*

16

Seizième leçon

[Un] parking

1 – Où est le parking ? *(parking[-P.sujet] où-être)*
2 [C']est loin d'ici ? *(ici[-P.lieu] être-loin)*
3 – Non, [c']est proche. [C']est juste là-bas. *(non. être-proche. justement là-bas-être)*
4 – [Je vous en] remercie. *(remerciement-faire)*

Notes

1 멀다 **mol-da**, *être loin* (distance, temps, relation, etc.), est un verbe d'état. Ici, il prend la particule de lieu 에서 **-éso**, *de*, qui indique le point de départ.

2 가깝다, **gakkab-da**, *être proche* (distance, temps, relation, etc.), s'exprime ainsi au style poli : 가까워요 **gakkaw-oyô** (rappelez-vous des verbes irréguliers dont le radical se termine par ㅂ **b**).

3 감사 **gamsa**, *remerciement*, *gratitude* (mot sino-coréen) + 하다 **ha-da**, *faire* = *remercier*. Son emploi est presque identique à celui de 고맙 다 **gômab-da**, *être reconnaisant(e)*, *merci* (purement coréen), que l'on retrouve à la leçon 10.

5 다비드 씨는 차를 주차합니다 ⁴. ☐
dabideu ssi-neun tcha-leul djoutchaha-bni-da

Note

4 차 tcha, *voiture* ; 주차 djoutcha, *stationnement* ; 주차하다 djoutchaha-da, *(se) garer*.

***

▶ 연습 1 – 번역하십시오.
❶ 주차장이 어디에 있어요 ?
djoutchadjang-i odi-é iss-oyô

❷ 여기에서 가까워요 ?
yogi-éso gakkaw-oyô

❸ 저기예요 ?
djogi-yéyô

***

연습 2 – 빈칸을 채우십시오.
❶ Où est le parking ?
주차장이 ＿＿＿＿?
djou-tcha-djang-i . . . .

❷ Où se trouve le parking ?
주차장이 ＿＿＿ 있어요 ?
djou-tcha-djang-i . . . . . . iss-o-yô

❸ C'est un parking ?
＿＿＿＿＿＿?
. . . .

❹ [Il] gare [sa] voiture.
＿＿ 주차합니다.
. . . . djou-tcha-hab-ni-da

***

연습 3 – 한글로 쓰십시오.
❶ tcha, *voiture* **❷** djou-tcha, *stationnement* **❸** djou-tcha-ha-da, *(se) garer*

5 **David gare sa voiture.** *(David [hon.-P.thème] voiture[-P. COD] garer)*

***

❹ 서울에 주차장이 많아요 ?
so'oul-é djoutchadjang-i manh-ayô

❺ 멀어요 ? 가까워요 ?
mol-oyô ? gakkaw-oyô

Corrigé de l'exercice 1
❶ Où se trouve le parking ? ❷ C'est proche d'ici ? ❸ C'est là-bas ?
❹ Y a-t-il beaucoup de parkings à Séoul ? ❺ C'est loin ? C'est proche ?

***

❺ C'est proche d'ici.
여기에서 ＿＿＿＿．
yo-gi-é-so ....

Corrigé de l'exercice 2
❶ – 어디예요 ❷ – 어디에 – ❸ 주차장이에요 ❹ 차를 –
❺ – 가까워요
❶ – o-di-yé-yô ❷ – o-di-é – ❸ djou-tcha-djang-i-é-yô ❹ tcha-leul –
❺ – ga-kka-wo-yô

멀어요 ?

Corrigé de l'exercice 3
❶ 차 ❷ 주차 ❸ 주차하다

제십칠 과

▶

영화
yonghwa

1 – 어제 뭐 ¹ 했어요 ² ?
odjé mwo hè-ss-oyô

2 – 집에서 쉬었어요 ³. 소윤 씨는요 ?
djib-éso swi-oss-oyô. sô-youn ssi-neun-yô

3 – 집에서 음악도 듣고 영화도 ⁴ 봤어요 ⁵.
djib-éso eumag-dô deud-gô yonghwa-dô bw-ass-oyô

4 – 무슨 영화였어요 ?
mouseun yonghwa-y-oss-oyô

5 – 액션 영화였어요. 정말 재미있었어요. □
ègsyon yonghwa-y-oss-oyô. djongmal djèmiiss-oss-oyô

Remarque de prononciation

(3) La consonne finale ㄷ **d** étant à peine audible (elle se prononce *[ʰ]* très léger), la consonne suivante se prononce alors naturellement "durcie", ex. : 듣고 deud-gô *[deuᴸ-kkô]*.

: Notes

1 뭐 **mwo**, *quoi*, est la forme contractée de 무엇 **mouos**, *que*, que l'on emploie surtout à l'oral.

2 하다 **ha-da**, *faire*, s'exprime ainsi, au style poli, au passé : 했어요 **hè-ss-oyô** (하 **ha** + 었 **-oss**, marque du passé + 어요 **-oyô** contracté).

3 쉬다 **swi-da**, *se reposer*, au passé → 쉬었어요 **swi-oss-oyô** ; 재미있다 **djèmiiss-da**, *être drôle/amusant(e)/génial(e)* au passé → 재미있었어요 **djèmiiss-oss-oyô** (ph. 5). Le verbe 보다 **bô-da**, *regarder*, *voir* (ph. 3), se

Dix-septième leçon

[Un] film

1 – Qu'avez-[vous] fait hier ? *(hier quoi faire)*
2 – [Je] me suis reposé chez moi. Et [toi], So-yun ?
(maison[-P.lieu] se-reposer. So-yun [hon.-P.thème-politesse])
3 – [J']ai écouté [de la] musique et [j']ai aussi regardé un
film. *(maison[-P.lieu] musique-aussi écouter-et film-aussi
regarder)*
4 – [C']était quel [genre de] film ? *(quel film-être)*
5 – [C']était un film [d']action. [C']était génial. *(action
film-être. vraiment être-intéressant)*

contracte ainsi : 봤어요 **bw-ass-oyô** (보 **bô** + 았 **-ass** + 어요 **-oyô**) ; et
이다 **i-da**, *être* (ph. 4), au passé, donne 였어요 **y-oss-oyô** (이 **i** + 었 **-oss**
+ 어요 **-oyô**) quand on l'emploie après une voyelle.

4 고 **-gô**, *et*, s'accole au <u>radical du verbe</u> pour relier des phrases : 듣다
deud-da, *écouter* ; 듣고 **deud-gô**, *écouter et...* On peut également répéter la particule 도 **-dô**, *aussi* : 음악도 듣고 영화도... **eumag-dô deud-gô
yonghwa-dô**, "écouter à la fois de la musique et (regarder) un film".

5 La concordance des temps n'est pas obligatoire en coréen. Ici par
exemple, il suffit simplement d'indiquer la marque du passé sur le
dernier verbe, et juste sur celui-ci.

▶ 연습 1 – 번역하십시오.
   ❶ 어제 집에서 영화를 봤어요.
   odjé djib-éso yonghwa-leul bw-ass-oyô

   ❷ 피곤했어요.
   pʰigônhè-ss-oyô

   ❸ 무슨 영화를 봤어요 ?
   mouseun yonghwa-leul bw-ass-oyô

***

연습 2 – 빈칸을 채우십시오.
   ❶ Quel film as-tu regardé hier ?
   어제 무슨 영화를 ___ ?
   o-djé mou-seun yong-hwa-leul ....

   ❷ C'était quel film ?
   무슨 _____ ?
   mou-seun ....

   ❸ J'ai fait le ménage dans la chambre *(nettoyer la chambre)*.
   방을 _____ .
   bang-eul ....

***

연습 3 – 한글로 쓰십시오.
   ❶ **eum-ag**, *musique* ❷ **yong-hwa**, *film* ❸ **o-djé**, *hier*

❹ 돈이 없었어요.
dôn-i obs-oss-oyô

❺ 소윤 씨도 집에서 쉬었어요 ?
sô-youn ssi-dô djib-éso swi-oss-oyô

Corrigé de l'exercice 1
❶ Hier, j'ai regardé un film chez moi. **❷** J'étais fatigué(e). **❸** Quel film avez-vous regardé ? **❹** Je n'avais pas d'argent. **❺** So-yun, toi aussi, tu t'es reposée chez toi ?

***

❹ J'ai acheté du lait au magasin.
가게에서 우유를 ___.
ga-gé-é-so ou-you-leul ....

❺ C'était génial.
_____.
....

Corrigé de l'exercice 2
❶ – 봤어요 **❷** – 영화였어요 **❸** – 청소했어요 **❹** – 샀어요
❺ 재미있었어요
❶ – bwass-o-yô **❷** – yong-hwa-yoss-o-yô **❸** – tchong-sô-hèss-o-yô
❹ – sass-o-yô **❺** djè-mi-iss-oss-o-yô

***

Corrigé de l'exercice 3
❶ 음악 **❷** 영화 **❸** 어제

제십팔 과

▶

약속
yagsôg

1 – 언제 어디서 ¹ 봐요 ² ?
ondjé odi-so bw-ayô

2 – 이번 주 금요일에 ³ 종로 극장 앞에서
봐요 ⁴ !
ibon djou geumyôil-é djônglô geugdjang apʰ-éso
bw-ayô

3 – 좋아요 ⁵ ! 그런데, 그 ⁶ 극장에 어떻게
가요 ?
djôh-ayô ! geulondé geu geugdjang-é ottohgé g-ayô

4 – 소윤 씨는 거길 몰라요 ⁷ ?
sô-youn ssi-neun gogi-l moll-ayô

▌: Notes

1 On peut poser plusieurs questions dans une même phrase en enchaî-
nant les pronoms interrogatifs : 언제 ondjé, *quand* ; 어디 odi, *où*, etc. 어
디서 odi-so est la forme contractée de 어디 odi, *où* + 에서 -éso (particule de lieu), que l'on utilise à l'oral.

2 보다 bô-da, signifie *se voir* mais peut aussi vouloir dire *se retrouver, se
rencontrer*. Au style poli, il se contracte ainsi : 봐요 bw-ayô (보 bô + 아
요 -ayô).

3 Remarquez la particule 에 -é. Il ne s'agit pas de la particule de lieu ici,
mais de la particule de temps.

4 Le verbe exprimé au style poli peut représenter, selon le contexte, une
proposition, une invitation (sous forme d'un impératif de la première
personne du pluriel, par ex. : *allons, achetons, visitons*, etc., ou encore

Dix-huitième leçon

[Un] rendez-vous

1 – Quand est-ce qu'[on se] voit [et] où ? *(quand où[-P.lieu) se-voir)*

2 – Retrouvons[-nous] ce vendredi devant le cinéma [de] Jongno ! *(cette semaine vendredi[-P.temps] Jongno cinéma devant[-P.lieu] se-voir)*

3 – Ok ! Au fait, comment [m']y rendre ? *(être-bien ! au-fait, [démonstratif] cinéma[-P.lieu] comment aller)*

4 – [Vous] ne savez pas [où c'est], So-yun ? *(So-yun [hon.-P. thème] là[-P.COD] ignorer)*

let's en anglais). 봐요 **bw-ayô** veut donc dire *rencontrons-nous, retrouvons-nous*, à l'image de 가요 **g-ayô**, *allons* (ph. 5), que l'on peut éventuellement accompagner de 같이 **gatʰ-i**, *ensemble*, afin de souligner cette idée de proposition, d'invitation, de réunion. 극장 **geugdjang** signifie *(salle de) cinéma, spectacle, théâtre*. On peut aussi dire 영화관 **yonghwagwan**, *(salle de) cinéma*, où l'on peut aller voir un 영화 **yonghwa**, *film*.

5 Le verbe d'état 좋다 **djôh-da**, *être bien*, est souvent utilisé pour montrer l'accord et peut signifier *Ok, C'est bien, Je suis d'accord…*

6 그 **geu**, *ce(tte)…-là*, est un pronom démonstratif que l'on emploie pour reprendre un élément qui est censé être connu ou mentionné précédemment. Il est comparable à l'article défini en français. Pour désigner un lieu, on utilise 거기 **gogi**, *cet endroit-là*, que l'on retrouve à la phrase suivante : 거기 **gogi** + 를 **-leul** → 거길 **gogi-l** (la particule de COD se contracte à l'oral).

7 모르다 **môleu-da**, *ignorer, ne pas connaître/savoir*, se conjugue d'une façon irrégulière au style poli : 몰ㄹ **môll** (le ㄹ **leu** du radical se transforme en ㄹㄹ **ll**). Ici, on lui ajoute 아요, et enfin, les deux se contractent : 몰라요 **môll-ayô**.

5 – 네 ⁸, 몰라요. 같이 가요 !　□
né, moll-ayô. gatʰi g-ayô

Remarque de prononciation
(5) Lorsque la consonne finale ㅌ tʰ *[tʰ]* rencontre la syllabe 이 i *[i]*, elles se prononcent 치 *[tchi]*, ex. : 같이 gatʰ-i *[ga-tchi]*. On appelle cela l'effet de palatalisation.

Note

8 Pour répondre à une question à la forme interro-négative en coréen, on dira soit "non, [je le] connais" ou "oui, [je ne le] connais pas". Cela change du français, n'est-ce pas ?

***

▶ 연습 1 – 번역하십시오.
❶ 이번 주 금요일에 어디서 봐요 ?
ibon djou geumyôil-é odi-so bw-ayô

❷ 극장 앞에서 봐요 !
geugdjang apʰ-éso bw-ayô

❸ 회사에 같이 가요 !
hwésa-é gatʰi g-ayô

***

연습 2 – 빈칸을 채우십시오.
❶ Vous ne le connaissez pas ? (style poli)
_ _ _ ?
. . . .

❷ D'accord ! Allons-y ensemble !
좋아요 ! _ _ 가요.
djôh-a-yô ! . . . . . . ga-yô

❸ Retrouvons-nous à ce cinéma-là !
_ _ _ _ _ 봐요 !
. . . . bwa-yô

5 – Non, [je] ne [le] connais pas, [alors] allons[-y]
ensemble ! *(oui, ignorer, ensemble aller)*

***

❹ 거기에 어떻게 가요 ?
gogi-é ottohgé g-ayô

❺ 어제 극장에 갔어요 ?
odjé geugdjang-é g-ass-oyô

Corrigé de l'exercice 1
❶ Où est-ce qu'on se voit ce vendredi ? ❷ Retrouvons-nous devant le
cinéma ! ❸ Allons au travail ensemble ! ❹ Comment j'y vais ? ❺ Hier,
es-tu allé(e) au cinéma ?

***

❹ Au fait, quand est-ce qu'on se voit ?
_ _ _, 언제 봐요 ?
. . . . on-djé bwa-yô

❺ Ok ! (style poli)
_ _ _ !
. . . .

Corrigé de l'exercice 2
❶ 몰라요 ❷ – 같이 – ❸ 그 극장에서 – ❹ 그런데 – ❺ 좋아요
❶ mol-la-yô ❷ – gatʰ-i – ❸ geu geug-djang-é-so – ❹ geu-lon-dé –
❺ djôh-a-yô

연습 3 – 한글로 쓰십시오.

❶ on-djé, *quand* ❷ o-di, *où* ❸ geug-djang, *(salle de) cinéma, spectacle, théâtre*

***

종로구 **Jongno-gu** *est un arrondissement de Séoul devenu très commerçant depuis la dynastie Joseon (1392-1910). C'est ici que la première station de métro a été installée en 1974. Une certaine harmonie entre modernité et tradition s'y est installée : de nombreux gratte-ciel et des monuments traditionnels s'y côtoient. On y trouve les grands palais royaux de la dynastie Joseon dont le palais Gyeongbok,* 경복궁 **gyongbôgoung,** *bâtiment principal parmi les cinq grands palais. On retrouve également le palais Changdeok,* 창덕궁 **tchangdoggoung,** *palais secondaire longtemps occupé pendant l'invasion japonaise ; le palais Gyeonghui,* 경희궁 **gyongheuigoung,**

___

19

제십구 과

남자 친구, 여자 친구 ¹
namdja tchin'gou, yodja tchin'gou

1 소윤 씨는 아주 착하고 재미있습니다 ².
sô-youn ssi-neun adjou tchagha-gô djèmiiss-seubni-da

2 그래서 ³ 친구들이 많습니다.
geulèso tchin'gou-deul-i manh-seubni-da

Remarque de prononciation
(1) Lorsque les consonnes finales ㄱ g, ㄷ d ou ㅂ b sont suivies ou précédées de la consonne ㅎ h, elles se prononcent de manière aspirée, respectivement $[k^h]$, $[t^h]$ ou $[p^h]$; ex. : 착하고 **tchag-ha-gô** se prononce alors *[tcha-<u>k͟h</u>a-gô]* : ㄱ g + ㅎ h = $[k^h]$.

Notes

1 남자 친구 **namdja tchin'gou**, "homme ami", et 여자 친구 **yodja tchin'gou**, "femme amie", ne s'emploient que pour désigner son/sa

Corrigé de l'exercice 3

❶ 언제 ❷ 어디 ❸ 극장

***

en grande partie détruit pendant l'occupation par le Japon, recons-truit par la ville de Séoul et ouvert au public en 2002 ; le palais Changgyeong, **창경궁 tchanggyonggoung,** *que le roi Sejong le grand,* **세종대왕 sédjôngdèwang,** *également à l'origine du hangeul,* **한글 han'geul,** *a construit pour son père ; et enfin le palais Deoksu,* **덕수궁 dogsougoung,** *connu aussi sous le nom de palais Gyeongun,* **경운궁 gyong'oun'goung,** *qui se situe à Jung-gu (arrondissement li-mitrophe). On trouve également dans cet arrondissement la Maison Bleue,* **청와대 tchong'wadè,** *où le président de la République de Corée réside.*

───────────────────────

19

Dix-neuvième leçon

Petit ami, petite amie

1 So-yun est très gentille et amusante. *(So-yun [hon.-P. thème] très être-gentil-et être-amusant)*

2 C'est pourquoi [elle] a beaucoup d'amis. *(donc ami[-pluriel-P.sujet] être-nombreux)*

petit(e) ami(e). Ne les utilisez pas pour mentionner une relation ami-cale. Quel terme utiliser dans ce cas ? Tout simplement le mot 친구 **tchin'gou,** *ami(e).*

2 착하 (착하다 **tchagha-da,** *être gentil(le), sympa*) + 고 **-gô,** *et* + 재미있 (재미있다 **djèmiiss-da,** *être amusant(e)*) + 습니다 **-seubni-da,** terminaison de style ultra formel. Voici un nouvel exemple de deux phrases reliées grâce au connecteur 고 **-gô,** *et.*

3 그래서 **geulèso,** *alors, donc, ainsi, pour cette raison,* s'emploie au début d'une phrase.

3   소윤 씨는 남자 친구가 있습니다 [4].
sô-youn ssi-neun namdja tchin'gou-ga iss-seubni-da

4   멋있고 자상합니다. [5]
mosiss-gô djasangha-bni-da

5 –   "그런데 다비드 씨도 여자 친구가
있어요 ?"
geulondé dabideu ssi-dô yodja tchin'gou-ga iss-oyô

6 –   "네, 저 [6] 사람이 제 여자 친구예요." □
né, djo salam-i djé yodja tchin'gou-yéyô

Notes

4   Faisons un point sur la traduction réelle du verbe d'état 있다 iss-da, *exister* : ...에 있다 *...é iss-da*, *se trouver / être quelque part* (leçon 9) ; ...이/가 있다 *...i/ga iss-da*, *il y a...*, *avoir...* (leçon 15) ; ainsi la forme A 은/는 B 이/가 있다 *A eun/neun B i/ga iss-da*, litt. "quant à A (marqué par la P.thème), B (marqué par la P.sujet) exister" signifie : *A avoir B*, ex. : 소윤 씨는 남자 친구가 있습니다 **sô-youn ssi-neun namdja tchin'gou-ga iss-seubni-da**, *So-yun a un petit ami*.

***

▶ 연습 1 – 번역하십시오.
❶ 다비드 씨는 여자 친구가 있습니다.
dabideu ssi-neun yodja tchin'gou-ga iss-seubni-da

❷ 소윤 씨도 남자 친구가 있습니다.
sô-youn ssi-dô namdja tchin'gou-ga iss-seubni-da

❸ 소윤 씨는 친구가 많습니다.
sô-youn ssi-neun tchin'gou-ga manh-seubni-da

❹ 소윤 씨는 학교에 친구들이 많습니다.
sô-youn ssi-neun haggyô-é tchin'gou-deul-i manh-seubni-da

❺ 그런데 저 사람이 누구예요 ?
geulondé djo salam-i nougou-yéyô

3 So-yun a [un] petit ami. *(So-yun [hon.-P.thème] homme ami[-P.sujet] exister)*

4 [Il] est charmant et galant. *(être-charmant-et être-galant)*

5 – "Au fait, David, as-tu aussi [une] petite amie ? *(au-fait, David [hon.]-aussi femme ami[-P.sujet] exister)*

6 – Oui, cette personne là-bas, [c']est ma petite amie." *(oui, [démonstratif] personne[-P.sujet] ma femme amie-être)*

5 Le verbe d'état 멋있다 **mosiss-da**, *être charmant/séduisant/chic*, qui s'applique souvent à un sujet masculin, est relié au verbe d'état 자상하다 **djasangha-da**, *être galant(e)/attentionné(e)/bienveillant(e)*, par le connecteur 고 **-gô**, *et*.

6 Le pronom démonstratif 저 **djo**, *cet(te)... là-bas*, s'emploie pour désigner un élément à la fois loin des personnes qui parlent et de celle(s) à qui l'on parle. On le place devant le mot désigné, ex.: 저 사람 **djo salam**, *cette personne là-bas*.

소윤 씨는 친구가 많습니다.

Corrigé de l'exercice 1

❶ David a une petite amie. ❷ So-yun aussi a un petit ami. ❸ So-yun a beaucoup d'amis. ❹ So-yun a beaucoup d'amis à l'école. ❺ Au fait, qui est cette personne(-là) ?

연습 2 – 빈칸을 채우십시오.

❶ Il est gentil et amusant.
　　___ 재미있어요.
　　.......... djè-mi-iss-o-yô

❷ C'est cette personne là-bas.
　　_ 사람이에요.
　　... sa-lam-i-é-yô

❸ Cette personne là-bas est mon ami(e).
　　저 ___ 제 친구예요.
　　djo .... djé tchin-gou-yé-yô

***

연습 3 – 한글로 쓰십시오.
❶ **djo-gi**, *là-bas* ❷ **nam-dja tchin-gou**, *petit ami* ❸ **yo-dja tchin-gou**, *petite amie*

20

제이십 과

책과 컴퓨터
tchèg-gwa kʰompʰyoutʰo

1 소윤 씨 앞에 한국어 책이 있습니다.
　sô-youn ssi apʰ-é han'gougo tchèg-i iss-seubni-da

2 컴퓨터가 다비드 씨 옆에 있습니다.
　kʰompʰyoutʰo-ga dabideu ssi yopʰ-é iss-seubni-da

❹ J'ai aussi une petite sœur.

_ _ _ _ 있어요.

. . . . iss-o-yô

❺ Moi aussi, j'ai une petite sœur.

_ _ 여동생이 있어요.

. . . . . . yo-dông-sèng-i iss-o-yô

Corrigé de l'exercice 2

❶ 착하고 – ❷ 저 – ❸ – 사람이 – ❹ 여동생도 – ❺ 저도 –
❶ tchag-ha-gô – ❷ djo – ❸ – sa-lam-i – ❹ yo-dông-sèng-dô – ❺ djo-
dô –

***

Corrigé de l'exercice 3

❶ 저기 ❷ 남자 친구 ❸ 여자 친구

***

***Vous avez bien avancé dans l'apprentissage du vocabulaire. À
présent, essayez de dire en coréen que vous avez un(e) petit(e)
ami(e) ou encore un*** 남편 **nampʰyon,** *mari, **ou une*** 아내 **anè,**
*femme, **si vous êtes marié(e). Bravo !***

20

Vingtième leçon

Un livre et un ordinateur
(livre-et ordinateur)

1   Il y a [un] livre [de] coréen devant So-yun. *(So-yun
    [hon.] devant[-P.lieu] coréen livre[-P.sujet] exister)*
2   Il y a [un] ordinateur à côté [de] David. *(ordinateur[-P.
    sujet] David [hon.] côté[-P.lieu] exister)*

3 – "소윤 씨, 그 ¹ 한국어 책이 어때요 ² ?"
sô-youn ssi, geu han'gougo tchèg-i ottèyô

4 – "음, 어렵지 않아요 ³. 재미있어요.
eum, olyob-dji anh-ayô. djèmiiss-oyô

5 다비드 씨, 그 컴퓨터를 어디서
샀어요 ⁴ ?"
dabideu ssi, geu kʰompʰyoutʰo-leul odi-so s-ass-oyô

6 – "동대문 근처 쇼핑센터에서 샀어요." □
dôngdèmoun geuntcho syôpʰingséntʰo-éso s-ass-oyô

Remarque de prononciation

(4) La consonne finale ㅂ **b** se prononce *[ᵖ]* à peine audible, sauf en cas de liaison, et la consonne suivante se prononce naturellement d'une façon durcie, ex. : 어렵지 **o-lyob-dji** *[o-Ryoᵖ-tsi]*.

: Notes

1 L'adjectif démonstratif 그 **geu** a deux fonctions : désigner un élément (objet ou personne) déjà mentionné (cf. 그 극장 **geu geugdjang**, *la (salle de) cinéma*), ou indiquer un élément qui se trouve près de la personne à qui l'on parle. Ainsi, David emploie 그 한국어 책 **geu han'gougo tchèg**, *ce livre de coréen-là*, pour indiquer l'objet près de So-yun ; et So-yun à son tour, dans la phrase 5, désigne 그 컴퓨터 **geu kʰompʰyoutʰo**, *cet ordinateur-là* (près de David).

2 Le verbe d'état 어떻다 **ottoh-da**, *être comment*, se conjugue de manière irrégulière au style poli : 어때요 **ottèyô**. Il sert à demander une opinion

***

▶ 연습 1 – 번역하십시오.

❶ 동대문 근처에 쇼핑센터가 있습니다.
dôngdèmoun geuntcho-é syôpʰingséntʰo-ga iss-seubni-da

❷ 컴퓨터 앞에 무엇이 있어요 ?
kʰompʰyoutʰo apʰ-é mouos-i iss-oyô

❸ 한국어가 어때요 ?
han'gougo-ga ottèyô

3 – "So-yun, comment est ce livre de coréen-là ? *(So-yun [hon.] [démonstratif] coréen livre[-P.sujet] être-comment)*

4 – Hum… [Il] n'est pas difficile [à lire, et il] est intéressant. *(hum, être-difficile-ne-pas. être-intéressant)*

5 David, où avez[-vous] acheté cet ordinateur ? *(David [hon.], [démonstratif] ordinateur[-P.COD] où[-P.lieu] acheter)*

6 – [Je l']ai acheté au centre commercial près [de] Dongdaemun." *(Dongdaemun près centre-commercial[-P. lieu] acheter)*

sur le sujet dont il est question, ou d'en faire une description. L'adverbe interrogatif 어떻게 **ottoh-gé**, *comment*, vient de ce verbe.

3 지 않다 **-dji anh-da**, *ne… pas*, s'accole directement au radical du verbe pour constituer sa forme négative (cet élément est plus formel que la marque de négation 안). Observons sa construction : verbe d'état 어렵 (어렵다 **olyob-da**, *être difficile*) + 지 않 (지 않다 **-dji anh-da**, *ne…pas*, négation) + 아요 **-ayô** = 어렵지 않아요, *(ce) n'est pas difficile*. N'oubliez pas la terminaison de style (ici 아요 **-ayô**, poli).

4 사 (사다 **sa-da**, *acheter*) + 았 **-ass**, marque du passé + 어요 **-oyô** = 샀어요 **s-ass-oyô**, *avoir acheté* (아 **a** contracté). Contrairement à la conjugaison au style ultra formel, le verbe conjugué au style poli 어요 / 아요 **-oyô/-ayô** peut s'utiliser à la forme interrogative (avec le point d'interrogation) et aussi à la forme déclarative (ph. 6).

***

❹ 책이 많지 않아요.
tchèg-i manh-dji anh-ayô

❺ 컴퓨터를 사지 않았어요.
kʰompʰyoutʰo-leul sa-dji anh-ass-oyô

Corrigé de l'exercice 1
❶ Le centre commercial se trouve près de Dongdaemun. ❷ Qu'est-ce qu'il y a devant l'ordinateur ? ❸ Comment trouvez-vous la langue coréenne ? ❹ Je n'ai pas beaucoup de livres. ❺ Je n'ai pas acheté d'ordinateur.

연습 2 – 빈칸을 채우십시오.

❶ Ce livre-là n'est pas intéressant. (style poli)
그 책이 _ _ _ _ _ _ _.
geu tchèg-i ....

❷ Comment est ce livre-là ? (style poli)
그 책이 _ _ _?
geu tchèg-i ....

❸ Où avez-vous acheté ce livre ? (style poli)
이 책을 어디서 _ _ _?
i tchèg-eul o-di-so ....

❹ Il est devant le centre commercial ?
쇼핑센터 _ _ 있어요 ?
syô-pʰing-sén-tʰo ..... iss-o-yô

❺ Il y a un ordinateur. (style poli)
컴퓨터가 _ _ _.
kʰompʰyoutʰo-ga ....

***

연습 3 – 한글로 쓰십시오.
❶ apʰ, *devant* ❷ yopʰ, *(à) côté (de)* ❸ geun-tcho, *près (de)*

***

La Corée a accueilli des mots venant de l'étranger, surtout de l'anglais. Ces mots, intégrés au vocabulaire coréen, ont alors pris une forme "coréanisée"; c'est de l'anglais, mais prononcé à la coréenne ! Il existe même ce que l'on appelle le 콩글리쉬 **kʰônggeulliswi (Konglish = Korean + English)**, *qui sonne comme de l'anglais mais qui, en fait, n'en est pas... Nous verrons des exemples très prochainement !*

Corrigé de l'exercice 2

❶ – 재미있지 않아요 ❷ – 어때요 ❸ – 샀어요 ❹ – 앞에 –
❺ – 있어요

❶ – djè-mi-iss-dji anh-ayô – ❷ – o-ttè-yô ❸ – sass-o-yô ❹ – apʰ-é –
❺ – iss-o-yô

책이 많지 않아요.

Corrigé de l'exercice 3

❶ 앞 ❷ 옆 ❸ 근처

**

Nous sommes très fiers de vous voir arriver jusqu'ici ! Quelle pro-
gression ! À présent, nous vous invitons à faire le point sur ce
que vous avez appris cette semaine dans la leçon de révision sui-
vante. À demain !

제이십일 과

복습 – Révision

1 Le pronom démonstratif

Nous avons vu les trois formes d'adjectifs démonstratifs qui existent en coréen : 이 **i**, 그 **geu**, 저 **djo** ; ceux-ci se placent devant le nom. Ils prennent en compte la distance entre la personne et l'élément désigné mais aussi la distance relative avec la personne à qui l'on parle :

이 **i** : désigne l'élément près du locuteur
ex. : 이 책 **i tchèg**, *ce livre-ci* (près de moi)

그 **geu** : désigne l'élément se trouvant plus près de la personne à qui l'on s'adresse que de la personne qui parle
ex. : 그 책 **geu tchèg**, *ce livre-là* (près de vous)

저 **djo** : désigne l'élément loin des deux interlocuteurs, à une distance telle qu'on ne peut le toucher
ex. : 저 책 **djo tchèg**, *ce livre là-bas* (qui se trouve loin de moi et de vous)

L'adjectif démonstratif 그 **geu** a une autre fonction : il peut indiquer un élément que l'on est censé connaître et qui est absent de la scène, ou désigner un élément déjà mentionné. Il renvoie à la fonction de l'article défini (*le, la, les*) en français : 그 책 **geu tchèg**, *le livre*.

Un lieu peut être indiqué par 여기 **yogi**, *ici* ; 거기 **gogi**, *là* (près de vous) / *là* (pas obligatoirement proche mais que l'on connaît) ; 저기 **djogi**, *là-bas* (loin).

Vingt et unième leçon

2 Les particules (suite)

2.1 Un thème et un sujet dans une phrase ?

Il est très fréquent de voir une particule de thème et une particule de sujet dans une même phrase en coréen. C'est une construction de phrase typiquement coréenne. Est-ce que cela signifie qu'il y a deux sujets dans la phrase ? Non ! On dit plutôt qu'il y a un thème (qui régit la phrase) et un sujet (qui ne régit que le verbe). Regardons les exemples suivants :

서울은 사람이 많습니다 **so'oul-eun salam-i manh-seubni-da***
("Séoul(thème), les gens(sujet) sont nombreux") → *Il y a du monde à Séoul.*

소윤 씨는 남자 친구가 있습니다 **sô-youn ssi-neun namdja tchin'gou-ga iss-seubni-da** ("So-yun(thème) petit ami(sujet) existe") → *So-yun a un petit ami.*

* On pourrait aussi dire : 서울에 사람이 많습니다 **so'oul-é salam-i manh-seubni-da** ("À Séoul(lieu) les gens(sujet) sont nombreux").

2.2 Une particule de sujet ou de thème ?

Nous avons déjà vu, dans la leçon de révision précédente, que le verbe d'état a besoin d'un sujet que l'on marque par la particule de sujet. Cependant, la particule de thème peut la remplacer dans un contexte particulier : lorsqu'il s'agit d'une comparaison et/ou d'un changement de sujet :

빵이 (marqué par la particule de sujet) 없습니다 **ppang-i obs-seubni-da**, *Il n'y a pas de pain.*

우유가 있습니다. 빵은 (marqué par la particule de thème) 없습니다 **ouyou-ga iss-seubni-da. ppang-eun obs-seubni-da** , *il y a du lait (or / en revanche / mais) il n'y a pas de pain.*

Il faut donc connaître le contexte pour bien l'utiliser !

3 Les verbes (suite)

3.1 La construction au style poli (suite)

Regardons les verbes dont le radical prend la forme irrégulière quand on le fait suivre d'éléments (terminaison de style, marque honorifique, de passé, etc.) commençant par la consonne ㅇ :

어떻다 **ottoh-da**, *être comment* → 어때요 **ottèyô** (ㅎ **h** du radical tombe et la terminaison 어요 **oyô** devient 애요 **èyô**).

모르다 **môleu-da**, *ignorer, ne pas connaître* → 몰라요 **môll-ayô** (irrégulier en 르 **leu** : 르 **leu** du radical se transforme en ㄹㄹ **ll**).

3.2 Les verbes au passé

La marque 았 **-ass** / 었 **-oss** accolée au radical d'un verbe indique le passé. La langue coréenne ne fait pas la différence entre le passé simple, le passé composé et l'imparfait. Il y a cependant un schéma à suivre pour former un verbe au passé. Voyons sa construction avec le verbe 먹다 **mog-da**, *manger*, étape par étape :

• isoler le radical : 먹 **mog**
• choisir l'indication : 먹 **mog** + 었 **-oss**

았 **-ass** : si la <u>dernière voyelle</u> du radical est ㅏ **a** ou ㅗ **ô** ; 었 **-oss** : si elle est autre que ㅏ **a** ou ㅗ **ô**
• choisir la terminaison de style :

습니다 **-seubni-da** pour le style ultra formel → 먹었습니다 **mog-oss-seubni-da**

어요 **-oyô** pour le style poli → 먹었어요 **mog-oss-oyô**

3.3 La construction au passé irrégulier

Quand on construit un verbe au passé, <u>quelle que soit sa terminaison de style</u>, certains verbes, comme par exemple ceux se terminant en ㅎ **h**, 르 **leu**, 하 **ha**, — **eu** et en ㅂ **b**, prennent leurs formes modifiées (irrégulières) car on leur fait suivre la marque du passé (었/았 **-oss/-ass**) qui commence par la consonne muette ㅇ. N'oubliez pas la contraction des voyelles.

Verbe	Style ultra formel	Style poli
하다 **ha-da**, *faire*	했습니다 **hè-ss-seubni-da**	했어요 **hè-ss-oyô**
이다* **i-da**, *être*	이었습니다 / 였습니다 **i-oss-seubni-da / y-oss-seubni-da**	이었어요 / 였어요 **i-oss-oyô / y-oss-oyô**

모르다 **môleu-da**, *ignorer* → 몰랐습니다 **môll-ass-seubni-da** / 몰랐
어요 **môll-ass-oyô**

예쁘다 **yéppeu-da**, *être joli(e)* → 예뻤습니다 **yépp-oss-seubni-da** /
예뻤어요 **yépp-oss-oyô**

고맙다 **gômab-da**, *remercier* → 고마웠습니다 **gômaw-oss-seubni-da**
/ 고마웠어요 **gômaw-oss-oyô**

* Le verbe *être* est toujours spécial et prend soit l'une, soit l'autre
forme selon la dernière lettre du mot précédent (complément du
verbe *être*) :

소윤 **sô-youn** + 이었어요 **i-oss-oyô** (après une consonne), *C'était
So-yun* ;

영화 **yonghwa** + 였어요 **y-oss-oyô** (après une voyelle), *C'était un film.*

3.4 L'emploi du style poli

Le verbe exprimé au style poli peut dénoter plusieurs modes :
déclaratif, interrogatif, impératif ou encore "exhortatif" (une proposition / invitation à faire quelque chose ensemble, à l'image de
let's en anglais, aussi appelé impératif de la première personne du
pluriel, ex. : *allons*, *partons*, etc.) :

극장 앞에서 봐요 ! **geugdjang apʰ-éso bw-ayô**, *Retrouvons-nous /
On se voit devant le cinéma !*

같이 가요 ! **gatʰi g-ayô**, *Allons-y ensemble !*

3.5 La conjonction de coordination 고 -*gô* et le verbe
auxiliaire 지 않다 -*dji anh-da*

Le connecteur 고 -**gô**, *et*, est une conjonction de coordination qui
s'emploie après le radical verbal pour relier des phrases :

소윤 씨는 착합니다 **sô-youn ssi-neun tchagha-bni-da** + 재미있습니다 **djèmiiss-seubni-da** = 소윤 씨는 착하고 재미있습니다, **sô-youn ssi-neun tchagha-gô djèmiiss-seubni-da**, *So-yun est gentille et amusante.*

En coréen, il existe plusieurs verbes auxiliaires qui s'accolent au radical pour y ajouter des notions de négation, de souhait, de possibilité, d'hypothèse, etc. On l'appellera "verbe" car grammaticalement, c'est un verbe, et "auxiliaire" car il joue un rôle secondaire. Attention ! Il ne faut pas oublier d'ajouter un style à la fin, ex. : 어렵다 **olyob-da**, *être difficile*
• isoler le radical : 어렵 **olyob**
• accoler le verbe auxiliaire : 어렵 **olyob** + 지 않다 **-dji anh-da**
• choisir la terminaison de style : 어렵지 않습니다 **olyb-dji anh-seubni-da** / 어렵지 않아요 **olyob-dji anh-ayô**, *(Ce) n'est pas difficile.*

***

복습 대화

1 주차장에 차가 있습니다.
djoutchadjang-é tcha-ga iss-seubni-da

2 동대문 근처 쇼핑센터에서 쇼핑해요.
dôngdèmun geuntcho syôphingséntho-éso syôphinghèyô

3 극장이 멀지 않아요. 가까워요.
geugdjang-i mol-dji anh-ayô. gakkaw-oyô

4 제 여자 친구는 아주 착해요.
djé yodja tchin'gou-neun adjou tchaghèyô

5 서래마을에 프랑스 사람이 많습니다.
solèma'eul-é pheulangseu salam-i manh-seubni-da

6 오늘 같이 영화를 봐요 !
ôneul gathi yonghwa-leul bw-ayô

3.6 Le verbe 있다 *iss-da*

Le verbe d'état 있다 **iss-da**, *exister*, exprime l'existence (≈ *il y a, se trouver quelque part, être quelque part*) ainsi que la possession (*avoir*) :

저기에 차가 있습니다 **djogi-é tcha-ga iss-seubni-da**, *Il y a une voiture là-bas.*

다비드 씨는 차가 있습니다 **dabideu ssi-neun tcha-ga iss-seubni-da**, *David a une voiture.*

다비드 씨는 차에 있습니다 **dabideu ssi-neun tcha-é iss-seubni-da**, *David est dans la voiture.*

***

7 그 영화가 어땠어요 ?
geu yonghwa-ga ottè-ss-oyô

8 제 남자 친구가 멋있고 재미있어요.
djé namdja tchin'gou-ga mosiss-gô djèmiiss-oyô

9 책이 컴퓨터 옆에 있어요.
tchèg-i kʰompʰyoutʰo yopʰ-é iss-oyô

10 다비드 씨를 몰라요 ?
dabideu ssi-leul môll-ayô

Traduction
1 Il y a des voitures dans le parking. **2** Je fais du shopping au centre commercial près de Dongdaemun. **3** Le cinéma n'est pas loin. C'est à côté. **4** Ma petite amie est très gentille. **5** Il y a beaucoup de Français au village Seorae. **6** Aujourd'hui, regardons un film ensemble ! **7** Comment était le film ? **8** Mon petit ami est charmant et drôle. **9** Le livre est à côté de l'ordinateur. **10** Tu ne connais pas David ?

제이십이 과

▶

곰 세 마리 [1] ♪
gôm sé mali

1 곰 세 마리가 [2] 한 집에 있어 [3].
gôm sé mali-ga han djib-é iss-o

2 아빠 곰, 엄마 곰, 애기 [4] 곰.
appa gôm, omma gôm, ègi gôm

3 아빠 곰은 뚱뚱해. [5]
appa gôm-eun ttoungttounghè

4 엄마 곰은 날씬해.
omma gôm-eun nalssinhè

5 애기 곰은 [6] 너무 [7] 귀여워 [8].
ègi gôm-eun nomou gwiyow-o

6 으쓱 으쓱 [9]
eusseug eusseug

잘 한다 [10].   □
djal ha-nda

◼ : Notes

1 마리 **mali** est un classificateur qui sert à compter les animaux.

2 Il existe deux systèmes de comptage en coréen : le système coréen (ex.: 세 **sé**, *trois*) et le système sino-coréen (ex.: 삼 **sam**, *trois*). Le premier sert à dénombrer des éléments (personne, objet, animal, etc.) et à exprimer les heures et l'âge (nous verrons ceci dans les leçons suivantes) ; à noter que le chiffre s'accompagne d'un classificateur adapté à l'élément.

3 Le verbe d'état 있다 **iss-da**, *exister, se trouver, il y a*, s'exprime ainsi au style familier : 있 **iss** + 어 **-o** = 있어 **iss-o** ; il faut retirer la dernière lettre du style poli, 요 **-yô**.

Vingt-deuxième leçon

Trois ours ♪
(ours trois [classificateur pour les animaux])

1 Il y a trois ours dans une maison. *(ours trois [classificateur pour les animaux-P.sujet] même maison[-P.lieu] exister)*

2 Papa ours, maman ours [et] bébé ours. *(papa ours, maman ours, bébé ours)*

3 Papa ours est gros. *(papa ours[-P.thème] être-gros)*

4 Maman ours est mince. *(maman ours[-P.thème] être-mince)*

5 Bébé ours est très mignon. *(bébé ours[-P.thème] trop être-mignon)*

6 *Hop hop ! (haussement d'épaules)*
[Il le] fait bien ! *([onomatopée] bien faire)*

---

4 À l'oral, comme dans le cas de cette comptine destinée à être chantée, on peut utiliser le terme 애기 **ègi**, *bébé*, mais à l'écrit, il faut impérativement utiliser 아기 **agi**.

5 뚱뚱하다 **ttoungttoungha-da**, *être gros(se)*, devient 뚱뚱해 **ttoungttounghè** au style familier, tout comme 날씬해 **nalssinhè** (날씬하다 **nalssinha-da**, *être mince*), à la phrase 4.

6 Rappel : L'utilisation de la particule de thème 은 **-eun** (plutôt que la particule de sujet 이 **-i**) souligne une comparaison entre les trois protagonistes : papa ours vs maman ours vs bébé ours.

7 너무 **nomou**, *trop, excessivement*, s'emploie souvent à l'oral pour marquer l'emphase.

8 귀엽다 **gwiyob-da**, *être mignon(ne)*, devient 귀여워 **gwiyow-o** au style familier (verbe irrégulier en ㅂ **b**).

9 으쓱 으쓱 **eusseug eusseug** est une onomatopée qui imite le haussement d'épaules.

10 한다 **ha-nda** : 하 **ha** (하다, *faire*) + ㄴ다 **-n-da** (après une voyelle). Cette terminaison 는다 **-neun-da** (après une consonne) / ㄴ다 **-n-da** (après une voyelle), utilisée dans une conversation entre/envers des enfants ou des amis très proches, révèle une certaine familiarité.

▶ 연습 1 – 번역하십시오.

❶ 아기 곰이 어디에 있어요 ?
agi gôm-i odi-é iss-oyô

❷ 엄마가 날씬해요.
omma-ga nalssinhèyô

❸ 아빠가 뚱뚱해요.
appa-ga ttoungttounghèyô

❹ 곰 세 마리가 귀여워요.
gôm sé mali-ga gwiyow-oyô

❺ 곰들이 한 집에 있어요.
gôm-deul-i han djib-é iss-oyô

***

연습 2 – 빈칸을 채우십시오.
La translittération est désormais supprimée dans l'exercice 2, mais le principe reste le même. Faites bien attention de ne pas oublier la particule. Concernant les verbes, le style est marqué entre parenthèses. Bon courage !

❶ Il y a trois ours.

_ _ ___ 있습니다.

❷ Maman ours est mince. (style poli)
엄마 곰이 ____.

❸ Papa ours est gros. (style poli)
아빠 곰이 ____.

***

연습 3 – 한글로 쓰십시오.
❶ a-ppa, *papa* **❷** om-ma, *maman* **❸** no-mou, *trop*

***

Trois ours *est une comptine coréenne. On ne connaît pas l'auteur de cette chanson, ni sa date de création. Il est cependant facile de trouver une vidéo sur Internet, si vous voulez voir à quoi cela ressemble. N'hésitez pas à pousser la chansonnette en reproduisant la chorégraphie, ce serait* 너무 귀여워 **nomou gwiyow-o***, si mignon ! Vous avez pu remarquer dans les paroles de cette chanson que l'on*

Corrigé de l'exercice 1
❶ Où est le bébé ours ? ❷ [Ma] maman est mince. ❸ [Mon] papa est gros. ❹ Les trois ours sont mignons. ❺ Les ours sont dans une maison.

곰 세 마리가 귀여워요.

❹ Bébé ours est mignon. (style poli)
아기 곰이 ＿ ＿ ＿ ＿ ．

❺ [Ils] sont dans une maison.
＿ ＿ ＿ 있어요.

Corrigé de l'exercice 2
❶ 곰 세 마리가 - ❷ - 날씬해요 ❸ - 뚱뚱해요 ❹ - 귀여워요
❺ 한 집에 -

***

Corrigé de l'exercice 3
❶ 아빠 ❷ 엄마 ❸ 너무

***

parle de l'apparence physique de ces ours. L'apparence est un sujet très important en Corée. Ne soyez donc pas étonné si un jour un Coréen vous fait une remarque sur votre physique et vous dit "Vous avez de grands yeux (et/ou) un petit visage" ou encore "Vous faites plus jeune que votre âge", etc. Cela peut vous paraître étrange mais faire ce genre de commentaire est très naturel chez les Coréens.

제이십삼 과

나이
na'i

1 – 실례지만 ¹, 나이가 어떻게 되세요 ² ?
sillyé-djiman na'i-ga ottohgé dwé-séyô

2 – 서른다섯 살이에요. ³
soleundasos sal-i-éyô

3 – 아이들이 몇 살이에요 ⁴ ?
a'i-deul-i myotch sal-i-éyô

4 – 제 딸은 올해 네 살이고 아들은 두
살이에요. ⁵
djé ttal-eun ôlhè né sal-i-gô adeul-eun dou sal-i-éyô

Remarque de prononciation

(1), (5) Lorsqu'une des consonnes ㄱ g, ㄷ d, ㅈ dj et ㅂ b est précédée de la consonne ㅎ h, elle se prononce de manière "aspirée", c'est-à-dire qu'il faut émettre un petit souffle *[ʰ]* : *[kʰ]*, *[tʰ]*, *[tch]* et *[pʰ]*, ex. : 어떻게 **o-ttoh-gé** se prononce *[o-tto-kʰé]* : h + g = *[kʰ]*.

Notes

1   지만 **-djiman**, *bien que*, *mais*, peut s'accoler à la suite d'un mot ou d'un radical verbal (quelle que soit la dernière lettre). 실례지만 **sillyé-djiman**, *excusez-moi, mais* (실례 **sillyé**, *impolitesse, incivilité*) est une formule de politesse utilisée avant d'engager une conversation.

2   Il s'agit d'une construction formelle pour demander à une personne adulte son âge, avec le verbe d'état 되다 **dwé-da**, *atteindre* : 되 **dwé** + 시 **-si-**, marque honorifique + 어요 **-oyô** donne 되세요 **dwé-sé-yô** (시 **si** et 어 **o** se transforment irrégulièrement → 세 **sé**).

3   Nous avons précédemment évoqué le fait qu'il faut utiliser le système de comptage coréen pour donner l'âge, voici un exemple : 서른다섯

Vingt-troisième leçon

[L']âge

1 – Excusez[-moi] mais [quel] âge avez[-vous] ? *(excuse-mais âge[-P.sujet] comment atteindre)*

2 – [J']ai 35 ans. *(trente cinq [classificateur pour l'âge]-être)*

3 – Quel âge ont [vos] enfants ? *(enfant[-pluriel-P.sujet] quel [classificateur pour l'âge]-être)*

4 – Cette année, ma fille a 4 ans et mon fils a 2 ans. *(ma fille[-P.thème] cette-année quatre [classificateur pour l'âge]-être-et fils[-P.thème] deux [classificateur pour l'âge]-être)*

세 살이에요.

soleundasos, *trente-cinq*. Notez que 살 **sal** est un classificateur servant à donner l'âge et qu'il faut utiliser le verbe 이다 *être*. Nous y reviendrons dans la leçon de révision.

4 몇 **myotch**, *combien (de)*, *quel(le)*, est un adjectif interrogatif associé à des chiffres/nombres (âge, heure, nombre, etc.) que l'on utilise avec un classificateur adapté (ici, 살 **sal**).

L'adjectif interrogatif 무슨 **moueun**, *quel(le)*, s'associe uniquement à un choix (voir leçon 6, note 5).

5 La traduction française de cette phrase et surtout le choix du temps vous paraîtront peut-être étranges, mais ceci est lié au fait que l'on compte l'âge différemment en Corée… Rendez-vous à la note culturelle à la fin de cette leçon pour en savoir plus !

5 – 어머님은 연세가 ⁶ 어떻게 되세요 ?
omonim-eun yonsé-ga ottohgé dwé-séyô

6 – 예순여섯이세요 ⁷. □
yésounyosos-i-séyô

Notes

6 어머님 **omonim** est la "version honorifique" de 어머니 **omoni**, *mère* (cf. 엄마 **omma**, *maman*). 연세 **yonsé** (forme honorifique de 나이 **na'i**, *l'âge*), s'emploie lorsqu'il est question de personnes âgées. En coréen,

***

▶ 연습 1 – 번역하십시오.

❶ 제 딸은 올해 두 살이에요.
djé ttal-eun ôlhè dou sal-i-éyô

❷ 실례지만, 나이가 어떻게 되세요 ?
sillyé-djiman na'i-ga ottohgé dwé-séyô

❸ 아들이 올해 몇 살이에요 ?
adeul-i ôlhè myotch sal-i-éyô

***

연습 2 – 빈칸을 채우십시오.

❶ Quel âge a [votre] mère ? (style poli)
어머님은 연세가 어떻게 ___?

❷ Quel âge ont [vos] enfants ? (style poli)
아이들이 _ ____?

❸ []'ai 30 ans.
__ 살이에요.

***

연습 3 – 한글로 쓰십시오.
❶ na-i, *âge* ❷ yon-sé, *âge* (honorifique) ❸ a-i, *enfant*

5 – **Quel âge a [votre] mère ?** *(mère[-P.thème] âge[-P.sujet]*
   comment atteindre)
6 – **[Elle] a 66 ans.** *(soixante-six-être)*

non seulement certains verbes mais également certains mots ont une
version honorifique.

7 이 (verbe 이다 **i-da**, *être*) + 시 **-si-** + 어요 **-oyô** = 이세요 **i-séyô**. L'omission
du classificateur 살 **sal** est possible s'il n'y a aucune ambiguïté.

***

❹ 세 살이에요.
   sé sal-i-éyô

❺ 예순두 살이세요.
   yésoundou sal-i-éyô

Corrigé de l'exercice 1
❶ Ma fille a 2 ans cette année. ❷ Excusez-moi mais, quel âge avez-
vous ? ❸ Quel âge a votre fils cette année ? ❹ Il a 3 ans. ❺ Elle a 62 ans.

***

❹ [Il/Elle] a 6 ans.
   _ _ 살이에요.

❺ [Ma] fille a 3 ans et [mon] fils a 5 ans.
   _ _ 세 살이고 아들은 다섯 살이에요.

Corrigé de l'exercice 2
❶ – 되세요 ❷ – 몇 살이에요 ❸ 서른 – ❹ 여섯 – ❺ 딸은 –

***

Corrigé de l'exercice 3
❶ 나이 ❷ 연세 ❸ 아이

Savez-vous que les Coréens définissent l'âge différemment des Occidentaux ? Dès la naissance, en Corée, on attribue 1 an au nouveau-né et le 1ᵉʳ janvier, tout le monde prend un an de plus. C'est pour cette raison que l'on pose souvent en coréen la question suivante : "Quel âge avez-vous <u>cette année</u> ?" L'anniversaire personnel se fête mais ce n'est pas ce jour-là que l'on prend un an supplémentaire. Un

24

제이십사 과

▶

시간
sigan

1 – 지금 ¹ 몇 시예요 ?
djigeum myotch si-yéyô

2 – 7시 반이에요.
ilgôb-si ban-i-éyô

3 – 어이구 ! 벌써요 ?
o'igou ! bolsso-yô

4 7시 15분 ² 약속을 까먹었어요 ³.
ilgôb-si sibô-boun yagsôg-eul kkamog-oss-oyô

5 – 네 ? 약속을 먹었어요 ?
né ? yagsôg-eul mog-oss-oyô

6 – 하하, 아니요. 약속을 잊어버렸어요 ⁴. □
haha, aniyô. yagsôg-eul idjoboly-oss-oyô

Remarque de prononciation
(1) La consonne finale ㅊ **tch** se prononce *[']* à peine audible (ex. : 몇 **myotch** *[myoᵗ]*), sauf s'il y a une liaison.

┏: Notes
1 지금 **djigeum**, *maintenant*, ne nécessite pas l'ajout de la particule de temps 에 **é**.

bébé né le 20 décembre a déjà 1 an à sa naissance et deux semaines plus tard, au 1ᵉʳ janvier, on lui ajoute encore un an. Le nouveau-né n'a réellement vécu que deux semaines à peine, mais il aura, civilement, 2 ans le 1ᵉʳ janvier de l'année suivante. Et vous, pouvez-vous donner votre âge en coréen ? Petite astuce : ajoutez un an si votre anniversaire est déjà passé, deux ans si ce n'est pas le cas !

24

Vingt-quatrième leçon

[Le] temps

1 – Quelle heure est[-il] maintenant ? *(maintenant quel [classificateur pour les heures]-être)*

2 – Il] est sept heures [et] demie. *(sept[-classificateur pour les heures] demi-être)*

3 – Oh, mon dieu ! Déjà ? *([interjection] ! déjà[-pol.])*

4 – []'ai zappé [le] rendez-vous [de] 7 heures 15. *(sept [-classificateur pour les heures] quinze[-classificateur pour les minutes] rendez-vous[-P.COD] zapper)*

5 – Pardon ? [Vous] avez mangé [un] rendez-vous ? *(pardon ? rendez-vous[-P.COD] manger ?)*

6 – Ha ha ! Non. []'ai complètement oublié [un] rendez-vous. *(ha ha, non. rendez-vous[-P.COD] oublier-complètement)*.

---

2 Attention ! Les heures s'expriment avec le système de comptage coréen (일곱 ilgôb, *sept*) et le classificateur 시 si, alors que pour les minutes, il faut utiliser le système sino-coréen (십 sib, *dix* ; 오 ô, *cinq* ; 십오 sibô, *quinze*) accompagné du classificateur 분 boun. Vous pouvez retrouver la liste des chiffres/nombres des deux systèmes dans la leçon de révision suivante.

3 까먹 (까먹다 kkamog-da, *éplucher, écosser, écaler*) + 었 -oss-, marque du passé + 어요 -oyô. Au sens familier, ce verbe signifie *zapper*.

4 잊어버리 (잊어버리다 idjoboli-da, *oublier complètement*) + 었 -oss- + 어요 -oyô = 잊어버렸어요 idjoboly-oss-oyô (리 li et 었 oss se contractent → 렸 lyoss).

▶ 연습 1 – 번역하십시오.

❶ 친구와 약속을 까먹었어요.
tchin'gou-wa yagsôg-eul kkamog-oss-oyô

❷ 약속 시간을 잊어버렸어요.
yagsôg sigan-eul idjoboly-oss-oyô

❸ 지금 몇 시예요 ?
djigeum myotch si-yéyô

❹ 다섯 시 반이에요.
dasos si ban-i-éyô

❺ 세 시 십오 분입니다.
sé si sibô boun-i-bni-da

***

연습 2 – 빈칸을 채우십시오.
❶ Avez[-vous] du temps ?
_ _ _ 있으세요 ?

❷ Quelle heure est[-il] à présent ?
지금 _ 시예요 ?

❸ [Il] est sept heures et quart. (style poli)
일곱 _ 십오 _ _ _ _ .

***

연습 3 – 한글로 쓰십시오.
❶ dji-geum, *maintenant* ❷ yag-sôg, *rendez-vous* ❸ bol-sso, *déjà*

***

빨리 빨리 ! **ppalli ppalli**, Vite vite ! *Vous verrez, en Corée, les gens sont en permanence pressés. Ils se dépêchent de monter dans les transports ou d'en descendre, ils déjeunent en moins de vingt minutes, ils sont connectés continuellement sur les réseaux sociaux et partagent leur avis sur les nouvelles fraîches ou les potins people tout au long de la journée... L'horloge coréenne tournerait-elle plus vite que les autres ? Pas vraiment ! Ce mode de vie se serait intensi-*

Corrigé de l'exercice 1

❶ J'ai zappé le rendez-vous avec [un(e), mes] ami(es). ❷ J'ai complètement oublié l'heure du rendez-vous. ❸ Quelle heure est-il à présent ? ❹ Il est cinq heures et demie. ❺ Il est trois heures et quart.

지금 몇 시예요 ?

❹ [Il] est 2 h 10.

_ 시 _ 분이에요.

❺ [J']ai un rendez-vous. (style poli)

약속이 ＿＿＿.

Corrigé de l'exercice 2

❶ 시간이 – ❷ – 몇 – ❸ – 시 – 분이에요 ❹ 두 – 십 –
❺ – 있어요

***

Corrigé de l'exercice 3

❶ 지금 ❷ 약속 ❸ 벌써

***

fié suite au développement économique et technologique, rapide et remarquable, qu'a connu le pays.

Maintenant, vous pouvez exprimer votre emploi du temps : "Je vais au travail / à l'école... à 9 heures, je vois mes amis à 16 heures, je rentre chez moi à 19 heures", etc. Quelle progression !

제이십오 과

⏵

생일 축하합니다 ¹ ♪
sèng'il tchoughaha-bni-da

1 – 생일이 언제예요 ?
sèng'il-i ondjé-yéyô

2 – 6월 16일이에요. ²
you-wol sibyoug-il-i-éyô

3 – 얼마 ³ 안 남았네요 ⁴ !
olma an nam-ass-néyô

4 친구들하고 같이 생일 파티 할까요 ⁵ ?
tchin'gou-deul-hagô gatʰi sèng'il pʰatʰiha-lkkayô

5 – 좋아요 ! 누구누구를 ⁶ 부를까요 ?
djôh-ayô ! nougounougou-leul bouleu-lkkayô

Remarques de prononciation

(2) Le *mois de juin*, 6월 youg-wol, se prononce *[you-wol]* : le ㄱ **g** du chiffre 육 youg, *six*, ne se prononce pas.
• 16일 sib-youg-il, *le 16*, se prononce *[chimm-nyou-kil]*. En effet, ㅂ **b** + ㅇ (consonne muette) s'assimilent en *[m-n]*.

🔳 : Notes

1 생일 sèng'il, *anniversaire* + 축하하 (축하하다 tchoughaha-da, *féliciter*) + ㅂ니다 -bni-da = *Joyeux anniversaire !* La P.COD est omise à la fin de 생일 sèng'il, *anniversaire*.

2 Les mois s'expriment à l'aide du système de comptage sino-coréen et du classificateur 월 wol ; même chose pour les jours, mais avec le classificateur 일 il. La date est présentée selon l'ordre année-mois-jour (chiffre/nombre)-jour de la semaine.

3 얼마 olma, *certain, quelque*, suggère une approximation ou quelque chose d'indéfini et s'emploie toujours avec un verbe alors que 몇 myotch, *combien (de), quel*, s'emploie avec un nom.

Vingt-cinquième leçon

Joyeux anniversaire ! *(anniversaire féliciter)*

1 – [C']est quand [ton] anniversaire ? *(anniversaire[-P.sujet] quand-être)*

2 – [C']est [le] 16 juin. *(6[-classificateur pour les mois] 16[-classificateur pour les dates]-être)*

3 – C'est bientôt ! *(quelque ne-pas rester)*

4 On fête ça avec [nos] amis ? *(ami[pluriel]-avec ensemble anniversaire fête faire)*

5 – Ok ! On invite qui ? *(être-bien ! qui-qui[-P.COD] inviter)*

4 남 (du verbe 남다 **nam-da**, *rester*) + 았 **-ass-**, marque du passé + 네요 **-néyô**, terminaison orale marquant la surprise et/ou l'étonnement. Cette dernière s'ajoute sans se soucier de la dernière lettre du radical.

5 하 (du verbe 하다 **ha-da**, *faire*) + ㄹ까요 ? **-lkkayô**, terminaison orale employée quand on demande à quelqu'un son opinion = [*Et si on*] fai[*sait*]… ? ou [*Qu'en penses-tu si on*] fait… ? Un peu comme **shall we…?**, en anglais. On retrouve la même logique avec 부르 (du verbe 부르다 **bouleu-da**, *inviter qqn*) + ㄹ까요 ? **-lkkayô** = [*À ton avis, on*] invite… ? à la phrase 5. Cette terminaison a deux formes en fonction de la dernière lettre du radical verbal : 을까요 ? **-eulkkayô** (après une consonne) / ㄹ까요 ? **-lkkayô** (après une voyelle). La particule 하고 **-hago** accolée à un nom signifie *avec* (insérée entre des noms, elle signifie *et*).

6 On emploie 누구누구 **nougounougou**, *qui*, quand on parle de plusieurs personnes (누구 **nougou**, *qui*, quand il n'est question que d'une seule personne).

6 – 글쎄요... [7] 아직 잘 모르겠어요 [8].
geulssé-yô... adjig djal môleu-géss-oyô

7 이번 [9] 생일에 무슨 선물 받고 싶어요 [10] ?

☐

ibon sèng'il-é mouseun sonmoul bad-gô sip^h-oyô

: Notes

7 글쎄 geulssé, *eh bien…*, *voyons…*, *j'hésite…*, indique que la personne est en train de réfléchir.

8 모르 (모르다 môleu-da, *ignorer*, *ne pas connaître/savoir*) + 겠 -géss- marque d'indécision/incertitude + 어요 -oyô = *je ne sais pas encore*, *je ne sais pas trop*.

***

▶ 연습 1 – 번역하십시오.
  ❶ 생일 파티를 어디에서 할까요 ?
  sèng'il p^hat^hi-leul odi-éso ha-lkkayô

  ❷ 소윤 씨도 부를까요 ?
  sô-youn ssi-dô bouleu-lkkayô

  ❸ 시간이 얼마 안 남았어요.
  sigan-i olma an nam-ass-oyô

***

연습 2 – 빈칸을 채우십시오.
  ❶ [J']aimerais bien recevoir un cadeau d'anniversaire. (style poli)
  생일 선물을 _ _ _ _ _.

  ❷ (À ton/votre avis) [On] invite qui ?
  누구누구를 _ _ _ _ ?

  ❸ Comme [votre] fils est mignon !
  아들이 _ _ _ _ !

***

연습 3 – 한글로 쓰십시오.
❶ son-moul, *cadeau* **❷** sèng-il, *anniversaire* **❸** bad-da, *recevoir*

6 – Voyons… []e] ne sais pas encore. *([interjection-pol.]*
encore bien ignorer)

7 Quel cadeau voudrais[-tu] recevoir pour cet
anniversaire ? *(cet anniversaire[-P.temps] quel cadeau*
recevoir-vouloir)

9 이번 **ibon**, *cette fois-ci*, est un nom démonstratif employé avec des
indications de temps, ex.: *ce mois, cette année*, etc.; 이번 주 **ibon djou**,
cette semaine.

10 Le verbe auxiliaire 고 싶다 **-gô sipʰ-da**, *vouloir*, s'accolle directement au
radical sans se soucier de sa dernière lettre : 받 (du verbe 받다 **bad-da**,
recevoir) + 고 싶 **gô sipʰ**, *vouloir* + 어요 **-oyô** = *Voudrais-tu recevoir… ?*

***

❹ 글쎄요… 아직 잘 모르겠어요.
geulssé-yô… adjig djal môleu-géss-oyô

❺ 6월 16일은 제 생일이에요.
you-wol sibyoug-il-eun djé sèng'il-i-éyô

Corrigé de l'exercice 1
❶ Où fait-on la fête d'anniversaire ? ❷ On invite aussi So-yun ? ❸ Il
ne reste pas beaucoup de temps. / C'est bientôt. ❹ Eh bien… je ne sais
pas encore. ❺ Le 16 juin, c'est mon anniversaire.

***

❹ [C']est le 16 juin.
6 _ 16 _ _ _ _.

❺ Joyeux anniversaire !
생일 _ _ _ _!

Corrigé de l'exercice 2
❶ – 받고 싶어요 ❷ – 부를까요 ❸ – 귀엽네요 ❹ – 월 –
일이에요 ❺ – 축하해요

***

Corrigé de l'exercice 3
❶ 선물 ❷ 생일 ❸ 받다

Les Coréens ont deux calendriers : le 음력 **eumlyog**, *calendrier lunaire, est réglé sur les phases de la lune et se différencie ainsi du* 양력 **yanglyog**, *calendrier solaire. Les Coréens suivent le calendrier lunaire uniquement pour les fêtes traditionnelles comme* 설날 **solnal**, *le Nouvel An, qui tombe le premier jour du premier mois lunaire et* 추

26

제이십육 과

선물
sonmoul

1 – 어서 오세요 ! [1] 무엇을 찾으세요 [2] ?
oso ô-séyô ! mouos-eul tchadj-euséyô

2 – 언니 [3] 생일 선물을 사고 싶은데요 [4].
onni sèng'il sonmoul-eul sa-gô sipʰ-eundéyô

3   저 향수가 얼마예요 [5] ?
djo hyangsou-ga olma-yéyô

4 – 89,000원입니다. [6]
pʰalmangoutchon-won-i-bni-da

5 – 아 ! 좀 비싸네요 [7] !
a ! djôm bissa-néyô

: Notes

1 Ce *bonjour*, litt. "soyez le(s) bienvenu(s) !", s'emploie pour accueillir des clients ou des invités.

2 찾 (찾다 **tchadj-da**, *chercher*) + 으시 **-eusi-**, marque honorifique + 어요 **-oyo** = 찾으세요 **tchadj-euséyô**. Les vendeurs s'adressent toujours à leurs clients en utilisant la marque honorifique manifestant ainsi de la courtoisie.

3 La cadette emploie 언니 **onni**, *grande-sœur*, pour appeler ou désigner sa sœur aînée.

4 사 (사다 **sa-da**, *acheter*) + 고 싶 (고 싶다 **-gô sipʰ-da**, *vouloir*) + 은데요 **-eundéyô**, terminaison orale = *(je) voudrais acheter*. Cette terminaison

석 **tchousog**, Chuseok *(la fête des récoltes)*, qui tombe le quinzième jour du huitième mois lunaire, etc. Cependant, les Coréens suivent le calendrier solaire dans la vie quotidienne (le même que l'on utilise en France), ce dernier étant plus pratique. Notez que les dates exactes des fêtes traditionelles sur le calendrier solaire changent tous les ans.

26

Vingt-sixième leçon

[Un] cadeau

1 – Bonjour ! Que cherchez[-vous] ? *(vite venir ! que[-P. COD] chercher)*

2 – [ ]Je] voudrais acheter un cadeau [d']anniversaire pour [ma] grande-sœur. *(grande-sœur anniversaire cadeau[-P. COD] acheter-vouloir)*

3 Combien coûte ce parfum-là ? *(là parfum[-P.sujet] combien-être)*

4 – [C']est 89 000 won. *(89 000-won-être)*

5 – Ah ! [C']est un peu cher ! *([interjection] ! un-peu être-cher)*

orale, souvent employée dans une conversation détendue, dénote la volonté de poursuivre la discussion. Pour plus de détails, rendez-vous à la leçon de révison suivante !

5 얼마 **olma**, *combien*, s'emploie avec le verbe *être* pour demander le prix.

6 Les prix doivent s'exprimer en chiffres sino-coréens. Pour former des sommes, retenez bien le découpage décimal : 만 **man**, *10 000* ; 천 **tchon**, *1 000* ; 백 **bèg**, *100* ; 십 **sib**, *10*. Ainsi, 89 000 se dit "huit dix-mille, neuf mille" p**h**almangoutchon et non "quatre-vingt neuf mille" ; voyez également 32 000 à la ph. 6 : "trois dix-mille, deux mille" **sammanit-chon**. Enfin, n'oubliez pas d'ajouter 원 **won**, *won* (devise officielle de Corée (du Sud)). Le chiffre arabe peut éventuellement s'accoler à son classificateur.

7 좀 **djôm**, *un peu, quelque peu, légèrement*, est l'abréviation orale de 조금 **djôgeum**. 비싸 (비싸다 **bissa-da**, *être cher(-ère)*) + 네요 **-néyô**, terminaison orale exprimant le ton exclamatif.

6 – 그럼, 이 핸드폰 ⁸ 액세서리는
어떠세요 ⁹ ? 32,000원이에요.
geulom, i hèndeupʰôn ègsésoli-neun otto-séyô ?
samm-mann i-tchon-won-i-é-yo

7 – 그래요 ¹⁰ ? 그럼 그거 주세요 ¹¹.   ☐
geulèyô ? geulom geugo djou-séyô

Notes

8 핸드폰 hèndeupʰôn, *téléphone portable*, est un faux anglicisme composé de 핸드 hèndeu, *hand* (terme anglais pour *main*)+ 폰 pʰôn, **phone** (terme anglais pour *téléphone*). Il est interchangeable avec 휴대 전화 hyoudè djonhwa, litt. "portable téléphone".

9 Voici comment un(e) vendeur(-se) s'adresse à un(e) client(e) en quête de son avis ; il/elle utilisera toujours la marque honorifique : 어떠 (어떻다 ottoh-da, *être/trouver comment*) + 시 -si- + 어요 -oyô = 어떠세요 otto-séyô, *Comment trouvez-vous… ?* (ㅎ h du radical tombe).

10 그러 (그렇다 geuloh-da, *être comme cela/ainsi*) + 어요 -oyô = 그래요 ? geulèyô, *Ah bon ?*, *Vraiment ?* (ㅎ h du radical tombe).

***

▶ 연습 1 – 번역하십시오.
❶ 이 핸드폰이 얼마예요 ?
i hèndeupʰôn-i olma-yéyô

❷ 무엇을 찾으세요 ?
mouos-eul tchadj-euséyô

❸ 아이들 생일 선물을 사고 싶은데요.
a'i-deul sèng'il sonmoul-eul sa-gô sipʰ-eundéyô

6 – Alors, comment trouvez[-vous] cet accessoire [pour] téléphone portable ? [C']est 32 000 won. *(alors, ce téléphone-portable accessoire[-P.thème] être-comment ? 32 000-won-être)*

7 – Ah bon ? Alors [je] le prends. *(être-comme-cela ? alors ça-là donner)*

11 그거 **geugo**, *ça là*, est l'abréviation orale de 그것 **geu-gos**, *cette chose-là* ; 주 (주다 **djou-da**, *donner*) + 시 **-si-** + 어요 **-oyô** = 주세요 **djou-séyô**, *Donnez(-moi) ça*, *s'il vous plaît*. L'insertion de la marque honorifique implique une dose de politesse, d'où la présence de *s'il vous plaît* dans la traduction.

***

❹ 저 향수가 비싸요 ?
djo hyangsou-ga biss-ayô

❺ 그거 주세요 !
geugo djou-séyô

Corrigé de l'exercice 1
❶ Combien coûte ce téléphone portable ? **❷** Que cherchez-vous ?
❸ Je voudrais acheter les cadeaux d'anniversaire pour mes enfants.
❹ Ce parfum-là est-il cher ? **❺** Je prends ça !

연습 2 – 빈칸을 채우십시오.

❶ Combien [ça] coûte ? (style poli)

_ _ _ _ ?

❷ Bonjour ! (dit par les employés de commerces pour accueillir les clients)

_ _ 오세요.

❸ [Par contre, Sinon, En revanche] Comment trouvez[-vous] ce télé- phone portable ? (style poli)

이 핸드폰은 _ _ _ _ ?

***

연습 3 – 한글로 쓰십시오.
❶ man, *dix mille* **❷** tchon, *mille* **❸** ôman samtchon won, *53 000 wons*

27

제이십칠 과

커피숍
kʰopʰisyôb

1 – 여기요 !¹ 어디서 주문해요 ² ?
yogi-yô ! odi-so djoumounhèyô

2 – 저기에서 하세요.
djogi-éso ha-séyô

3 – 감사합니다.
gamsaha-bni-da

: Notes

1 여기요 ! **yogi-yô**, *S'il vous plaît !*, est une formule polie pour attirer l'at- tention de quelqu'un, souvent employée lorsque l'on se trouve à l'inté- rieur d'un endroit (litt. "ici, svp"). Si c'est à l'extérieur, on emploie plutôt 저기요 **djogi-yô** ! (litt. "vous là-bas, svp !") pour interpeller quelqu'un.

❹ C'est un peu cher !
_ 비싸네요 !

❺ Ah bon ? (style poli)
_ _ _ ?

Corrigé de l'exercice 2
❶ 얼마예요 **❷** 어서 – **❸** – 어떠세요 **❹** 좀 – **❺** 그래요

***

Corrigé de l'exercice 3
❶ 만 **❷** 천 **❸** 오만 삼천 원

___

27

Vingt-septième leçon

[Au] café

1 – S'il vous plaît ! Où est-ce que [je peux] commander ?
(ici[-pol.] où[-P.lieu] commander)
2 – [Vous pouvez] commander là-bas. *(là-bas[-P.lieu] faire)*
3 – Merci. *(remercier)*

2 주문 **djoumoun**, *commande*; 주문(을) 하 (주문(을) 하다 **djoumoun(eul) ha-da**, *commander*) + 아요 **-ayô** = 주문해요 **djoumounhèyô** (하다 **ha-da** irrégulier). Petit rappel au passage : 어디서 **odi-so** est la forme contractée de 어디 **odi**, *où* + 에서 **éso**, P.lieu *de* (voir leçon 18, note 1).

4   에스프레소 한 잔이랑 ³ 카페오레 두 잔
주세요.
éseupʰeulésô han djan-ilang kʰapʰéôlé dou djan
djou-séyô

5 – 네. 모두 14,000원입니다.
né. môdou man satchon-won-i-bni-da

6   계산은 어떻게 하시겠어요 ? ⁴
gyésan-eun ottohgé ha-si-géss-oyô

7 – 카드로요. ⁵   □
kʰadeu-lô-yô

◻ : Notes

3 한 han, *un* (chiffre coréen) ; 잔 **djan**, classificateur pour compter les
tasses et les verres + 이랑 **-ilang**, *et*. Ce dernier élément, qui s'accole
seulement au nom et non pas au verbe, se présente sous deux formes :
이랑 **-ilang** après une consonne et 랑 **-lang** après une voyelle.

***

▶ 연습 1 – 번역하십시오.

❶ 같이 커피 한 잔 마실까요 ?
gatʰi kʰopʰi han djan masi-lkkayô

❷ 카페오레 세 잔 주세요.
kʰapʰéôlé sé djan djou-séyô

❸ 주문하시겠어요 ?
djoumounha-si-géss-oyô

***

연습 2 – 빈칸을 채우십시오.

❶ Je prendrai un café au lait *(donnez-moi un café au lait)*. (style poli)
카페오레 한 잔 ___.

❷ Comment allez[-vous] régler ? (style poli)
계산은 어떻게 _____?

❸ Deux cafés, s'il vous plaît !
커피 두 _ 주세요.

4 Un expresso et deux cafés au lait, s'il vous plaît.
(expresso un [classificateur pour les verres/tasses]-et café-au-lait deux [classificateur pour les verres/tasses] donner)

5 – Ok. [Cela vous] fait [en] tout 14 000 wons. *(oui. tout 14 000-wons-être)*

6 Comment allez[-vous] régler ? *(règlement[-P.thème] comment faire)*

7 – Par carte, s'il vous plaît. *(carte-par[-pol.])*

4 하 (하다 ha-da, *faire*) + 시 **-si-**, marque honorifique + 겠 **-géss-**, marque du futur + 어요 **-oyô**. 겠 **-géss-** peut dénoter de l'incertitude, comme nous l'avons vu dans 모르겠어요 **môleu-géss-oyô**, *(je) ne sais pas trop* (leçon 25, phrase 6), mais peut aussi marquer le futur (simple et proche).

5 로 **-lô**, *en, par, avec*, est une particule marquant le moyen. On l'écrit 으로 **-eulô** après une consonne et 로 **-lô** après une voyelle.

***

❹ 커피 몇 잔을 주문하셨어요 ?
kʰopʰi myotch djan-eul djoumounha-sy-oss-oyô

❺ 카드로 계산하겠어요.
kʰadeu-lô gyésanha-géss-oyô

Corrigé de l'exercice 1
❶ On boit un café ensemble ? ❷ Trois cafés au lait, s'il vous plaît.
❸ Avez-vous choisi *(allez-vous commander)* ? ❹ Combien de cafés avez-vous commandés ? ❺ Je vais régler par carte.

***

❹ Cela fait combien en tout ?
_ _ 얼마예요 ?

❺ Merci. (style ultra formel)

_ _ _ _ _ .

Corrigé de l'exercice 2
❶ – 주세요 ❷ – 하시겠어요 ❸ – 잔 – ❹ 모두 – ❺ 감사합니다

연습 3 – 한글로 쓰십시오.
❶ **yo-gi-yô** !, *S'il vous plaît !* ❷ **gyé-san**, *règlement* ❸ **djou-moun-ha-da**, *commander*

***

La monnaie coréenne, le won, se présente sous forme de pièces de 10, 50, 100 et 500 wons, ainsi que de billets de 1 000, 5 000, 10 000 et 50 000 wons. Quand vous changez 1 euro contre des wons, vous obtenez un billet de 1 000 wons et un peu de monnaie. Vous vous

28

제이십팔 과

복습 – Révision

1 Compter en coréen : deux systèmes

Au cours des dernières leçons, nous avons évoqué l'existence de deux systèmes de comptage en coréen : le système (purement) coréen et le système sino-coréen. On utilise soit l'un soit l'autre jusqu'à 99 (en fonction du contexte ou des règles) et on n'emploie plus que le système sino-coréen à partir de 100.

Les chiffres s'écrivent la plupart du temps en chiffres arabes, dans ce cas, on peut avoir, de manière facultative, une espace entre les chiffres et leur classificateur. Cependant, nous les avons parfois présentés en lettres pour vous donner un aperçu de cette forme. Il arrive parfois que l'on exprime l'âge avec le système sino-coréen et la durée dans le temps avec le système coréen selon l'origine du classificateur que l'on emploie. Nous verrons ceci plus loin dans les leçons.

1.1 Les systèmes de comptage coréen et sino-coréen

	Coréen	Sino-coréen
0		영 **yong** / 공 **gông**
1	하나 **hana** / 한 **han**	일 **il**
2	둘 **doul** / 두 **dou**	이 **i**

Corrigé de l'exercice 3

❶ 여기요 ! ❷ 계산 ❸ 주문하다

***

sentirez riche ! Le mode de règlement le plus courant est la carte bancaire. Le chéquier n'existe pas. On utilise très rarement le chèque de banque, principalement pour sécuriser la transaction de sommes élevées.

28

Vingt-huitième leçon

3	셋 **sés** / 세 **sé**	삼 **sam**
4	넷 **nés** / 네 **né**	사 **sa**
5	다섯 **dasos**	오 **ô**
6	여섯 **yosos**	육 **youg**
7	일곱 **ilgôb**	칠 **tchil**
8	여덟 **yodolb**	팔 **pʰal**
9	아홉 **ahôb**	구 **gou**
10	열 **yol**	십 **sib**

• **Le système coréen**

Le système coréen est utilisé pour exprimer l'âge, les heures (Attention ! On emploie le système sino-coréen pour les minutes) et des éléments dénombrables ; on l'accompagne d'un classificateur, ex. : 열 여덟 살 **yol yodolb sal**, *18 ans* ; 세 시 **sé si**, *trois heures* ; 곰 세 마리 **gôm sé mali**, *trois ours*.

Les chiffres de 1 à 4 perdent leur dernière lettre lorsqu'on les emploie avec un mot, ex. : 곰 세 마리 **gôm sé** (le **s** de 셋 **sés** tombe) **mali**, *trois ours*.

À partir de 10 : *10* 열 *[yol]*, *20* 스물 *[seu-moul]*, *30* 서른 *[so-Reun]*, *40* 마흔 *[ma-Heun]*, *50* 쉰 *[chwinn]*, *60* 예순 *[yé-soun]*, *70* 일흔 *[il-Heun]*, *80* 여든 *[yo-deun]*, *90* 아흔 *[a-Heun]*.

Pour dire 11, 12, 13, etc., il suffit d'ajouter 1, 2, 3... à la dizaine, ex. :
11 열하나 *[yol Ha-na]*, 12 열둘 *[yol doul]*, 13 열셋 *[yol sé']*...

• Le système sino-coréen

Le système sino-coréen s'occupe du reste : les minutes, les numéros de téléphone, la date, les numéros de bus, les prix, etc.
Pour énumérer, par exemple, les pages d'un ouvrage, on emploie le système sino-coréen. Afin de vous aider à les prononcer, nous avons présenté la translittération ainsi que la transcription phonétique (jusqu'à 101 pour cette dernière) au bas de chaque page de cet ouvrage ; n'hésitez pas à y jeter un œil !

Pour les nombres de dizaines, il faut ajouter 십 **sib** *[chi^p]*, 10, après le chiffre sino-coréen, ex. : 이십 **isib** *[i-chi^p]*, 20 ; 삼십 **samsib** *[chamm-chi^p]*, 30...

Quant aux nombres d'unités, ils suivent les nombres de dizaines, ex. : 십일 **sibil** *[chi-pil]*, 11 ; 십이 **sibi** *[chi-pi]*, 12 ; 십삼 **sibsam** *[chi^p-ssam]*, 13 ; 이십일 **isibil** *[i-chi-pil]*, 21 ; etc.

100 et au delà : 백 **bèg** *[bè^k]*, 100 ; 천 **tchon** *[tchonn]*, 1 000 ; 만 **man** *[mann]*, 10 000 ; 십만 **sibman** *[chimm-mann]*, 100 000 ; 백만 **bègman** *[bèng-mann]*, 1 000 000 ; 천만 **tchonman** *[tchonn-mann]*, 10 000 000.

1.2 Classificateurs et chiffres

Il n'existe pas de vrai "classificateurs" dans la langue française. Ainsi, pour vous aider à mieux visualiser cet élément important de la langue coréenne, nous allons utiliser quelques exemples :
un paquet de cigarettes / une cartouche de cigarettes
un verre de vin / une bouteille de vin
Le paquet, la cartouche, le verre et la bouteille (etc.) sont, en quelque sorte, des classificateurs servant à dénombrer et/ou quantifier les éléments cités. Mais en français, il n'existe pas non plus de classificateurs pour dénombrer les animaux ou les personnes, comme en coréen. En coréen, chaque élément dénombrable possède un classificateur adapté à sa nature :
마리 **mali**, classificateur pour dénombrer des animaux ;
명 **myong** / 분 **boun** (honorifique) pour des personnes ;

잔 **djan** pour les tasses ou les verres ;
병 **byong** pour les bouteilles ;
대 **dè** pour les vehicules ou les appareils électriques ;
개 **gè** pour la plupart des petits objets, etc.

• Utilisation des classificateurs

On utilise les classificateurs selon l'ordre suivant :
élément à dénombrer-chiffre coréen-classificateur

Élément	Chiffre	Classificateur	
커피 **kʰopʰi**	다섯 **dasos**	잔 **djan**	*5 (tasses de) café*
한국 사람 **han'goug salam**	일곱 **ilgôb**	명 **myong**	*7 (personnes) Coréen(ne)s*
컴퓨터 **kʰompʰyoutʰo**	두 **dou**	대 **dè**	*2 (unités d') ordinateurs*

La liste ne s'arrête pas là mais pour le moment, contentons-nous de bien assimiler cette petite série.

2 La formation du verbe (suite)

2.1 Les éléments du verbe

Souvenez-vous, le verbe coréen comprend plusieurs éléments apportant diverses informations :
1) le radical exprime le sens
2) le verbe auxiliaire ajoute quelque chose ou modifie le sens
3) la marque honorifique et/ou de temps apporte une information supplémentaire
4) la terminaison représente le niveau de langue / le mode.

2.2 L'insertion des marques

• L'ordre des marques

Si on emploie deux marques dans un verbe, l'ordre dans lequel apparaîtront ces indications est le suivant :
marque honorifique (으시/시 **eusi/si**) – marque de temps (었/았 **-oss/-ass** ou 겠 **-géss**), ex. : 계산하셨어요 ? **gyésanha-sy-oss-oyô**,

Avez-vous réglé ? → 계산하 (계산하다 **gyésanha-da**, *régler*) + 시 **-si-**, marque honorifique + 었 **-oss-**, marque du passé + 어요 **-oyô**.

– La marque honorifique

L'emploi de la marque honorifique (으시 **-eusi-** après une consonne ; 시 **-si-** après une voyelle) est presque obligatoire afin de faire preuve de déférence envers le sujet (personne) qui exerce l'action (quand on emploie un verbe d'action) ou sur lequel s'applique la description (quand on emploie un verbe d'état) :

주세요 **djou-séyô** ("(vous me) donnez)"), *[Je le/la/les] prends.*

주문하세요 **djoumounha-séyô** ("(vous) commandez"), *[Je prends] votre commande.*

안녕하세요 ? **annyongha-séyô** ("êtes-vous en paix"), *Bonjour !*

어서 오세요 ! **oso ô-séyô** ("(vous) venez vite"), *Bonjour !*

무엇을 찾으세요 ? **mouos-eul tchadj-euséyô**, *Que cherchez-vous ?*

계산은 어떻게 하시겠어요 ? **gyésan-eun ottohgé ha-si-géss-oyô**, *Comment allez-vous régler ?*

예순 여섯이세요. **yésoun yosos-i-séyô**, *(Il/Elle) a 66 ans.*

Attention ! On ne peut pas s'honorer soi-même. Il est donc interdit de mettre la marque honorifique avec le sujet *je* :

~~저는 학교에 가세요 **djo-neun haggyô-é ga-séyô**~~, *Je vais à l'école* avec la marque honorifique.

저는 학교에 가요 **djo-neun haggyô-é g-ayô**, *Je vais à l'école.* (✓)

– La marque du futur / d'incertitude

La marque du futur 겠 **-géss-** peut également exprimer l'incertitude, le doute ou l'hésitation ; elle s'insère entre le radical et la terminaison du verbe, sans se soucier de la dernière lettre du radical.

2.3 Les nuances de ton des terminaisons

Petite astuce pour choisir la terminaison d'un verbe !

La terminaison en coréen est un peu comme la didascalie dans une pièce de théâtre : c'est une indication textuelle présentée entre parenthèses dans le texte afin de préciser l'attitude des personnages, l'intonation qu'ils doivent prendre ou leur état d'âme, autant d'éléments qui ne sont pas lus mais qui sont essentiels pour assurer une bonne compréhension/interprétation de la pièce, et par là même, son succès.

Voyons un exemple concret. Selon la terminaison utilisée, le sens de la phrase ou du message n'est pas le même :

ex. : 비싸 **bissa-**, *être cher* + terminaison

1) 비쌉니다 (**-bni-da** : ton ultra formel)

2) 비싸요 (**-ayô** : ton poli, décontracté)

3) 비싸 (**-a** : ton très familier, pas de respect)

4) 비싸네요 (**-néyô** : ton poli interjectif/surpris), *Que c'est cher !*

5) 비싼데요 (**-ndéyô** : ton poli montrant une volonté de poursuivre la discussion), *C'est cher (et/mais)…*

6) 비쌀까요 ? (**-lkkayô** : ton poli demandant l'opinion), *(À votre avis), est-ce cher ?*

La terminaison (5) existe en trois formes :

은데요 **-eundéyô** (après un verbe d'état dont le radical se termine par une consonne),

ㄴ데요 **-ndéyô** (après une voyelle),

는데요 **-neundéyô** (après un verbe d'action, sans se soucier de la dernière lettre).

Quant à la terminaison (6), elle a deux formes :

을까요 **-eulkkayô** (après une consonne),

ㄹ까요 **-lkkayô** (après une voyelle).

3 Les onomatopées

La langue coréenne compte de nombreuses onomatopées (on les appelle aussi des "impressifs") qui décrivent un son (ex. en français : *plouf, crac, paf,* etc.) ou tentent de produire une sensation, un geste ou une attitude en utilisant les sons du langage, ex. : 으쓱 으쓱 **eusseug eusseug,** décrit le haussement des épaules (cf. leçon 22). Ainsi, les onomatopées peuvent même symboliser des silences, des expressions faciales, des émotions, des postures quand on dort ou quand on mange, etc. C'est étonnant, non ? Si vous êtes fan de manga, vous l'aurez sûrement déjà remarqué !

▶ 복습 대화

Vous avez appris beaucoup de choses au cours des quatre semaines passées. Il est temps de vérifier vos acquis en traduisant les phrases suivantes. Vous y arriverez sans difficultés… Concentrez-vous… Bon courage !

1 어머님 연세가 어떻게 되세요 ?
omonim yonsé-ga ottohgé dwé-séyô

2 엄마 곰은 날씬하고 애기 곰은 귀여워요.
omma gôm-eun nalssinha-gô ègi gôm-eun gwiyow-oyô

3 향수가 비싸지 않네요 !
hyangsou-ga bissa-dji anh-néyô

4 벌써 3시 반이에요 ? 약속을 까먹었어요.
bolsso sé-si ban-i-éyô ? yagsôg-eul kkamog-oss-oyô

5 여동생 생일인데요... 무엇을 살까요 ?
yodôngsèng sèng'il-i-ndéyô... mouos-eul sa-lkkayô

6 카페오레 한 잔을 마시고 싶어요.
kʰapʰéôlé han djan-eul masi-gô sipʰ-oyô

7 이 컴퓨터가 얼마예요 ?
i kʰompʰyoutʰo-ga olma-yéyô

8 계산은 카드로 하겠어요.
gyésan-eun kʰadeu-lô ha-géss-oyô

9 제 남자 친구가 뚱뚱해요.
djé namdja tchin'gou-ga ttoungttounghèyô

10 잘 모르겠는데요...
djal môleu-géss-neundéyô

Traduction
1 Quel âge a votre mère ? **2** Maman ours est mince et bébé ours est mignon. **3** Ce parfum n'est pas cher ! **4** Il est déjà trois heures et demie ? J'ai zappé mon rendez-vous. **5** C'est l'anniversaire de ma petite sœur... Qu'est-ce que je lui achète ? **6** Je voudrais boire un café au lait. **7** Combien coûte cet ordinateur ? **8** Je vais régler par carte. **9** Mon petit ami est gros. **10** Je ne sais pas trop...

제이십구 과

좋은 사람 ? 나쁜 사람 ?
djôh-eun salam ? nappeu-n salam ?

1 큰 신발, 작은 신발 ¹
  kʰeu-n sinbal, djag-eun sinbal

2 저기 큰 신발이 ² 있어요.
  djogi kʰeu-n sibnal-i iss-oyô

3 좋은 사람, 나쁜 사람
  djôh-eun salam, nappeu-n salam

4 나쁜 사람을 조심하세요 ! ³
  nappeu-n salam-eul djôsimha-séyô

5 싼 옷, 비싼 옷
  ssa-n ôs, bissa-n ôs

: Notes

1 L'ensemble radical du verbe d'état + suffixe (que nous noterons désormais sfx.) 은 **-eun** (après une consonne) ㄴ **-n** (après une voyelle) fonctionne comme un adjectif ou une proposition relative que l'on place devant un nom :
크다 **kʰeu-da**, *être grand* → 큰 **kʰeu-n**, *grand*, ainsi 큰 신발 **kʰeu-n sinbal** signifie *grandes chaussures / chaussures qui sont grandes* ;
작다 **djag-da**, *être petit* → 작은 **djag-eun**, *petit* : 작은 신발 **djag-eun sinbal**, *petites chaussures / chaussures qui sont petites* ;
좋다 **djôh-da**, *être bien, bon* → 좋은 **djôh-eun**, *bon* : 좋은 사람 **djôh-eun salam**, *bonne personne / personne qui est bien/bonne* (ph. 3) ;
나쁘다 **nappeu-da**, *être mauvais, méchant* → 나쁜 **nappeu-n** : 나쁜 사람 **nappeu-n salam**, *mauvaise personne / personne qui est mauvaise* (ph. 3) ;
싸다 **ssa-da**, *être bon marché, peu cher* → 싼 **ssa-n**, *peu cher* : 싼 옷 **ssa-n ôs**, *vêtement peu cher / vêtement qui est peu cher* (ph. 6) ;

Vingt-neuvième leçon

[Une] bonne personne [ou une] mauvaise personne ?

1 les grandes chaussures, les petites chaussures *(être-grand[-sfx.] chaussure, être-petit[-sfx.] chaussure)*

2 Là-bas, il y a de grandes chaussures. *(là-bas être-grand[-sfx.] chaussure[-P.sujet] exister)*

3 la bonne personne, la mauvaise personne *(être-bon[-sfx.] personne, être-mauvais[-sfx.] personne)*

4 Faites attention [aux] mauvaises personnes ! *(être-mauvais[-sfx.] personne[-P.COD] faire-attention)*

5 les vêtements bon marché, les vêtement chers *(être-bon-marché[-sfx.] vêtement, être-cher[-sfx.] vêtement)*

비싸다 **bissa-da**, *être cher* → 비싼 **bissa-n**, *cher* : 비싼 옷 **bissa-n ôs**, *vêtement cher / vêtement qui est cher* (ph. 5).
• Cependant, il existe quelques exceptions, notamment le fait que les verbes d'état dont le radical se termine par 있 **iss** ou 없 **obs** prennent le sfx. 는 **-neun**, ex. : 맛있다 **masiss-da**, *être délicieux* → 맛있는 **masiss-neun** : 맛있는 음식 **masiss-neun eumsig**, *plat délicieux / plat qui est délicieux* (ph. 7) ; 맛없다 **masobs-da**, *ne pas être délicieux* → 맛없는 **masobs-neun** ainsi 맛없는 음식 **masobs-neun eumsig**, *plat mauvais / plat qui n'est pas bon* (ph. 7).

2 N'oubliez pas de marquer la fonction grammaticale du groupe de mots dans la phrase à l'aide de la particule adaptée, ex. : *les grandes chaussures* est le sujet du verbe d'état 있다 **iss-da**, *exister*, il faut donc le marquer de la particule de sujet 이 **-i**.

3 조심 **djôsim**, *attention, précaution, prudence*, 조심하 (조심하다 **djôsimha-da**, *faire attention, prendre garde, prendre des précautions*) + 시 **-si-** + 어요 **-oyô** = *faites attention* ; contrairement au français *faire attention à…*, ce verbe en coréen nécessite un COD, il faut donc marquer *mauvaise personne* de la particule de COD 을 **-eul**.

6 비싼 옷이 언제나 예쁠까요 ? [4]
bissa-n ôs-i ondjéna yéppeu-lkkayô

7 맛있는 음식, 맛없는 음식
masiss-neun eumsig, masobs-neun eumsig

8 이 식당에서 가장 맛있는 음식을 먹고
싶어요. [5]   □
i sigdang-éso gadjang masiss-neun eumsig-eul mog-
gô sipʰ-oyô

Remarque de prononciation

(7) Avec la liaison ㅅ s, 맛있는 **masiss-neun** se prononce *[ma-chinn-neun]*, en revanche, 맛없는 **masobs-neun** se prononce *[ma-domm-neun]* : la consonne finale ㅅ s de 맛 **mas**, en contact avec le verbe 없다 **obs-da**, se prononce *[d]*.

Notes

4 언제나 **ondjéna**, *toujours, invariablement* + 예쁘 (예쁘다 **yéppeu-da**, *être joli*) + ㄹ까요 (을까요/ㄹ까요 ? -eulkkayô/-lkkayô, terminaison orale employée quand on demande à quelqu'un son opinion) = *(À ton avis), les*

***

▶ 연습 1 – 번역하십시오.

❶ 멋있는 남자 친구
mosiss-neun namdja tchin'gou

❷ 예쁜 여자 친구
yéppeu-n yodja tchin'gou

❸ 착한 여동생
tchagha-n yodôngsèng

***

연습 2 – 빈칸을 채우십시오.

❶ Faites attention à la voiture.
__ 조심하세요.

❷ []']aimerais bien acheter de beaux vêtements.
__ __ 사고 싶어요.

❸ Comment trouvez[-vous] ces petites chaussures là-bas ?
저기 저 __ 신발은 어때요 ?

6 [À votre avis, est-ce que] les vêtements chers sont toujours jolis ? *(être-cher[-sfx.] vêtement[-P.sujet] toujours être-joli)*

7 les plats délicieux, les plats [qui] ne sont pas bons *(être-délicieux[-sfx.] plat, ne-pas-être-délicieux[-sfx.] plat)*

8 [Je] voudrais prendre le meilleur plat de ce restaurant. *(ce restaurant[-P.lieu] le-plus être-délicieux[-sfx.] plat[-P.COD] manger-vouloir)*

vêtements chers sont[-ils] toujours jolis ? Ici, *vêtement cher* est le sujet du verbe *être joli*, il faut donc le marquer de la particule de sujet 이 -i.

5 가장 gadjang, *le plus* (parmi plusieurs) + 맛있는 음식 masiss-neun eumsig, *plat délicieux* + 을 -eul, P.COD + 먹 (먹다 mog-da, *manger*) + 고 싶 (고 싶다 -gô sipʰ-da, *vouloir*) + 어요 -oyô = litt. *je veux manger le meilleur plat*. *Le meilleur plat* est le COD du verbe *manger*. Il faut donc le marquer de la particule 을.

On peut aussi employer l'adverbe 가장 gadjang de façon négative, auquel cas il se traduirait comme *le pire, le moins*, ex. : 가장 맛없는 음식 gadjang masobs-neun eumsig, *le pire plat, le plat le moins bon*.

***

❹ 뚱뚱한 아빠 곰
ttoungttoungha-n appa gôm

❺ 날씬한 엄마 곰
nalssinha-n omma gôm

Corrigé de l'exercice 1

❶ mon charmant petit ami ❷ ma jolie petite amie ❸ ma gentille petite sœur ❹ un gros papa ours ❺ une mince maman ours

***

❹ [J']aime bien les personnes drôles.
_ _ _ _ 사람을 좋아해요.

❺ Il y a un grand centre commercial près de Dongdaemun.
동대문 근처에 _ 쇼핑센터가 있어요.

Corrigé de l'exercice 2

❶ 차를 – ❷ 예쁜 옷을 – ❸ – 작은 – ❹ 재미있는 – ❺ – 큰 –

연습 3 – 한글로 쓰십시오.

À partir de maintenant, nous nous séparons de la translittération pour cet exercice ; cette petite béquille saute pour vous permettre de vous habituer au coréen sans filet ! Nous la laissons figurer toutefois dans les dialogues, les notes et les exercices 1 pour que vous ne soyez pas totalement perdus.

❶ *le plus / le moins* ❷ *bonne personne* ❸ *plat délicieux*

30

제삼십 과

김치가 너무 매워요 !
gimtchi-ga nomou mèw-oyô

1 다비드 씨는 한국 음식을 좋아하지만 ¹
김치는 먹지 못 합니다 ²

dabideu ssi-neun han'goug eumsig-eul djôhaha-
djiman gimtchi-neun mog-dji môs ha-bni-da

2 – "왜 김치를 안 드세요 ?" ³
wè gimtchi-leul an deu-séyô

Remarque de prononciation

(1) La consonne finale ㅅ **s** de 못 **môs** suivie de la consonne aspirée ㅎ **h** de 합니다 **ha-bni-da** se prononce *[tʰ]*, ce qui donne : 못 합니다 *[mô tʰamm-ni-da]*.

Notes

1 지만 **-djiman**, *mais*, est un connecteur qu'on accole après le radical verbal. Voici un exemple : 좋아하 (좋아하다 **djôhaha-da**, *aimer (bien)*) + 지만 **-djiman**, *mais* = *il aime bien mais…* Attention à ne pas le confondre avec l'adverbe conjonctif ayant la même signification 하지만 **hadjiman**, *mais*. Contrairement au connecteur, l'adverbe se place au début de la phrase suivante, ex. : … 좋아합니다. 하지만 김치는… **djôhaha-bni-da. hadjiman gimtchi-neun…** ("il aime bien… Mais…"), *il aime bien…, mais quant au kimchi…*

2 지 못하다 **-dji môs ha-da**, *ne pas pouvoir*, est un verbe auxiliaire qui s'accole au radical et exprime l'impossibilité : 먹 (먹다 **mog-da**, *man-*

Corrigé de l'exercice 3

❶ 가장 **❷** 좋은 사람 **❸** 맛있는 음식

30

Trentième leçon

[Le] kimchi est trop pimenté !

1 David aime la nourriture coréenne mais [il] ne peut pas manger le kimchi. *(David [hon.-P.thème] Corée plat[-P.COD] aimer-mais kimchi[-P.thème] manger-ne-pas-pouvoir)*

2 – "Pourquoi ne mangez[-vous] pas de kimchi ? *(pourquoi kimchi[-P.COD] ne-pas manger)*

ger) + 지 못하 (지 못하다 **-dji môs ha-da**, *ne pas pouvoir*) + ㅂ니다 **-bni-da** = *il ne peut pas manger*. Ce verbe auxiliaire existe également sous forme d'adverbe, 못 **môs**, *ne pas pouvoir*, mais danc ce cas, il se place devant le verbe, ex. : 못 **môs**, *ne pas pouvoir* + 먹 (먹다 **mog-da**, *manger*) + 어요 **-oyô** = *je ne peux pas manger* (ph. 3).

• Souvenez-vous ! Le verbe auxiliaire 지 않다 **-dji anh-da**, *ne pas* (leçon 20 : 어렵지 않아요 **olyob-dji anh-ayô**, *ce n'est pas difficile*) existe également sous forme d'adverbe : 안 **an** (à la phrase 2). 지 않다 **-dji anh-da** et 안 **an** servent à exprimer la contre-volonté. Ainsi, 먹지 않아요 **mog-dji anh-ayô** ou 안 먹어요 **an mog-oyô** signifient : *je ne mange pas…* (il ne s'agit pas d'une impossibilité de manger due à une allergie par exemple, mais plutôt une question de goût ou d'envie).

3 Pour certains verbes comme 먹다 **mog-da**, *manger* (ou *dormir*, *rester*, etc.), au lieu d'ajouter la marque honorifique 으시/시 **-eusi-/-si-** au radical pour honorer la personne sujet du verbe, on utilise un autre verbe ayant lui-même un sens honorifique : 드시다 **deusi-da**, *manger* honorifique, ex. : 안 **an**, *ne pas* + 드시 (드시다 **deusi-da**, *manger* honorifique) + 어요 **-oyô** = *(vous) ne mangez pas ?*

3 – "저한테 ⁴ 너무 매워요. 그래서 못
먹어요."
djo-hantʰé nomou mèw-oyô. geulèso môs mog-oyô

4 – "매운 음식을 ⁵ 못 드세요 ?"
mèou-n eumsig-eul môs deu-séyô

5 – "네, 뜨거운 음식도 잘 못 먹어요." ⁶ □
né, tteugo'ou-n eumsig-dô djal môs mog-oyô

Remarque de prononciation
(3), (5) La consonne finale ㅅ s de 못 **môs** suivie de la consonne nasale
ㅁ m de 먹어요 **mog-oyô** se prononce nasalisée *[n]* : 못 먹어요 *[mônn
mo-go-yo].*

Notes

4 저 *djo, moi* + 한테 **hantʰé**, particule de COI *à, pour = pour moi.* Cette particule de COI est interchangeable avec 에게 **égé**, ex.: 소윤 씨에게 **sô-youn
ssi-égé**, *à/pour So-yun* (leçon 10). On utilise 한테 **hantʰé** plutôt à l'oral.

5 En contact avec le sfx. 은 **-eun**, le radical 맵 **mèb-** du verbe 맵다 **mèb-
da**, *être pimenté*, devient 매운 **mèou-n** (souvenez-vous que la consonne
finale ㅂ b du radical se transforme en 우 **ou** lorsqu'il est suivi de la
consonne muette ㅇ (ㅂ b irrégulier, voir leçon 14 : 고맙다 **gômab-da** →

***

▶ 연습 1 – 번역하십시오.
❶ 저한테 너무 어려워요.
djo-hantʰé nomou olyow-oyô

❷ 김치를 먹고 싶지만 너무 매워요.
gimtchi-leul mog-gô sipʰ-djiman nomou mèw-oyô

❸ 오늘은 매운 음식을 먹고 싶어요.
ôneul-eun mèou-n eumsig-eul mog-gô sipʰ-oyô

❹ 고마운 사람이에요.
gôma'ou-n salam-i-éyô

❺ 매운 음식을 좋아하지만 김치는 못 먹어요.
mèou-n eumsig-eul djôhaha-djiman gimtchi-neun môs mog-oyô

3 – Pour moi, [c']est trop pimenté. C'est pour ça que [je] ne peux pas [en] manger. *(moi-pour trop être-pimenté. c'est-pour-cela-que ne-pas-pouvoir manger)*

4 – [Vous] ne pouvez pas manger de plats pimentés ? *(être-pimenté[-sfx] plat[-P.COD] ne-pas-pouvoir manger)*

5 – Non, [je] ne peux pas non plus manger les plats très chauds." *(oui, être-brûlant[-sfx] plat-aussi bien ne-pas-pouvoir manger)*

고마워요 gômaw-oyô, *être reconnaissant*)). Ensuite, comme 매운 음식 mèou-n eumsig, *plat pimenté*, est le COD du verbe *manger*, il faut le marquer de la P.COD 을 **-eul**. De même, la forme adjectivale du verbe 뜨겁다 tteugob-da, *être brûlant, très chaud*, devient 뜨거운 **tteugo'ou-n**, *brûlant(e), très chaud(e)*, ex. : 뜨거운 음식 tteugo'ou-n eumsig, *plat brûlant, très chaud* (ph. 5). Ensuite, comme 매운 음식 mèou-n eumsig, *plat pimenté*, est le COD du verbe *manger*, il faut le marquer de la P.COD 을 **-eul**.

6 Souvenez-vous de la réponse à la question sous forme interro-négative (leçon 18, ph. 4 : *Vous ne savez pas ?* ("oui, je ne le connais pas")). La question *vous ne pouvez pas... ?* nécessite alors la réponse litt. : "oui, (je ne peux pas le manger)". La particule 도 **-dô**, *aussi*, employée dans la phrase négative se traduit *non plus*, ex. : *je ne peux pas non plus manger...*

Corrigé de l'exercice 1

❶ C'est trop difficile pour moi. ❷ J'aimerais bien manger du kimchi mais c'est trop pimenté. ❸ Aujourd'hui, je veux manger un plat pimenté. ❹ C'est une personne *(envers qui)* je me sens reconnaissant. ❺ J'aime bien les plats pimentés mais je ne peux pas manger de kimchi.

연습 2 – 빈칸을 채우십시오.

❶ [J']aime bien les plats pimentés.
   __ 음식을 좋아해요.

❷ Le kimchijjigae est un plat [servi] bouillant.
   김치찌개는 ___ 음식이에요.

❸ [Vous] ne pouvez pas manger de plats pimentés ? (style poli)
   매운 음식을 못 ___?

***

연습 3 – 한글로 쓰십시오.
❶ *être pimenté* ❷ *être très chaud, brûlant, bouillant* ❸ *pourquoi*

***

Le kimchi est un accompagnement très consommé de la cuisine co-réenne. Il s'agit généralement de chou chinois pimenté et fermenté. Attention, c'est très piquant ! Le kimchijjigae (ragoût au kimchi) est un plat cuisiné à base de kimchi.
Voici quelques règles à observer à table en Corée si vous ne voulez pas manquer à l'étiquette : on ne soulève pas son bol de riz ou de bouillon et on ne plante jamais ses couverts dans son bol de riz ;

31

제삼십일 과

▶

식사하세요 ¹ !
sigsaha-séyô

1 한국 사람들은 ² 보통 아침으로 밥을
   먹습니다.
   han'goug salam-deul-eun bôtʰông atchim-eulô bab-
   eul mog-seubni-da

🔲 Notes

1 식사하 (식사(를) 하다 **sigsa(leul) ha-da**, *prendre le repas*) + 시 **-si-** + 어
   요 **-oyô** = litt. "prenez le repas". C'est une expression pour dire "à table"
   d'une manière soutenue.

❹ [Je] ne peux pas le manger.
  _ 먹어요.

❺ [Je] ne le mange pas.
  _ 먹어요.

Corrigé de l'exercice 2
❶ 매운 – ❷ – 뜨거운 – ❸ – 드세요 ❹ 못 – ❺ 안 –

***

Corrigé de l'exercice 3
❶ 맵다 ❷ 뜨겁다 ❸ 왜

***

on laisse les personnes les plus âgées commencer le repas et on ne quitte pas la table tant que les aînés n'ont pas fini de manger ; on essaie de finir le plat quand on est invité chez quelqu'un et enfin, on ne parle pas trop pendant le repas. Entraînez-vous en attendant l'occasion de prendre un repas avec des Coréens ! Si vous respectez ces règles, vous serez très apprécié.

31

Trente et unième leçon

À table !
(prenez-le-repas)

1 En général, les Coréens mangent du riz au petit-déjeuner. *(Corée personne[-pluriel-P.thème] généralement petit-déjeuner-en riz[-P.COD] manger)*

2 Lorsqu'on veut parler du sujet générique, on emploie la particule de thème. C'est notamment le cas dans un contexte de présentation générale. C'est pour cette raison qu'ici on ne voit que les particules de thème correspondant aux sujets génériques tels que "les Coréens", "le déjeuner", "le dîner", "le temps de repas", etc.

2 점심은 거의 항상 밖에서 합니다. [3]

djomsim-eun go'eui hangsang bakk-éso ha-bni-da

3 저녁은 보통 6시 정도에 합니다. [4]

djonyog-eun bôtʰông yosos-si djongdô-é ha-bni-da

4 식사 시간은 한 시간을 넘지
않습니다. [5]

sigsa sigan-eun han sigan-eul nom-dji anh-seubni-
da

5 밥과 국은 숟가락으로 먹고 반찬은
젓가락으로 [6] 먹습니다.

bab-gwa goug-eun soudgalag-eulô mog-gô
bantchan-eun djosgalag-eulô mog-seubni-da

6 디저트는 [7] 잘 먹지 않습니다.

didjotʰeu-neun djal mog-dji anh-seubni-da

Remarque de prononciation

(2) Lorsque 의 eui *[eui]* se trouve au début d'un mot, il faut le prononcer *[eui]*, ex.: 의사 euisa *[eui-sa]*, *médecin* ; 의자 euidja *[eui-dja]*, *chaise*. Lorsqu'il se trouve à un autre endroit, on peut le prononcer *[i]* ; 거의 go'eui peut donc se prononcer de deux façons : *[go-eui]* ou *[go-i]*.

Notes

3 Le verbe 하다 ha-da, *faire*, s'utilise aussi dans le sens de "prendre (un repas)" avec son COD relatif aux aliments (*repas*, *déjeuner*, *café*, *dessert*, etc.).
• 항상 hangsang, *toujours*, et 언제나 ondjéna, *toujours*, *chaque fois*, que nous avons vu à la leçon 29, sont des synonymes.

4 보통 bôtʰông, *généralement*, *habituellement* + 6시 yosos-si, *18 heures*, (litt. "six heures") + 정도 djongdô, *environ*, *vers*, *à peu près* + 에 -é, P.temps = *généralement vers 18 heures*. On aurait pu remplacer 정도 djongdô par 쯤 tseum, qui sont interchangeables.

5 식사 sigsa, *repas* + 시간 sigan, *temps*, *heure* (durée) = *temps de repas*. Pour parler d'une durée, il faut employer le comptage coréen avec

2 Le déjeuner, [ils le] prennent presque toujours à l'extérieur. *(déjeuner[-P.thème] presque toujours dehors[-P.lieu] faire)*

3 Le dîner, [ils le] prennent, généralement, vers 18 heures. *(dîner[-P.thème] généralement six-heure vers[-P.temps] faire)*

4 Le temps [du] repas ne dépasse pas une heure. *(repas temps[-P.thème] une heure[-P.COD] dépasser-ne-pas)*

5 [Ils] mangent le riz et la soupe avec une cuillère et les accompagnements avec des baguettes. *(riz-et soupe[-P.thème] cuillère-avec manger-et accompagnement[-P.thème] baguettes-avec manger)*

6 Le dessert, [ils] n['en] prennent pas [souvent]. *(dessert[-P.thème] bien manger-ne-pas)*

시간 **sigan**, *heure* (durée) : 한 **han**, *une* (comptage coréen) + 시간 **sigan**, *heure* (durée) + 을 **-eul**, P.COD + 넘 (넘다 **nom-da**, *dépasser*) + 지 않 (지 않다 **-dji anh-da**, *ne pas*) + 습니다 **-seubni-da**.

6 Souvenez-vous : la particule 으로/로 **-eulô/-lô**, *en, avec, par*, sert à marquer le moyen (leçon 27 : 카드로요 **kʰadeu-lô-yô**, *par/avec carte, svp*) → 숟가락 **soudgalag**, *cuillère* + 으로 **-eulô**, *avec = avec une cuillère* ; 젓가락 **djosgalag**, *baguettes* + 으로 **-eulô**, *avec = avec des baguettes*. Elle est également employée pour dire *comme, en, en tant que*, ex. : 간식 **gansig**, *goûter* + 으로 **-eulô**, *comme* + 는 **-eun**, P.thème = *comme goûter* (ph. 8).

7 디저트 **didjotʰeu**, *dessert* (anglais coréanisé), aurait pu aussi être remplacé par 후식 **housig** (sino-coréen).

7 식사 후에는 주로 커피나 차를
마십니다. [8]

sigsa hou-é-neun djoulô kʰopʰi-na tcha-leul masi-
bni-da

8 간식으로는 떡이나 과일, 과자 등을 [9]
먹습니다.   □

gansig-eulô-neun ttog-ina gwa'il, gwadja deung-eul
mog-seubni-da

☐ Notes

8 식사 sigsa, *repas* + 후 hou, *après*, qui se place après un nom + 에 **-é**,
P.temps + 는 **-neun**, P.thème = *après le repas* ; 커피 kʰopʰi, *café* + 나 **-na**,

***

▶ 연습 1 – 번역하십시오.

❶ 프랑스 사람들은 아침으로 보통 무엇을 먹어요 ?
pʰeulangseu salam-deul-eun atchim-eulô bôtʰông mouos-eul
mog-oyô

❷ 프랑스에서는 저녁 식사 시간이 두 시간 정도예요.
pʰeulangseu-éso-neun djonyog sigsa sigan-i dou sigan djongdô-
yéyô

❸ 밥은 숟가락으로 먹습니다.
bab-eun soudgalag-eulô mog-seubni-da

***

연습 2 – 빈칸을 채우십시오.

❶ [On] dîne généralement vers 18 heures.
저녁은 보통 6 시 ___ 먹습니다.

❷ [Je] travaille [pendant] trois heures.
세 __ 일합니다.

❸ Réglez après la commande.
주문 __ 계산하세요.

7 Après le repas, [ils] boivent souvent du café ou du thé. *(repas après[-P.temps-P.thème] principalement café- ou thé[-P.COD] boire)*

8 Au goûter, [ils] mangent du tteok, des fruits ou des biscuits, etc. *(goûter-en-tant-que[-P.thème] tteok-ou fruit, gâteaux etc.[-P.COD] manger)*

---

ou [notez que cette particule existe en deux formes : 이나 **-ina** (après une consonne) / 나 **-na** (après une voyelle)] + 차 **tcha**, *thé = ils boivent du café ou du thé.*

9 떡 **ttog**, *tteok (gâteau de riz)* + 이나 **-ina**, *ou* + 과일 **gwa'il**, *fruit* + 과자 **gwadja**, *biscuit* + 등 **deung**, *etc.* Ce groupe de mots est le COD du verbe *manger*, il faut donc le marquer de la particule 을 **-eul**.

***

❹ 프랑스 사람들한테 젓가락은 어렵습니다.
pʰeulangseu salam-deul-hantʰé djosgalag-eun olyob-seubni-da

❺ 오늘 점심은 어디서 할까요 ?
ôneul djomsim-eun odiso ha-lkkayô

Corrigé de l'exercice 1
❶ Généralement, que mangent-ils au petit-déjeuner, les Français ?
❷ En France, le *(temps de)* dîner dure environ deux heures. ❸ On mange du riz avec une cuillère. ❹ Les baguettes sont difficiles [à utiliser] pour les Français. ❺ Où déjeune-t-on aujourd'hui ?

***

❹ [Je] prends des fruits ou du tteok au goûter.
간식으로 ____ 떡을 먹어요.

❺ Qu['est-ce que vous] prenez au dîner *(comme dîner)* ?
____ 무엇을 드세요 ?

Corrigé de l'exercice 2
❶ – 정도에 – ❷ – 시간 – ❸ – 후에 – ❹ – 과일이나 – ❺ 저녁으로 –

연습 3 – 한글로 쓰십시오.
❶ *accompagnement* (aliment) ❷ *déjeuner* (nom) ❸ *dîner* (nom)

***

Nombreux seront les Coréens que vous rencontrerez qui seront curieux d'en savoir un peu plus sur la gastronomie française. Vous pourrez désormais leur dire, en coréen évidemment, des choses comme "On mange du pain et on boit du café au petit-

32

제삼십이 과

한잔할까요 ¹ ?
handjanha-lkkayô

1 삼겹살은 소주와 잘 어울립니다. ²
samgyobsal-eun sôdjou-wa djal o'oulli-bni-da

2 치킨은 맥주와 잘 어울립니다.
tchikʰin-eun mègdjou-wa djal o'oulli-bni-da

Remarque de prononciation
(1), (2) Les sons [y] et [w] en coréen sont si légers qu'ils sont à peine audibles, ex.: 삼겹살 samgyobsal *[samm-kyoᵖ-ssal]*; 소주와 sôdjouwa *[sô-jou-wa]*; 맥주와 mègdjouwa *[mèᵏ-tsou-wa]*.

: Notes

1 한 han, *un* (comptage coréen) + 잔 djan, classificateur pour compter les verres, peut former un mot 한잔 handjan, *un verre*, et sa forme verbale est (술) 한잔하다 handjanha-da, *prendre un verre (alcool)*. 한잔하 (한잔하다 handjanha-da) + ㄹ까요 (을까요/ㄹ까요 -eulkkayô/-lkkayô, terminaison orale pour proposer de faire quelque chose ensemble, avec le locuteur) = *on boit un verre ?* Cette terminaison sert à demander à quelqu'un son opinion (leçon 25 : 누구누구를 부를까요 ? nougounou-

Corrigé de l'exercice 3
❶ 반찬 ❷ 점심 ❸ 저녁

***

déjeuner, on prend le goûter vers 16 heures et on dîne vers 20 heures. On aime beaucoup les desserts. Le macaron *(*마카롱 **makʰalông**) *est un des desserts français les plus connus", etc. Bon courage !*

32

Trente-deuxième leçon

[On] prend un verre ?

1 Le samgyeopsal se marie bien avec le soju.
(samgyeopsal[-P.thème] soju-avec bien se-marier)
2 Le poulet frit se marie bien avec la bière. *(poulet-frit[-P.thème] bière-avec bien se-marier)*

gou-leul bouleu-lkkayô ?, *(À ton avis) on invite qui ?)* et aussi à proposer, à la forme interrogative, de faire quelque chose ensemble avec le locuteur : *On mange ?*, *On y va ?*, etc.

2 소주 **sôdjou**, *soju (alcool coréen à base de riz)* + 와 **-wa**, *avec* + 잘 **djal**, *bien* + 어울리 *(*어울리다 **o'oulli-da**) *aller bien*, *bien se marier*, *bien s'harmoniser)* = *Le samgyeopsal se marie bien avec le soju.* Le samgyeopsal, c'est de la poitrine de porc. On la mange grillée, souvent accompagnée de soju.

3 회식 때는 ³ 소맥을 마시기도 합니다 ⁴.
hwésig ttè-neun sômèg-eul masi-gidô ha-bni-da

4 부침개를 먹을 때는 막걸리를 마십니다.
boutchimgè-leul mog-eul ttè-neun maggolli-leul masi-bni-da

5 오늘은 비가 옵니다 ⁵.
ôneul-eun biga ô-bni-da

6 – "다비드 씨, 부침개랑 막걸리 한잔할까요 ⁶ ?" □
dabideu ssi, boutchimgè-lang maggolli handjanha-lkkayô

Notes

3 때 ttè, *lors*, s'emploie avec un nom quelle que soit sa dernière lettre, ex.: 회식 hwésig, *repas en groupe* ; 회식 때 hwésig ttè, *lors d'un repas en groupe*. Or, 을 -eul (après une consonne) / ㄹ -l (après une voyelle) 때 ttè, *lorsque, quand*, s'accole au radical verbal, ex.: 먹 (먹다 mog-da, *manger*) + 을 때 -eul ttè, *lorsque, quand* = *quand on mange du buchimgae* (ph. 4). 회식 hwésig est un repas que l'on prend en groupe, comme un repas entre collègues, un repas entre membres d'un rassemblement, un repas de bienvenue, etc.

4 소맥 sômèg, *somaek* (néologisme composé de 소주 sôdjou, *soju*, et de 맥주 mègdjou, *bière*) + 을 -eul, P.COD + 마시 (마시다 masi-da, *boire*) +

***

▶ 연습 1 – 번역하십시오.

❶ 삼겹살은 매운 음식이에요 ?
samgyobsal-eun mèou-n eumsig-i-éyô

❷ 부침개는 뭐하고 잘 어울려요 ?
boutchimgè-neun mwo-hagô djal o'oully-oyô

❸ 소맥이 뭐예요 ?
sômèg-i mwo-yéyô

3   Il arrive parfois qu['on] boive du somaek lors
[d']un repas en groupe. *(repas-en-groupe lors[-P.thème]
somaek[-P.COD] boire-il-arrive-parfois-que)*
4   [On] boit du makgeolli lorsqu['on] mange du
buchimgae. *(buchimgae[-P.COD] manger-lorsque[-P.
thème] makgeolli[-P.COD] boire)*
5   Aujourd'hui, [il] pleut. *(aujourd'hui[-P.thème] pleuvoir)*
6 – "David, [on] boit du makgeolli [en mangeant] du
buchimgae ?" *(David [hon.] buchimgae-avec makgeolli
prendre-un-verre)*

기도 하 (기도 하다 -gidô ha-da, *il arrive parfois que*) + ㅂ니다 -bni-da
= *il arrive parfois qu'on boive du somaek.* Le verbe auxiliaire 기도 하다
-gidô ha-da accolé au radical du verbe d'action, quelle que soit sa dernière lettre, exprime une action occasionnelle.

5   비 bi, *pluie* ; 비가 오 (비(가) 오다 bi(ga) ô-da, *pleuvoir*) + ㅂ니다 -bni-da
= *il pleut.*

6   부침개 boutchimgè, *buchimgae* (galette coréenne) + 랑 (이랑 -ilang
(après une consonne) / 랑 -lang (après une voyelle, *avec*) + 막걸리 **mag-**
golli, *makgeolli* (alcool de riz doux et laiteux) = *on boit du makgeolli [en
mangeant] du buchimgae ?*
하고 hagô, 이랑/랑 -ilang/-lang et 과/와 -gwa/-wa signifient *et* quand
ils sont employés entre des noms ; on les traduit *avec* quand ils sont
empoyés après un nom. Ils sont interchangeables, mais à l'oral on utilise de préférence les deux premiers.

***

❹ 오늘 한잔할까요 ?
ôneul handjanha-lkkayô

❺ 회사 앞에서 맥주 한잔할까요 ?
hwésa apʰ-éso mègdjou handjanha-lkkayô

Corrigé de l'exercice 1
❶ Le samgyeopsal est-il un plat pimenté ? ❷ Avec quoi le buchimgae
se marie-t-il bien ? ❸ Qu'est-ce que le somaek ? ❹ On prend un verre,
aujourd'hui ? ❺ On boit une bière devant l'entreprise ?

연습 2 – 빈칸을 채우십시오.

❶ Il arrive parfois qu['on] prenne du poulet frit pour le dîner. (style ultra formel)

저녁으로 치킨을 ___ ___.

❷ Le samgyeopsal se marie bien avec le soju.

삼겹살은 ____ 잘 어울려요.

❸ Quel genre d'alcool aimez-vous ?

무슨 __ 좋아하세요 ?

***

연습 3 – 한글로 쓰십시오.
❶ *bière* ❷ *pluie* ❸ *pleuvoir* (infinitif)

***

Depuis toujours, les Coréens mangent du buchimgae (galette) au kimchi, aux fruits de mer, aux légumes, etc. quand il pleut. On ne connaît pas l'origine exacte de cette pratique. On dit que le son de la pluie rappelle celui de la friture lorsqu'on fait sauter cette galette...

33

제삼십삼 과

▶

제철 음식을 먹고 싶어요 ! [1]
djétchol eumsig-eul mog-gô sip[h]-oyô

1 한국에는 봄, 여름, 가을, 겨울 사계절이 있습니다 [2].
han'goug-é-neun bôm, yoleum, ga'eul, gyo'oul sagyédjol-i iss-seubni-da

🔲 Notes

1 제철 **djétchol**, *de, à, pleine saison* ; 제철 음식 **djétchol eumsig**, *plat de saison*, autre ex. : 제철 과일 **djétchol gwa'il**, *fruit de saison* ; 먹 (먹다 **mog-da**, *manger*) + 고 싶 (고 싶다 **-gô sip[h]-da**, *vouloir*) + 어요 **-oyô**. *Les plats de saison* est le COD du verbe, il faut donc le marquer à l'aide de 을 **-eul**.

❹ Quel alcool boit-on lors d'un anniversaire ?
생일 _ _ 무슨 술을 마셔요 ?

❺ [Je] bois du café quand [je] suis fatigué(e).
_ _ _ _ 커피를 마셔요.

Corrigé de l'exercice 2
❶ – 먹기도 합니다 ❷ – 소주하고 – ❸ – 술을 – ❹ – 때는 –
❺ 피곤할 때 –

***

Corrigé de l'exercice 3
❶ 맥주 ❷ 비 ❸ 비가 오다

***

Quand on boit de l'alcool en Corée, les Coréens ne se servent pas eux-mêmes mais ils se servent mutuellement. Tendez votre verre s'il vous en faut plus ! Quand ce sont les aînés qui offrent un verre, il faut le recevoir à deux mains et boire la tête tournée vers le côté.

33

Trente-troisième leçon

[Je] veux manger des plats de saison !

1   En Corée, il y a quatre saisons : le printemps, l'été, l'automne et l'hiver. *(Corée[-P.lieu-P.thème] printemps, été, automne, hiver quatre-saisons[-P.sujet] exister)*

2   Les termes 사 **sa**, *quatre* (comptage sino-coréen), et 계절 **gyédjol**, *saison*, forment le mot 사계절 **sagyédjol**, *quatre saisons*. 사계절이 있습니다 **sagyédjol-i iss-seubni-da**, litt. "les quatre saisons existent". *Les quatre saisons* est le sujet du verbe *exister*. Il faut donc le marquer de 이 **-i**.

2 따뜻한 봄에는 ³ 봄나물 비빔밥이 ⁴
맛있습니다.
ttatteusha-n bôm-é-neun bômnamoul bibimbab-i
masiss-seubni-da

3 더운 여름에는 뜨거운 삼계탕이나
시원한 냉면을 ⁵ 많이 먹습니다.
do'oun yoleum-é-neun tteugo'ou-n samgyéthang-
ina siwonha-n nèngmyon-eul manhi mog-seubni-da

4 선선한 가을에는 생선구이가 인기
있습니다 ⁶.
sonsonha-n ga'eul-é-neun sèngson'gou'i-ga in'gi iss-
seubni-da

5 추운 겨울에는 뜨거운 국물 요리를
자주 먹습니다 ⁷.
tchou'ou-n gyo'oul-é-neun tteugo'ou-n gougmoul
yôli-leul djadjou mog-seubni-da

Remarque de prononciation

(5) La consonne finale non-nasale ㄱ **g** de 국 **goug** se prononce nasalisée
(*[ng]*) lorsqu'elle est en contact avec une consonne nasale, ex.: ㅁ **m** de 물
moul. Ainsi, 국물 **gougmoul** se prononce *[goung-moul]*.

: Notes

3 따뜻하 (따뜻하다 **ttatteusha-da**, *être/faire doux, chaud*) + ㄴ -**n**, sfx.
adjectif + 봄 **bôm**, *printemps* = litt. "printemps doux" ; 더우 (덥다 **dob-
da**, *faire/avoir chaud*) + ㄴ -**n**, sfx. adjectif + 여름 **yoleum**, *été* = litt. "été
chaud" (ph. 3) ; 선선하 (선선하다 **sonsonha-da**, *faire frais*) + ㄴ -**n**, sfx.
adjectif + 가을 **ga'eul**, *automne* = litt. "automne frais" (ph. 4) ; 추우 (춥
다 **tchoub-da**, *faire/avoir froid*) + ㄴ -**n**, sfx. adjectif + 겨울 **gyo'oul**, *hiver*
= litt. "hiver froid" (ph. 5).

4 봄 **bôm**, *printemps* ; 나물 **namoul**, *namul* (plat d'accompagnement, préparé avec des légumes sauvages qui poussent au printemps) ; 비빔밥

2 Au printemps, [si] doux, le bibimbap [aux] namuls [de] printemps est délicieux. *(être-doux[-sfx.] printemps[-P.temps-P.thème] printemps-namul bibimbap[-P.sujet] être-délicieux)*

3 Pendant l'été, [si] chaud, [on] mange du samgyetang très chaud ou du naengmyeon rafraîchissant. *(faire-chaud[-sfx.] été[-P.temps-P.thème] être-brûlant[-sfx.] samgyetang-ou être rafraîchissant[-sfx.] naengmyeon[-P. COD] beaucoup manger)*

4 À l'automne, [si] frais, les poissons grillés ont du succès. *(faire frais[-sfx.] automne[-P.temps-P.thème] poisson-grillé[-P.sujet] avoir-du-succès)*

5 Pendant l'hiver, [si] froid, [on] mange souvent des plats [à base de] bouillon chaud. *(faire-froid[-sfx.] hiver[-P.temps-P.thème] être-brûlant[-sfx.] bouillon cuisine[-P.COD] souvent manger)*

---

bibimbab, *bibimbap* (plat coréen à base de riz mélangé à des légumes, de la viande et un condiment pimenté). Il existe plusieurs variétés de ce plat, ex. : 불고기 비빔밥 **boulgôgi bibimbab**, *bibimbap au bulgogi*, 참치 비빔밥 **tchamtchi bibimbab**, *bibimbap au thon*, etc.

5 뜨거우 (뜨겁다 **tteugob-da**, *être brûlant, très chaud*) + ㄴ **-n**, sfx. adjectif + 삼계탕 **samgyét**ʰ**ang**, *samgyetang (soupe de poulet au ginseng)* + 이나 **-ina**, *ou* + 시원하 (시원하다 **siwonha-da**, *être rafraîchissant*) + ㄴ **-n**, sfx. adjectif + 냉면 **nèngmyon**, *naengmyeon (nouilles froides)* = litt. "le samgyetang chaud ou le naengmyeon rafraîchissant". Ce groupe de mot est le COD du verbe, il faut donc le marquer avec 을 **-eul**.

6 생선 **sèngson**, *poisson* ; 구이 **gou'i**, *grillade* ; 생선구이 **sèngson'gou'i**, *poisson grillé* ; 인기 **in'gi**, *popularité* ; 인기 있 (인기(가) 있다 **in'gi(ga) iss-da**, *être populaire, avoir du succès*) + 습니다 **-seubni-da**.

7 뜨거우 (뜨겁다 **tteugob-da**, *être brûlant(e), très chaud(e)*) + ㄴ **-n**, sfx. adjectif + 국물 **gougmoul**, *bouillon, jus* ; 요리 **yôli**, *cuisine* ; 국물 요리 **gougmoul yôli**, *plat à base de bouillon* = litt. "plat-bouillon chaud". Ce groupe de mots est le COD du verbe, il faut donc le marquer avec 를 **-leul**. L'adverbe 자주 **djadjou**, *souvent*, sert à souligner la fréquence.

6 – "오늘 특별히 드시고 싶은 음식이 [8] 있으세요?" □

ôneul tʰeugbyolhi deusi-gô sipʰ-eun eumsig-i iss-euséyô

Note

8 특별 tʰeugbyol, *particularité, spécialité* ; 특별하다 tʰeugbyolha-da, *être particulier, spécial* ; 특별히 tʰeugbyolhi, *particulièrement, spécialement* + 드시 (드시다 deusi-da, *manger* honorifique) + 고 싶 (고 싶다 -gô sipʰ-da, *vouloir*) + 은 -eun, sfx. proposition relative + 음식 eumsig, *plat* = litt. "plat que vous voulez manger particulièrement". Ce groupe de mot est le sujet du verbe *exister*, il faut donc le marquer avec 이 -i.

***

▶ 연습 1 – 번역하십시오.

❶ 한국에는 무슨 계절이 있어요?
han'goug-é-neun mouseun gyédjol-i iss-oyô

❷ 여름에 한국에서 냉면을 먹고 싶어요.
yoleum-é han'goug-éso nèngmyon-eul mog-gô sipʰ-oyô

❸ 가을에 인기 있는 음식은 뭐예요?
ga'eul-é in'gi iss-neun eumsig-eun mwo-yéyô

***

연습 2 – 빈칸을 채우십시오.

❶ le vêtement [que je] veux acheter
사고 __ 옷

❷ Il y a un vêtement [que je] veux acheter.
사고 ____ 있어요.

❸ le plat [qui] a du succès
____ 음식

***

연습 3 – 한글로 쓰십시오.
❶ *saison* ❷ *poisson* ❸ *plat de saison*

6 – "Y a-t-il un plat [que vous] voulez particulièrement manger aujourd'hui ?" *(aujourd'hui particulièrement manger-vouloir[-sfx.] plat[-P.sujet] exister)*

> 먹고 싶은 음식이 없어요.

❹ 먹고 싶은 음식이 없어요.
mog-gô sipʰ-eun eumsig-i obs-oyô

❺ 비싸지 않은 음식
bissa-dji anh-eun eumsig

Corrigé de l'exercice 1

❶ En Corée, quelles saisons y a-t-il ? **❷** Cet été, en Corée, je veux manger du naengmyeon. **❸** Quel plat a le plus de succès en automne ? **❹** Je n'ai pas d'appétit. (litt. *il n'y a pas de plat que je veux manger*) **❺** le plat qui n'est pas cher

***

❹ l'alcool [que je] veux boire
_ _ _ 싶은 술

❺ l'alcool [que je] ne veux pas boire
_ _ _ 싶지 _ _ 술

Corrigé de l'exercice 2

❶ – 싶은 – **❷** – 싶은 옷이 – **❸** 인기있는 – **❹** 마시고 –
❺ 마시고 – 않은 –

***

Corrigé de l'exercice 3

❶ 계절 **❷** 생선 **❸** 제철 음식

Il y a quatre saisons en Corée, tout comme en France. La durée et les dates des saisons sont assez similaires. La seule différence, c'est que l'été en Corée est très humide. Afin de surmonter cette chaleur

34

제삼십사 과

▶

김치찌개 어때요 ?
gimtchitsigè ottèyô

1 – 점심에 뭐 먹을까요 ?
djomsim-é mwo mog-eulkkayô

2 – 맛있는 김치찌개 어때요 ? [1]
masiss-neun gimtchitsigè ottèyô

3 – 좋아요 !
djôh-ayô

4 (식당 앞에서)
(sigdang apʰ-éso)

– 여기가 김치찌개로 유명한
식당이에요 [2].
yogi-ga gimtchitsigè-lô youmyongha-n sigdang-i-éyô

5 – 와 ! 손님이 정말 많네요 [3].
wa ! sônnim-i djongmal manh-néyô

6 – 유명한 식당에는 항상 손님이 많아요.
youmyongha-n sigdang-é-neun hangsang sônnim-i
manh-ayô

Notes

1 맛있 (맛있다 **masiss-da**, *être délicieux, savoureux*) + 는 **-neun**, sfx. adjectif + 김치찌개 **gimtchitsigè**, *kimchijjigae (ragoût au kimchi)* + 어때 (어떻다 **ottoh-da**, *être/trouver comment*) + 어요 **-oyô** = litt. "le délicieux kimchijjigae est comment (pour vous) ?". *Délicieux kimchijjigae* est le sujet du verbe, il faudrait donc le marquer de la particule de sujet.

*désagréable, les Coréens consomment du **samgyeotang**, soupe de poulet au ginseng très chaude. Ils pensent que le fait de transpirer aide à se rafraîchir.*

34

Trente-quatrième leçon

[Que] pensez[-vous] du kimchijjigae ?

1 – Qu'[est-ce qu'on] mange [ce] midi ? *(midi[-P.temps] quoi manger)*

2 – [Et si on mangeait] un savoureux kimchijjigae ? Qu'en penses-tu ? *(être-délicieux[-sfx.] kimchijjigae être-comment)*

3 – Ok ! *(être-bien)*

4 *(Devant le restaurant) (restaurant devant[P.lieu])*
– [C']est ici le restaurant [très] connu pour [son] kimchijjigae. *(ici[-P.sujet] kimchijjigae-en être-connu[-sfx.] restaurant-être)*

5 – Wow ! Il y a beaucoup [de] clients. *(wow ! client[-P. sujet] vraiment être-nombreux)*

6 – Il y a toujours beaucoup [de] clients dans les restaurants renommés. *(être-connu[-sfx.] restaurant[-P. lieu-P.thème] toujours client[-P.sujet] être-nombreux)*

Cependant, et ce surtout à l'oral, l'emploi de particule est souvent omis s'il n'y a pas d'ambiguïté.

2 유명 **youmyong**, *renom, renommée* ; 유명하다 **youmyongha-da**, *être connu, renommé* : 김치찌개로 유명하 (…으로/로 유명하다 …*eulô/lô* **youmyongha-da**, *être connu, renommé pour…*) + ㄴ **-n**, sfx. proposition + 식당 **sigdang**, *restaurant* = litt. "restaurant qui est connu pour kim-chijjigae". Ce groupe de mots est le complément du verbe 이다 **i-da**, *être* (n'oubliez pas que ce verbe s'accole directement à son complé-ment, sans espace entre les deux).

3 많 (많다 **manh-da**, *être nombreux, il y a beaucoup*) + 네요 **-néyô**, termi-naison orale exclamative (cf. leçon 25 : 얼마 안 남았네요 ! *olma an nam-ass-néyô* !, *c'est bientôt* !) = litt. "comme les clients sont nombreux !".

7 – 사람이 적고 조용한 식당에 ⁴ 가고
   싶은데요 ⁵… 다른 식당에 가요 ⁶.   □
   salam-i djog-gô djôyôngha-n sigdang-é ga-gô sipʰ-
   eundéyô… daleu-n sigdang-é g-ayô

: Notes

4 사람 salam, *gens, personne* + 이 -i, P.sujet + 적 (적다 djog-da, *être peu*)
   + 고 -gô, *et*, connecteur + 조용하 (조용하다 djôyôngha-da, *être calme,
   silencieux*) + ㄴ -n, sfx. prop. + 식당 sigdang, *restaurant* + 에 -é, P.lieu =
   litt. "au restaurant qui est calme et les gens sont peu nombreux".

5 가 (가다 ga-da, *aller*) + 고 싶 (고 싶다 -gô sipʰ-da, *vouloir*) + 은데요
   -eundéyô, terminaison orale. Cette terminaison sert à dénoter la volonté de poursuivre la discussion (voir leçon 26 : 생일 선물을 사고 싶은
   데요 sèng'il sonmoul-eul sa-gô sipʰ-eundéyô, *Je voudrais acheter un*

***

▶ 연습 1 – 번역하십시오.
   ❶ 여기가 유명한 식당이에요 ?
      yogi-ga youmyongha-n sigdang-i-éyô

   ❷ 무엇으로 유명한 식당이에요 ?
      mouos-eulô youmyongha-n sigdang-i-éyô

   ❸ 사람이 많은 동대문에 갈까요 ?
      salam-i manh-eun dôngdèmoun-é ga-lkkayô

***

연습 2 – 빈칸을 채우십시오.
   ❶ le kimchijjigae savoureux
      _ _ _ 김치찌개

   ❷ le kimchijjigae savoureux et peu cher
      _ _ _ _ 김치찌개

   ❸ le restaurant connu pour le kimchijjigae
      _ _ _ _ _ 유명한 식당

7 – [Je] voulais aller dans un restaurant [où] il y a peu
[de] monde, [un endroit] calme... Allons dans un
autre restaurant. *(personne[-P.sujet] être-peu-et être-
calme[-sfx.] restaurant[-P.lieu] aller-vouloir... être-autre
[-sfx.] restaurant[-P.lieu] aller)*

cadeau d'anniversaire et...) ou alors, elle sert à indiquer une touche de
regret, que l'on pourrait matérialiser par des points de suspension à
l'écrit...

6 다르 (다르다 **daleu-da**, *être différent*, *autre*) + ㄴ **-n**, sfx. adjectif + 식
당 **sigdang** , *restaurant = autre restaurant* ; 가 (가다 **ga-da**, *aller*) + 아
요 **-ayô** = *allons*. Souvenez-vous : le verbe formé avec la terminaison
de style poli peut exprimer quatre modes de phrase différents selon
le contexte : déclaratif, interrogatif, impératif et, comme ici, exhortatif
(voir leçon 21 : 같이 가요 ! **gatʰi g-ayô !**, *allons-y ensemble !*, ***let's go!***).

***

❹ 저는 재미있고 착한 사람이 좋아요.
djo-neun djèmiiss-gô tchagha-n salam-i djôh-ayô

❺ 저는 착하지만 재미없는 사람인데요...
djo-neun tchagha-djiman djèmiobs-neun salam-i-ndéyô

Corrigé de l'exercice 1

❶ C'est ici, le restaurant renommé ? ❷ C'est un restaurant renommé
pour quel plat ? ❸ On va à Dongdaemun où il y a du monde ?
❹ J'aime bien les gens gentils et drôles. ❺ Je suis une personne
gentille mais pas drôle...

***

❹ le restaurant où il y a beaucoup de clients
손님이 __ 식당

❺ Les Coréens aiment bien les plats pimentés et très chauds.
한국 사람들은 __ ___ 음식을 좋아해요.

Corrigé de l'exercice 2

❶ 맛있는 – ❷ 맛있고 싼 – ❸ 김치찌개로 – ❹ – 많은 –
❺ – 맵고 뜨거운 –

연습 3 – 한글로 쓰십시오.
❶ *être nombreux* ❷ *être peu (nombreux)* ❸ *être petit*
(infinitif pour les trois termes)

35

제삼십오 과

복습 – Révision

1 Le suffixe 은 *-eun/*ㄴ *-n/*는 *-neun...*

1.1 ...pour former un adjectif

En coréen, il n'y a pas de vrais adjectifs comme en français ; ce sont les verbes d'état transformés à l'aide d'un suffixe qui occupent le rôle d'adjectif. Il existe trois formes de suffixes qui permettent de transformer des verbes d'état en adjectifs :

– 은 **-eun** s'emploie après le radical qui se termine par une consonne, ex. :
좋다 **djôh-da**, *être bien, bon* → 좋은 **djôh-eun**, *bon* ;
작다 **djag-da**, *être petit* → 작은 **djag-eun**, *petit* ;
– ㄴ **-n** s'emploie après le radical qui se termine par une voyelle, ex. :
예쁘다 **yéppeu-da**, *être joli* → 예쁜 **yéppeu-n**, *joli* ;
나쁘다 **nappeu-da**, *être mauvais, méchant* → 나쁜 **nappeu-n**, *mauvais, méchant* ;
– 는 **-neun** s'emploie après le radical dont la dernière lettre est 있, 없, ex. :
맛있다 **masiss-da**, *être délicieux, savoureux* → 맛있는 **masiss-neun**, *délicieux, savoureux* ;
재미없다 **djèmiobs-da**, *ne pas être drôle, être inintéressant, être ennuyeux* → 재미없는 **djèmiobs-neun**, *nul, ennuyeux* ;

Et bien sûr, il faut mettre un nom après, cette forme n'ayant pas d'utilité à elle seule, ex. :
좋은 사람 **djôh-eun salam**, *bonne personne* ; 작은 사람 **djag-eun salam**, *petite personne* ; 맛있는 음식 **masiss-neun eumsig**, *bon plat* ; 재미없는 영화 **djèmiobs-neun yonghwa**, *film inintéressant*.

Corrigé de l'exercice 3

❶ 많다 ❷ 적다 ❸ 작다

___

35

Trente-cinquième leçon

1.2 ...pour former une proposition relative

En français, la proposition relative est introduite par un pronom relatif (*qui*, *que*, *dont*, *où*), ex. :

l'appartement que est là-bas ; *l'appartement que j'ai loué* ; *l'appartement dont on parle* ; *l'appartement où j'habite*.

En coréen, il n'y a pas de pronom relatif, c'est encore le suffixe 은/ㄴ/는 **-eun/-n/-neun** accolé au radical du verbe qui prend en charge cette fonction, ex. :

돈이 많다 **dôn-i manh-da**, *avoir beaucoup d'argent* →

돈이 많은 사람 **dôn-i manh-eun salam**, *personne qui a beaucoup d'argent* ;

냉면으로 유명하다 **nèngmyon-eulô youmyongha-da**, *être réputé pour le naengmyeon* →

냉면으로 유명한 식당 **nèngmyon-eulô youmyongha-n sigdang**, *restaurant qui est réputé pour son naengmyeon* ;

냉면과 어울리다 **nèngmyon-gwa o'oulli-da**, *aller bien*, *bien se marier avec le naengmyeon* →

냉면과 어울리는 음식 **nèngmyon-gwa o'oulli-neun eumsig**, *plat qui va bien avec le naengmyeon*.

• Son emploi dans une phrase

Une fois qu'on a construit la proposition relative à l'aide du suffixe, il faut savoir l'utiliser dans une phrase, c'est-à-dire savoir mettre une particule adéquate, ex. :

돈이 많은 사람이에요 **dôn-i manh-eun salam-i-éyô**, *Je suis une personne qui a beaucoup d'argent* ① ;

돈이 많은 사람한테 주세요 **dôn-i manh-eun salam-hantʰé djou-séyô**, *Donnez-le à la personne qui a beaucoup d'argent* ② ;

돈이 많은 사람을 좋아하세요 ? **dôn-i manh-eun salam-eul djôhaha-séyô ?**, *Aimez-vous la personne qui a beaucoup d'argent ?* ③

Dans le cas ①, on ne met aucune particule (n'oubliez pas que le verbe *être* s'accole directement à son complément sans aucune particule, ni espace) ; pour ②, la proposition est le COI du verbe *donner*, il faut donc une particule de COI ; pour ③, elle est COD du verbe *aimer*, il faut donc la particule de COD.

Pour le moment, nous n'avons travaillé la formation de la proposition relative qu'avec les verbes d'état. Nous avons seulement

***

▶ 복습 대화

1 프랑스 사람들은 보통 점심으로 무엇을 먹어요 ?
pʰeulangseu salam-deul-eun bôtʰông djomsim-eulô mouos-eul mog-oyô

2 착하고 재미있는 여자 친구가 있어요.
tchagha-gô djèmiiss-neun yodja tchin'gou-ga iss-oyô

3 친구와 약속이 있을 때는 커피숍에서 차를 마시기도 해요.
tchin'gou-wa yagsôg-i iss-eul ttè-neun kʰopʰisyôb-éso tcha-leul masi-gidô hèyô

4 커피와 어울리는 디저트가 뭐예요 ?
kʰopʰi-wa o'oulli-neun didjotʰeu-ga mwo-yéyô

5 어떤 사람을 좋아하세요 ?
otto-n salam-eul djôhaha-séyô

6 저한테 너무 어려워요.
djo-hanʰé nomou olyow-oyô

7 보통 몇 시에 저녁을 드세요 ?
bôtʰông myotch si-é djonyog-eul deuséyô

illustré l'emploi de la proposition relative mais la forme adjectivale fonctionne de la même manière, comme nous avons pu le voir au cours des leçons, c'est-à-dire qu'il faut y mettre (ou non) une particule selon la phrase. La suite des leçons vous présentera l'utilisation/la formation de la proposition relative avec des verbes d'action, ex. ; *la personne que j'ai rencontrée hier*, la personne *avec qui je vais voyager*, etc.

***

8 프랑스 사람들도 숟가락과 젓가락으로
식사해요 ?
pʰeulangseu salam-deul-dô soudgalag-gwa
djosgalag-eulô sigsahèyô

9 시간 있을 때 한잔할까요 ?
sigan iss-eul ttè handjanha-lkkayô

10 저는 작고 귀여운 선물을 좋아해요.
djo-neun djag-gô gwiyo'ou-n sonmoul-eul
djôhahèyô

Traduction
1 Qu'est-ce qu'ils prennnent généralement au déjeuner, les Français ? **2** J'ai une petite amie gentille et drôle. **3** Quand j'ai un rendez-vous avec mes amis, il m'arrive de boire du thé dans un café. **4** Quel est le dessert qui se marie bien avec le café ? **5** Quel genre de personne aimez-vous ? *(la personne qui est comment aimez-vous)* **6** C'est trop difficile pour moi. **7** À quelle heure dînez-vous en général ? **8** Les Français prennent-ils, eux aussi, leur repas avec une cuillère et des baguettes ? **9** On prend un verre quand vous avez du temps ? **10** J'aime bien les cadeaux qui sont petits et mignons.

제삼십육 과

▶

칭찬 감사해요. [1]
tchingtchan gamsahèyô

1 그림을 그린 학생. [2]
geulim-eul geuli-n hagsèng

2 그림을 그리는 학생 [3].
geulim-eul geuli-neun hagsèng

3 그림을 그릴 학생 [4].
geulim-eul geuli-l hagsèng

4 – "저기에서 그림을 그리는 학생이 제
딸이에요 [5]."
djogi-éso geulim-eul geuli-neun hagsèng-i djé ttal-
i-éyô

▌: Notes

1 칭찬 tchingtchan, *compliment* (...을/를 칭찬하다, ...eul/-leul tchingt-
chanha-da *faire des compliments à qqn/sur qqch.*) + 감사 gamsa, *remerciement* ; 감사하 (감사하다 gamsaha-da, *remercier*, ce verbe d'état
s'emploie comme 고맙다 gômab-da, *être reconnaissant*, que l'on a vu
en L10, ex. : 고마워요 gômaw-oyô, *merci*), 감사하다 gamsaha-da venant du sino-coréen a tendance à être considéré comme étant plus
formel + 어요 -oyô = *merci pour vos compliments*.

2 La question du temps (passé, présent, futur) est très importante
lorsqu'on forme une proposition relative avec un verbe d'action. Afin
de former une proposition relative au passé, il faut le sfx. 은 -eun (après
une consonne) ㄴ -n (après une voyelle), ex. : 그림 geulim, *dessin*,
peinture ; 그림을 그리 (그림(을) 그리다 geulim(eul) geuli-da, *dessiner*,
peindre) + ㄴ -n, sfx. passé + 학생 hangsèng, *étudiant* = *étudiant qui a
dessiné*.

Trente-sixième leçon

Merci [pour le] compliment !

1 L'étudiant [qui] a dessiné. *(dessin[-P.COD] dessiner[-sfx.] étudiant)*

2 L'étudiant [qui] dessine. *(dessin[-P.COD] dessiner[-sfx.] étudiant)*

3 L'étudiant [qui] dessinera. *(dessin[-P.COD] dessiner[-sfx.] étudiant)*

4 – "L'étudiante [qui] dessine là-bas est ma fille. *(là-bas[-P. lieu] dessin[-P.COD] dessiner[-sfx.] étudiant[-P.sujet] ma fille-être)*

3 La formation de la proposition relative au présent nécessite l'ajout du sfx. 는 **-neun** au radical, sans se soucier de sa dernière lettre, ex. : 그리 (그리다 **geuli-da**, *dessiner*) + 는 **-neun**, sfx. présent + 학생 **hag-sèng**, *étudiant* = *étudiant qui dessine*.

4 Au futur, la formation de la proposition relative nécessite l'ajout du sfx. 을 **-eul** (après une consonne) / ㄹ **-l** (après une voyelle) au radical, ex. : 그리 (그리다 **geuli-da**, *dessiner*) + ㄹ **-l**, sfx. futur + 학생 **hangsèng** = *étudiant qui va dessiner/dessinera*.

5 Il ne faut pas oublier de marquer la fonction grammaticale de la proposition relative par une particule adaptée, ex. : 그림을 그리는 학생 **geulim-eul geuli-neun hagsèng**, *l'étudiant qui dessine un dessin*, est le sujet du verbe *être*. Il faut donc le marquer de la P.sujet 이 **-i**.

5 – "어머나 ! 따님이 참 예쁘네요 !" [6]
omona ! ttanim-i tcham yéppeu-néyô

6 – "정말요 ? 칭찬 감사해요." □
djongmal-yô ? tchingtchan gamsahèyô

□ : Note

6 어머나 **omona** est une interjection souvent employée par les femmes
+ 따님 **ttanim**, *fille*, terme employé pour désigner la fille (souvent d'un
certain âge) d'autrui avec respect (en L23, le locuteur emploie le terme

***

▶ 연습 1 – 번역하십시오.

❶ 김치를 먹는 사람
gimtchi-leul mog-neun salam

❷ 김치를 못 먹는 사람
gimtchi-leul môs mog-neun salam

❸ 김치를 먹은 사람
gimtchi-leul mog-eun salam

❹ 김치를 먹을 사람
gimtchi-leul mog-eul salam

***

연습 2 – 빈칸을 채우십시오.

❶ les chaussures [que j']aime [bien]
_ _ _ _ 신발

❷ les bonnes chaussures *(les chaussures qui sont bien)*
_ _ 신발

❸ les plats [qu'on] mange avec les baguettes
젓가락으로 _ _ 음식

***

연습 3 – 한글로 쓰십시오.
❶ *compliment* ❷ *fille* (honorifique) ❸ *dessiner, peindre* (infinitif)

5 – Oh là là ! [Comme elle] est mignonne [votre] fille !
([interjection] ! fille[-P.sujet] véritablement être-joli)

6 – [C'est] vrai ? Merci [pour le] compliment." *(vraiment[-pol.] ? compliment remercier)*

딸 ttal, *fille*, car il est question de sa propre fille de 4 ans. Le terme marquant le respect n'est donc pas nécessaire) + 이 **-i**, P.sujet + 참 **tcham**, *véritablement* + 예쁘 (예쁘다 **yéppeu-da**, *être joli*) + 네요 **néyô**, terminaison orale exclamative = *Qu'elle est jolie, votre fille !*

***

❺ 김치를 먹고 싶지 않은 사람
gimchi-leul mog-gô sipʰ-dji anh-eun salam

Corrigé de l'exercice 1
❶ La personne qui mange du kimchi. **❷** La personne qui ne peut pas manger du kimchi. **❸** La personne qui a mangé du kimchi. **❹** La personne qui va manger/mangera du kimchi. **❺** La personne qui ne veut pas manger de kimchi.

***

❹ Qui est [cette] personne [qui] dessine là-bas ?
저기에서 그림을 ___ ___ 누구예요 ?

❺ Le film [que j']ai vu hier était très drôle.
어제 _ 영화가 참 재미있었어요.

Corrigé de l'exercice 2
❶ 좋아하는 – **❷** 좋은 – **❸** – 먹는 – **❹** – 그리는 사람이 –
❺ – 본 –

***

Corrigé de l'exercice 3
❶ 칭찬 **❷** 따님 **❸** 그림(을) 그리다

제삼십칠 과

▶

우산을 준비하세요.
ousan-eul djounbiha-séyô

1 날씨가 좋아서 공원에서 산책해요. ¹
nalssi-ga djôh-aso gông'won-éso santchèghèyô

2 비가 오니까 기분이 좋아요. ²
biga ô-nikka giboun-i djôh-ayô

3 눈이 와서 길이 미끄럽지요 ?
nouni w-aso gil-i mikkeulob-djiyô

4 눈이 오니까 일본에 가고 싶어요.
nouni ô-nikka ilbôn-é ga-gô sipʰ-oyô

: Notes

1 날씨 **nalssi**, *temps* (météo) ; 날씨가 좋 (날씨가 좋다 **nalssiga djôh-da**, *il fait beau*) + 아서 (어서/아서 **-oso/-aso**, *parce que, car, comme, puisque*) + 공원 **gông'won**, *parc* + 에서 **eso**, P.lieu + 산책 **santchèg**, *promenade* ; 산책하 (산책(을) 하다 **santchèg(eul) ha-da**, *se promener*) + 어요 **-oyô** = *parce qu'il fait beau, je me promène au parc*. Le connecteur causal 어서/ 아서 **-oso/-aso** s'emploie avec les phrases déclaratives et interrogatives ; il introduit la cause "objective" ou "logique", ex. : (ph. 3) 눈 *noun*, *neige* ; 눈이 오 (눈이 오다 **noun(i) ô-da**, *neiger*) + 아서 (어서 /아서 **-oso/-aso**, *parce que*) = *parce qu'il neige* ; 길 **gil**, *rue* + 이 **-i**, P.sujet + 미끄럽 (미끄럽다 **mikkeulob-da**, *être glissant*) + 지요 **-djiyô**, terminaison orale dénotant une demande de confirmation, *n'est-ce pas ?, non ? = La rue est glissante, non ?*

• On emploie 어서 **-oso**, lorsque la dernière voyelle du radical se termine autrement que par ㅏ **a** ou ㅗ **ô**, mais on emploie 아서 **-aso**, lorsqu'elle se termine par ㅏ **a** ou ㅗ **ô**.

• Le sujet impersonnel "il" n'existe pas en coréen, *il fait beau* se dit "le temps est bien".

Trente-septième leçon

Prenez un parapluie ! *(parapluie[P.COD] préparer)*

1 [Je] me promène au parc parce qu['il] fait beau.
   (temps[-P.sujet] être-beau-car parc[-P.lieu] se-promener)
2 [Je] suis [de] bonne humeur parce qu'[il] pleut.
   (pleuvoir-car humeur[-P.sujet] être-bien)
3 La rue est glissante parce qu['il a] neigé, n'est-ce
   pas ? *(neiger-car rue[-P.sujet] être-glissant)*
4 [J']ai envie d'aller au Japon parce qu'[il] neige.
   (neiger-car Japon[-P.lieu] aller-vouloir)

2 비 **bi**, *pluie* ; 비가 오 (비가 오다 **bi(ga) ô-da**, *pleuvoir*) + 니까 (으니까/니
까 **-eunikka/-nikka**, *parce que, car, comme, puisque*) = *parce qu'il pleut* ;
기분 **giboun**, *humeur* ; 기분이 좋 (기분이 좋다 **giboun(i) djôh-da**, *être
de bonne humeur*) + 아요 **-ayô** = *Je suis de bonne humeur.* Le connecteur causal 으니까/니까 **-eunijkka/-nikka** s'emploie aussi bien dans
des phrases déclaratives que dans des phrases interrogatives. Ici, il sert
à marquer la cause "subjective" ou "personnelle" comme par ex. : *Je
suis de bonne humeur parce qu'il pleut (alors que je sais que les autres
préfèrent qu'il fasse beau).* Autre ex. : 눈이 오 (눈이 오다 **noun(i) ô-da**,
neiger) + 니까 **-nikka**, *parce que* + 일본 **ilbôn**, *Japon* + 에 **-é**, P.lieu + 가
(가다 **ga-da**, *aller*) + 고 싶 (고 싶다 **-gô sipʰ-da**, *vouloir, avoir envie de*)
+ 어요 **-oyô** = *parce qu'il neige (cela me rappelle des bons souvenirs de
voyage au Japon en hiver), ça me donne envie d'aller au Japon (ph. 4).*
• On emploie 으니까 **-eunikka**, lorsque le radical se termine par une
consonne, et 니까 **-nikka** lorsqu'il se termine par une voyelle.

5   오후에 비가 오니까 우산을 준비하세요. [3]
ôhou-é biga ô-nikka ousan-eul djounbiha-séyô

6   제가 오늘은 좀 바쁘니까 다음에
만날까요 ? [4]   □
djéga ôneul-eun djôm bappeu-nikka da'eum-é
manna-lkkayô

Note

3   Pour introduire la cause dans une phrase impérative, on ne peut employer que le connecteur causal 으니까/니까 -eunikka/-nikka, jamais 어서/아서 -oso/-aso, ex. : 오후 ôhou, *après-midi* + 에 -é, P.temps + 비가 오 (비가 오다 bi(ga) ô-da, *pleuvoir*) + 니까 -nikka, *parce que* + 우산 ousan, *parapluie* + 을 -eul, P.COD + 준비 djounbi, *préparation* ; 준비하 (준비하다 djounbiha-da, *préparer*) + 시 -si- + 어요 -oyô = *Préparez un parapluie car il pleut cet après-midi.*

***

▶ 연습 1 – 번역하십시오.

❶ 눈이 오니까 우산을 준비하세요.
nouni ô-nikka ousan-eul djounbiha-séyô

❷ 기분이 좋으니까요
gibouni djôh-eunikka-yô

❸ 비가 와서 기분이 나빠요.
biga w-aso gibouni napp-ayô

***

연습 2 – 빈칸을 채우십시오.

❶ Puisqu'[il] fait beau, [on] se promène ?
날씨가 ＿＿＿ 산책할까요 ?

❷ Puisqu'il pleut, rencontrons-nous la prochaine [fois].
비가 ＿＿＿ 다음에 만나요.

❸ Faites attention car [ça] glisse !
＿＿＿＿＿＿ 조심하세요 !

5 Préparez un parapluie parce qu'[il] va pleuvoir [cet] après-midi. *(après-midi[-P.temps] pleuvoir-car parapluie[-P. COD] préparer)*

6 Comme [je] suis un peu occupé(e) aujourd'hui, [on] se voit la prochaine fois ? *(je[-P.sujet] aujourd'hui[-P.thème] un-peu être-occupé-car prochain[-P.temps] se-voir)*

4 Notez également que la cause dans une phrase exhortative ne se forme qu'à l'aide du connecteur causal, 으니까/니까, jamais 어서/아서, ex. : 제가 **djéga** (forme combinée de 저 **djo**, *je, me, moi* + 가 -**ga**, P.sujet) + 오늘 **ôneul**, *aujourd'hui* + 은 -**eun**, P.thème pour l'emphase + 좀 **djôm** (forme contractée de 조금 **djôgeum**, *un peu*) + 바쁘 (바쁘다 **bappeu-da**, *être occupé(e)*) + 니까 -**nikka**, *parce que* + 다음 **da'eum**, *prochain, suivant* + 에 -**é**, P.temps + 만나 (만나다 **manna-da**, *(se) rencontrer, (se) voir*) + ㄹ까요 -**eulkkayô**, terminaison orale dénotant une proposition = *On se voit la prochaine fois parce que je suis un peu occupé(e) aujourd'hui ?*

***

❹ 기분이 어때요 ?
gibouni ottèyô

❺ 좀 바빠서 다음에 만나고 싶어요.
djôm bapp-aso da'eum-é manna-gô sipʰ-oyô

Corrigé de l'exercice 1

❶ Préparez un parapluie car il neige. **❷** parce que je suis de bonne humeur **❸** Je suis de mauvaise humeur parce qu'il pleut. **❹** Comment vous sentez-vous ? **❺** J'aimerais vous voir une prochaine fois car je suis un peu occupé.

***

❹ [Je] me promène dans le parc parce qu'il fait beau.
날씨가 _ _ _ 공원에서 산책해요.

❺ [J']ai acheté un parapluie parce qu'il pleuvait.
비가 _ _ 우산을 샀어요

Corrigé de l'exercice 2

❶ – 좋으니까 – **❷** – 오니까 – **❸** 미끄러우니까 – **❹** – 좋아서 – **❺** – 와서 –

연습 3 – 한글로 쓰십시오.
❶ *pluie* ❷ *parapluie* ❸ *promenade*

38

제삼십팔 과

▶

이 옷 좀 입어 볼 수 있어요 ? [1]
i ôs djôm ib-o bô-l sou iss-oyô

1 (옷 가게에서)
(ôs gagé-éso)
손님 : – 이 옷 좀 입어 볼 수 있어요 ?
sônnim : i ôs djôm ib-o bô-l sou iss-oyô

2 점원 : – 네, 입어 보세요. [2]
djomwon : né, ib-o bô-séyô

***

3 (시장에서) 손님 : – 아주머니, 이 반찬 좀 먹어 볼 수 있어요 ? [3]
(sidjang-éso) sônnim : adjoumoni, i bantchan djôm mog-o bôl sou iss-oyô

▣ Notes

1 Le verbe auxiliaire 어/아 보다 -o/-a bô-da se traduit littéralement *essayer de, tenter de*. On l'emploie souvent dans le but de demander l'autorisation, avec l'aide d'un verbe auxiliaire 을/ㄹ 수 있다 -eul/-l sou iss-da, *pouvoir*. Ex.: 이 i, *ce* + 옷 ôs, *vêtement* + 좀 djôm (forme contractée de 조금 djôgeum, *un peu*, ce terme est utilisé de manière optionnelle lors d'une demande afin de l'adoucir) + 입 (입다 ib-da, *s'habiller, porter (des vêtements)*) + 어 보 (어/아 보다 -o/-a bô-da, *essayer de*) + ㄹ 수 있 (을/ㄹ 수 있다 -eul/-l sou iss-da, *pouvoir*) + 어요 -oyô = litt. "peux-je essayer de porter ce vêtement ?".

• Le verbe auxiliaire 을/ㄹ 수 있다 -eul/-l sou iss-da, *pouvoir*, s'emploie pour marquer la capacité de pouvoir faire quelque chose, ex.: 읽 (읽다 ilg-da, *lire*) + 을 수 있다 -eul sou iss-da = *pouvoir lire*. Sa version négative est 을/ㄹ 수 없다 -eul/-l sou obs-da, *ne pas pouvoir*, ex.: 읽

Corrigé de l'exercice 3
❶ 비 ❷ 우산 ❸ 산책

38

Trente-huitième leçon

Puis-je essayer ce vêtement ?
(ce vêtement porter-essayer-de-pouvoir)

1 *(Dans un magasin [de] vêtements) (vêtement magasin[-P.lieu])*
Un client : – Puis-[je] essayer ce vêtement ? *(ce vêtement porter-essayer-de-pouvoir)*

2 Le vendeur/La vendeuse : – Oui, [bien sûr]. Essayez-[le]. *(oui. porter-essayer-de)*

***

3 *(Au marché) (marché[-P.lieu])* Un client : – Puis-[je] goûter cet accompagnement ? *(madame, ce accompagnement manger-essayer-de-pouvoir)*

생일이라서 파티를 해요.

(읽다 ilg-da, *lire*) + 을 수 없다 -eul sou obs-da, *ne pas pouvoir = ne pas pouvoir lire*.

2 Le verbe auxiliaire 어/아 보다 -o/-a bô-da, *essayer de*, s'emploie également souvent pour faire une suggestion sans se montrer insistant, ex. : 입 (입다 ib-da, *porter (des vêtements)*) + 어 보 (어/아 보다 -o/-a bô-da, *essayer de*) + 시 -si- + 어요 -oyô = litt. "oui, essayez de les porter".

3 이 i, *ce* + 반찬 bantchan, *plat d'accompagnement* + 먹 (먹다 mog-da, *manger*) + 어 보 (어/아 보다 -o/-a bô-da, *essayer de*) + ㄹ 수 있 (을/ㄹ 수 있다 -eul/-l sou iss-da, *pouvoir*) + 어요 -oyô = litt. "peux-je essayer de manger ce plat d'accompagnement ?".

4   아주머니 : – 네, 드셔 보세요. [4]
adjoumoni : né, deusy-o bô-séyô

***

5   (교실에서)
(gyôsil-éso)

선생님 : – 여러분, 한국에 벌써 가
봤어요 ? [5]
sonsèngnim : yoloboun, han'goug-é bolsso ga
bw-ass-oyô

6   학생들 : – 아니요. 아직 안 가 봤어요. [6]
hagsèng-deul : aniyô. adjig an ga bw-ass-oyô

***

7   (집에서)
(djib-éso)

남편 : – 필요하지 않은 물건을 왜
샀어요 ? [7]
namphyon : philyôha-dji anh-eun moulgon-eul wè
s-ass-oyô

8   아내 : – 세일이라서 한번 사 봤어요. [8]□
anè : séil-ilaso hanbon sa bw-ass-oyô

▮ Notes

4 드시 (드시다 **deusi-da**, *manger* version honorifique) + 어 보 (어/아 보 다 -o/-a bô-da, *essayer de*) + 시 -si- + 어요 -oyô = litt. "oui, essayez de le manger".

5 Le verbe auxiliaire 어/아 보다 -o/-a bô-da, *essayer de*, sert à exprimer une expérience passée, ex. : 벌써 **bolsso**, *déjà* + 가 (가다 ga-da, *aller*) + 아 보 (어/아 보다 -o/-a bô-da, *essayer de, tenter de*) + 았 -ass- + 어요 -oyô = litt. "avez-vous déjà tenté d'aller en Corée ?" (signifiant *Êtes-vous déjà allé en Corée ?*).

• 여러분 **yoloboun**, *vous tous, tout le monde, mesdames et messieurs*, est un terme employé dans un discours pour s'adresser au public.

4 Une dame *(madame)* : – Oui[, bien sûr]. Goûtez-[le].
(oui. manger-essayer-de)

***

5 *(Dans la salle de classe)* *(salle-de-classe[-P.lieu])*
Le professeur : – Êtes-[vous] déjà allés en Corée ?
(tout-le-monde, Corée[-P.lieu] déjà aller-essayer-de)

6 Les étudiants *(étudiant[-pluriel])* : – Non. Pas encore.
(non. pas-encore ne-pas aller-essayer-de)

***

7 *(À la maison)* *(maison[-P.lieu])*
Le mari : – Pourquoi as-[tu] acheté les articles [dont
on] n'a pas besoin ? *(être-nécessaire-ne-pas[-sfx.] objet[-P.
COD] pourquoi acheter)*

8 La femme : – []e les] ai acheté car [c'était en] solde.
(solde-car une-fois acheter-essayer-de)

---

6 아직 adjig, *pas encore* + 안 an, *ne pas* + 가 (가다 ga-da) + 아 보 (어/아
보다 -o/-a bô-da, *tenter de*) + 았 -ass- + 어요 -oyô = litt. "non, je n'ai pas
encore tenté d'y aller" (signifiant *Non, je n'y suis pas encore allé*).

7 필요 pʰilyô, *nécessité, besoin* ; 필요하 (필요하다 pʰilyôha-da, *être nécessaire, avoir besoin de*) + 지 않 (지 않다 -dji anh-da, *ne pas*) + 은 -eun,
sfx. proposition+ 물건 moulgon, *objet, chose* = *les choses dont on n'a
pas besoin* : la proposition est le COD du verbe *acheter*, il faut donc le
marquer avec 을 -eul ; 왜 wè, *pourquoi* + 사 (사다 sa-da, *acheter*) + 았
-ass- + 어요 -oyô = *Pourquoi as-tu acheté… ?*

8 Le verbe auxiliaire 어/아 보다 -o/-a bô-da, *essayer de*, sert également
à exprimer une action occasionnelle, une tentative unique, ex. : 세일 ,
solde + 이라서, *parce que* (이라서 -ilaso (après une consonne) / 라서
-laso (après une voyelle) accolé à un nom ; 어서/아서 -oso/-aso, *parce
que*, accolé à un radical verbal) + 한번 hanbon, *une fois* + 사 (사다 sa-
da, *acheter*) + 아 보 (어/아 보다 -o/-a bô-da, *essayer de*) + 았 -ass- +
어요 -oyô = litt. "j'ai tenté de les acheter parce que solde" (*Je me suis
laissé tenter parce que c'était en solde.*).

▶ 연습 1 – 번역하십시오.

❶ 생일이라서 파티를 해요.
sèng'il-ilaso pʰatʰi-leul hèyô

❷ 생일이라서 친구들과 파티를 해 봤어요.
sèng'il-ilaso tchin'gou-deul-gwa pʰatʰi-leul hè bw-ass-oyô

❸ 오늘은 바빠서 만날 수 없어요.
ôneul-eun bapp-aso manna-l sou obs-oyô

❹ 내일은 만날 수 있어요 ?
nèil-eun manna-l sou iss-oyô

***

연습 2 – 빈칸을 채우십시오.

❶ [J']ai déjà goûté au kimchi. (style poli)
김치를 먹어 ___.

❷ [Je] ne suis pas encore allé en Corée. (style poli)
한국에 아직 _ _ _ _ _.

❸ [Je] peux porter ce vêtement.
이 옷 _ _ 수 있어요.

❹ Puis-[je] essayer ce vêtement ? *(je peux essayer de porter ce vêtement ?)*
이 옷 좀 _ _ _ 수 있어요 ?

***

연습 3 – 한글로 쓰십시오.
❶ *objet, chose* ❷ *déjà* ❸ *objet, chose*

***

Nous avons déjà vu que la façon d'appeler et de qualifier un tiers demande beaucoup de précautions en coréen. Il faut prendre en compte l'âge et la fonction hiérarchique, le contexte situationnel, etc. Des termes comme 아주머니 *ajoumoni (abrégé en* 아줌마 *adjoumma), madame, ou* 아저씨 *adjossi, monsieur, sont souvent utilisés pour interpeller les petits commerçants de quartier, les amis des parents,*

❺ 이번 여름에 한국에 가 볼까요 ?
ibon yoleum-é han'goug-é g-a bô-lkkayô

Corrigé de l'exercice 1

❶ Je fais une fête parce que c'est mon anniversaire. **❷** J'ai voulu faire la fête avec mes amis parce que c'était mon anniversaire. **❸** Aujourd'hui, je ne peux pas vous voir car je suis occupé. **❹** Alors, on peut se voir demain ? **❺** Est-ce qu'on essaie d'aller en Corée cet été ?

***

❺ Essayez de boire beaucoup d'eau.
물을 많이 __ 보세요.

Corrigé de l'exercice 2

❶ – 봤어요 **❷** – 안 가 봤어요 **❸** – 입을 – **❹** – 입어 볼 –
❺ – 마셔 –

***

Corrigé de l'exercice 3

❶ 물건 **❷** 벌써 **❸** 물건

***

les voisins, etc. Mais attention ! Les jeunes femmes n'aiment pas être appelées 아주머니 **adjoumoni** *car ce terme est plutôt utilisé pour s'adresser à des dames d'un certain âge. Alors, comment les appelle-t-on ? Cela peut être très pointilleux selon les cas. Nous le découvrirons petit à petit !*

제삼십구 과

놀러 오세요 ! [1]
nôl-lo ô-séyô

1 다비드 씨는 은행에 돈을 찾으러
갑니다. [2]
dabideu ssi-neun eunhèng-é dôn-eul tchadj-eulo
ga-bni-da

2 그리고 우체국에 소포를 부치러 갑니다.[3]
geuligô outchégoug-é sôpʰô-leul boutchi-lo ga-bni-da

3 돌아오는 길에 소윤 씨를 만납니다. [4]
dôlaô-neun gil-é sô-youn ssi-leul manna-bni-da

4 – "어 ! 다비드 씨, 어디 가는
길이에요 [5] ?"
o ! dabideu ssi, odi ga-neun gil-i-éyô

: Notes

1 Le verbe auxiliaire 으러/러 오다 -eulo/-lo ô-da, *venir à/pour...*, accolé
au radical du verbe d'action sert à donner la raison pour laquelle on
vient, ex. : 놀 (놀다 nôl-da, *jouer, s'amuser, se divertir*) + 러 오 (으러/러
오다 -eulo/-lo ô-da, *venir pour*) + 시 -si- + 어요 -oyô = litt. "venez pour
jouer". 놀러 오세요 nôl-lo ô-séyô sert à inviter quelqu'un chez soi ou à
lui proposer de se joindre au groupe.

2 Le verbe auxiliaire 으러/러 가다 -eulo/-lo ga-da, *aller pour/à...*, accolé
au radical d'un verbe d'action, s'emploie pour donner la raison pour
laquelle on se rend à un endroit, ex. : 은행 eunhèng, *banque* (은행원
eunhèng'won, *banquier*) + 에 -é, P.lieu + 돈 dôn, *argent* + 을 -eul, P.COD
+ 찾 (찾다 tchadj-da, *chercher, retirer (de l'argent)*) + 으러 가 (으러/러
가다 -eulo/-lo ga-da, *aller pour/à*) + ㅂ니다 -bni-da.

3 우체국 outchégoug, *bureau de poste* (우체부 outchébou, *facteur* ; 우체
통 outchétʰông, *boîte aux lettres*) + 소포 sôpʰô, *colis* + 를 -leul, P.COD

Trente-neuvième leçon

Venez [vous] joindre à nous !
(s'amuser-venir-pour)

1 David va à la banque pour retirer de l'argent. *(David [hon.-P.thème] banque[-P.lieu] argent[-P.COD] retirer-aller-pour)*

2 Et [il] va à la poste pour expédier un colis. *(et bureaux-de-poste[-P.lieu] colis[-P.COD] expédier-aller pour)*

3 Sur le chemin [du] retour, il croise So-yun. *(retourner[-sfx.] chemin[-P.lieu] So-yun [hon.-P.COD] rencontrer)*

4 – "Ah ! Où allez[-vous], David ? *(oh ! David [hon.], où aller[-sfx.] chemin-être)*

+ 보내 (보치다 **boutchi-da**, *envoyer, expédier*) + 러 가 (으러/러 가다 **-eulo/-lo ga-da**, *aller pour/à*) + ㅂ니다 **-bni-da**.

4 돌아오 (돌아오다 **dôlaô-da**, *retourner (en venant de quelque part)*) + 는 **-neun**, sfx. de proposition + 길 **gil**, *chemin* = litt. "le chemin où il retourne en venant (du bureau de poste)" ; 만나 (...을/를 만나다 **...eul/-leul man-na-da**, *croiser quelqu'un*) = *il croise So-yun*. Les verbes de déplacement, ex. *rentrer, retourner, sortir, entrer*, etc., ont tous deux formes différentes en coréen et ils s'emploient selon la direction prise par la personne qui parle, ex. : 돌아오다 **dôlaô-da**, *retourner (en venant de quelque part)* vs 돌아가다 **dôlaga-da**, *retourner (en allant/se dirigeant quelque part)*, ex. : 집에 돌아가 (집에 돌아가다 **djib-é dôlaga-da**, *retourner (en se dirigeant vers) à la maison*) + 는 **-neun**, sfx. de proposition + 길 **gil**, *chemin* = litt. "le chemin que je retourne à chez moi" (ph. 5). Ainsi, 집에 돌아가다 **djib-é dôlaga-da**, *rentrer/retourner chez soi* (employé quand la personne qui parle n'est pas encore rentrée) vs 집에 돌아오다 **djib-é dôlaô-da**, *rentrer/retourner chez soi* (employé quand la personne qui parle est déjà rentrée). Ne vous inquiétez pas si c'est un peu confus, nous étudierons bientôt les verbes de déplacement dans une leçon qui leur sera consacrée.

5 어디 **odi**, *où* + 가 (가다 **ga-da**, *aller*) + 는 **-neun**, sfx. de proposition + 길 **gil**, *chemin* + 이에요 **-i-éyô** = litt. "c'est le chemin que vous allez où". Cette forme est souvent utilisée pour demander à quelqu'un où il va.

5 – "집에 돌아가는 길이에요."
djib-é dôlaga-neun gil-i-éyô

6 – "이따가 홍대에서 친구들과 모임이
있어요. 놀러 오세요."
ittaga hôngdè-éso tchin'gou-deul-gwa môim-i iss-
oyô. nôl-lo ô-séyô

7 – "좋아요. 그런데, 그 모임이 몇
시예요 ?"
djôh-ayô. geulondé, geu môim-i myotch si-yéyô

***

▶ 연습 1 – 번역하십시오.
❶ 어디에서 소포를 부칠 수 있어요 ?
odi-eso sôpʰô-leul boutchi-l sou iss-oyô

❷ 홍대에 가 보셨어요 ?
hôngdè-é g-a bô-sy-oss-oyô

❸ 집에 돌아가는 길에 선생님을 만났어요.
djib-é dôlaga-neun gil-é sonsèngnim-eul mann-ass-oyô

❹ 몇 시 모임이에요 ?
myotch si môim-i-éyô

***

연습 2 – 빈칸을 채우십시오.
❶ [Je] voudrais aller en Corée pour étudier le coréen. (style poli)
한국에 한국어를 _ _ _ _ _ _ _ _ _ _.

❷ [Je] suis venu à Hongdae pour voir mes amis.
친구를 _ _ _ 홍대에 왔어요.

❸ Où allez[-vous] ? *(le chemin que vous allez où)*
어디 _ _ 길이세요 ?

❹ [Je] suis [en] chemin pour le magasin *(chemin où je vais au maga-sin)* de vêtements, pour acheter un pantalon. (style poli)
바지를[1] _ _ 옷 가게에 _ _ _ _ _ _.

5 – [Je] suis [en] chemin [pour] rentrer chez moi.
(maison[-P.lieu] retourner[-sfx.] chemin-être)

6 – [J']ai un rassemblemement à Hongdae tout à
l'heure avec des amis. Venez [vous] joindre [à
nous] !* (tout-à-l'heure Hongdae[-P.lieu] ami[-pluriel]-avec
rassemblement[-P.sujet] exister. s'amuser-venir-pour)*

7 – Ça marche. [Mais] au fait, [à] quelle heure est le
rassemblement ?" *(être-bien. au-fait, [démonstratif]
rassemblement[-P.sujet] quelle heure-être)*

***

❺ 친구들과 몇 시에 어디에서 모임이 있어요 ?
tchin'gou-deul-gwa myotch si-é odi-eso môim-i iss-oyô

Corrigé de l'exercice 1

❶ Où est-ce que je peux envoyer le colis ? ❷ Êtes-vous déjà allé à
Hongdae ? ❸ J'ai croisé mon professeur sur le chemin du retour chez
moi. ❹ C'est à quelle heure, le rassemblement ? ❺ À quelle heure et
où se tient le rassemblement avec nos amis ?

집에 돌아가는
길이에요.

❺ Venez [faire la fête] chez moi demain.[2] (style poli)
내일 집에 _ _ _ _ _.

[1] 바지 **badji**, *pantalon*
[2] *Voir note 1 de cette leçon.*

Corrigé de l'exercice 2

❶ – 공부하러 가고 싶어요 ❷ – 만나러 – ❸ – 가는 –
❹ – 사러 – 가는 길이에요 ❺ – 놀러 오세요

연습 3 – 한글로 쓰십시오.
❶ *banque* ❷ *bureau de poste* ❸ *retirer de l'argent* (infinitif)

40

제사십 과

콜록콜록 [1] !
kʰôllogkʰôllog

1 – 다비드 씨, 어디가 아파요 [2] ?
dabideu ssi, odi-ga apʰ-ayô

2 – 네, 감기에 걸렸어요 [3].
né, gamgi-é golly-oss-oyô

3 – 감기에 걸렸을 때는 집에서 푹 쉬어야 해요. [4]
gamgi-é golly-oss-eul ttè-neun djib-éso pʰoug swi-oya hèyô

4 그런데, 병원에는 가 봤어요 [5] ?
geulondé, byong'won-é-neun g-a bw-ass-oyô

🔲 Notes

1 콜록콜록 kʰôllôgkʰôllôg est une onomatopée qui imite le bruit de la toux.

2 Le verbe d'état 아프다 apʰeu-da se traduit *être malade*, *avoir mal*, et il s'emploie avec un sujet comme suit : ...이/가 아프다 ...i/ga apʰeu-da, *avoir mal à...*, *... être malade*, car la partie malade est, grammaticalement, le "sujet" du verbe d'état, ex.: 어디 odi, *où*, *quelque part* + 가 -ga, P.sujet + 아프 (아프다 apʰeu-da) + 아요 -ayô = litt. "quelque part est malade ?".

3 감기 gamgi, *rhume* ; 감기에 걸리 (감기에 걸리다 gamgi(é) golli-da, *attraper un rhume*) + 었 -oss + 어요 -oyô = litt. "j'ai attrapé un rhume", *Je*

Corrigé de l'exercice 3
❶ 은행 ❷ 우체국 ❸ 돈을 찾다

40

Quarantième leçon

Keuf keuf !

1 – Vous êtes malade, David ? *(David [hon.] où[-P.sujet] être-malade)*
2 – Oui, [j']ai attrapé un rhume. *(oui, attraper-un-rhume)*
3 – Quand [on] est enrhumé, [il] faut bien se reposer à la maison. *(attraper-un-rhume-lorsque[-P.thème] maison[-P. lieu] [onomatopée] se-reposer-devoir)*
4 Au fait, êtes[-vous] allé voir un médecin ? *(au-fait, hopital[-P.lieu-thème] aller-tenter-de)*

suis enrhumé(e). Ainsi *être enrhumé(e)* s'exprime toujours, en coréen, avec la marque du passé car c'est un état déjà rendu.

4 감기에 걸리 (감기에 걸리다 **gamgi(é) golli-da**, *attraper un rhume*) + 었 **-oss-** + 을 때 **-eul ttè**, *lorsque* (voir L32, ex. : ...먹을 때 ...**mog-eul ttè**, *quand on mange...*) + 는 **-neun**, P.thème pour l'emphase = *lorsque/ quand on est enrhumé* ; 푹 **pʰoug**, onomatopée qui mimique un état approfondi, souvent employé avec des verbes comme *dormir, se reposer*, etc. qui se traduirait ici par *profondément, bien* + 쉬 (쉬다 **swi-da**, *se reposer*) + 어야 하 (어/아야 하다 **-o/-aya ha-da**, *devoir*) + 어요 **-oyô** = *vous devez bien vous reposer*.
• Le verbe auxiliaire 어/아야 하다 **-o/-aya ha-da** sert à dénoter la nécessité, le devoir, ex. : 가야 하다 **g-aya ha-da**, *devoir aller* ; 먹어야 하다 **mog-oya ha-da**, *devoir manger*. Rappelez-vous de son emploi : si la dernière voyelle du radical est autre que ㅏ a ou ㅗ ô, mettez 어야 **-oya** ; si elle est ㅏ a ou ㅗ ô, mettez 아야 **-aya**.

5 병원 **byong'won**, *hôpital, clinique, chez le médecin* + 에 **-é**, P.lieu + 가 (가다 **ga-da**, *aller*) + 아 보 (어/아 보다 **-o/-a bô-da**, *essayer de*) + 았 **-ass-** + 어요 **-oyô** = litt. "avez-vous essayé d'aller chez le médecin ?".

5 – 아니요. 아직 안 가 봤어요.
aniyô. adjig an g-a bw-ass-oyô

6 사실은... 한국에서 병원에 한번도 안 가
봤어요. [6]
sasil-eun... han'goug-éso byong'won-é hanbon-dô
an g-a bw-ass-oyô

7 그래서 병원 가기가 좀 무서워요. [7]
geulèso byong'won ga-gi-ga djôm mousow-oyô

8 – 그럼, 같이 갈까요 ?   □
geulom, gatʰi ga-lkkayô

: Notes

6 사실 sasil, *(en) vérité* + 한번 hanbon, *une fois* + 도 dô, *aussi* (dans ph. affirmative), *même pas* (dans ph. négative) + 안 an, *ne pas* + 가 (가다 ga-da, *aller*) + 아 보 (어/아 보다 -o/-a bô-da, *essayer de*) + 았 -ass- + 어 요 -oyô = litt. "en vérité, je n'ai même pas une fois essayé d'y aller"...

7 Le *sfx.* 기 -gi, accolé au radical d'un verbe d'action, le transforme en nom, ex. : 가 (가다 ga-da) + 기 -gi = *(le fait d')aller, aller* (infinitif). Ainsi, ce nom peut s'employer comme sujet d'un verbe d'état, ex. : 가기 ga-gi, *(fait d')aller* + 가 -ga, P.sujet + 무서워 (무섭다 mousob-da, *être effrayant*) + 어요 -oyô = litt. "le fait d'aller à l'hôpital est effrayant".

***

▶ 연습 1 – 번역하십시오.

❶ 피곤해서 집에서 푹 쉬고 싶어요.
pʰigônhèso djib-eso pʰoug swi-gô sipʰ-oyô

❷ 이 영화가 무서워요 ?
i yonghwa-ga mousow-oyô

❸ 이 영화 보기가 무서워요.
i yonghwa bô-gi-ga mousow-oyô

❹ 무엇을 해야 해요 ?
mouos-eul hèya hèyô

5 – Non, [je] n['y] suis pas encore allé. *(non. pas-encore ne-pas aller-essayer-de)*

6 [En] vérité... [je] ne suis jamais allé chez le médecin en Corée. *(vérité[-P.thème]... Corée[-P.lieu] hôpital[-P.lieu] même-pas-une-fois ne-pas aller-essayer-de)*

7 C'est pour ça que [j']ai un peu peur d['y] aller. *(c'est-pour-cela-que hôpital aller[-P.lieu] un-peu avoir-peur)*

8 – Dans ce cas, [on y] va ensemble ? *(dans-ce-cas, ensemble aller)*

• 그래서 geulèso, *c'est pour cela que*, est un adverbe conjonctif qui s'emploie en début de phrase, comme 그리고 geuligô, *et* ; 하지만 ha-djiman, *mais* ; 그런데 geulondé, *au fait*, etc., et qui introduit un résultat. Attention ! Le connecteur 어서/아서 -oso/-aso, *parce que*, s'accole à un radical pour marquer la cause, ex. : 감기에 걸려서 병원에 가요 gamgié golly-oso byong'won-é g-ayô, *Comme je suis enrhumé, je vais chez le médecin*, tandis que cet adverbe exprime la même idée mais en introduisant une phrase à part, ex : 감기에 걸렸어요. 그래서 병원에 가요 gamgié golly-oss-oyô. geulèso byong'won-é g-ayô, *Je suis enrhumé(e). C'est pour cela que je vais chez le médecin.*

(어떻게 해야 해요 ?)

❺ 어떻게 해야 해요 ?
ottohgé hèya hèyô

Corrigé de l'exercice 1

❶ Je voudrais bien me reposer à la maison parce que je suis fatigué. ❷ Ce film est effrayant ? ❸ J'ai peur de regarder ce film. ❹ Qu'est-ce qu'il faut faire ? ❺ Comment faut-il faire ?

연습 2 – 빈칸을 채우십시오.

❶ Où est-ce que [vous] avez mal ?

   ___ 아프세요 ?

❷ Qu'est-ce qu['il] faut prendre quand [on] est enrhumé ?

   ___ ___ __ 무엇을 먹어야 해요 ?

❸ Ma petite sœur est malade.

   제 ____ 아파요.

***

연습 3 – 한글로 쓰십시오.
❶ *rhume* ❷ *hôpital, clinique, chez le médecin* ❸ *attraper un rhume*
(infinitif)

41

제사십일 과

▶

새해 복 많이 받으세요 ! [1]
sèhè bôg manhi bad-euséyô

1   명절에는 한국 전통 의상인 한복을
      입습니다. [2]
       myongdjol-é-neun han'goug djont{h}ông euisang-i-n
       hanbôg-eul ib-seubni-da

: Notes

1 새 **sè**, *neuf, nouveau* ; 해 **hè**, *année, an* (vs 년 **nyon**, *année* (sino-coréen)
qui s'emploie pour désigner l'année avec les chiffres sino-coréens, ex. :
2018년 **2018nyon**, *année 2018*). Ainsi, 새해 **sèhè**, *Nouvel An* + 복 **bôg**,
bonheur, chance + 많이 **manhi**, *beaucoup* + 받 (받다 **bad-da**, *recevoir*)
+ 으시 **-eusi-** + 어요 **-oyô** = litt. "recevez beaucoup de bonheur pour le
Nouvel An". C'est une salutation courante au Nouvel An.

2 명절 **myongdjol**, *fête* (traditionnelle) + 에 **-é**, P.temps + 는 **-neun**,
P.thème pour l'emphase = *pendant les fêtes* ; 전통 **djont{h}ông**, *tradition,
traditionnel* + 의상 **euisang**, *costume* + 이 (이다 **i-da**, *être*, n'oubliez pas

❹ [Il] faut aller à l'hôpital.
병원에 __ 해요.

❺ [J']ai peur de manger les plats pimentés.
매운 음식을 ___ 무서워요.

Corrigé de l'exercice 2
❶ 어디가 – **❷** 감기에 걸렸을 때는 – **❸** – 여동생이 –
❹ – 가야 – **❺** – 먹기가 –

***

Corrigé de l'exercice 3
❶ 감기 **❷** 병원 **❸** 감기에 걸리다

41

Quarante et unième leçon

Bonne année !
(Nouvel-An bonheur beaucoup recevoir)

1 Pendant les fêtes [on] porte le hanbok, costume
coréen traditionnel. *(fête[-P.temps-thème] Corée
tradition costume-être[-sfx.] hanbok[-P.COD] porter)*

새해 복 많이 받으세요 !

que ce verbe s'accole toujours à son complément) + ㄴ **-n**, sfx. de proposition + 한복 **hanbôg**, *hanbok* = litt. "hanbok qui est le costume
traditionnel coréen" ; 입 (입다 **ib-da**, *porter, s'habiller*) + 습니다 **seubni-da** = *on porte le hanbok qui...*

2 설날에는 떡국, 추석에는 송편을
만듭니다. [3]
solnal-é-neun ttoggoug, tchousog-é-neun
sôngpʰyon-eul mandeu-bni-da

3 수정과나 식혜 같은 전통 음료를
준비합니다 [4].
soudjonggwa-na sighyé gatʰeun djontʰông eumlyô-
leul djounbiha-bni-da

4 연휴라서 학교나 회사에 가지 않습니다. [5]
yonhyou-laso haggyô-na hwésa-é ga-dji anh-seubni-da

5 다비드 씨는 프랑스에 계신 부모님께
전화를 합니다 [6].
dabideu ssi-neun pʰeulangseu-é gyési-n boumônim-
kké djonhwa-leul ha-bni-da

6 – "명절에는 모든 곳이 문을 닫아서 할
일이 없어요. [7]
myongdjol-é-neun môdeun gôs-i moun-eul dad-aso
ha-l il-i obs-oyô

🔲 Notes

3 설날 solnal, *Seollal*, nom du Nouvel An en coréen ; 떡국 ttoggoug,
tteokguk, soupe aux rondelles de gâteau de riz ; 추석 tchousog, *Chuseok*
(fête des récoltes) ; 송편 sôngpʰyon, *songpyeon*, gâteaux de riz fourrés de
haricots rouges, de pâte de marrons, etc. + 만드 (만들다 mandeul-da,
fabriquer, cuisiner (avec un nom de plat)) + ㅂ니다 -bni-da = *on cuisine…*

4 …같은 …gatʰeun, *comme…* Cette forme vient de 같 (…같다 …gatʰ-da,
être identique à…) + 은 -eun, sfx. de proposition = litt. "qui est identique
à…", ex.: 한국어 같은 han'gougo gatʰeun, *comme la langue coréenne* ;
준비 djounbi, *préparation*, 준비하 (준비하다 djounbiha-da, *préparer*) +
ㅂ니다 -bni-da = *on prépare…*

5 이라서/라서 -ilaso/-laso est un connecteur de cause synonyme de
아서/어서 -oso/-aso. On utilise 라서 -laso quand le nom précédent se

2 [On] cuisine du tteokguk pour le Seollal [et] des songpyeon pour le Chuseok. *(seollal[-P.temps-thème] tteokguk, chuseok[-P.temps-thème] songpyeon[-P.COD] fabriquer)*

3 [On] prépare des boissons traditionnelles, comme le sujeonggwa ou le shikhye. *(sujeonggwa-ou shikhye comme tradition boisson[-P.COD] préparer)*

4 Comme [c']est férié, [on] ne va ni à l'école ni au travail. *(férié-comme école-ou entreprise[-P.lieu] aller-ne-pas)*

5 David téléphone à [ses] parents [qui] sont en France. *(David [hon.-P.thème] France[-P.lieu] rester[-sfx.] parent[-P.COI] téléphoner)*

6 – "Comme tout est fermé pendant les fêtes, il n'y a rien à faire. *(férié[-P.temps-thème] tous endroits[-P.sujet] porte[-P.COD] fermer-comme faire[-sfx.] travail[-P.sujet] ne-pas-exister)*

---

termine par une voyelle et 이라서 **-ilaso** quand il se termine par une consonne, ex.: 연휴라서 **yonhyou-laso**, *parce que (c'est) férié* ; 세일이라서 **séil-ilaso**, *parce que (c'est en) solde* (vu en L38).

6 계시 (계시다 **gyési-da**, *rester/se trouver (quelque part)*, forme honorifique de 있다 **iss-da**) + ㄴ **-n**, sfx. de proposition + 부모님 **boumônim**, *parents* = litt. "parents qui restent en France" : 께 **kké**, P.COI, *à quelqu'un*, forme honorifique de 에게, 한테 **égé**, **hanthé** + 전화 **djonhwa**, *appel téléphonique*, 전화를 하 (전화(를) 하다 **djonhwa(leul) ha-da**, *téléphoner*) = *il téléphone à ses parents…*

7 모든 **môdeun**, *tout(es)*, *tous* ; 곳 **gôs**, *endroit*, *lieu* ; 모든 곳 **môdeun gôs**, *tous les endroits* + 이 **-i**, P.sujet + 문 **moun**, *porte* + 을 **-eul**, P.COD + 닫 (닫다 **dad-da**, *fermer*) + 아서 **-aso** = *parce que tous les endroits sont fermés* ; 하 (하다 **ha-da**, *faire*) + ㄹ **-l**, sfx. de proposition au futur + 일 **il**, *travail* = litt. "le travail qu'on va faire", *les choses à faire* ; 없 (없다 **obs-da**, *ne pas exister*) + 어요 **-oyô** = *il n'y a pas de…*

• 모든 **môdeun**, *tout(es)*, *tous*, est un adjectif que l'on place devant un nom, ex.: 모든 사람 **môdeun salam**, *toutes les personnes*, mais, 모두 **môdou**, *tout*, est un adverbe qu'on place devant un verbe, ex.: 모두 좋아해요 **môdou djôhahèyô**, *j'aime tout*.

7 집에서 혼자 할 게 하나도 없어서
심심했어요. [8]
djib-éso hôndja ha-l gé hana-dô obs-oso simsimhè-
ss-oyô

8 그런데, 소윤 씨 가족이 저를
초대했어요 [9].
geulondé, sô-youn ssi gadjôg-i djo-leul tchôdèhè-ss-oyô

9 그래서 맛있는 한국 집밥을 [10] 먹었어요."
geulèso masiss-neun han'goug djibbab-eul mog-oss-oyô

10 – "다행이구나 !" [11] □
dahèng'i-gouna

Notes

8 혼자 **hôndja**, *seul* + 하 (하다 **ha-da**, *faire*) + ㄹ **-l**, sfx. de proposition au futur + 것 **gos**, *chose* + 이 **-i**, P.sujet = litt. "les choses qu'on va faire seul". Ici 것 **gos** + 이 **-i** se contractent de façon irrégulière en 게 **gé**, ce qui donne au final 할 게 **hal gé**, *les choses à faire* ; 하나 **haha**, *un* (chiffre) + 도 **dô**, *même pas* + 없 (없다 **obs-da**, *ne pas exister*) + 어서 **-oso**, *parce que* = litt. "comme il n'y a même pas une chose à faire…" ; 심심하 (심심하다 **simsimha-da**, *s'ennuyer*) + 었 **-oss** + 어요 **-oyô** = *je m'ennuyais*.

***

▶ 연습 1 – 번역하십시오.

❶ 친구들이 없어서 심심해요.
tchin'gou-deul-i obs-oso simsimhèyô

❷ 부모님은 어디에 계세요 ?
boumônim-eun odi-é gyé-séyô

❸ 친구 같은 선생님
tchin'gou gat^heun sonsèngnim

❹ 여기는 조용한 식당이라서 좋아요.
yogi-neun djôyôngha-n sigdang-ilaso djôh-ayô

7 Comme il n'y avait rien à faire seul à la maison, [je] m'ennuyais. *(maison[-P.lieu] seul faire[-sfx.] chose[-P.sujet] rien-même exister-car s'ennuyer)*

8 Mais la famille [de] So-yun m'a invité [chez eux]. *(mais So-yun [hon.] famille[-P.sujet] moi[-P.COD] inviter)*

9 Alors [j']ai mangé un délicieux repas fait maison. *(c'est-pour-cela être-délicieux[-sfx.] Corée repas-fait-maison[-P.COD] manger)*

10 – Tant mieux !" *(être-chanceux)*

9 초대 **tchôdè**, *invitation* ; 초대하 ((qqn.)을/를 (qqch.)에 초대하다 ...-eul/-leul ...-é **tchôdèha-da**, *inviter (qqn)* ***à*** *(qqch.))* + 었 **-oss** + 어요 **-oyô** = ... *m'a invité*.

10 맛있 (맛있다 **masiss-da**, *être délicieux*) + 는 **-neun**, sfx. de proposition + 집밥 **djibbab**, *repas fait maison* = litt. "le repas fait maison qui est délicieux". "Le repas fait maison..." est le COD du verbe. Il faut donc le marquer de la P.COD 을 **-eul**.

11 다행 **dahèng**, *beaucoup de chance*, 다행이 (다행이다 **dahèng'i-da**, *être heureux, chanceux*) + 구나 **gouna**, terminaison orale d'exclamation = *tu es chanceux, tant mieux, heureusement*, etc.

***

❺ 가게 문을 언제 닫아요 ?
gagé moun-eul ondjé dad-ayô

Corrigé de l'exercice 1

❶ Je m'ennuie parce que mes amis ne sont plus là. **❷** Où sont vos parents ? **❸** le professeur qui est comme un ami (pour moi) **❹** J'aime bien ce restaurant car c'est calme. **❺** Quand est-ce que vous fermez votre magasin ?

연습 2 – 빈칸을 채우십시오.
❶ le travail / ce qu'on fait maintenant
지금 __ 일

❷ le travail / ce qu'on va faire demain
내일 _ 일

❸ le travail / ce qu'on a fait hier
어제 _ 일

***

연습 3 – 한글로 쓰십시오.
❶ *tradition(nel)* **❷** *férié* **❸** *téléphoner* (infinitif)

42

제사십이 과

복습 – Révision

1 La proposition relative avec un verbe d'action

1.1 Le suffixe de proposition relative 은 *-eun*/ㄴ *-n*/는 *-neun*/을 *-eul*/ㄹ *-l*

Nous allons réviser la construction de la proposition relative avec un verbe d'action. Notez qu'il faut surtout prendre en compte le temps (passé, présent, futur) pour sa construction : il faut choisir le suffixe adapté à chaque temps. Exemples :

❹ Il n'y a rien à acheter. *(Il n'y a même pas une chose qu'on va acheter.)*

살 _ 하나도 없어요.

❺ Il y a beaucoup de choses à manger *(chose qu'on va manger)* en Corée.

한국에 먹을 _ 많아요.

Corrigé de l'exercice 2

❶ - 하는 - ❷ - 할 - ❸ - 한 - ❹ - 게 - ❺ - 게 -

***

Corrigé de l'exercice 3

❶ 전통 ❷ 연휴 ❸ 전화(를) 하다

***

Félicitations ! Vous avez bien travaillé cette semaine. Nous re-
connaissons que l'épreuve n'était pas simple. Demain, la leçon
de révision vous attend pour consolider vos acquis ou pour com-
pléter les explications. Quoiqu'il arrive, nous sommes toujours là
pour vous guider !

42

Quarante-deuxième leçon

	Après une consonne, ex. : 먹다 **mog-da** + 사람 **salam**	Après une voyelle, ex. : 가다 **ga-da** + 사람 **salam**
Au passé 은/ㄴ **-eun/-n**	먹은 사람 **mog-eun salam**, *la personne qui a mangé*	간 사람 **ga-n salam**, *la personne qui est allée*
Au présent 는 **-neun**	먹는 사람 **mog-neun salam**, *la personne qui mange*	가는 사람 **ga-neun salam**, *la personne qui va*
Au futur 을/ㄹ **-eul/-l**	먹을 사람 **mog-eul salam**, *la personne qui va manger*	갈 사람 **ga-l salam**, *la personne qui va aller*

1.2 Son emploi dans la phrase

Après avoir appris à construire notre proposition relative, il faut savoir l'utiliser dans une phrase, c'est-à-dire, mettre une particule adéquate à la proposition relative, par ex. :

비빔밥을 먹는 사람이에요 **bibimbab-eul mog-neun salam-i-éyô**, *(qui est David ?) C'est la personne qui mange du bibimbap (la-bàs)* ① ;

비빔밥을 먹는 사람이 제 남자 친구예요 **bibimbab-eul mog-neun salam-i djé namdja tchin'gou-yéyô**, *La personne qui mange du bibimbap est mon petit ami* ② ;

비빔밥을 먹을 사람에게 주세요 **bibimbab-eul mog-eul salam-égé djou-séyô**, *Donnez-le à la personne qui va manger du bibimbap* ③.

Dans le cas ①, la proposition est le complément du verbe *être*, on ne met aucune particule entre ces deux éléments ; en ②, la proposition est le sujet du verbe *être*, il faut donc la particule de sujet ; en ③, elle est COI du verbe *donner*, il faut donc la particule de COI.

1.3 L'emploi de la proposition relative

La proposition relative permet de caractériser un nom à l'aide d'expressions telles que *ce que…, celui qui…, les choses à ..*, etc. :

사 (사다 **sa-da**, *acheter*) + ㄹ **-l**, sfx. futur + 것 **gos**, *chose* = litt. "les choses qu'on va acheter", *les choses à acheter, ce qu'on va acheter*.

만나 (만나다 **manna-da**, *(se) voir, rencontrer quelqu'un*) + ㄹ **-l**, sfx. futur + 사람 **salam**, *personne* = litt. "la personne qu'on va rencontrer", *la personne qu'on va voir*.

하 (하다 **ha-da**, *faire*) + ㄹ **-l**, sfx. futur + 일 **il**, *travail* = litt. "le travail qu'on va faire", *chose à faire, ce qu'on va faire*

한국에 가 (한국에 가다 **han'goug-é ga-da**, *aller en Corée*) + 는 **-neun**, sfx. présent + 사람 **salam**, *personne* = *la personne/celui qui va en Corée* ; 주문하 (주문하다 **djoumounha-da**, *commander*) + ㄴ **-n**, sfx. passé + 사람 **salam**, *personne* = *la personne/celui qui a commandé* ; 한국어를 공부하 (한국어를 공부하다 **han'gougo-leul gôngbouha-da**, *étudier le coréen*) + 고 싶 (고 싶다 **-gô sip**ʰ**-da**, *vouloir*) + 은 **-eun**, sfx. + 사람 **salam**, *personne* = *la personne/celui qui veut étudier le coréen.*

2 Les verbes auxiliaires

• Les verbes auxiliaires 을/ㄹ 수 있다 **-eul/-l sou iss-da**, *pouvoir*, et 을/ㄹ 수 없다 **-eul/-l sou obs-da**, *ne pas pouvoir*, s'emploient pour dénoter la capacité ou l'incapacité, le fait de pouvoir/savoir faire quelque chose ou non, ex. :

매운 음식을 먹 (매운 음식을 먹다 **mèou-n eumsig-eul mog-da**, *manger un plat pimenté*) + 을 수 있어요 ? **eul sou iss-oyô**, *Pouvez-vous manger un plat pimenté ?*

아니요 **aniyô**, 먹 (먹다 **mog-da**) + 을 수 없어요 **-eul sou obs-oyô**, *Non, je ne peux pas en manger.*

• Le verbe auxiliaire 어/아 보다 **-o/-a bô-da**, *essayer de, tenter de*, s'emploie pour marquer :

– un essai ou une tentative unique : 한국어를 공부해 (공부하다 **gôngbouha-da**) + 아 보 (어/아 보다 **-o/-a bô-da**) + ㄹ까요 **-lkkayô** ?, *On va (tenter d')apprendre le coréen ?*

– une demande de permission (souvent avec l'aide de 을/ㄹ 수 있다 **-eul/-l sou iss-da**, *pouvoir*) : 만지 (만지다 **mandji-da**, *toucher*) + 어 보 (어/아 보다 **-o/-a bô-da**) + ㄹ 수 있 (을/ㄹ 수 있다 **-eul/-l sou iss-da**) + 어요 **-oyô** ?, (litt. "je peux essayer de toucher ?") *Puis-je toucher ?*

– une permission : 네, **né**, 만지 (만지다 **mandji-da**) + 어 보 (어/아 보다 **-o/-a bô-da**) + 시 **-si-** + 어요 **-oyô**, litt. "oui, essayez de toucher", *Oui, vous pouvez le toucher.*

– une expérience du passé : 한국에 가 (가다 **ga-da**) + 아 보 (어/아 보다 **-o/-a bô-da**) + 았 **-ass-** + 어요 **-oyô**, *Je suis déjà allé(e) en Corée.*

• Les verbes auxiliaires 으러/러 가다/오다 **-eulo/-lo ga-da/ô-da**, *aller/venir pour*, s'emploient pour manifester l'objectif d'un déplacement, la raison pour laquelle on se déplace, ex. :

가족을 만나 (가족을 만나다 **gadjôg-eul manna-da**, *voir la famille*) + 러 가요 (으러/러 가다 **-eulo/-lo ga-da**, *aller pour*) + 아요 **-ayô**, *J'y vais pour voir ma famille.*

• Le verbe auxiliaire 어/아야 하다 **-o/-aya ha-da**, *devoir*, s'emploie pour marquer l'obligation, ex. :

가족을 만나야 해요 **gadjôg-eul mann-aya hèyô**, *Je dois voir ma famille.*

3 Les connecteurs de cause

Les connecteurs 어서/아서 **-oso/-aso** ou 으니까/니까 **-eunikka/-nikka** s'emploient pour marquer la causalité : *parce que, car, puisque, comme*. Le choix de l'un ou de l'autre repose sur le type de phrase.

Il ne faut utiliser 으니까/니까 **-eunikka/-nikka** que si la phrase est au mode impératif ou exhortatif, ex. :

비가 오니까 우산을 사세요 **biga ô-nikka ousan-eul sa-séyô**, *Puisqu'il pleut, achetez un parapluie.*

비가 오니까 우산을 살까요 ? **biga ô-nikka ousan-eul sa-lkkayô**, *On achète un parapluie parce qu'il pleut ?*

***

▶ 복습 대화

1 어디 아프세요 ?
odi apʰeu-séyô ?

2 네, 감기에 걸렸어요.
né, gamgi-é golly-oss-oyô

3 감기에 걸렸을 때는 무엇을 먹어야 해요 ?
gamgi-é golly-oss-eul ttè-neun mouos-eul mog-oya hèyô

4 한복을 입어 보셨어요 ?
hanbôg-eul ib-o bô-sy-oss-oyô

5 오늘은 할 일이 많아서 만날 수 없어요.
ôneul-eun ha-l il-i manh-aso manna-l sou obs-oyô

6 거기에 무엇을 하러 가세요 ?
gogi-é mouos-eul ha-lo ga-séyô

7 감기에 걸려 봤어요 ?
gamgi-é golly-o bw-ass-oyô

Toutefois, on peut utiliser indifféremment 어서/아서 **-oso/-aso** et 으니까/니까 **-eunikka/-nikka** dans les phrases déclaratives et interrogatives. Dans ce cas, le choix implique une évaluation de l'information. Le premier connecteur introduit une raison générale, logique, objective ; le second, quant à lui, implique une raison personnelle, subjective, ex. :

비가 와서 우산을 사요 **biga w-aso ousan-eul s-ayô**, *J'achète un parapluie parce qu'il pleut.*

비가 오니까 그림을 사요 **biga ô-nikka geulim-eul s-ayô**, *J'achète une peinture parce qu'il pleut* (ce n'est peut-être pas logique mais j'ai mes raisons personnelles).

***

8   여기는 사람이 너무 많으니까 다른
        식당에 갈까요 ?
        yogi-neun salam-i nomou manh-eunikka daleu-n
        sigdang-é ga-lkkayô

9   저기에서 우산을 사는 사람이
        누구예요 ?
        djogi-éso ousan-eul sa-neun salam-i nougou-yéyô

10 길이 미끄러우니까 조심하세요.
        gil-i mikkeulo'ou-nikka djôsimha-séyô

Traduction

1 Avez-vous mal quelque part ? **2** Oui, je suis enrhumé. **3** Que faut-il manger quand on est enrhumé ? **4** Avez-vous déjà porté le hanbok ? **5** On ne peut pas se voir aujourd'hui car j'ai beaucoup de choses à faire. **6** Vous allez là-bas pour quoi faire ? **7** Avez-vous déjà attrapé un rhume ? **8** Comme ici il y a trop de monde, on va dans un autre restaurant ? **9** Qui est la personne qui achète un parapluie là-bas ? **10** Faites attention car la rue est glissante.

제사십삼 과

▶

자전거 타러 가요 !
djadjon'go tʰa-lo g-ayô

1 – 이번 주말에 바빠요 ? ¹
ibon djoumal-é bapp-ayô

2 – 아니요 ², 그냥 집에 있을 것 같아요 ³.
왜요 ?
aniyô, geunyang djib-é iss-eul gos gatʰ-ayô. wè-yô

3 – 날씨도 좋은데 자전거 타러 가요 ⁴ !
nalssi-dô djôh-eundé djadjon'go tʰa-lo g-ayô

🗂 : Notes

1 이번 주 ibon djou, *cette semaine* ; 이번 주말 ibon djoumal, *ce week-end* ; 바빠 (바쁘다 bappeu-da, *être occupé, pressé*) + 아요 -ayô = 바빠요 bapp-ayô. La voyelle — eu du radical tombe lorsqu'elle est suivie d'un élément commençant par la consonne muette ㅇ. Ici, le radical étant suivi de 아요 -ayô, la voyelle — eu du radical tombe (verbe irrégulier en — eu). Nous l'avons déjà vu en leçon 14, ex.: 예쁘다 yeppeu-da, *être joli* → 예뻐요 yépp-oyô.

2 아니 ani, *non* (sans politesse, figurant même un certain manque d'éducation) ; 아니요 aniyô, *non* (avec marque de politesse, usage fortement recommandé). La réponse positive 네 né, *oui*, quant à elle, est déjà une expression polie et n'a donc pas besoin d'une marque de politesse 네요 néyô.

3 그냥 geunyang, *sans raison particulière, comme ça* ; 집에 있 (집에 있다 djib-é iss-da, *rester à la maison* : …에 있다 …é iss-da, *rester / se trouver (quelque part)*) + 을 것 같 (을/ㄹ 것 같다 -eul/-l gos gatʰ-da, *(je) pense que*) + 아요 -ayô = *(Je) pense que (je) vais rester à la maison*. Le verbe auxiliaire 을 -eul (après une consonne) / ㄹ -l (après une voyelle) 것 같다 gos gatʰ-da accolé au radical d'un verbe sert à exprimer une supposition, une hypothèse ou un avis incertain. On peut le traduire *(je) pense que, (je) crois que, peut-être que*, etc. selon le contexte.

Quarante-troisième leçon

Allons faire du vélo ! *(vélo faire-aller-pour)*

1 – Es-tu occupé ce week-end ? *(ce week-end[-P.temps] être-occupé)*

2 – Non, rien de spécial. [Je] pense que [je vais] rester à la maison, pourquoi ? *(non, sans-raison-particulière maison[-P.lieu] rester-penser. pourquoi[-pol.])*

3 – [Il] fait [si] beau, alors allons faire du vélo ! *(temps-aussi être-beau-alors vélo faire-aller-pour)*

오늘 청소할게요.

4 날씨도 좋 (날씨가 좋다 **nalssiga djôh-da**, litt. "le temps est beau", *il fait beau*) + 은데 **-eundé**, *alors = il fait beau alors…* N'oubliez pas que la particule 도 **-dô**, *aussi*, remplace la P.sujet ; 자전거 **djadjon'go**, *vélo*, 자전거 타 (자전거(를) 타다 **djadjon'go(leul) tʰa-da**, *faire du vélo*) + 러 가 (으러/러 가다 **-eulo/-lo ga-da**, *aller pour*) + 아요 **-ayô** = *Allons (pour) faire du vélo !* Le connecteur 은데 **-eundé** (après une consonne) / ㄴ데 **-ndé** (après une voyelle) accolé à un verbe d'état exprime une condition (préalable) nécessaire à la réalisation de la proposition, ex. : *Il fait beau, <u>alors</u> allons faire du vélo !*, *Il fait froid <u>alors</u> restez à la maison*, *Ce n'est pas cher <u>alors</u>, achetez-en plusieurs*, etc. Nous verrons cela plus en détail à la prochaine leçon de révision.

• On *prend*, 타다 **tʰa-da**, un moyen de locomotion, quel qu'il soit : ex. : 자전거를 타다 **djadjongo-leul tʰa-da**, *faire (prendre) du vélo*, 기차를 타다 **gitcha-leul tʰa-da**, *prendre un train*, 비행기를 타다 **bihènggi-leul tʰa-da**, *prendre un avion*, 차를 타다 **tcha-leul tʰa-da**, *prendre la voiture*, etc.

4 – 좋은 생각이네요 ! [5] 그럼 그럴까요 [6] ?
djôh-eun sènggag-i-néyô ! geulom geulo-lkkayô

5 – 제가 도시락을 준비할게요. [7]
djéga dôsilag-eul djounbiha-lgéyô

6 – 그럼 저는 다른 것을 준비할게요. ☐
geulom djo-neun daleu-n gos-eul djounbiha-lgéyô

⬛ Notes

5 좋 (좋다 **djôh-da**, *être bon*, *bien*) + 은 **-eun**, s*fx*. adjectif/proposition + 생 각 **sènggag**, *pensée*, *idée* + 이 (이다 **i-da**, *être*) + 네요 **-néyô**, terminaison exclamative orale = *C'est une bonne idée !* Autre exemple de l'emploi du s*fx*. adjectif/proposition : 다르 (다르다 **daleu-da**, *être différent*, *autre*) + ㄴ **-n**, s*fx*. adjectif/proposition + 것 **gos**, *chose* = *autres choses*, ph. 6.

6 그러 (그렇다 **geuloh-da**, *être/faire comme cela*, *ainsi*) + ㄹ까요 **lkkayô**, demandant l'opinion de la personne à qui l'on parle à l'image de **shall we/I...?** (en anglais) = 그럴까요 ? **geulo-lkkayô**, *On fait comme ça ?* Rappelez-vous des verbes irréguliers en ㅎ **h**. La consonne ㅎ **h** du radi- cal tombe lorsqu'on la fait suivre d'un élément qui commence par la consonne ㅇ, donnant ainsi : 그렇 **geulog** + 을까요 **-eulkkayô** → 그러 **geulo** + ㄹ까요 **-lkkayô**.

***

▶ 연습 1 – 번역하십시오.

❶ 비쌀 것 같아요.
bissa-l gos gatʰ-ayô

❷ 소윤 씨가 이 가방을 좋아할 것 같아요.
sô-youn ssi-ga i gabang-eul djôhaha-l gos gatʰ-ayô

❸ 날씨가 더운데 삼계탕을 먹을까요 ?
nalssiga do'ou-ndé samgyétʰang-eul mog-eulkkayô

❹ 초콜릿이 많은데 같이 먹어요 !
tchôkʰôllis-i manh-eundé gatʰi mog-oyô

4 – [C']est une bonne idée ! Alors [on] fait comme ça ?
(être-bonne[-sfx.] idée-être. dans-ce-cas être-comme-cela)

5 – [C'est] moi [qui] vais préparer [nos] boîtes à *lunch*.
(je[-P.sujet] boîte-à-lunch[-P.COD] préparer)

6 – Dans ce cas, je vais préparer d'autres choses. *(dans-ce-cas je(-P.thème) être-différent[-sfx.] chose[-P.COD] préparer)*

7 저 djo, *je, me, moi* + 가 **-ga**, P.sujet, se transforme en 제가 **djéga** et non en 저가 **djoga** ; de plus, la P.thème remplacée par la P.sujet sert à insister sur le sujet : *c'est moi qui…* ; 도시락 **dôsilag**, *boîte à lunch, panier repas* + 준비 **djounbi**, *préparation*, 준비하 (준비하다 **djounbiha-da**, *préparer*) + ㄹ게요 **-lgéyô**, terminaison orale du futur = *C'est moi qui vais préparer la boîte à lunch*. La terminaison 을게요 **-eulgéyô** (après une consonne) / ㄹ게요 **-lgéyô** (après une voyelle) ne s'emploie qu'avec les pronoms personnels de la première personne *je* et *nous* et elle sert à exprimer une action que l'on va faire avec certitude, une promesse que l'on va tenir, ex. : 준비할게요 **djounbiha-lgéyô**, *Je vais le préparer (sans faute)* ; 내일 올게요 **nèil ô-lgéyô**, *(Promis) je viendrai demain* ; 공부할게요 **gôngbouha-lgéyô**, *Je vais étudier (je vous le promets)*, etc.

***

❺ 오늘 청소할게요.
ôneul tchongsôha-lgéyô

Corrigé de l'exercice 1

❶ À mon avis, ça va coûter cher. ❷ Je pense que So-yun aimerait ce sac. ❸ Il fait chaud *(alors)*, on mange du samgyetang ? ❹ J'ai beaucoup de chocolats alors mangeons-les ensemble ! ❺ Promis, aujourd'hui, je vais faire le ménage.

연습 2 – 빈칸을 채우십시오.

❶ Aujourd'hui, [je] pense que je serai occupé. (style poli)
오늘 _ _ _ _ _ _ _.

❷ [Je] pense que [je] ne serai pas à la maison. (style poli)
집에 _ _ _ _ _ _.

❸ [Je] veux aller faire du vélo.
자전거 _ _ _ _ 싶어요.

***

연습 3 – 한글로 쓰십시오.
❶ *temps* (météo) ❷ *week-end* ❸ *vélo*

44

제사십사 과

▶

버스를 어디서 타요 ?
boseu-leul odi-so tʰ-ayô

1 – 저기요 !¹ 시청 가는 버스를 ² 어디서
타요 ?
djogi-yô ! sitchong ga-neun boseu-leul odiso tʰ-ayô

🗂 : Notes

1 Il y a deux façons d'interpeller quelqu'un : 저기요 **djogi-yô** ("là-bas
(vous)"), *S'il vous plaît !*, qu'on utilise pour simplement attirer l'attention
de quelqu'un et 여기요 **yogi-yô** ("(par) ici"), *S'il vous plaît !*, que nous
avons vu à la leçon 27, et que l'on emploie pour prier en plus la personne à venir vers soi (pour passer une commande dans un restaurant
par exemple).

2 시청 **sitchong**, *hôtel de ville*, 시청 가 (시청에 가다 **sitchong-é ga-da**,
aller à l'hôtel de ville) + 는 **-neun**, sfx. de proposition + 버스 **boseu**, *bus*

❹ Je suis un peu occupé cette semaine alors, on se voit une prochaine fois ?

이번 주는 좀 ___ 다음에 만날까요 ?

❺ Maman, promis, je serai à la maison ce week-end. (style poli)

엄마, 주말에 집에 ____.

Corrigé de l'exercice 2

❶ – 바쁠 것 같아요 ❷ – 없을 것 같아요 ❸ – 타러 가고 –
❹ – 바쁜데 – ❺ – 있을게요

***

Corrigé de l'exercice 3

❶ 날씨 ❷ 주말 ❸ 자전거

44

Quarante-quatrième leçon

Où prend[-on] le bus ?

1 – S'il vous plaît ! Où [puis-je] prendre le bus [qui] va
à l'hôtel de ville ? *(là-bas[-pol.] hôtel-de-ville aller[-sfx.]
bus[-P.COD] où[-P.lieu] prendre)*

= *le bus qui va à l'hôtel de ville.* Il n'est pas nécessaire d'ajouter la particule de lieu 에 **é** si cela ne provoque aucune ambiguïté.

2 – 여기서 37번 버스를 ³ 타시면 돼요 ⁴.
yogi-so samsib-tchil-bon boseu-leul tʰa-si-myon
dwèyô

3 – 저기 오고 있는 버스요 ⁵ ?
djogi ô-gô iss-neun boseu-yô

4 – 네, 맞아요.
né, madj-ayô

5 – 감사합니다.
gamsaha-bni-da

6 (버스에서)
(boseu-éso)

– 아저씨 ⁶, 시청에 가려면 어디에서
내려요 ⁷ ?
adjossi, sitchong-é ga-lyomyon odi-éso nèly-oyô

Remarque de prononciation
(3) La consonne finale ㅆ **ss** de 있 **iss** s'assimile avec ㄴ **n**, la consonne suivante ; 있는 **issneun** se prononce alors nasalisé : *[inn-neun]*.

Notes

3 번 **bon** est un nom que l'on doit toujours employer avec un chiffre. S'il est employé avec le comptage <u>sino-coréen</u>, il signifie *numéro*. Ainsi, le *bus numéro 37* doit se lire avec le chiffre sino-coréen : 삼십칠 번 **samm-sibtchil bon** *[samm-chiᵖ-tchil bonn]*. Cependant, il peut également être employé avec le comptage coréen. Dans ce cas, il signifie *fois*. Si vous le lisez ainsi avec le comptage coréen (서른일곱 번 **soleunilgôb bon** *[so-Reu-nil-gôᵖ bonn]*), cela signifie alors "prendre le bus 37 fois".

• 여기 **yogi**, *ici* + 에서 **-eso**, P.lieu, *de*, se contractent souvent à l'oral, ainsi : 여기서 **yogiso**, *d'ici*.

2 – Il suffit de prendre le bus numéro 37, ici. *(ici[-P.lieu) trente-sept-numéro bus[-P.COD] prendre-il-suffit-de)*

3 – [Vous parlez du] bus, là-bas, [qui] est en train d'arriver ? *(là-bas venir-être-en-train-de[-sfx.] bus[-pol.])*

4 – Oui, exactement. *(oui, être-correct)*

5 – Merci. *(remercier)*

6 *(Dans le bus)* *(bus[-P.lieu])*

– Monsieur, où [dois-je] descendre pour aller à l'hôtel de ville ? *(monsieur hôtel-de-ville[-P.lieu] aller-afin où[-P. lieu] descendre)*

---

4 타 (타다 tʰa-da, *prendre*) + 시 **-si-**, marque honorifique + 면 되 (...으면/면 되다 **-eumyon/-myon dwé-da**, *il suffit de...*) + 어요 **-oyô** = litt. "il suffit que vous preniez..." 되 + 어요 se contractent → 돼요 **dwèyô**. Le verbe auxiliaire 으면 **-eumyon** (après une consonne) / 면 **-myon** (après une voyelle) 되다 **dwé-da** sert à exprimer un impératif (mais pas dans le sens grammatical du terme) qu'on pourra traduire par *il suffit que...*, *pour y arriver il faut que...*, etc. Autre exemple à la ph. 7 : 내리 (내리다 **nèli-da**, *descendre*) + 시 **-si-**, marque honorifique + 면 되 (으면/면 되다 **-eumyon/-myon dwé-da**, *il suffit de...*) + ㅂ니다 **-bni-da** = litt. "il suffit que vous descendiez...".

5 오 (오다 **ô-da**, *venir, arriver*) + 고 있 (고 있다 **-gô iss-da**, *être en train de*) + 는 **-neun**, sfx. de proposition + 버스 **boseu**, *bus* = litt. "le bus qui est en train d'arriver". Le verbe auxiliaire 고 있다 **-gô iss-da** accolé au radical, sans se soucier de la dernière lettre, sert à exprimer le présent progressif, *être en train de*.

6 Le terme 아저씨 **adjossi**, *monsieur*, s'utilise pour appeler un homme d'un certain âge au cours d'une situation non formelle, par exemple, pour appeler un conducteur, un vendeur d'un certain âge, un ami de vos parents, un voisin d'un certain âge, etc. Pour se montrer plus respectueux envers la personne, il est plutôt conseillé d'appeler le conducteur 기사님 **gisanim**, litt. "monsieur le conducteur".

7 시청에 가 (시청에 가다 **sitchong-é ga-da**, *aller à l'hôtel de ville*) + 려면 (으려면/려면 **-eulyomyon/-lyomyon**, connecteur servant à indiquer l'objectif, *pour (que), afin de/que*) = *pour aller à l'hôtel de ville* ; 어디에서 **odi-eso**, *d'où* + 내리 (내리다 **nèli-da**, *descendre*) + 어요 **-oyô** = *Où (je) descends ?*

7 – 5정류장 후 시청역에서 [8] 내리시면
됩니다. □
dasos-djonglyoudjang hou sitchong-éso nèli-si-
myon dwé-bni-da

Remarque de prononciation
(7) 정류장 djonglyoudjang se prononce suivant la même règle : *[djong-
nyou-djang]*.

***

▶ 연습 1 – 번역하십시오.
❶ 내일 오셔야 해요.
nèil ô-sy-oya hèyô

❷ 내일 오시면 돼요.
nèil ô-si-myon dwèyô

❸ 지금 먹고 있는 음식이 뭐예요 ?
djigeum mog-gô iss-neun eumsig-i mwo-yéyô

***

연습 2 – 빈칸을 채우십시오.
❶ Le bus qui va à l'hôtel de ville ?
시청 __ 버스요 ?

❷ Descendez à l'hôtel de ville. *(Il suffit de descendre à l'hôtel de ville.)*
시청에서 ____ 됩니다.

❸ Je fais comment pour aller à l'hôtel de ville ?
시청에 ___ 어떻게 해요 ?

***

연습 3 – 한글로 쓰십시오.
❶ *hôtel de ville* ❷ *arrêt de bus* ❸ *descendre*

7 – Descendez à l'arrêt "Hôtel de ville", dans cinq arrêts.
(cinq arrêt après hôtel-de-ville-station[-P.lieu] descendre-il-suffit-de)

] Note

8 Ici, le chiffre 5 doit se lire selon le comptage coréen *[da-so']* car il s'agit d'un dénombrement. 정류장 **djonglyoudjang**, *arrêt de bus* + 후 **hou**, *après* + 시청 **sitchong**, *hôtel de ville* + 역 **yog**, *station*, *gare* + 에서 **-eso**, P.lieu = *À la station/l'arrêt "hôtel de ville", dans cinq arrêts.*

***

❹ 여기서 내리면 돼요 ?
yogiso nèli-myon dwèyô

❺ 지금 집에서 공부하고 있어요.
djigeum djib-eso gôngbouha-gô iss-oyô

Corrigé de l'exercice 1

❶ Il faut venir demain. ❷ Il suffit de venir demain. ❸ Quel est le plat que tu es en train de manger ? ❹ Je peux descendre ici ? ❺ (Maintenant,) je suis en train d'étudier chez moi.

***

❹ **Le monsieur qui est en train d'arriver là-bas** *(venir)* ?
저기 _ _ _ _ 아저씨요 ?

❺ **Oui, exactement. (style poli)**
네, _ _ _ .

Corrigé de l'exercice 2

❶ – 가는 – ❷ – 내리시면 – ❸ – 가려면 – ❹ – 오고 있는 – ❺ – 맞아요

***

Corrigé de l'exercice 3

❶ 시청 ❷ 정류장 ❸ 내리다

On appelle les femmes d'un certain âge 아줌마 **adjoumma** *[a-joum-ma] forme contractée de* 아주머니 **adjoumoni** *[a-jou-mo-ni]. Au sens officiel figurant dans le dictionnaire, ce terme désigne, d'une façon familière, une femme adulte. Le stéréotype de la* 아줌마 **adjoumma** *est souvent une femme aux cheveux très courts permanentés, habillée de toutes les couleurs, qui se mêle des affaires d'inconnus dans la rue et qui pousse les gens pour passer. Ces femmes "manquent-elles d'élé-*

45

제사십오 과

▶

여행을 가려고 해요.
yohèng-eul ga-lyogô hèyô

1 – 다음 주에 일본 여행을 가려고 해요 ¹.
da'eum djou-é ilbôn yohèng-eul ga-lyogô hèyô

2 – 좋겠네요 ! ² 비행기 표는
예매했어요 ? ³
djôh-géss-néyô ! bihènggi pʰyô-neun yémèhè-ss-oyô

🔲: Notes

1 다음 주 da'eum djou, *la semaine prochaine* ; 일본 ilbôn, *Japon* ; 여행 yohèng, *voyage*, 여행을 가 (여행(을) 가다 yohèng(eul) ga-da, *partir en voyage*) + 려고 하 (으려고/려고 하다 -eulyogô/-lyogô ha-da, *avoir l'intention, le projet de*) + 어요 -oyô = litt. "j'ai l'intention de partir en voyage au Japon la semaine prochaine". Le verbe auxiliaire 으려고/려고 하다 -eulyogô/-lyogô ha-da, s'emploie avec un verbe d'action et exprime une intention ou un projet à réaliser.

2 좋 (좋다 djôh-da, *être content*) + 겠 -géss-, marque d'incertitude + 네요 -néyô, terminaison orale exclamative = *Tu dois être content, Je crois que tu es content*. La marque d'incertitude 겠 -gess- sert à marquer une information non confirmée et incertaine.

3 비행기 bihènggi, *avion* ; 비행기 표 bihènggi pʰyô, *billet/ticket d'avion* (autre ex.: 영화 표 yonghwa pʰyô, *ticket de cinéma*) ; 예매 yémè, *réser-*

*gance"? On dira plutôt qu'elles sont très familières. Elles n'hésitent pas
à parler aux gens pour demander d'où ils viennent et elles proposent
même de la nourriture sans raison. Les femmes modernes n'aiment
pas qu'on les appelle* 아줌마 **adjoumma** *à cause de cette connotation.
Alors, comment les appelle-t-on ? Comme vous avez pu le remarquer,
ce n'est pas simple de choisir une appellation en Corée. Nous appren-
drons les diverses manières de s'adresser aux gens selon le contexte !*

45

Quarante-cinquième leçon

[Je] vais partir en voyage

1 – [Je] vais partir en voyage [au] Japon la semaine
prochaine. *(prochaine semaine[-P.temps] Japon
voyage[-P.COD] aller-avoir-l'intention-de)*
2 – [Tu] dois être content ! As[-tu] réservé le billet
[d']avion ? *(être-content. avion billet[-P.thème] réserver)*

알겠어요.

vation (d'un billet) ; 예매하 (예매하다 **yémèha-da**, *réserver (un billet))* +
있 **-oss-**, marque du passé + 어요 **-oyô** = *As-tu réservé un billet d'avion ?*
(하 **ha** et 있 **-oss-** se contractent → 했 **hèss**). Le *billet d'avion* (COD du
verbe *réserver*) devrait être marqué de la P.COD mais elle est remplacée
par la P.thème pour mettre l'emphase.
• 예매 **yémé**, *réservation (d'un billet)* mais 예약 **yéyag**, *réservation* (au
restaurant, etc.).

3 – 아니요. 아직 안 했는데 ⁴ 곧 예매할
거예요 ⁵.
aniyô. adjig an hè-ss-neundé gôd yémèha-l goyéyô

4 그런데, 공항 가는데 뭐가 편할까요 ⁶ ?
geulondé, gônghang ga-neundé mwo-ga pʰyonha-
lkkayô

5 – 택시는 편한데 좀 비싸고 지하철은
싼데 좀 오래 걸려요.
tʰègsi-neun pʰyonha-ndé djôm bissa-gô djihatchol-
eun ssa-ndé djôm ôlè golly-oyô

6 – 알겠어요. ⁷ 고마워요. 올 때 꼭
기념품을 사 올게요 ⁸.
al-géss-oyô. gômaw-oyô. ô-l ttè kkôg ginyompʰoum-
eul sa ô-lgéyô

: Notes

4 아직 안 adjig an, *pas encore* + 하 (하다 ha-da, *faire*) + 었 **-oss-**, marque
du passé + 는데 **-neundé**, connecteur *mais* = litt. "je ne l'ai pas encore
fait mais". Le connecteur 은데 **-eundé** (après un verbe d'état dont le
radical se termine par une consonne) ㄴ데 **-ndé** (après un verbe d'état
dont le radical se termine par une voyelle) / 는데 **-neundé** (après un
verbe d'action) sert, cette fois-ci, à introduire une opposition et se traduit *mais*, ex.: 편하 (편하다 pʰyonha-da, *est pratique*) + ㄴ데 **-ndé**, *mais*
+ 좀 djôm, *un peu* + 비싸 (비싸다 bissa-da, *être cher*) + 고 **-gô**, *et* = *le taxi
est pratique mais c'est un peu cher et...* ; 싸 (싸다 ssa-da, *être peu cher,
bon marché*) + ㄴ데 **-ndé**, *mais* + 좀 djôm, *un peu* + 오래 ôlè, *longtemps*
+ 걸리 (걸리다 golli-da, *prendre (temps)*) + 어요 **-oyô** = litt. "le métro est
peu cher *mais* cela prend un peu longtemps" (ph. 5).

5 곧 gôd, *bientôt* + 예매하 (예매하다 yémèha-da, *réserver*) + ㄹ 것이
(을/ㄹ 거예요 **-eul/-l goyéyô**, terminaison au futur) = *Je vais bientôt
le réserver*. 을/ㄹ 거예요 **-eul/-l goyéyô** sert à exprimer le futur, avec

3 – Non. [Je] ne [l']ai pas encore réservé mais [je] vais bientôt [le] faire. *(non pas-encore ne-pas faire-mais bientôt réserver)*

4 Au fait, quel serait [le moyen le plus] pratique pour aller [à] l'aéroport ? *(au-fait aéroport aller-alors quoi[-P. sujet] être-pratique)*

5 – Le taxi est pratique mais [c']est un peu cher et le métro est bon marché mais [ça] prend un peu plus de temps. *(taxi[-P.thème] être-pratique-mais un-peu être-cher-et métro[-P.thème] être-bon-marché-mais un-peu longtemps prendre)*

6 – [J'ai] compris. Merci. [Je te] ramènerai sans faute des souvenirs quand [je] rentrerai. *(comprendre. merci. venir-quand sûrement souvenir[-P.COD] acheter venir)*

incertitude. Nous ferons un point sur le futur en coréen à la prochaine leçon de révision.

6 공항 **gônghang**, *aéroport* ; 공항 가 (공항에 가다 **gônghang-é ga-da**, *aller à l'aéroport*) + 는데 **-neundé**, *alors* + 뭐 **mwo**, *quoi* + 가 **-ga**, P.sujet + 편하 (편하다 **pʰyonha-da**, *être pratique*) + ㄹ까요 ? **-lkkayô** = litt. "je vais à l'aéroport, alors (à ton avis) qu'est-ce qui est pratique ?".

7 알 (알다 **al-da**, *connaître, savoir, comprendre*) + 겠 **-géss-**, marque d'indécision/incertitude/adoucissement + 어요 **-oyô** = *j'ai compris*. 겠 **-géss-** sert à adoucir certaines expressions comme nous l'avons déjà vu en leçon 25, ex.: 모르겠어요 **môleu-géss-oyô**, *j'ignore, je ne sais pas trop*.

8 오 (오다 **ô-da**, *venir, rentrer, arriver*) + ㄹ 때 **-l ttè**, *lorsque, quand* = *quand je rentre* ; 꼭 **kkôg**, *sans faute, sans oublier* + 기념품 **ginyom-pʰoum**, *souvenir (objet)* + 을 **-eul**, P.COD + 사 오 (사 오다 **sa ô-da**, *ramener, acheter et apporter*) + ㄹ게요 **-lgéyô**, futur certain = litt. "je te ramènerai sans faute des souvenirs". 사 오다 **sa ô-da** est un composé de 사다 **sa-da**, *acheter*, et de 오다 **ô-da**, *venir* ; il signifie littéralement "j'achète ensuite (te) revenir avec".

7 – 정말요 ? 기대할게요 ! [9] □
djongmal-yô ? gidèha-lgéyô

Remarque de prononciation

(7) La consonne finale ㄹ l et la consonne muette ㅇ s'assimilent en ㄹㄹ ll *[l l]* : 정말요 djongmal-yô se prononce alors *[djong-mal-lyo]* comme 뭘요 mol-yô *[mwol-lyo]* à la leçon 10.

***

▶ 연습 1 – 번역하십시오.
❶ 다비드 씨 생일인데 뭘 살까요 ?
dabideu ssi sèng'il-i-ndé mwol sa-lkkayô

❷ 한국에 꼭 가겠어요.
han'goug-é kkôg ga-géss-oyô

❸ 한국에 갈 거예요.
han'goug-é ga-l goyéyô

❹ 한국에 가려고 해요.
han'goug-é ga-lyogô hèyô

***

연습 2 – 빈칸을 채우십시오.
❶ Je pense (*avoir l'intention de*) étudier le coréen. (style poli)
한국어를 _ _ _ _ _ _ _.

❷ Avez-vous réservé (*une place*) ? (style poli)
_ _ _ _ _ _ ?

❸ L'avion est pratique mais c'est cher.
비행기가 _ _ _ 비싸요.

***

연습 3 – 한글로 쓰십시오.
❶ *voyage* ❷ *avion* ❸ *aéroport*

7 – Vraiment ? [J']attends [ton retour] avec impatience !
(vraiment[-pol.] espérer)

] Note

9 기대 gidè, *espérance, espoir*, 기대하 (기대하다 gidèha-da, *espérer*) +
ㄹ게요 **-lgéyô**, futur certain = expression utilisée pour exprimer l'espoir ou souhaiter du courage : *J'attendrai avec impatience, Bon courage, Je compte sur toi*, etc. selon le contexte.

***

❺ 더운데 뜨거운 음식을 드세요 ?
do'ou-ndé tteugo'ou-n eumsig-eul deu-séyô

Corrigé de l'exercice 1
❶ C'est l'anniversaire de David *(alors)*, qu'est-ce qu'on lui achète ?
❷ Je vais aller en Corée, sans faute. **❸** J'irai *(un jour)* en Corée. **❹** Je pense / Je projette *(d')*aller en Corée. **❺** Il fait chaud mais vous prenez un plat très chaud ?

***

❹ [Il/Elle] n'est pas encore venu(e) ?
_ _ _ 왔어요 ?

❺ Quand viendras-tu ? (style poli)
언제 _ _ _ _ ?

Corrigé de l'exercice 2
❶ – 공부하려고 해요 **❷** 예약하셨어요 **❸** – 편한데 –
❹ 아직 안 – **❺** – 올 거예요

***

Corrigé de l'exercice 3
❶ 여행 **❷** 비행기 **❸** 공항

제사십육 과

▶

드라이브
deula'ibeu

1 다비드 씨는 운전하기를 좋아합니다 ¹.
dabideu ssi-neun oundjonha-gi-leul djôhaha-bni-da

2 한국에서 얼마 전에 운전 면허를
땄습니다 ².
han'goug-éso olma djon-é oundjon myonho-leul
tt-ass-seubni-da

3 오늘은 소윤 씨, 소윤 씨 동생 윤지와
드라이브를 하기로 했습니다 ³.
ôneul-eun sô-youn ssi, sô-youn ssi dôngsèng youndji-wa deula'ibeu-leul ha-gilô hè-ss-seubni-da

---

█ : Notes

1 운전 oundjon, *conduite* ; 운전하다 oundjonha-da, *conduire* ; 운전하기
oundjonha-gi, *conduire* (nominalisé). Le suffixe 기 -gi accolé au radical,
sans se soucier de la dernière lettre, nominalise le verbe. Ainsi 운전하기
oundjonha-gi n'est plus un verbe mais un nom et il est le COD du
verbe *aimer*, il faut donc le marquer de la P.COD 를 -leul. Nous avons
déjà vu ce suffixe de nominalisation en leçon 40, ex.: 병원 가기가 좀 무
서워요 byong'won ga-gi-ga djôm mousow-oyô, *J'ai un peu peur d'aller
à l'hôpital.*

2 얼마 olma, *peu de temps* + 전 djon, *avant* + 에 -é, P.temps = *il y a peu
de temps* : 면허 myonho, *permis, licence, brevet* ; 운전 면허 oundjon
myonho, *permis de conduire* + 를 -leul, P.COD + 따 (따다 tta-da, *obtenir,
acquérir* (une qualité, un statut, un diplôme, etc.) + 았 -ass-, marque
(m.) passé + 습니다 -seubni-da.

• 전 djon, *avant*, peut s'employer avec un nom et avec un verbe nominalisé, ex.: 일주일 전 ildjouil djon, *une semaine avant* ; 한달 전 han-

Quarante-sixième leçon

Une promenade en voiture

1 David aime conduire. *(David [hon.-P.thème] conduire[-P. COD] aimer)*

2 [Il] a eu [son] permis [de] conduire en Corée [il y a] peu de temps. *(Corée[-P.lieu] certain avant[-P.temps] conduite permis[-P.COD] obtenir)*

3 Aujourd'hui, [il] a prévu de faire une promenade en voiture avec So-yun [et] sa petite [sœur] Yun-ji. *(aujourd'hui[-P.thème] So-yun [hon.], So-yun [hon.] cadette Yun-ji-avec faire-promenade-en-voiture-prévoir)*

dal djon, *il y a un mois* ; 운전하기 전 oundjonha-gi djon, *avant de conduire* ; 차를 타기 전 tcha-leul tʰa-gi djon, *avant de prendre une voiture*, etc.

3 동생 dôngsèng, *cadet(te), petit frère, petite sœur* ; 여동생 yodôngsèng, *petite sœur, cadette* (vs 남동생 namdôngsèng, *petit frère, cadet*) ; 드라이브 deula'ibeu, *promenade en voiture*, 드라이브를 하 (드라이브(를) 하다 deula'ibeu(leul) ha-da, *faire une promenade en voiture*) de l'anglais ***drive*** (= *conduire*) coréanisé + 기로 하 (기로 하다 -gilô ha-da, *décider, prévoir de*) + 었 -oss- + 습니다 seubni-da = *Il a prévu de faire une promenade…* Le verbe auxiliaire 기로 하다 -gilô ha-da sert à exprimer la décision, ex.: 한국에 가기로 했어요 han'goug-é ga-gilô hè-ss-oyô, *J'ai décidé d'aller en Corée.*

4 – "다비드 씨, 윤지하고 지금 집 앞에서
기다리고 있어요 ⁴.

dabideu ssi, youn-dji-hagô djigeum djib apʰ-éso
gidali-gô iss-oyô

5 왜 아직 안 오세요 ?" ⁵

wè adjig an ô-séyô

6 – "차가 너무 막혀서 좀 늦게 도착할 것
같아요." ⁶   ☐

tcha-ga nomou maghy-oso djôm neudjgé
dôtchagha-l gos gatʰ-ayô

Notes

4 기다리 (기다리다 gidali-da, *attendre*) + 고 있 (고 있다 -gô iss-da, *être en train de*) + 어요 -oyô = *Je suis en train d'attendre.*

5 왜 wè, *pourquoi* + 아직 adjig, *pas encore* + 안 an, *ne pas* + 오 (오다 ô-da, *venir, arriver*) + 시 -si-, m. honorifique + 어요 -oyô = litt. "pourquoi tu ne viens pas encore ?".

6 차 tcha, *voiture* ; 막히다 maghi-da, *être bouché, obstrué*, 차가 막히 (차(가) 막히다 tcha(ga) maghi-da, *Il y a des embouteillages*) + 어서 -oso,

***

▶ 연습 1 – 번역하십시오.

❶ 언제 오기로 했어요 ?
ondjé ô-gilô hè-ss-oyô

❷ 언제 운전 면허를 땄어요 ?
ondjé oundjon myonho-leul tt-ass-oyô

❸ 학교 앞에서 보기로 했어요.
haggyô apʰ-éso bô-gilô hè-ss-oyô

❹ 토요일에는 차가 너무 막힐 것 같아요.
tʰôyôil-é-neun tcha-ga nomou maghi-l gos gatʰ-ayô

4 – "David, [je] suis en train de [t']attendre devant chez moi avec Yun-ji. *(David [hon.] Yun-ji-avec maintenant maison devant[-P.lieu] attendre-être-en-train-de)*

5 Pourquoi [est-ce que tu] n'arrives pas ? *(pourquoi pas-encore ne-pas venir)*

6 – Comme il y a beaucoup d'embouteillages [en ville], [je] pense [que je] serai un peu en retard." *(voiture[-P. sujet] trop être-embouteillé-comme un-peu tardivement arriver-sembler)*

---

parce que = litt. "parce qu'il y a un bouchon" ; 늦게 **neudjgé**, *tardivement* (늦다 **neudj-da**, être en retard) + 도착 **dôtchag**, *arrivée*, 도착하 (도착하다 **dôtchagha-da**, *arriver*) + ㄹ 것 같 (을/ㄹ 것 같다 **-eul/-l gos gatʰ-da**, *sembler, penser*) + 아요 **-ayô** = je pense arriver en retard. Le suffixe 게 **-gé** accolé au radical du verbe d'état le transforme en adverbe, ex.: 늦다 **neudj-da**, *être en retard* → 늦게 **neudjgé**, *tardivement* ; 예쁘다 **yéppeu-da**, *être joli* → 예쁘게 **yéppeugé**, *joliment* ; 착하다 **tchagha-da**, *être gentil* → 착하게 **tchaghagé**, *gentiment*.

***

❺ 청소하기를 좋아하세요 ?
tchongsôha-gi-leul djôhaha-séyô

Corrigé de l'exercice 1
❶ Il/Elle a prévu d'arriver quand ? **❷** Quand as-tu eu ton permis de conduire ? **❸** On a prévu de se retrouver devant l'école. **❹** Je pense qu'il y aura des bouchons samedi. **❺** Aimez-vous faire le ménage ?

연습 2 – 빈칸을 채우십시오.
❶ J'aime bien étudier le coréen.
한국어 _____ 좋아해요.

❷ J'ai eu mon permis de conduire. (style poli)
운전 면허를 ___.

❸ J'ai décidé d'aller en Corée. (style poli)
한국에 ___ ___.

***

연습 3 – 한글로 쓰십시오.
❶ *cadet(te), petit frère/petite sœur* ❷ *promenade en voiture*
❸ *permis de conduire*

***

Si vous pensez louer une voiture en Corée, et que vous souhaitez une boîte de vitesse "manuelle", il faut le préciser sans cela, on vous donnera une voiture avec boîte automatique car les Coréens conduisent presque tous une voiture avec ce type d'équipement. Pourquoi ?

47

제사십칠 과

▶

안내 방송
annè bangsông

1 (지하철역에서)
(djihatcholyog-éso)
지금 열차가 들어오고 있습니다 ¹.
djigeum yoltcha-ga deuloô-gô iss-seubni-da

2 열차가 곧 출발하겠습니다 ².
yoltcha-ga gôd tchoulbalha-géss-seubni-da

Notes

1 들어오 (들어오다 **deuloô-da**, *entrer* (en venant de quelque part)) + 고 있 (고 있다 **-gô iss-da**, *être en train de*) + 습니다 **-seubni-da** = litt.

❹ J'ai fait du shopping au Japon il y a peu de temps.

얼마 __ 일본에서 쇼핑을 했어요.

❺ J'ai bu un café au lait avant de faire du shopping.

_____ __ 커피 숍에서 카페오레 한 잔을 마셨어요.

Corrigé de l'exercice 2

❶ – 공부하기를 – ❷ – 땄어요 ❸ – 가기로 했어요 ❹ – 전에 –
❺ 쇼핑하기 전에 –

***

Corrigé de l'exercice 3

❶ 동생 ❷ 드라이브 ❸ 운전 면허

***

*Parce qu'ils recherchent le confort et la rapidité avant tout. Eh oui,
cela renvoie de nouveau à leur esprit* 빨리빨리 **ppallippalli**, *vite
vite ! Notez également qu'il n'y a presque pas de ronds-points mais il
y a de nombreux passages piétons.*

47

Quarante-septième leçon

Une annonce

1 *(Dans une station de métro)* *(métro-station[-P. lieu])*
Le métro est en train d'entrer. *(maintenant wagon[-P.
sujet] entrer-en-train-de)*

2 **Le métro va bientôt partir.** *(wagon[-P. sujet] bientôt
partir)*

"le wagon est en train d'entrer" (dans la station en venant de la précédente). Vous verrez plus d'exemples de verbes de déplacement dans
les prochaines leçons.

2 출발 **tchoulbal**, *départ*, 출발하 (출발하다 **tchoulbalha-da**, *partir*) + 겠
-géss-, m. futur + 습니다 **-seubni-da** = *Il va bientôt partir.*

3 이번 역은 강남역입니다.
ibon yog-eun gangnam-yog-ibni-da

4 내리실 문은 왼쪽입니다. ³
nèli-si-l moun-eun wéntsôg-i-bni-da

5 – "여기서 신촌역까지 얼마나 걸려요 ?" ⁴
yogiso sintchôn-yog-kkadji olmana golly-oyô

6 – "40분 정도 걸려요. 안내 방송이 나올 거예요 ⁵."
sasib-boun djongdô golly-oyô. annè bangsông-i naô-l goyéyô

┃┃ Notes

3 내리 (내리다 nèli-da, *descendre*) + 시 -si-, m. honorifique + ㄹ -l, sfx. de proposition relative au futur + 문 moun, *porte* = litt. "la porte par laquelle vous allez descendre" ; 왼쪽 wéntsôg, *(côté) gauche* (오른쪽 ôleuntsôg, *(côté) droit*) + 이 (이다 i-da, *être*) + ㅂ니다 -bni-da = *être à gauche*.

4 여기서 yogiso (여기 yogi, *ici* + 에서 -eso, *de = d'ici*) + 역 yog, *station, gare* ; 신촌역 sintchônyog, *station Sinchon* + 까지 -kkadji, *jusqu'à = d'ici jusqu'à la station Sinchon* ; 얼마나 olmana, *combien (de temps)* + 걸리 (걸리다 golli-da, *prendre (du temps)*) + 어요 -oyô = *(cela) prend combien de temps ?* (리 li et 어요 -oyô se contractent → 려요 lyoyô). Le verbe 걸리다 golli-da, *prendre (du temps)*, s'emploie avec 시간 sigan, *heure*

***

▶ 연습 1 – 번역하십시오.

❶ 어디서 내리세요 ?
odiso nèli-séyô

❷ 공항까지 얼마나 걸려요 ?
gônghang-kkadji olmana golly-oyô

❸ 지하철역이 어디예요 ?
djihatchol yog-i odi-yéyô

3 Cette station est la station "Gangnam". *(cette-fois-ci station[-P.thème] Gangnam-station-être)*

4 La porte [de] sortie est [sur votre] gauche. *(descendre[-sfx.] porte[-P.thème] gauche-être)*

5 – "D'ici à la station "Sinchon", il faut combien de temps ? *(ici[-P.lieu] Sinchon-station-jusqu'à combien-de-temps prendre)*

6 – [Cela] prend environ quarante minutes. Il y aura une annonce." *(quarante[-classificateur pour les minutes] environ prendre. information émission[-P.sujet] passer)*

(durée), mais pas avec 시 *si, heure* (indicateur temporel), ex. : 한 시간 30분 걸려요 **han sigan samsib-boun golly-oyô**, *Cela prend 1 heure et 30 minutes.*

5 안내 **annè**, *accueil, service d'information* ; 방송 **bangsông**, *radiophonie, radiodiffusion, émission* ; 안내 방송 **annè bangsông**, *annonce* ; 안내 방송이 나오 (안내 방송이 나오다 **annè bangsông-i naô-da**, *passer une annonce*) + ㄹ 거예요 (을/ㄹ 거예요 **-eul/-l goyéyô**, terminaison au futur) = *il y aura une annonce*. Le verbe 나오다 **naô-da**, *apparaître, se présenter*, etc., peut s'employer, par exemple, dans les cas suivants : 엄마가 텔레비전에 나오다 **omma-ga tʰéllébidjon-é naô-da**, *Ma maman passe à la télévision* ; 라디오에서 음악이 나오다 **ladiô-éso eumag-i naô-da**, *Il y a de la musique à la radio* ; 극장에서 한국 영화가 나오다 **geugdjang-éso han'goug yonghwa-ga naô-da**, *Il y a un film coréen au cinéma.*

***

❹ 서울까지 2시간 걸려요.
so'oul-kkadji dou sigan golly-oyô

❺ 왼쪽이에요.
wéntsôg-i-éyô

Corrigé de l'exercice 1

❶ Où descendez-vous ? **❷** Combien de temps faut-il pour aller à l'aéroport ? **❸** Où est la station de métro ? **❹** Il faut compter deux heures pour aller à Séoul. **❺** C'est à gauche.

연습 2 – 빈칸을 채우십시오.

❶ [Le train] va bientôt partir.

_ 출발하겠습니다.

❷ La porte de sortie (la porte par laquelle vous allez descendre) est à gauche.

___ 문은 왼쪽입니다.

❸ Cela prend combien de temps ?

___ 걸려요 ?

❹ Allez jusqu'à la station Gangnam.

_____ 가세요.

❺ Le métro est en train d'entrer/d'arriver.

열차가 ____ 있습니다.

***

연습 3 – 한글로 쓰십시오.
❶ station, gare ❷ départ ❸ prendre (du temps)

48

제사십팔 과

▶

학교 가는 길
haggyô ga-neun gil

1 윤지는 중학생입니다 [1].
youn-dji-neun djounghagsèng-i-bni-da

2 학교까지 가까워서 걸어서 갑니다. [2]
haggyô-kkadji gakkaw-oso goloso ga-bni-da

◧ : Notes

[1] 중학생 djounghagsèng, *collégien* (et voici un peu de vocabulaire supplémentaire : 중학교 djounghaggyô, *collège* ; 고등학생 gôdeunghag-

Corrigé de l'exercice 2

❶ 곧 – ❷ 내리실 – ❸ 얼마나 – ❹ 강남역까지 –
❺ – 들어오고 –

(어디서 내리세요 ?)

Corrigé de l'exercice 3

❶ 역 ❷ 출발 ❸ 걸리다

48

Quarante-huitième leçon

Sur le chemin de l'école
(école aller[-sfx.] chemin)

1 Yun-ji est collégienne. *(Yun-ji[-P.thème] collégien-être)*
2 Comme [elle vit] près [de] l'école, [elle y] va à pied.
   (école-jusqu'à être-proche-comme à-pied aller)

---

sèng, *lycéen* ; 고등학교 **gôdeunghaggyô**, *lycée* ; 대학생 **dèhagsèng**,
étudiant à l'université ; 대학교 **dèhaggyô**, *université*).

2 학교 **haggyô**, *école* + 까지 **-kkaji**, *jusqu'à* + 가까우 (가깝다 **gakkab-da**,
être proche) + 어서 **-oso**, *parce que* = 가까워서 **gakkaw-oso** (irrégulier
en ㅂ), litt. "comme c'est proche jusqu'à l'école" ; 걸어서 **goloso**, *à pied*
+ 가 (가다 **ga-da**, *se rendre, aller*) + ㅂ니다 **-bni-da** = *Elle va à pied.*

3 학교 가는 길에 담임 선생님을
만났습니다. ³
haggyô ga-neun gil-é damim sonsèngnim-eul mann-
ass-seubni-da

4 – "선생님, 안녕하세요 ?"
sonsèngnim, annyongha-séyô

5 – "그래, 윤지도 안녕 ? ⁴ 선생님은 버스
정류장에서 오는데 윤지는 지하철
역에서 오니 ?" ⁵
geulè, youn-dji-dô annyong ? sonsèngnim-eun
boseu djonglyoudjang-éso ô-neundé youn-dji-neun
djihatchol-yog-éso ô-ni

6 – "아니요. 저는 바로 앞에 살아서 걸어서
왔어요." ⁶   □
aniyô. djo-neun balô apʰ-é sal-aso goloso w-ass-oyô

■ : Notes

3 학교 가 (학교에 가다 haggyô-é ga-da, *aller à l'école*) + 는 **-neun**, sfx.
de proposition + 길 gil, *chemin, rue* + 에 **-é**, P.lieu = litt. "sur le chemin
d'aller à l'école", *sur le chemin de l'école* ; 선생님 sonsèngnim, *professeur*, 담임 선생님 damim sonsèngnim, *professeur principal* + 을 **-eul**,
P.COD + 만나 (만나다 manna-da, *(se) croiser, rencontrer, (se) voir*) + 았
-ass- + 습니다 **-seubni-da** = litt. "elle a croisé son professeur prinicpal".

4 그래 (그렇다 geuloh-da, *être comme cela*, au style familier). Ce verbe
d'état s'emploie souvent pour montrer l'accord afin de rythmer la
conversation comme *ah, oui*. Comme c'est le professeur qui parle à son
élève, elle peut employer la terminaison de style familier (donc, sans 요
-yô) ainsi : 그래 geulè, *(ah) oui*, et 안녕 annyong, *bonjour, salut* (au style
familier).

5 선생님 sonsèngnim, *professeur* + 은 **-eun**, P.thème = *je*. C'est un usage
un peu particulier mais sachez qu'un professeur se désigne par son

3 [Elle] croise [son] professeur sur le chemin [de] l'école. *(école aller[-sfx.] chemin[-P.lieu] professeur-principal[-P.COD] rencontrer)*

4 – "Bonjour madame [*ou* monsieur] ! *(professeur bonjour)*

5 – Bonjour [à] toi aussi. Je viens de l'arrêt de bus mais toi, [tu] viens de la station [de] métro ? *(oui, Yun-ji-aussi bonjour ? professeur[-P.thème] bus arrêt[-P.lieu] venir-mais Yun-ji[-P.thème] métro station[-P.lieu] venir)*

6 – Non. Comme j'habite juste devant, [je] suis venue à pied." *(non je[-P.thème] justement devant[-P.lieu] habiter-comme à-pied venir)*

학교까지 걸어서 가요 ?

titre. Désigner quelqu'un ou se désigner soi-même en coréen demande de respecter certains codes, un aspect culturel à ne pas négliger !
버스 정류장에서 **boseu djonglyoudjang-eso**, *de l'arrêt de bus* + 오 (오다 ô-da, *venir, arriver*) + 는데 **-neundé**, *mais* = *je viens de l'arrêt de bus mais* ; 지하철 역에서 **djihatchol yog-eso**, *de la station de métro* + 오 (오다 ô-da, *venir, arriver*) + 니 ? **-ni**, terminaison familière interrogative = *Tu viens de la station de métro ?* La terminaison familière interrogative 니 ? s'emploie souvent par un aîné envers son interlocuteur moins âgé dans un style qui cherche à montrer de l'affection, ex.: 잘 지내니 ? **djal djinèni**, *Tu vas bien ?* ; 학교 가니 ? **haggyô ga-ni**, *Tu vas à l'école ?*

6 바로 **balô**, *justement* + 앞 **ap^h**, *devant* + 에 **é**, P.lieu + 살 (살다 **sal-sa**, *habiter, vivre*) + 아서 **-aso**, *parce que* = *parce que j'habite juste devant* ; 걸어서 **goloso**, *à pied* (걷다 **god-da**, *marcher*) + 오 (오다 **ô-da**, *venir*) + 았 **-ass-** + 어요 **-oyô** = *Je suis venue à pied.*

▶ 연습 1 – 번역하십시오.

❶ 걸어서 얼마나 걸려요 ?
goloso olmana golly-oyô

❷ 학교까지 걸어서 가요 ?
haggyô-kkadji goloso g-ayô

❸ 버스가 없어서 걸어서 왔어요.
boseu-ga obs-oso goloso w-ass-oyô

❹ 회사까지 가까운데 걸어서 갈까요 ?
hwésa-kkadji gakka'ou-ndé goloso ga-lkkayô

***

연습 2 – 빈칸을 채우십시오.
❶ On y va à pied ?
_ _ _ 갈까요 ?

❷ Qui as-tu rencontré hier ? (style poli)
어제 누구를 _ _ _ _ ?

❸ [maman :] Vas-tu rentrer tard, aujourd'hui ? *(tu es un peu en retard)*
(style familier)
오늘 좀 _ _ ?

***

연습 3 – 한글로 쓰십시오.
❶ *habiter, vivre* **❷** *être proche* **❸** *collégien*

❺ 공원 바로 앞에 살아서 좋아요.
gông'won balô apʰ-é sal-aso djôh-ayô

Corrigé de l'exercice 1

❶ Cela prend combien de temps à pied ? ❷ Tu vas à pied jusqu'à l'école ? ❸ Comme il n'y avait pas de bus, je suis venu à pied. ❹ Nous sommes proches du bureau *(entreprise où on travaille)*, alors on y va à pied ? ❺ Je suis content d'habiter juste devant un parc.

***

❹ [professeur :] Je suis en train de rentrer chez moi.
_ _ _ _ 집에 돌아가는 길이야.

❺ Bonjour/Salut ! (style familier)
_ _ ?

Corrigé de l'exercice 2

❶ 걸어서 – ❷ – 만났어요 ❸ – 늦니 ❹ 선생님은 – ❺ 안녕

***

Corrigé de l'exercice 3

❶ 살다 ❷ 가깝다 ❸ 중학생

***

Demain, la quarante-neuvième leçon nous attend. Nous voilà presque arrivés à la moitié du chemin. Bravo ! En Corée, un dicton dit : 시작이 반이다 **sidjag-i ban-i-da,** *litt. "le commencement est la moitié",* Commencer, c'est la moitié du chemin *!*

제사십구 과

복습 – Révision

1 Les verbes auxiliaires (suite)

On n'insiste jamais assez sur l'importance des verbes auxiliaires. En effet, c'est grâce à ces verbes que l'on peut exprimer l'hypothèse, la permission, l'intention, la décision, etc. La bonne maîtrise des verbes auxiliaires, selon le contexte, est un des critères important permettant d'apprendre le coréen. Résumons ce que vous avez appris au cours des six dernières leçons :

• 은/ㄴ/는/을 것 같다 **-eun/-n/-neun/-eul gos gat^h-da** s'emploie avec un verbe d'état : 은/ㄴ **-eun/-n** (au présent) ; ㄹ/을 **-l/-eul** (au futur) et également avec un verbe d'action ; 은/ㄴ **-eun/-n** (au passé) ; 는 **-neun** (au présent) ; 을/ㄹ **-eul/-l** (au futur) ; il sert en plus à exprimer une hypothèse, une supposition, un avis personnel, etc., ex. : *(Je) pense que, (Je) crois que, Ça a l'air*, etc.

예쁜 것 같아요 **yéppeu-n gos gat^h-ayô**, *Ça a l'air joli, Ça semble joli.*
예쁠 것 같아요 **yéppeu-l gos gat^h-ayô**, *Je pense que ça sera joli.*
친구를 만난 것 같아요 **tchin'gou-leul manna-n gos gat^h-ayô**, *Je pense qu'il a rencontré un ami.*
친구를 만나는 것 같아요 **tchin'gou-leul manna-neun gos gat^h-ayô**, *Je pense qu'il rencontre un ami.*
친구를 만날 것 같아요 **tchin'gou-leul manna-l gos gat^h-ayô**, *Je pense qu'il va rencontrer un ami.*

• 으면/면 되다 **-eumyon/-myon dwé-da** s'emploie avec un verbe d'état et également avec un verbe d'action ; il sert à exprimer un impératif (mais pas au sens grammatical du terme) qu'on pourra traduire par *il suffit que/de* ex. :

싸면 돼요 **ssa-myon dwèyô**, *C'est ok si ce n'est pas cher.*
내일 만나면 돼요 **nèil manna-myon dwèyô**, *Ça suffit si on se voit demain, C'est ok si on se voit demain.*

• 고 있다 **-gô iss-da** s'emploie avec un verbe d'action et il sert à exprimer le présent progressif, ex. :

친구하고 술 한잔하고 있어 **tchin'gou-hagô soul handjanha-gô iss-o**, *Je suis en train de boire un verre avec un ami.*

• 기로 하다 **-gilô ha-da** s'emploie avec un verbe d'action, souvent au passé ; il sert à exprimer une décision, ex. :

한국에 가기로 했어요 **han'goug-é ga-gilô hè-ss-oyô**, *J'ai décidé d'aller en Corée.*

• 으려고/려고 하다 **-eulygô/-lyogô ha-da**, s'emploie avec un verbe d'action ; il sert à exprimer une intention ou un projet en attente de réalisation, ex. :

한국에 가려고 해요 **han'goug-é ga-lyogô hèyô**, *J'ai l'intention d'aller en Corée, Je prévois d'aller en Corée.*

2 Le futur

En français, il existe plusieurs formes de futur : le futur proche, le futur simple, le futur antérieur. Mais en coréen, le futur étant une chose qui n'est pas encore réalisée, on le définit par rapport au fait qu'il soit certain ou incertain, sans associer l'idée de temps proche, simple ou antérieur.

• La marque du futur 겠 **-géss-** s'emploie souvent au style poli ou ultra formel, ex. :

내일 가겠어요, 내일 가겠습니다 **nèil ga-géss-oyô, nèil ga-géss-seubni-da**, *Je vais y aller demain.*

• 을/ㄹ게요 **-eul/-lgéyô** ne s'emploie qu'avec le pronom personnel de la première personne (*je, nous*) pour énoncer un événement à venir avec certitude, comme si on faisait une promesse, ex. :

내일 갈게요 **nèil ga-lgéyô**, *(Je vous promets que) je vais y aller demain.*

• 을/ㄹ 거예요 **-eul/-l goyéyô** (style poli) / 을/ㄹ 겁니다 **-eul/-l gobni-da** (style ultra formel) s'emploie avec un verbe d'état et également avec un verbe d'action ; il sert à exprimer un fait qui doit arriver mais dont on n'est pas complètement sûr de la réalisation, ex. :

내일은 추울 거예요 **nèil-eun tchou'ou-l goyéyô**, *Demain, il va faire froid (mais je n'en suis pas sûr à 100 %).*

내일 갈 거예요 **nèil ga-l goyéyô**, *Il va (sûrement) y aller demain.*

3 Le connecteur 은 *-eun/*ㄴ *-n/*는데 *-neundé*

Le connecteur 은/ㄴ *-eun/-n* (avec un verbe d'état) / 는데 *-neundé* (avec un verbe d'action) s'utilise comme le point-virgule en français : il marque une pause plus importante que la virgule mais, à la différence du point, le ton ne baisse pas complètement entre les deux phrases, ex. :

버스가 오는데 탈까요 ? **boseu-ga ô-neundé tʰa-lkkayô**, *Le bus arrive alors on le prend ?*

버스가 오는데 같이 타요 ! **boseu-ga ô-neundé gatʰi tʰ-ayô**, *Le bus arrive alors prenons-le ensemble !*

버스가 오는데 타세요 **boseu-ga ô-neundé tʰa-séyô**, *Le bus arrive alors prenez-le.*

예쁜데 너무 비싸요 **yéppeu-ndé nomou biss-ayô**, *C'est joli mais trop cher.*

예쁜데 안 사세요 ? **yéppeu-ndé a sa-séyô**, *C'est joli mais vous ne l'achetez pas ?*

4 Les verbes irréguliers (suite)

Lorsqu'on ajoute une terminaison, un connecteur, etc., commençant par la consonne muette ㅇ (ex. : 어요/아요 *-oyô/-ayô*, 어서/아서

***

▶ 복습 대화
Petite astuce pour la traduction : décortiquez bien tout ce qui est accolé au radical. Bon courage !

1 윤지는 중학생인데 공부를 잘 합니다.
youn-dji-neun djounghagsèng-i-ndé gôngbou-leul djal ha-bni-da

2 내일[1] 한국에 가는데 비행기 표를 아직 예약 안 했어요.
nèil han'goug-é ga-neundé bihènggi pʰyô-leul adjig yéyag an hè-ss-oyô

---

[1] 내일 **nèil**, *demain*

-oso/-aso) au radical des verbes qui se terminent par 하 **ha**, — **eu**, ㅂ **b**, et ㄹ **leu**, etc. (ex. : 하다 **ha-da** ; 나쁘다 **nappeu-da** ; 춥다 **tchoub-da** ; 모르다 **môleu-da**) le radical prend sa forme irrégulière, ex. :

하다 **ha-da**, *faire* : 해요 **hèyô** (어요/아요 **-oyô/-ayô**) ; 해서 **hèso** (어서/아서 **-oso/-aso**)

나쁘다 **nappeu-da**, *être mauvais* : 나빠요 **napp-ayô** (어요/아요 **-oyô/-ayô**) ; 나빠서 **napp-aso** (어서/아서 **-oso/-aso**)

춥다 **tchoub-da**, *avoir froid* : 추우면 **tchou'ou-myon** (으면/면 **-eumyon/-myon**) ; 추워서 **tchouw-oso** (어서/아서 **-oso/-aso**) ; 추울 것 같다 **tchou'ou-l gos gatʰ-da** (을/ㄹ 것 같다 **-eul/-l gos gatʰ-da**) ; 추운데 **tchou'ou-ndé** (은/ㄴ 데 **-eun/-ndé**) ; 추운 **tchou'ou-n** (은/ㄴ **-eun/-n**)

모르다 **môleu-da**, *ignorer* : 몰라요 **môll-ayô** (어요/아요 **-oyô/-ayô**) ; 몰라서 **môll-aso** (어서/아서 **-oso/-aso**).

Lorsqu'un verbe dont le radical se termine par la consonne ㄹ **l** est suivi par une terminaison, un connecteur, etc., commençant par ㄴ **n**, ㅅ **s** ou 으 **eu**, la consonne ㄹ du radical tombe, ex. :

살다 **sal-da**, *habiter*, *vivre* : 사는 **sa-neun** (는 **-neun**) ; 사니 ? **sani ?** (니 ? **-ni ?**) ; 삽니다 **sa-bni-da** (습니다/ㅂ니다 **-seubni-da/-bni-da**) ; 사니까 **sa-nikka** (으니까/니까 **-eunikka/-nikka**) ; 사세요 **sa-séyô** (으시/시 **-eusi-/-si-**).

***

3 택시는 편한데 너무 비싸요.
tʰègsi-neun pʰyonha-ndé nomou biss-ayo

4 다음 주에 여행을 가는데 기념품을 꼭 사 올게요.
da'eum djou-é yohèng-eul ga-neundé ginyompʰoum-eul kkôg sa ô-lgéyô

5 강남에 가려면 몇 번 버스를 타면 돼요 ?
gangnam-é ga-lyomyon myotch bon boseu-leul tʰa-myon dwèyô

6 이번 주말에 바쁘니 ?
ibon djoumal-é bappeu-ni

7 이거 정말 맛있을 것 같아요.
igo djongmal masiss-eul gos gatʰ-ayô

8 가까운데 걸어서 갈까요 ?
gakka'ou-ndé goloso ga-lkkayô

9 다비드 씨가 운전할 거예요.
dabideu ssi-ga oundjonha-l goyéyô

10 내일 자전거 타러 가기로 했어요.
nèil djadjon'go tʰa-lo ga-gilô hè-ss-oyô

Traduction

1 Yun-ji est collégienne et elle étudie bien / est studieuse.
2 Demain, je vais en Corée mais je n'ai pas encore réservé le billet d'avion. **3** Le taxi est pratique mais c'est trop cher. **4** Je pars en

50

제오십 과

Vous êtes à présent de plus en plus habitué aux caractères coréens et nous allons abandonner la translittération dans les notes et les exercices 1, sauf en cas de mots non vus. En cas de besoin, vous pouvez toujours vous référer aux dialogues, qui la conservent.

▶

여보세요 ?
yobôséyô

1 소윤이가 ¹ 집으로 전화를 겁니다 ².
sô-youn-i-ga djib-eulô djonhwa-leul go-bni-da

2 여동생 윤지가 전화를 받습니다.
yodôngsèng youn-dji-ga djonhwa-leul bad-seubni-da

🗂 Notes

1 Après un prénom qui se termine par une consonne, comme par ex. 소윤, on a tendance à ajouter la lettre 이 (= 소윤이) pour faciliter la

voyage la semaine prochaine et je te ramènerai des souvenirs, sans faute. **5** Quel bus puis-je prendre pour aller à Gangnam ? **6** Es-tu occupé ce week-end ? **7** Ça a l'air vraiment délicieux ! **8** C'est proche/près alors, on y va à pied ? **9** C'est David qui va conduire. **10** Demain, j'ai prévu d'aller faire du vélo.

Et voilà, c'est fini pour cette semaine ! Dès demain, vous allez passer à la vitesse supérieure en entamant la phase d'activation de votre apprentissage, la "deuxième vague". À ce stade, vos progrès sont déjà considérables : vous disposez d'acquis culturels, votre vocabulaire s'enrichit, vous maîtrisez la différence grammaticale entre le français et le coréen, et vous êtes en mesure d'être un peu plus à l'aise dans les conversations en coréen. Vous êtes donc prêt pour entamer cette deuxième vague, qui vous permettra de vous rendre compte des progrès que vous avez faits. Nous vous en rappelons le mode d'emploi dans la 50ᵉ leçon. Félicitations !

50

Cinquantième leçon

Allô ?

1 So-yun téléphone chez elle.
2 [C'est sa] petite sœur Yun-ji [qui] décroche. *(petite-sœur Yun-ji[-P.sujet] décrocher)*

prononciation. On ajoute ensuite la P.sujet au lieu de la P.thème, ce qui donne 소윤이 + 가, P.sujet. Utiliser la P.sujet sert à marquer l'aspect instantané de ce qui est en train de se passer, ici, le téléphone est en train de sonner chez So-yun, en ce moment même. Rappelez-vous que généralement, la P.thème sert à identifier le pronom personnel mais on peut la remplacer par la P.sujet lorsqu'on veut mettre l'emphase sur ce sujet ; autre ex. : 윤지가... (ph. 3), *C'est Yun-ji qui...*

2 전화, *appel, conversation téléphonique* ; 전화를 거 (전화를 걸다, *téléphoner, appeler,* interchangeable avec 전화(를) 하다) + ㅂ니다 = 전화를 걸 + 습니다 → 전화를 거 + ㅂ니다. La consonne finale ㄹ du radical tombe au contact de la consonne ㅅ (verbe irrégulier en ㄹ). *Décrocher (le téléphone)* se dit 전화를 받다 à la ph. 2.

3 – "여보세요 ?"

yobôséyô

4 – "응, 윤지야 ³ ! 언닌데 엄마 지금 집에 계시니 ?" ⁴

eung, youn-dji-ya ! onni-ndé omma djigeum djib-é gyési-ni

5 – "아니. 시장에 가셨어. 아 ! 잠깐만 지금 들어오셔. ⁵ 엄마 바꿔 줄게." ⁶

ani. sidjang-é ga-sy-oss-o. a ! djamkkanman djigeum deuloô-sy-o. omma bakkwo djou-lgé

6 – "응, 소윤아. 엄마 전화 바꿨다. 무슨 일이니 ?"

eung, sôyoun-a. omma djonhwa bakkw-oss-da. mouseun il-i-ni

Remarque de prononciation

(6) 무슨 일 se prononce *[mou-seun nil]*. La consonne finale ㄴ de 무슨 et la consonne initiale ㅇ de 일 s'assimilent : *[n n]*.

Notes

3 아 (après une consonne) / 야 (après une voyelle) est une particule vocative que l'on accole à un prénom lorsqu'on s'adresse à quelqu'un de moins âgé de manière intime, ex. : 윤지야 !, *Yun-ji !* (appelée par sa grande sœur So-yun) ; 소윤아 !, *So-yun !* (appelée par sa maman) (ph. 6) ; on l'utilise également pour les animaux, ex. : 나비야, *(Oh ! Joli papillon !* ; 고양아, *Minouche !* (고양이, *chat* + 아. P.vocative peuvent se contracter en 고양아).

4 언니, *grande sœur, sœur aînée* + 이 (이다, *être*) + ㄴ데 (은/ㄴ/는데, connecteur) = *C'est ta grande sœur et* ; 계시 (계시다, *rester, se trouver*, forme honorifique de 있다) + 니 ?, terminaison interrogative au style familier = *Maman est à la maison ?* La terminaison interrogative 니 ? peut être employée par un aîné envers son cadet pour rester dans un discours familier, elle est toutefois dotée d'une teinte plutôt affectueuse, ex. : 무슨, *quel* + 일, *travail, affaire, problème* + 이 (이다, *être*) + 니 ? = *Qu'est-ce qu'il y a ?*

• La terminaison 을/ㄹ 거니 ? est la forme au futur de la terminaison

3 – "Allô ?

4 – Oui, Yun-ji ! [C']est [ta] grande sœur. [Est-ce que] maman est à la maison *(maintenant)* ?

5 – Non, [elle] est allée au marché. Ah ! Attends, [elle vient de] rentrer. [Je] vais [te la] passer.

6 – Oui, So-yun. [C']est maman. Qu['est-ce qu'il] y a ?

interrogative au style familier 니 ?, ex. : 들어오 (들어오다, *rentrer* (en venant d'un endroit)) + 니 ? = *Tu rentres ?* ; 들어오 (들어오다) + ㄹ 거니 ? = *Tu rentreras ?* (ph. 8).

5 아니, *non* (non poli) + 시장, *marché* + 에, P.lieu + 가 (가다, *aller*, *partir*) + 시, m. honorifique + 었, m. passé + 어, terminaison de style familier = *Elle est allée au marché* ; 들어오 (들어오다, *rentrer* (en venant de quelque part) + 시, m.honorifique + 어, terminaison de style familier = *Elle rentre (du marché) à présent*. Yun-ji fait preuve de déférence envers sa maman, sujet de la phrase, en utilisant la m. honorifique et emploie la terminaison de style familier (non poli) avec sa grande sœur. Comme nous l'avons révisé en leçon 28, la m. honorifique dénote la déférence dont le locuteur fait preuve envers le sujet de la phrase tandis que la terminaison met l'accent sur le style / la façon dont il s'adresse à son interlocuteur.

6 Cette leçon aborde des expressions spécifiques aux conversations télé-phoniques, comme par exemple 바꾸다, *répondre (au téléphone)*, et 바꿔 주다, *passer quelqu'un au téléphone*, ex. : 바꿔주 (A 을/를 바꿔 주다, *passer A (au téléphone)*) + ㄹ게, futur certain (non poli) = *(Je) vais (te) passer maman*. On trouve aussi, en phrase 6, 엄마 전화 바꾸 (A 이/가 전화(를) 바꾸다, "A répondre" (au téléphone)) + 었, m. passé + 다 ter-minaison orale = litt. "maman a répondu au téléphone", *C'est maman*.
• Remarquez une nouvelle fois que la *maman* se désigne en évitant le pronom personnel *je*.

7 – "엄마 ! 오늘 좀 늦게 들어가도 돼요 ?" [7]
omma ôneul djôm neudjgé deulog-adô dwèyô

8 – "몇 시까지 들어올 거니 ? 너무 늦게
들어오면 안 돼 ! 밤 10시 전에
들어올 수 있지 ? [8]" □
myotch si-kkadji deuloô-l go-ni ? nomou neudjgé
deuloô-myon an dwè ! bam yol-si djon-é deuloô-l
sou iss-dji

Remarque de prononciation

(7) La consonne finale ㅈ se prononce [ʹ], à peine audible, sauf en cas de
liaison, et la consonne suivante se prononce, naturellement, durcie, ex.: 늦
게 [neuʹ-kké].

Notes

7 들어가 (들어가다, *rentrer (en allant / se déplaçant vers un endroit)*) +
아도 되 (어/아도 되다, *permettre*) + 어요 = 되 + 어요 se contractent en
돼요, *Tu me permets de rentrer tard ?* Le verbe auxiliaire 어/아도 되다

***

▶ 연습 1 – 번역하십시오.
❶ 동생이 집에 있습니다. ❷ 선생님이 학교에 계십니다.
❸ 여기서 자전거 타시면 안 됩니다. ❹ 네, 전화
바꿨습니다. ❺ 오늘은 좀 바쁜데 내일 만나면 안
될까요 ?

***

연습 2 – 빈칸을 채우십시오.
❶ Allô ?
  _ _ _ _ ?

❷ Tu veux que je te passe Yun-ji ? (on demande l'opinion de la
personne à qui l'on s'adresse, dans un style familier)
윤지 _ _ _ _ ?

❸ [à la maison] Quand rentres-tu ? (style poli)
언제 _ _ _ _ ?

7 – Maman ! [Est-ce que tu me] permets [de] rentrer un peu [plus] tard aujourd'hui ?

8 – [Tu] rentreras à quelle heure ? Il ne faut pas rentrer trop tard ! Sois de retour pour 22 h, ok ?" *(quelle heure-jusqu'à rentrer ? trop tardivement rentrer-ne-pas-permettre ! nuit dix-heures avant[-P.temps] rentrer-pouvoir-n'est-ce-pas)*

sert à donner ou à demander la permission mais 으면/면 안 되다 marque un refus ou une interdiction, ex. : 들어와 (들어오다, *rentrer* (en venant de quelque part)) + 면 안 되 (으면/면 안 되다, *ne pas permettre*) + 어 = *Je ne te permets pas de rentrer trop tard* (ph. 8).

8 밤, *nuit* (낮, *jour* ; 아침, *matin* ; 점심, *midi* ; 저녁, *soir* ; 오전, *matinée* ; 오후, *après-midi*) + 10시, *dix heures* (il faut lire en chiffre coréen *[yol]*) + 전, *avant* + 에, P.temps = *avant dix heures du soir* ; 들어오 (들어오다, *rentrer* (en venant de quelque part)) + ㄹ 수 있 (을/ㄹ 수 있다, *pouvoir*) + 지 ?, *non ?*, terminaison orale dénotant une demande de confirmation, mais dans un style familier (cf. leçon 37 : 미끄럽지요 ?, *C'est glissant, non ?*).

***

Corrigé de l'exercice 1

❶ Mon petit frère / Ma petite sœur est à la maison. ❷ Le professeur est à l'école. ❸ Il n'est pas permis de faire du vélo ici. ❹ Oui, c'est moi. (au téléphone) ❺ Je suis un peu occupé aujourd'hui, on se voit demain *(vous ne permettez pas qu'on se voie demain)* ?

***

❹ [dehors] Je vais bientôt rentrer. (style poli)

곧 _____.

❺ Pourquoi ne m'as-tu pas répondu au téléphone hier ? (style poli)

어제 왜 전화를 안 ____?

Corrigé de l'exercice 2

❶ 여보세요 ❷ – 바꿔 줄까 ❸ – 들어와요 ❹ – 들어갈게요
❺ – 받았어요

연습 3 – 한글로 쓰십시오.
❶ appel (téléphonique) ❷ appeler/téléphoner ❸ répondre au téléphone

***

Vous entamez aujourd'hui la phase d'activation de votre apprentissage, ou deuxième vague, dont le but est de consolider les bases de vos connaissances au fur et à mesure que vous progressez. Comment procéder ? C'est simple : après avoir étudié votre leçon comme chaque jour, vous reprendrez une leçon depuis le début du livre (nous vous indiquerons laquelle) et vous traduirez le dialogue et l'exercice 1 du français vers le coréen (en masquant

51

제오십일 과

▶

소윤이가 착해졌어요 !
sô-youn-i-ga tchaghè-djy-oss-oyô

1 소윤이는 요즘 윤지에게 친절하게 영어를 가르쳐 줍니다 ¹.
sô-youn-i-neun yôdjeum youn-dji-égé tchindjolha-gé yong'o-leul galeutchy-o djou-bni-da

▣ Note

1 친절하 (친절하다, *être gentil*, *aimable*) + 게, suffixe permettant de former des adverbes = "d'une manière gentille" (nous avons déjà rencontré cette construction en L46, note 6 : 늦다, *être en retard* → 늦게, *tardivement*) ; 가르치 (가르치다, *enseigner*, *apprendre à qqn*) + 어 주 (어/아 주다, *faire qqch. pour qqn*) + ㅂ니다 = *Elle enseigne l'anglais à Yun-ji* (치 + 어 se contractent en 쳐). Lorsqu'il y a un COI, on trouve souvent également le verbe auxiliaire 어/아 주다, *faire qqch. pour qqn*, qui souligne bien que l'action s'oriente vers son COI. Ici, So-yun enseigne l'anglais à Yun-ji pour lui rendre service. On le retrouve dans la ph. 6 : 사 (사다, *acheter*) + 아 주 (어/아 주다, *faire qqch. pour qqn*) + 시, honorifique +

Corrigé de l'exercice 3

❶ 전화 ❷ 전화를 걸다/하다 ❸ 전화를 받다

***

le texte coréen de la page de gauche, bien entendu). Ce petit travail supplémentaire vous permettra de vérifier tout ce que vous avez appris au fil des leçons. Vous allez être surpris de vos progrès !

Deuxième vague : 1ʳᵉ leçon

51

Cinquante et unième leçon

So-yun est devenue aimable !

1 So-yun enseigne l'anglais d'une manière [particulièrement] gentille à Yun-ji ces jours-ci *(gentiment anglais[-P.COD] enseigner-faire-qqch.-pour-qqn).*

어요 = litt. "vous l'achetez pour moi, achetez-moi un nouvel ordinateur" (아 contracté avec le radical '사'; 시 + 어 se contractent en 세).
• Le verbe *apprendre* en français peut avoir deux sens : "acquérir des connaissances" et "enseigner". En coréen, ce sont deux verbes bien distincts : 배우다 *J'apprends qqch* ; 가르치다, *J'enseigne qqch*.

2 어머니 집안일도 잘 도와드립니다. ²
omoni djibanil-dô djal dôw-a deuli-bni-da

3 할아버지께 ³ 신문을 자주 읽어
드립니다.
halabodji-kké sinmoun-eul djadjou ilg-o deuli-bni-
da

4 할머니께 가끔 피아노를 쳐 드립니다.
halmoni-kké gakkeum pʰianô-leul tchy-o deuli-bni-
da

5 그리고 주말마다 ⁴ 아버지 차를 닦아
드립니다.
geuligô djoumal-mada abodji tcha-leul dakk-a deuli-
bni-da

▮ Notes

2 어/아 드리다 est la forme honorifique de 어/아 주다, *faire qqch. pour qqn*. Employer 어/아 드리다 sert à marquer la déférence envers le COI, ex.: 도오 (돕다, *aider*, le ㅂ du radical se transforme, exceptionnellement, en 오 et non pas en 우 comme d'autres verbes irréguliers en ㅂ) + 아 드리 (어/아 드리다, *faire qqch. pour qqn* honorifique) + ㅂ니다 = litt. "So-yun aide aussi les tâches ménagères de sa mère pour elle." 읽 (읽다, *lire*) + 어 드리 (어/아 드리다, *faire qqch. pour qqn* honorifique) + ㅂ니다 = litt. "So-yun lit souvent un journal pour son grand-père", à la ph. 3. 피아노를 치 (피아노를 치다, *jouer du piano*) + 어 드리 (어/아 드리다, *faire qqch. pour qqn* honorifique) + ㅂ니다 = litt. "So-yun joue au piano pour sa grand-mère", à la ph. 4. 닦 (닦다, *laver, nettoyer*) + 아 드리 (어/아 드리다, *faire qqch. pour qqn* honorifique) + ㅂ니다 = litt. "So-yun lave la voiture pour son père".

2 [Elle] aide bien [sa] maman [avec] les tâches ménagères également. *(mère tâches-ménagères-aussi bien aider-faire-qqch.-pour-qqn)*

3 [Elle] lit souvent le journal pour son grand-père. *(grand-père[-P.COI] journal[-P.COD] souvent lire-faire-qqch.-pour-qqn)*

4 [Elle] joue de temps en temps du piano pour [sa] grand-mère. *(grand-mère[-P.COI] de-temps-en-temps piano[-P.COD] jouer-faire-qqch.-pour-qqn)*

5 Et [elle] lave la voiture [de son] père chaque week-end. *(et week-end-chaque père voiture[-P.COD] nettoyer-faire-qqch.-pour-qqn)*

• Ne confondez pas avec la m. honorifique 으시/시, qui sert à marquer la déférence envers le sujet, ex. : 읽으십니다, *(ma grand-mère) lit* : la déférence est marquée envers *ma grand-mère* qui est le sujet vs 읽어 드립니다, *(Je) lis (pour ma grand-mère)* où la déférence est marquée envers *ma grand-mère* qui est, cette fois-ci, le COI.

3 La P.COI 에게/한테, *à, pour qqn*, se transforme ici en version honorifique : 께, ex. : 할아버지, *grand-père* + 께, *à, pour* = *pour son grand-père* ; 할머니, *grand-mère* + 께, *à, pour* = *pour sa grand-mère* (ph. 4). Eh oui ! Même certaines particules ont une forme honorifique. Ne vous inquiétez pas, nous vous donnerons plus d'explications à la prochaine leçon de révison.

4 Contrairement à 고, *et*, accolé au radical, 그리고, *et*, est un adverbe conjonctif qui peut être placé au début d'une phrase ou entre des mots. 주말, *week-end* + 마다, accolé au nom signifie *chaque, tous les…*, ex. : 날, *jour* + 마다 = *chaque jour, tous les jours* ; 토요일마다, *tous les samedis*.

6 – "곧 제 생일인데요... ⁵ 모두 돈을 모아서
새 컴퓨터를 사 주세요 ! ⁶"
gôd djé sèng'il-i-ndé-yô... môdou dôn-eul mô-aso sè
kʰompʰyoutʰo-leul s-a djou-séyô

7 – "뭐 ? 그래서 요즘 갑자기
착해졌구나 ! ⁷" □
mwo ? geulèso yôdjeum gabdjagi tchaghè-djy-oss-
gouna

▣: Notes

5 곧, *bientôt* + 제, *mon* + 생일, *anniversaire* + 이 (이다, *être*) + ㄴ데, *et
donc...*, connecteur oral + 요, terminaison de politesse = *C'est bientôt
mon anniversaire et donc...* Lorsque le connecteur 은데/ㄴ데/는데, qui
sert à relier les deux phrases, ex. : 선생님은 버스 정류장에서 오는데
윤지는 지하철 역에서 오니?, *Je viens de l'arrêt de bus mais toi, tu viens
de la station de métro ?* (L48), s'emploie à la fin d'une phrase, il fait un
peu office de points de suspension marquant une attente comme, *et
alors..., mais..., et donc...*, etc. Selon le cas (si on s'adresse à qqn de plus
âgé par ex.), il faut ajouter la terminaison de politesse 요.

6 모두, *tout*, est un adverbe qui s'emploie devant un verbe + 돈을 모ㅇ
(돈을 모으다, *faire une cagnotte, rassembler (de) l'argent*) + 아서, *ensuite*
= litt. "tout assemblez de l'argent et ensuite". Nous avons appris que

***

▶ 연습 1 – 번역하십시오.
❶ 신문을 읽습니다. ❷ 선생님이 신문을 읽어 주십니다.
❸ 선생님께 신문을 읽어 드립니다. ❹ 신문을 읽어
줍니다. ❺ 무엇을 도와 드릴까요 ?

6 – "[C']est bientôt mon anniversaire et… []'aimerais que vous vous] cotisiez pour [m']acheter un ordinateur **neuf.** *(bientôt mon anniversaire-être-et-alors… tous argent[-P.COD] collecter-puis neuf ordinateur[-P.COD] acheter-faire-qqch.-pour-qqn)*

7 – Quoi ? C'est pour ça que [tu] es soudainement devenue gentille ces jours-ci !" *(quoi ? c'est-pour-cela-que ces-jours-ci soudainement être-gentille-devenir)*

le connecteur 어서/아서 sert à introduire la cause, *parce que*, mais ici, il sert également à relier les phrases selon un ordre chronologique, *et ensuite.* 새, *neuf* (adj.) + 컴퓨터, *ordinateur* + 를, P.COD + 사 (사다, *acheter*) + 아 주 (어/아 주다, *faire qqch. pour qqn*) + 시, honorifique + 어요 = litt. "achetez un ordinateur neuf pour moi".

7 그래서, *c'est pour cela / cette raison que* + 갑자기, *soudainement*, *tout à coup* + 착하 (착하다, *être gentil*, *sage*, *doux*) + 아지 (어/아지다, *devenir*) + 었, m.passé + 구나, terminaison orale exclamative = *C'est pour cela que tu es soudainement devenue gentille !* Le verbe auxiliaire 어/아지다, *devenir*, s'emploie avec un verbe d'état et exprime un changement d'état, par ex.: 예쁘다, *être joli* → 예뻐지다, *devenir joli* ; 많다, *être nombreux* → 많아지다, *devenir abondant/nombreux*.

***

Corrigé de l'exercice 1

❶ Je lis un journal. ❷ Le professeur nous lit un journal. ❸ Je lis journal pour mon professeur. ❹ On me lit un journal. ❺ Qu'est-ce que je peux faire pour vous ?

연습 2 – 빈칸을 채우십시오.

❶ J'achète une voiture. (style ultra formel)

저는 차를 ___.

❷ Mon père m'achète une voiture. (*acheter une voiture pour moi,* style ultra formel)

아버지가 저에게 차를 _ ____.

❸ Moi aussi, j'offre un cadeau à mon père. (*acheter un cadeau pour mon père,* style ultra formel)

저도 아버지께 선물을 _ ____.

***

연습 3 – 한글로 쓰십시오.

❶ *grand-père* ❷ *grand-mère* ❸ *anglais*

***

Cette leçon abordant l'expression faire qqch. pour qqn n'est pas évidente, nous sommes d'accord. La seule manière de s'y habituer est de pratiquer ! Entraînez-vous en exprimant ce que vous avez fait au cours de la journée, par ex. : j'ai fait la vaisselle

52

제오십이 과

수고하세요 !
sougô-ha-séyô

1 – 다비드 씨 ! 오늘은 한국에서 쓰는 표현을 가르쳐 줄게요. ¹

dabideu ssi ! ôneul-eun han'goug-éso sseu-neun pʰyôhyon-eul galeutchy-o djou-lgéyô

: Note

1 한국에서, *en Corée* + 쓰 (쓰다, *utiliser*) + 는, sfx. de proposition relative + 표현, *expression* = *expression qu'on utilise en Corée* ; 가르치 (가르치

❹ Peux-tu m'acheter une voiture neuve ? (*achetez une voiture neuve pour moi*, style poli)

새 차를 _ _ _ _.

❺ Ces jours-ci, les vêtements sont devenus très chers. (style poli)

요즘 옷이 많이 _ _ _ _ _.

Corrigé de l'exercice 2

❶ – 삽니다 ❷ – 사 주십니다 ❸ – 사 드립니다 ❹ – 사 주세요
❺ – 비싸졌어요

***

Corrigé de l'exercice 3

❶ 할아버지 ❷ 할머니 ❸ 영어

***

pour maman, j'ai acheté un cadeau pour mon père, j'ai aidé ma grand-mère, etc.

Deuxième vague : 2e leçon

52

Cinquante-deuxième leçon

Bon courage !

1 – David, aujourd'hui [je] vais [t']apprendre [quelques] expressions [que l'on] utilise en Corée (*utiliser[-sfx.] expression[P.COD] apprendre-faire-qqch.-pour-qqn*).

다, *enseigner*) + 어 주 (어/아 주다, *faire qqch. pour qqn*) + ㄹ게요, futur certain.

2 식사할 때는 "맛있게 드세요" 또는 "잘
먹겠습니다". ²
sigsaha-l ttè-neun "masiss-gé deuséyô" ttôneun
"djal mog-géss-seubni-da"

3 헤어질 때는 "안녕히 가세요" 또는
"안녕히 계세요" ³
héodji-l ttè-neun "annyonghi ga-séyô" ttôneun
"annyonghi gyéséyô"

4 일을 마칠 때는 "수고하세요 !" ⁴
il-eul matchi-l ttè-neun "sougôha-séyô"

5 설날에는 "새해 복 많이 받으세요 ! ⁵"
solnal-é-neun "sèhè bôg manhi bad-euséyô"

6 어때요 ? 참 쉽지요 ? ⁶   □
ottèyô ? tcham swib-dji-yô

Notes

2 식사하 (식사(를) 하다, *prendre un repas*) + ㄹ 때, *lorsque, quand* + 는,
P.thème pour l'emphase = *lorsqu'on prend un repas* ; 맛있 (맛있다, *être
délicieux, bon*), 맛있게, litt. "délicieusement", "savoureusement", + 드시
(드시다, *manger (forme honorifique)*) + 어요 = litt. "mangez délicieusement" ; 또는, *ou bien, sinon* + 잘, *bien* + 먹 (먹다, *manger*) + 겠, m. futur
+ 습니다 = litt. "(je) vais bien manger." En coréen, on peut dire "Bon
appétit" de deux façons différentes : "je vous souhaite d'en manger
délicieusement", *bon appétit (à vous)*, ou "(merci pour le repas,) je vais
bien le manger", *bon appétit (à moi)*.

3 헤어지 (...와/과/하고 헤어지다, *quitter, rompre (avec), se séparer (de)
qqn*) + ㄹ 때, *lorsque* + 는 = *lorsqu'on se quitte* ; 안녕, *paix, sécurité,
bien-être*, 안녕히, *paisiblement, l'esprit tranquille, en bonne santé* + 가
(가다, *aller, partir*) + 시, m. honorifique + 어요 = litt. "partez en paix", *au
revoir* ; 안녕히, *en paix* + 계시 (계시다, honorifique de 있다, *rester*) + 어
요 = litt. "restez en paix", *au revoir*. Voici deux façons de dire au revoir.
La première formulation s'emploie par la personne qui reste, souhai-

2 Quand [on] prend un repas, [on se souhaite] "bon appétit". *(prendre-repas-lorsque[-P.thème] "délicieusement manger" ou "bien manger")*

3 Quand [on] se quitte, [on dit] "au revoir". *(se-quitter-lorsque[-P.thème] "paisiblement partir" ou "paisiblement rester")*

4 Quand [on] termine le travail, [on dit à ceux qui restent] "bon courage". *(travail[-P.COD] terminer-lorsque[-P.thème] "peine-faire")*

5 Au Nouvel An [on se souhaite une] "bonne année". *(Nouvel-An[-P.temps-thème] "Nouvel-An bonheur beaucoup recevoir")*

6 Comment [tu les] trouves ? [C']est très facile, non ? *(être-comment ? très être-facile-n'est-ce-pas)*

---

tant à la personne qui part "partez bien" ; la deuxième formulation se rencontre dans le cas où la personne qui part souhaite à la personne qui reste "restez bien".

4 일, *travail* ; 마치다, *finir, terminer* ; 일을 마치 (일을 마치다, *terminer le travail*) + ㄹ 때, *lorsque* + 는, P.thème = *lorsqu'on termine un travail* ; 수고, *effort, peine*, 수고하 (수고하다, *peiner, faire de la peine*) + 시, m. honorifique + 어요 = litt. "peinez, faites la peine". Cette expression est employée par une personne qui quitte un lieu de travail, un commerce, etc. afin de souhaiter *Bon courage* aux gens qui restent sur leur lieu de travail.

5 설날, *Nouvel An* + 에는, P.temps + P.thème (pour l'emphase) = *au Nouvel An* ; 새해, *nouvelle année* + 복, *bonheur, chance* + 많이, *beaucoup* + 받 (받다, *recevoir*) + 으세요 = litt. "recevez beaucoup de bonheur pour cette nouvelle année", *Bonne année !*

6 어떠 (어떻다, *être, trouver comment*) + 어요 = 어때요 ? *C'est/Tu le trouves comment ?* ; 참, *très, vraiment, réellement* + 쉽 (쉽다, *être facile*) + 지요, terminaison orale impliquant une demande de confirmation *n'est-ce pas ?, non ?,* ex.: 미끄럽지요 ? *C'est glissant, non ?,* comme en L37, note 1 ou en L50, note 8.

▶ 연습 1 - 번역하십시오.
  ❶ 식사할 때 무슨 표현을 써요 ? ❷ 가르쳐 주세요.
  ❸ 친구하고 언제 헤어졌어요 ? ❹ 몇 시에 일을
  마치세요 ? ❺ 쉬운 표현은 없어요 ?

***

연습 2 - 빈칸을 채우십시오.
  ❶ Bon courage ! (style poli, en quittant un lieu de travail *peinez*)

  _ _ _ _ _ .

  ❷ Bonne année ! (style poli)
  새해 복 많이 _ _ _ _ .

  ❸ Au revoir ! (style poli, employé par la personne qui reste : *partez en paix*)
  안녕히 _ _ _ .

  ❹ Au revoir ! (style poli, employé par la personne qui part : *restez en paix*)
  안녕히 _ _ _ .

  ❺ Bon appétit ! (style poli : *mangez délicieusement*)
  맛있게 _ _ _ .

***

연습 3 - 한글로 쓰십시오.
❶ *se quitter, rompre* ❷ *terminer un travail* ❸ *être facile* (infinitif pour tous les termes)

Corrigé de l'exercice 1

❶ Quelle expression utiliser pour se souhaiter un "bon appétit" ? ❷ Apprenez-moi, s'il vous plaît ! ❸ Quand as-tu quitté tes amis ? ❹ À quelle heure termines-tu ton travail ? ❺ N'y a-t-il pas d'expressions faciles ?

***

Corrigé de l'exercice 2

❶ 수고하세요 ❷ – 받으세요 ❸ – 가세요 ❹ – 계세요
❺ – 드세요

***

Corrigé de l'exercice 3

❶ 헤어지다 ❷ 일을 마치다 ❸ 쉽다

Deuxième vague : 3ᵉ leçon

제오십삼 과

잠시만요 !
djamsiman-yô

1 – (병원에서) 환자 : 들어가도 돼요 ? ¹
(byong'won-éso) hwandja : deulog-adô dwèyô

2 – 의사 : 네, 들어오세요 ².
euisa : né, deuloô-séyô

***

3 – 남편 (집 밖 차 안에서 기다리면서) :
언제 나와요 ? ³
namphyon (djib bakk tcha an-éso gidali-myonso) :
ondjé naw-ayô

4 – 부인 : 잠시만요 ⁴ ! 지금 나가요.
bou'in : djamsiman-yô ! djigeum nag-ayô

***

: Notes

1 병원 est un terme générique utilisé pour définir l'ensemble des lieux médicalisés, de toutes tailles : 개인 병원, *cabinet de médecin* ; 종합 병원, *hôpital* ; 사립 병원, *clinique, hôpital privé*, etc. ; 병, *maladie* ; 병원, "lieu médicalisé" + 에서, P.lieu = *chez le médecin* ; 들어가 (들어가다, *entrer* "en allant vers vous") + 아도 되 (어/아도 되다, verbe auxiliaire exprimant la possibilité ou la permission, *permettre, il est possible…*) + 어요 = litt. "vous me permettez d'entrer ?", "il est possible d'entrer ?".

2 En coréen, il existe deux verbes distinctifs pour dire *entrer* (ou *rentrer*) en fonction de la direction prise : 들어가다, *entrer* ("en allant, se dirigeant vers un lieu") ; 들어오다, *entrer* ("en arrivant, venant de quelque part"). Ainsi, dans cet exemple, le patient demande au médecin s'il peut entrer (en se dirigeant vers le médecin) et le médecin lui dit d'en-

Cinquante-troisième leçon

Un instant s'il vous plaît !

1 – *(Chez le médecin)* Un patient : Puis-[je] entrer ?
2 – Le médecin : Oui, entrez.

***

3 – L'époux *(qui attend dans la voiture [à l']extérieur [de la] maison)* : *(époux (maison dehors voiture intérieur[-P. lieu] en-attendant))* **Quand vas[-tu] sortir***(quand sortir)* ?
4 – L'épouse : Un instant, s'il te plaît ! [J']arrive tout de suite. *(épouse : instant-seulement[-pol.] ! maintenant sortir)*

***

지금 나가요.

trer (en venant vers lui), ex. : 들어오 (들어오다, *entrer* "en venant vers moi") + 시, m. honorifique + 어요 = *entrez* litt. "en venant vers moi".

3 기다리 (기다리다, *attendre*) + 면서 (으면서/면서, accolé au radical du verbe d'action fonctionne comme un gérondif, *en …ant*) = *en attendant* ; 나오 (나오다, *sortir* (de quelque part) + 아요 = litt. "quand tu sors (de la maison) ?". Il existe également deux formes différentes pour le verbe *sortir*, ex : 집에서 나오다, *sortir de la maison*, et 밖에 나가다, *sortir dehors*, ex. : 나가 (나가다, *sortir* ("vers")) + 아요 = litt. "je sors" (vers mon interlocuteur), *j'arrive*, à la ph. 4.

4 잠시, *instant* (interchangeable avec 잠깐) + 만, *ne… que, seulement* + 요, terminaison de politesse = *Un instant, svp*.

5 – 고객 (택배를 기다리면서) : 아저씨 !
계단으로 올라오세요. ⁵

gôgèg (tʰègbè-leul gidali-myonso) : adjossi ! gyédan-
eulô ôllaô-séyô

6 – 택배 배달원 : 네, 금방 올라가요.

tʰègbè bèdalwon : né, geumbang ôllag-ayô

***

7 – 여자 (등산하면서) : 어디로
내려가요 ? ⁶

yodja (deungsanha-myonso) : odi-lô nèlyog-ayô

8 – 남자 : 제 쪽으로 내려오세요.

namdja : djé tsôg-eulô nèlyoô-séyô

***

9 – (전화 통화 중) 화장품 가게 점원 :
바꾸고 싶으시면 영수증을 꼭
가져오세요. ⁷

(djonhwa tʰônghwa djoung) hwadjangpʰoum
gagé djomwon : bakkou-gô sipʰ-eusi-myon
yongsoudjeung-eul kkôg gadjyoô-séyô

10 – 고객 : 네, 가져갈게요.   □

gôgèg : né, gadjoga-lgéyô

🔲 : Notes

5 택배, *service de livraison d'un colis, colis* ; 계단, *escalier* + 으로, *en, par* + 올라오 (올라오다, *monter (en arrivant, en venant)*) + 시 + 어요 = litt. "montez (en venant) par escalier". Le livreur répond en utilisant le verbe 올라가다, *monter (en allant, en se dirigeant)*, ex. : 금방, *tout de suite, immédiatement* + 올라가 (올라가다, *monter (en allant, en se diri-geant)*) + 아요 = litt. "je monte en me dirigeant vers vous tout de suite".

6 산, *montagne* ; 등산, *randonnée en montagne* ; 등산하 (등산하다, *faire une randonnée en montagne*) + 면서, *en …ant* = *en faisant une randon-*

5 – Un client *(qui attend [la livraison d']un colis)* : *(client (colis[-P.COD] en-attendant))* **Monsieur ! Montez par l'escalier.** *(monsieur ! escalier-par monter)*

6 – Le livreur *(colis livreur)* : **Oui, [j']arrive tout de suite.** *(oui, bientôt monter)*

***

7 – Une femme *(qui fait de la randonnée en montagne)* : *(femme (en-randonnant))* **Par où [je] descends ?** *(où-par descendre)*

8 – Un homme : **Descendez de mon côté.** *(mon côté-par descendre)*

***

9 – *(Appel téléphonique)* *(téléphone appel au-cours-de)* **Le/La vendeur[-euse] [d'un] magasin [de] cosmétiques :** *(cosmétique magasin vendeur)* **Si [vous] voulez [l']échanger, apportez[-nous] la facture.** *(échanger-vouloir-si facture[-P.COD] sans-faute apporter)*

10 – Le client : **Oui, [je vous l']apporte.** *(oui, apporter)*

---

née en montagne ; 내려가 (내려가다, *descende (en allant, en se dirigeant)*) + 아요 = litt. "par où je descends (en allant) ?". L'homme répond en utilisant le verbe 내려오다, *descendre (en venant, en arrivant)*, ex.: 제, *mon, ma* + 쪽, *direction, côté* + 으로, *par, vers* + 내려오 (내려오다) + 시 + 어요 = litt. "descendez en venant vers mon côté" (ph. 8).

7 통화, *appel (téléphonique)*, (≈ 전화 (통화)) + 중, *pendant, au cours de, en* (ne s'emploie qu'avec un nom) ; autres exemples : 공사, *travaux* + 중 = *en travaux* ; 회의, *réunion* + 중 = *en réunion* ; 바꾸 (바꾸다, *échanger*) + 고 싶 (고 싶다, *vouloir*) + 으시 + 면 (으면/면, *si*, s'accole à un radical et sert à exprimer une condition) = *Si vous voulez échanger* ; 가져오 (가져오다, *apporter (en venant, en arrivant)*) + 시 + 어요 = "apportez-nous (en venant) la facture". Le client répond à l'aide du verbe 가져가다, *apporter (en allant, en se dirigeant)*, ex. : 가져가 (가져가다) + ㄹ게요, futur certain = litt. "je vais vous l'apporter en allant" (ph. 10).

Voici, au passage, un peu de vocabulaire supplémentaire : 화장, *maquillage* ; 화장(을) 하다, *(se) maquiller* ; 화장품, *produit cosmétique* ; 화장품 가게, *boutique, magasin de cosmétiques* ; 점원, *vendeur(-euse)*.

▶ 연습 1 – 번역하십시오.
❶ 내일 공항에 갈 때 차를 가져가세요 ? ❷ 집에 들어올 때 우유를 사 오세요. ❸ 네, 꼭 사 갈게요. ❹ 산에서 기다리는데 올라오세요. ❺ 네, 올라갈게요.

***

연습 2 – 빈칸을 채우십시오.
❶ On [va] faire une randonnée en montagne ensemble ce dimanche ? (syle poli)
일요일에 같이 _ _ _ _ _ ?

❷ S'il y a un embouteillage ? (avec la terminaison de politesse)
차가 _ _ _ _ ?

❸ Comment je fais si je n'ai pas de facture ?
영수증이 _ _ _ 어떻게 해요 ?

❹ Je vais sortir tout à l'heure pour voir mon petit ami. (style poli, futur incertain, *sortir en allant*)
조금 후에 남자친구를 만나러 _ _ _ _ _.

***

연습 3 – 한글로 쓰십시오.
❶ *sortir* (*"en venant, en arrivant"*) ❷ *sortir* (*"en allant, en se dirigeant vers"*) ❸ *se maquiller*

54

제오십사 과

은행에서
eunhèng-éso

1 회사 근처 은행에 갑니다.
hwésa geuntcho eunhèng-é ga-bni-da

Corrigé de l'exercice 1

❶ Vous partez avec votre voiture demain pour aller à l'aéroport ?
❷ Achète-moi du lait en rentrant à la maison. ❸ Oui, je vais t'en acheter. ❹ Je t'attends sur la montagne, rejoins-moi. ❺ Oui, j'arrive *(oui, je monte vers toi)*.

***

❺ [À la maison, une maman appelle sa fille] Quand rentres-tu à la maison ? (style familier, *rentrer en venant*)

집에 언제 ＿＿＿＿?

Corrigé de l'exercice 2

❶ – 등산할까요 ❷ – 막히면요 ❸ – 없으면 – ❹ – 나갈 거예요 ❺ – 들어오니

***

Corrigé de l'exercice 3

❶ 나오다 ❷ 나가다 ❸ 화장하다

Deuxième vague : 4ᵉ leçon

54

Cinquante-quatrième leçon

À la banque

1   [Je] vais à la banque près [de mon] entreprise.
       (entreprise près banque[-P.lieu] aller)

2 그 은행 직원이 친절해서 좋습니다. [1]
geu eunhèng djigwon-i tchindjolhèso djôh-seubni-da

3 은행에서 돈을 보낼 수 있습니다 [2].
eunhèng-éso dôn-eul bônè-l sou iss-seubni-da

4 돈을 찾을 수도 있습니다.
dôn-eul tchadj-eul sou-dô iss-seubni-da

5 인터넷 뱅킹이나 ATM을 이용하면 더 빠르고 편리합니다. [3]
intʰonés bèngkʰing-ina ATM-eul iyôngha-myon do ppaleu-gô pʰyonliha-bni-da

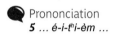 Prononciation
5 … é-i-tʰi-èm …

Remarque de prononciation
(5) ㄴ de la première syllabe et ㄹ de la deuxième syllabe s'assimilent en ㄹ ㄹ, ainsi 편리 se prononce [pʰol-li], avec deux [l l].

: Notes

1 직원, employé ; 은행 직원, employé de banque (qui existe également sous la forme 은행원). Un mot se terminant par la lettre 원, signifie souvent "employé de", ex. : 회사, entreprise ; 회사원, employé d'une entreprise ; 점원, employé de commerce ; 식당 종업원, employé de restaurant, etc. 친절하 (친절하다, être gentil, sympa, chaleureux) + 어서, parce que + 좋 (좋다, être bien) + 습니다 = litt. "c'est bien parce que…".

2 돈, argent ; 돈을 보내 (돈을 보내다, envoyer, faire un virement d'argent) + ㄹ 수 있 (을/ㄹ 수 있다, pouvoir) + 습니다 = On peut faire un virement d'argent. Vous trouverez un autre exemple du verbe auxiliaire 을/ㄹ 수 있다, pouvoir, à la ph. 4 : 돈을 찾 (돈을 찾다, retirer de l'argent) + 을 수 있 (을/ㄹ 수 있다, pouvoir) + 습니다 = On peut retirer de l'argent. Ici, la particule 도, aussi, est intégrée au verbe auxiliaire pour préciser qu'il existe une autre possibilité.

2 [J']aime [bien cette banque] parce que [les] employés [de] cette banque sont gentils. *([démonstratif] banque employé[-P.sujet] être-gentil-comme être-bien)*

3 [On] peut faire un virement [d']argent à la banque. *(banque[-P.lieu] argent[-P.COD] envoyer-pouvoir)*

4 [On] peut aussi en retirer. *(argent[-P.COD] retirer-pouvoir-aussi)*

5 Utiliser la banque en ligne ou le distributeur automatique, [c']est plus rapide et pratique. *(banque-en-ligne-ou ATM[-P.COD] utiliser-si plus être-rapide-et être-pratique)*

• La forme négative du verbe auxiliaire 을/ㄹ 수 있다, *pouvoir*, est 을/ㄹ 수 없다, *ne pas pouvoir*, ex.: 가 (가다, *aller*) + ㄹ 수 없 (을/ㄹ 수 없다, *ne pas pouvoir*) + 어요 = *Je ne peux pas y aller*.

3 인터넷 뱅킹, *banque en ligne* + 이나, *ou* + ATM, *distributeur de billets* (anglais coréanisé) + 을, P.COD + 이용하 (이용하다, *employer, utiliser*) + 면 (으면/면, *si*) = *Si on utilise la banque en ligne ou le distributeur* ; 더, *plus* + 빠르 (빠르다, *être rapide*) + 고, *et* + 편리하 (편리하다, *être pratique*) + ㅂ니다 = *c'est plus rapide et pratique*.
Un peu de vocabulaire supplémentaire : 인터넷, *Internet* coréanisé ; 뱅킹, **banking** (anglais coréanisé).

6   하지만 오늘은 은행에서 잡지를 보면서
제 순서를 기다립니다. [4]

hadjiman ôneul-eun eunhèng-éso djabdji-leul
bô-myonso djé sounso-leul gidali-bni-da

7 – "47번 손님 !" [5]   □

sasib-tchil-bon sônnim

🗣 **7** sa-chi⁽ᵖ⁾-tchil-bonn …

📑 : Notes

4   하지만, *mais*, s'emploie au <u>début</u> d'une phrase et 지만, *mais*, s'accole
au radical du verbe, ex. : 하지만 오늘은, *Mais aujourd'hui.* 좋아하 (좋
아하다, *aimer*) + 지만, *mais* = *Il aime bien mais...*, en L30 (phrase 1).

***

▶ 연습 1 – 번역하십시오.
❶ 인터넷 뱅킹을 이용하면 무엇이 좋아요 ? ❷ 인터넷
뱅킹을 이용하면 기다리지 않아서 좋아요. ❸ 손님 !
돈을 얼마나 찾으시겠습니까 ? ❹ 오늘까지 돈을 보내
드리겠습니다. ❺ 돈을 보내는데 얼마나 걸려요 ?

***

연습 2 – 빈칸을 채우십시오.
❶ On ne peut pas retirer d'argent ? (style poli)
돈을 _ _ _ _ _ _ ?

❷ En attendant, je feuillette un magazine.
_ _ _ _ _ 잡지를 봅니다.

❸ Quand est-ce que je peux envoyer de l'argent ?
언제 돈을 _ _ _ 있어요 ?

***

연습 3 – 한글로 쓰십시오.
❶ *client* (coréen) ❷ *tour* ❸ *magazine*

6 Mais aujourd'hui, [j']attends [mon] tour à la banque en feuilletant des magazines. *(mais aujourd'hui[-P. thème] banque[-P.lieu] magazine[-P.COD] en-feuilletant mon tour[-P.COD] attendre)*

7 – "Client numéro 47." *(47-numéro client)*

보 (보다, *regarder*, *voir*) + 면서 (으면서/면서, *en ...ant*) = *en feuilletant des magazines*.

5 47, chiffre sino-coréen + 번, *numéro* + 손님, *client*, *visiteur*, *invité* = *client n° 47*. Les termes 손님 et 고객 signifient tous les deux *client*. Le premier vient du coréen et l'autre, du sino-coréen. Pour 고객, il faut ajouter 님 (고객님) lorsqu'on appelle quelqu'un.

***

Corrigé de l'exercice 1

❶ En quoi c'est bien d'utiliser la banque en ligne ? ❷ C'est bien parce qu'on n'attend pas si on utilise la banque en ligne. ❸ Madame/ Monsieur *(Client)* ! Quel montant allez-vous retirer ? ❹ Je vais vous faire un virement aujourd'hui. ❺ Combien de temps faut-il pour envoyer de l'argent ?

***

❹ C'est pratique. En revanche/Mais, cela prend beaucoup de temps.
편합니다. ___ 시간이 많이 걸려요.

❺ C'est pratique mais cela prend beaucoup de temps.
____ 시간이 많이 걸려요.

Corrigé de l'exercice 2

❶ – 찾을 수 없어요 ❷ 기다리면서 – ❸ – 보낼 수 –
❹ – 하지만 – ❺ 편하지만 –

***

Corrigé de l'exercice 3

❶ 손님 ❷ 순서 ❸ 잡지

Deuxième vague : 5ᵉ leçon

제오십오 과

▶

제 가족을 소개합니다.
djé gadjôg-eul sôgèha-bni-da

1 – 제 고향에 아버지, 어머니, 할머니, 할아버지,
djé gôhyang-é abodji, omoni, halmoni, halabodji,

2 고모, 고모부, 삼촌, 숙모, 사촌,
gômô, gômôbou, samtchôn, sougmô, satchôn,

3 외할머니, 외할아버지,
wéhalmoni, wéhalabodji,

4 외삼촌, 외숙모, 이모, 이모부께서 계세요. ¹
wésamtchôn, wésougmô, imô, imôbou-kkéso gyéséyô

5 요즘 가족들이 많이 보고 싶어요. ²
yôdjeum gadjôg-deul-i manhi bô-gô sipʰ-oyô

6 저한테는 누나하고 형이 있는데요. ³
djo-hantʰé-neun nouna-hagô hyong-i iss-neundé-yô

⌐: Notes

1 고모, *tante paternelle* et 고모부, son mari vs 이모, *tante maternelle* et 이모부, *son mari* ; 삼촌, *oncle paternel* et 숙모, *sa femme* vs 외삼촌, *oncle maternel* et 외숙모, *sa femme*. Les noms des membres de la famille du côté maternel sont souvent précédés de 외, ex.: *famille du côté maternel*, 외가 ; 외할머니, *grand-mère maternelle* ; 외할아버지, *grand-père maternel*. Dans la *famille du côté paternel*, 친가, on peut, éventuellement, faire précéder les noms des membres de 친, par ex.: (친)할아버

Cinquante-cinquième leçon

[Je vous] présente ma famille

1 – Là d'où je viens vivent [mon] père, [ma] mère, [ma] grand-mère, [mon] grand-père, *(mon lieu-d'origine[-P. lieu] père, mère, grand-mère, grand-père)*

2 [ma] tante, son mari, [mon] oncle, sa femme, [mes] cousins, *(tante, mari-de-tante, oncle, femme-d'oncle, cousin)*

3 [ma] grand-mère maternelle, [mon] grand-père maternel, *(grand-mère-maternelle, grand-père-maternel)*

4 [mon] oncle maternel, sa femme, [ma] tante maternelle [et] son mari. *(oncle-maternel, femme-d'oncle-maternel, tante-maternelle, mari-de-tante-maternelle[-P.sujet] exister)*

5 Ces jours-ci, [ma] famille [me] manque beaucoup. *(ces-jours-ci famille[-pluriel-P.sujet] beaucoup voir-vouloir)*

6 [ ]'ai [une] grande-sœur et [un] grand-frère. *(moi[-P. COI-P.thème] grande-sœur-et grand-frère[-P.sujet] exister)*

지, etc. 께서 est la forme honorifique de la particule de sujet 이/가 et le verbe 계시다 est la forme honorifique de 있다, "exister", *il y a, avoir*.

2 En coréen, lorsque *quelqu'un vous manque*, on peut dire : A은/는 B 이/가 보고 싶다 (litt. "A vouloir voir B"), *B manquer à A*, ex. : 가족들, *famille* + 이, P.sujet + 보 (보다, *(se) voir*) + 고 싶 (고 싶다, *vouloir*) + 어요 = *Ma famille (me) manque*.

3 저, *je, moi* + 한테, *chez, à* + 는, P.thème (pour l'emphase) = *chez moi, pour moi* ; 누나, *grande sœur* (employé pour désigner la grande sœur d'un locuteur masculin) + 하고, *et* + 형, *grand frère* (employé pour désigner le grand frère d'un locuteur masculin) + 이, P.sujet + 있 (있다, *il y a, avoir*) + 는데요, terminaison orale = *J'ai une grande sœur et un grand frère*.

7 소윤 씨도 언니나 오빠가 있어요 ? ⁴
sô-youn ssi-dô onni-na ôppa-ga iss-oyô

8 – 다비드 씨는 막내네요 ! ⁵
dabideu ssi-neun magnè-néyô

9 저는 첫째예요. 여동생이 하나 있어요. ⁶□
djo-neun tchostsè-yéyô. yodôngsèng-i hana iss-oyô

Notes

4 언니, *grande sœur* (employé pour désigner la grande sœur d'une locutrice) + 나 (이나/나, ou) + 오빠, *grand frère* (employé pour désigner le grand frère d'une locutrice) + 가, P.sujet + 있 (있다, *avoir*) + 어요 =litt. "as-tu aussi une grande sœur ou un grand frère ?".

***

▶ 연습 1 – 번역하십시오.
❶ 요즘 누가 많이 보고 싶어요 ? ❷ 엄마 언니나 여동생은 "고모"예요 ? ❸ 아니요, "이모"예요. ❹ 고향에 누구누구가 계세요 ? ❺ 첫째세요 ?

***

연습 2 – 빈칸을 채우십시오.
❶ "외삼촌" est le petit ou le grand frère de la mère. *(style poli)*
  "외삼촌"은 어머니 오빠나 _____.

❷ Je viens de Paris. *(ma ville natale est Paris)*
  _ _ _ _ 파리예요.

❸ Où est votre grand-père ? *(style poli)*
  할아버지께서 어디에 ___?

7 **So-yun, as[-tu] aussi [une] grande-sœur ou [un] grand-frère ?** *(So-yun [hon.]-aussi grande-sœur-ou grand-frère exister)*

8 – **David, [tu] es le benjamin !** *(David [hon.-P.thème] benjamin-être)*

9 **Je suis l'aînée. []'ai une petite-sœur.** *(je[-P.thème] aîné-être petite-sœur[-P.sujet] un exister)*

5 막내, *benjamin* + 이 (이다, *être*, contracté) + 네요, terminaison orale exclamative = *Tu es le benjamin !* Pour les autres, les nombres ordinaux s'expriment ainsi : 첫째, *le premier, la première* (ph. 6) ; 둘째, *le/la deuxième* ; 셋째, *le/la troisième* ; 넷째, *le/la quatrième* ; 다섯째, *le/la cinquième*, etc.

6 여동생 하나, *une petite sœur*, peut aussi s'écrire 여동생 한 명, *une petite sœur*, avec le classificateur pour les gens, 명.

$$***$$

Corrigé de l'exercice 1

❶ Qui vous manque (le plus) en ce moment ? ❷ On appelle "고모" la petite ou la grande sœur de la mère ? ❸ Non, c'est "이모". ❹ Quels membres de ta famille vivent encore dans ta ville natale ? ❺ Êtes-vous le premier / la première ?

$$***$$

❹ J'ai beaucoup de cousins.
저한테 ___ 많아요.

❺ Ma petite amie me manque.
__ ___ 보고 싶어요.

Corrigé de l'exercice 2

❶ – 남동생이에요 ❷ 제 고향은 – ❸ – 계세요 ❹ – 사촌이 – ❺ 여자 친구가 –

연습 3 – 한글로 쓰십시오.
❶ *ville natale* ❷ *aîné* ❸ *benjamin*

***

제 가족을 소개합니다.

56

제오십육 과

복습 – Révision

1 Les verbes auxiliaires (suite)

1.1 Exprimer la possibilité, la permission ou la capacité

Voici les verbes auxiliaires que vous avez appris au cours de cette dernière série. Ces verbes servent à exprimer la possibilité, la permission ou la capacité :

• 어/아도 되다, *permettre, il est possible de*, ex. : 들어가도 돼요 ?, *Vous permettez que j'entre ?* ; 네, 들어오셔도 돼요, *Oui, entrez.*
• 으면/면 안 되다, *ne pas permettre, il est interdit de*, ex. : 지금 들어가면 안 돼요 ?, *Il n'est pas permis d'entrer maintenant ?* ; 네, 들어가시면 안 돼요, *Non, il est interdit d'entrer.*
• 을/ㄹ 수 있다, *pouvoir, savoir faire*, ex. : 한국어를 할 수 있어요 ?, *Pouvez-vous/savez-vous parler coréen ?*
• 을/ㄹ 수 없다, *ne pas pouvoir, ne pas savoir faire*, ex. : 중국어를 할 수 없어요, *Je ne peux/sais pas parler le chinois.*

Corrigé de l'exercice 3

❶ 고향 ❷ 첫째 ❸ 막내

***

*Comme vous l'avez vu, interpeller quelqu'un en Corée demande des pré-
cautions particulières. Quand vous voulez interpeller les serveurs(-euses)
et les vendeurs(-euses) dans des petits commerces, il est courant de les
appeler à l'aide d'un terme familier, par ex. :* 이모 **imô** *pour les dames
d'un certain âge, et* 언니 **onni**, 오빠 **ôppa**, 누나 **nouna**, 형 **hyong** *pour les
personnes plus jeunes. Cependant, si vous êtes dans un contexte où vous
n'êtes pas sûr de pouvoir employer le style familier, préférez interpeller
les gens sans invoquer de nom mais en vous excusant de les déranger :*
실례합니다 **sillyéhabnida**, excusez-moi / 저기요 **djogiyô**, *s'il vous plaît /*
잠시만요 **djamsimanyô**, *un instant (d'attention) s'il vous plaît...*

Deuxième vague : 6ᵉ leçon

56

Cinquante-sixième leçon

1.2 Faire quelque chose pour quelqu'un

On emploie le verbe auxiliaire 어/아 주다, *faire quelque chose à/
pour quelqu'un*, lorsque le bénéficiaire/destinataire de l'action est
le COI de la phrase et non son sujet, même si souvent le COI est
omis, ex. :

L'action s'appuie sur le sujet	L'action s'appuie sur le COI
사과를 사요, *J'achète une pomme.*	사과를 사 줘요, *J'achète une pomme pour quelqu'un ou On m'achète une pomme.*
무거운 가방을 들어요¹, *Je porte un sac lourd.*	무거운 가방을 들어 줘요, *Je porte un sac lourd pour quelqu'un ou On porte mon sac lourd.*
요리를 해요, *Je cuisine (pour moi).*	요리를 해 줘요, *Je cuisine pour quelqu'un ou On me fait la cuisine.*

¹무겁다, *être lourd* (poids) ; 들다, *porter, tenir* (dans la main)

Ce verbe auxiliaire s'emploie souvent quand on demande un service sans se montrer directif ou péremptoire, ex.:

Sans verbe auxiliaire	Avec le verbe auxiliaire
내리세요, *Descendez.*	내려 주세요, (litt. "descendez pour moi") *Veuillez descendre, svp.*
이메일을 보내세요[1], *Envoyez-moi un e-mail.*	이메일을 보내 주세요 (litt. "envoyez un e-mail pour moi"), *Merci de m'envoyer un e-mail.*
연락하세요[1], *Contactez-moi.*	연락해 주세요 (litt. "contactez pour moi"), *Contactez-moi, svp.*

[1]이메일, *e-mail* ; 연락하다, *(se) contacter*

2 L'expression honorifique

2.1 Comment passer au mode honorifique ?

Il est temps de faire le point sur l'expression honorifique. Nous avons appris qu'il faut insérer la marque honorifique 으시/시, au radical d'un verbe pour le passer au mode honorifique. Cependant, au lieu d'utiliser la marque, on utilise parfois des verbes radicalement différents qui ne s'emploient qu'au mode honorifique, ex.: 있다 ("exister"), *se trouver, rester, avoir, il y a* → 계시다 ; 먹다, *manger* → 드시다, 잡수시다 ; 주다, *donner* → 드리다 ; 말하다, *parler* → 말씀하시다 ; 자다, *dormir* → 주무시다, etc.

Quant aux particules, elles se transforment aussi lorsque le verbe est au mode honorifique :
la particule de sujet 이/가 → 께서 ; la P.COI 에게 → 께.
ex.: 동생이 집에서 잡니다, *Mon petit frère / Ma petite sœur dort à la maison.*
할머니께서 집에서 주무십니다, *Ma grand-mère dort à la maison.*
친구에게 책을 줍니다, *Je donne un livre à un ami.*
할아버지께 책을 드립니다, *J'offre un livre à mon grand-père.*

2.2 L'objet de la déférence : envers le sujet et envers le COI

Attention ! Il faut savoir à qui on s'adresse afin de faire preuve de déférence si la situation l'exige, car exprimer la déférence envers le sujet de la phrase ou envers le COI ne se fait pas de la même manière.

• Déférence envers le sujet de la phrase → on emploie la marque honorifique 으시/시 :

할머니께서 요리를 하십니다, *Ma grand-mère cuisine.*

할머니 ! 요리를 해 주세요 (litt. "grand-mère, (vous) cuisinez pour moi"), *Grand-mère ! Pourriez-vous cuisiner pour moi ?*

• Déférence envers le COI de la phrase → le verbe auxiliaire 어/아 주다, *faire qqch. pour qqn*, se change en 어/아 드리다 :

저는 아버지께 요리를 해 줍니다 → 저는 아버지께 요리를 해 드립니다, *Je cuisine pour mon père.*

할머니께 책을 읽어 줍니다 → 할머니께 책을 읽어 드립니다, *Je lis un livre à ma grand-mère.*

Certes, comprendre et savoir manipuler la forme honorifique envers le sujet ou le COI n'est pas évident, mais ne vous inquiétez pas, vous serez bientôt à l'aise au fur et à mesure des leçons.

3 La particule de sujet vs la particule de thème (suite)

Lorsque le sujet est une personne, on emploie la particule de thème. Mais si on veut insister sur le sujet ou souligner la simultanéité d'une action, on la remplace par la particule de sujet, ex. :

윤지는 학교에 가요, *Yun-ji va à l'école* ;

윤지가 학교에 가요, *(Voici, maintenant) Yun-ji va à l'école* ou *(Là-bas,) c'est Yun-ji qui va à l'école.*

Voilà comment remplacer la particule de thème par la particule de sujet met l'emphase sur le sujet.

4 Le connecteur 은/ㄴ/는데 (suite)

Même si ce sont deux choses différentes, l'emploi du connecteur oral 은데/ㄴ 데/는데 s'apparente un peu à l'emploi du "point-virgule" en français : il permet de faire une pause dans la phrase et sert à introduire des éléments ayant un lien étroit avec ce qui précède.

학교에 가는데 선생님을 만났어요, *Je vais à l'école* ; *(et sur le chemin) j'ai rencontré mon professeur.*

은행에 가는데 은행 직원이 친절해요, *Je vais à la banque* ; *(dans cette banque) le banquier est sympathique.*

▶ 복습 대화

1 선생님께서 영어를 가르쳐 주십니다.
sonsèngnim-kkéso yong'o-leul galeutchy-o djou-si-
bni-da

2 여동생에게 프랑스어를 가르쳐 줍니다.
yodôngsèng-égé pʰeulangseu'o-leul galeutchy-o
djou-bni-da

3 다비드 씨 할머니께 한국어를 가르쳐
드립니다.
dabideu ssi halmoni-kké han'gougo-leul galeutchy-o
deuli-bni-da

4 은행에서 무엇을 할 수 있어요 ?
eunhèng-éso mouos-eul ha-l sou iss-oyô

5 어디에서 돈을 찾을 수 있어요 ?
odi-éso dôn-eul tchadj-eul sou iss-oyô

6 다비드 씨는 막내라서 동생이 없어요.
dabideu ssi-neun magnè-laso dôngsèng-i obs-oyô

7 엄마 ! 저 오늘 집에 좀 늦게 들어가도
돼요 ?
omma ! djo ôneul djib-é djôm neudjgé deulog-adô
dwèyô

착한 여동생

8 여기 들어가시면 안 됩니다.
yogi deuloga-si-myon an dwé-bni-da

9 바꾸시려면 가게로 영수증을 꼭
가져오세요.
bakkou-si-lyomyon gagé-lô yongsoudjeung-eul kkôg
gadjyoô-séyô

10 공부하면서 음악을 들으면 안 돼요.
gôngbouha-myonso eumag-eul deul-eumyon an
dwèyô

Traduction
1 Le professeur nous apprend l'anglais. **2** J'apprends le français
à ma sœur. **3** J'enseigne le coréen à la grand-mère de David.
4 Qu'est-ce qu'on peut faire dans une banque ? **5** Où puis-je retirer
de l'argent ? **6** Comme David est le dernier de sa famille, il n'a pas
de petit frère/petite sœur. **7** Maman ! Tu me permets de rentrer
un peu tard aujourd'hui ? **8** C'est interdit d'entrer ici. **9** Pour
l'échanger, venez au magasin avec la facture. **10** Il ne faut pas
écouter de musique en étudiant.

Deuxième vague : 7ᵉ leçon

제오십칠 과

À partir de maintenant, nous allons réduire la traduction littérale systématique dans la traduction des dialogues car nous estimons que vous êtes suffisamment familier avec la structure de la langue coréenne pour vous passer de cette béquille. Mais soyez rassuré, nous allons continuer à vous donner les clés de compréhension des éléments dans les notes.

배고파요 !
bègôpʰ-ayô

1 – 언니 ! 배고픈데 냉장고에 먹을 게
아무것도 없어. ¹
onni ! bègôpʰeu-ndé nèngdjanggô-é mog-eul gé
amougos-dô obs-o

2 – 그러면 식당에 가서 냉면이나 자장면
먹을까 ? ²
geulomyon sigdang-é g-aso nèngmyon-ina
djadjangmyon mog-eulkka

3 – 냉면 말고 자장면 먹고 싶어. ³
nèngmyon malgô djadjangmyon mog-gô sipʰ-o

: Notes

1 배, *ventre* ; 배고프 (배고프다, *avoir faim*) + ㄴ데, *mais*, = *J'ai faim mais…* ; 먹 (먹다, *manger*) + 을, sfx. proposition au futur + 것, *chose* + 이, P.sujet = litt. "la chose qu'on va manger" (것 + 이 se contractent à l'oral en 게) ; 아무것, *rien* + 도, *même pas* + 없어 (없다, *ne pas exister*) = *Il n'y plus rien à manger dans le réfrigérateur*.

• Le pronom indéfini 아무것, *rien*, est toujours accompagné de la particule 도 dans une phrase négative, par ex. : 아무것도 없다, litt. "rien

Cinquante-septième leçon

[J]'ai faim !

1 – So-yun ! [J]'ai faim mais il n'y a rien à manger dans le réfrigérateur. *(grand-sœur ! avoir-faim-mais réfrigérateur[-P.lieu] manger[-sfx.] chose[-P.sujet] rien exister)*

2 – Dans ce cas, [on] va au restaurant manger du naengmyeon ou du jajangmyeon ?

3 – [Je] ne veux pas manger de naengmyeon mais du jajangmyeon, oui.

n'existe", *il n'y a rien*, tandis que dans la phrase affirmative, il est toujours accompagné de la particule 이나/나, par ex. : 아무거나, *n'importe lequel* (아무것 + 이나 se contractent à l'oral en 아무거나) + 주세요 = *Donnez(-moi) n'importe lequel*. Vous trouverez plus d'exemples dans la prochaine leçon de révision.

2 그러면, *dans ce cas* (≈ 그럼, forme contractée à l'oral) + 식당에 가 (식당에 가다, *aller au restaurant*) + 아서, *ensuite* = litt. "on va au restaurant ensuite" ; 먹 (먹다, *manger*) + 을까 (style familier de 을/ㄹ까요 ?, *On... ?*, voir L32 : 한잔할까요 ?, *On prend un verre ?*) = On mange... ?

3 La forme "A (nom) 말고 B (nom)" signifie *non pas A mais (plutôt) B* ; 먹 (먹다, *manger*) + 고 싶 (고 싶다, *vouloir*) + 어, terminaison de style familier = *Je veux manger...*

4 알았어. 언니 지갑 좀 찾아 봐. [4]
al-ass-o. onni djigab djôm tchadj-a bw-a

5 (식당에서)
(sigdang-éso)

– 천천히 먹어 [5].
tchontchonhi mog-o

6 – 벌써 거의 다 먹었어 ?
bolsso go'eui da mog-oss-o

7 – 응. 아 ! 이제 배불러. [6] 아이스크림도
먹고 싶어.
eung. a ! idjé bèboull-o. a'iseuk^{h}eulim-dô mog-gô
sip^h-o

8 – 또 ?
ttô ?   ☐

⬛ : Notes

4 알 (알다, *comprendre*) + 았, m. passé + 어, terminaison de style familier
= litt. "j'ai compris", *ok, d'accord* ; 찾 (찾다, *chercher*) + 아 보 (어/아 보
다, *essayer de*) + 아, terminaison de style familier = litt. "essaye de trouver mon portefeuille". Le verbe auxiliaire (좀) ...어/아 보다, *essayer de*,
sert à adoucir une demande, un ordre donné à qqn de faire qqch.

***

▶ 연습 1 – 번역하십시오.
❶ 너무 많이 먹어서 이제 배불러요. **❷** 냉장고에
아무것도 없어요 ? **❸** 너무 빨리 먹어서 배가 아파요.
❹ 벌써 거의 다 드셨어요 ? **❺** 아무거나 좋아요.

4 D'accord. [Va] chercher [mon] portefeuille, s'il te plaît
(grand-sœur portefeuille chercher-essayer-de).

5 *(Au restaurant)*
  – Mange doucement.

6 – [Tu] as déjà presque tout mangé ? *(déjà presque tout manger)*

7 – Oui, maintenant [je] n'ai plus faim. []e] veux aussi manger de la glace. *(oui. [interjection] ! enfin-maintenant avoir-le-ventre-plein. glace-aussi manger-vouloir)*

8 – Encore ?

• La grande sœur utilise la formule 언니 지갑, litt. "portefeuille (de) grand sœur", pour dire "mon portefeuille". Voici un nouvel exemple de la façon dont on se désigne soi-même.

5 La terminaison de style familier peut à elle seule exprimer les trois modes : déclaratif (ph. 1), interrogatif (ph. 6) et impératif (ph. 4).

6 응, *oui* (familier, non poli) (≈ 네, *oui* (poli)) ; 이제, *(enfin) maintenant* (similaire à 지금, *maintenant*) + 배불ㄹ(배부르다, *avoir le ventre plein, ne plus avoir faim*) + 어, terminaison de style familier = *Je n'ai plus faim maintenant*.

• Lorsqu'on fait suivre un élément qui commence par la consonne ㅇ au radical se terminant par 르, ce dernier se transforme en ㄹㄹ, ex.: 배부르 (배부르다) + 어 → 배불ㄹ (르 devient ㄹㄹ) + 어 = 배불러. Il s'agit d'un verbe irrégulier en 르.

***

Corrigé de l'exercice 1

❶ J'ai le ventre plein maintenant parce que j'ai trop mangé. ❷ Il n'y a rien dans le frigo ? ❸ J'ai mal au ventre parce que j'ai mangé trop vite. ❹ Vous avez déjà presque tout fini (votre plat) ? ❺ Tout me va. (litt. *n'importe lequel est bien*)

연습 2 – 빈칸을 채우십시오.

❶ Il n'y a rien.

_ _ _ _ 없어요.

❷ J'aime tout *(n'importe lequel)*.

_ _ _ _ 좋아요.

❸ J'ai une petite sœur mais pas de petit frère.

남동생 _ _ 여동생이 있어요.

***

연습 3 – 한글로 쓰십시오.
❶ *crème glacée* ❷ *doucement* (vitesse) ❸ *encore*

58

제오십팔 과

박물관에서
bagmoulgwan-éso

1 박물관에서 조용히 하십시오. [1]
bagmoulgwan-éso djôyônghi ha-sibsiô

: Note

[1] 박물관, *musée* + 에서, P.lieu + 조용히 하 (조용히 하다, *se taire, ne pas faire de bruit*) + 십시오, terminaison impérative au style ultra formel (impératif formel) = litt. "taisez-vous". Contrairement à la conjugaison au style poli (qui peut exprimer à la fois la forme déclarative, interrogative, impérative et exhortative), le style ultra formel prend une forme distinctive pour chaque mode. On ajoute au radical verbal de la phrase impérative la forme suivante : 으십시오 (après une consonne) / 십시오 (après une voyelle).

• Vous avez déjà rencontré d'autres exemples de cette formulation dans les consignes des exercices 1, 2 et 3, ex.: 번역, *traduction*, 번역하 (번역(

❹ Tu n'as déjà plus faim ?

__ 배불러 ?

❺ Je ne peux plus manger parce que j'ai le ventre plein.

_ _ _ _ 못 먹겠어요.

Corrigé de l'exercice 2

❶ 아무것도 – ❷ 아무거나 – ❸ – 말고 – ❹ 벌써 –
❺ 배불러서 –

**

Corrigé de l'exercice 3

❶ 아이스크림 ❷ 천천히 ❸ 또

Deuxième vague : 8ᵉ leçon

58

Cinquante-huitième leçon

Au musée

1   Il ne faut pas faire de bruit dans un musée.

(조용히 하세요.)

을) 하다, *traduire*) + 십시오 = *traduisez* ; 빈칸, *blanc, parenthèse, espace vide*, 빈칸을 채우 (빈칸(을) 채우다, *remplir les espaces vides*) + 십시오 = *remplissez les blancs* ; 한글로 쓰 (한글로 쓰다, *écrire en coréen*) + 십시오 = *écrivez en coréen*.

2 사진을 찍지 마십시오. [2]
sadjin-eul tsig-dji ma-sibsiô

3 작품을 만지지 마십시오.
djagpʰoum-eul mandji-dji ma-sibsiô

4 – "여러분 ! 박물관이 매우 조용하지요 ? [3]
yoloboun ! bagmoulgwan-i mèou djôyôngha-djiyô

5 자 ! 떠들지 마세요. 그리고 작품
설명을 잘 들읍시다 [4]."
dja ! ttodeul-dji ma-séyô. geuligô djagpʰoum
solmyong-eul djal deul-eubsida

6 (학생들끼리 속삭이면서)
(hagsèng-deul-kkili sôgsagi-myonso)

– "우리 이제 떠들지 말자 !" [5]   □
ouli idjé ttodeul-dji mal-dja

Notes

2 사진, *photo* ; 사진을 찍 (사진(을) 찍다, *prendre une photo*) + 지 마 (지 말다, *ne pas*) + 십시오, impératif formel = *Ne prenez pas de photo*. La négation des phrases de type impératives et exhortatives nécessite le verbe auxiliaire 지 말다, *ne pas* (mais pas la marque de négation 안, *ne pas*, ni le verbe auxiliaire 지 않다, *ne pas*, ces deux derniers servent à former la négation des phrases de type déclaratives et interrogatives), *ex.*: 만지 (만지다, *toucher*) + 지 마 (지 말다, *ne pas*) + 십시오, impératif formel= *Ne touchez pas* (ph. 3) ; 떠들 (떠들다, *bavarder* (à haute voix), *parler fort*) + 지 마 (지 말다, *ne pas*) + 세요, impératif informel = *Ne parlez pas (si) fort* (ph. 5).

3 여러분, *vous tous*, *tout le monde*, *mesdames et messieurs* (interpellation pour attirer l'attention) + 매우, *très* (≈ 정말, 아주, etc.) + 조용하 (조용하다, *être calme*, *silencieux*) + 지요 ?, *n'est-ce pas ? = Le musée*

***

▶ 연습 1 – 번역하십시오.
❶ 그 음식을 먹지 마세요. ❷ 늦게 들어가지 않을게요.
❸ 사진을 찍지 마세요. ❹ 조용히 하세요. ❺ 우리
여기서 헤어지자 !

2   Ne prenez pas de photo.

3   Ne touchez pas aux œuvres *(œuvre[-P.COD])*.

4 – "Le musée est très silencieux, n'est-ce pas ? *(tout-le-monde musée[-P.sujet] très être-calme)*

5   Allez ! Ne parlez pas si fort. *(allez ! parler-fort-ne-pas)* Et écoutons bien les explications sur les œuvres.

6   *((Entre) les élèves, en chuchotant)* *(étudiant[-pluriel]-entre chuchotant)*

 – Arrêtons de parler fort maintenant !" *(nous maintenant parler-fort-ne-pas)*

---

est vraiment calme, n'est-ce pas ? Voici d'autres mots similaires mais toutefois grammaticalement différents : 조용히, *calmement, silencieusement* (adverbe) ; 조용히 하다, *se taire* (verbe d'action) ; 조용하다, *être calme/silencieux* (verbe d'état).

4 작품, *œuvre* + 설명, *explication* + 을, P.COD + 들 (듣다, *écouter*) + 읍시다, terminaison exhortative au style ultra formel = *Et écoutons bien les explications sur les œuvres.* La terminaison 읍시다 (après une consonne) / ㅂ시다 (après une voyelle) sert à former la phrase exhortative (*-ons*, *let's*) au style ultra formel. Nous parlerons à nouveau de ce type de phrases dans la prochaine leçon de révision.

• Quand on fait suivre un élément qui commence par la consonne muette, le ㄷ du radical se transforme en ㄹ, ex. : 들 (듣다, *écouter*) + 읍시다 = 들읍시다.

5 학생, *étudiant* + 들, m. pluriel + 끼리, *entre* (accolé au mot précédent) = *entre les étudiants* ; 속삭이 (속삭이다, *chuchoter*) + 면서 (으면서/면서, *en …-ant*, ex. : L53, ph. 3 : 기다리면서, *en attendant*) = *en chuchotant* ; 우리, *nous* + 떠들 (떠들다, *parler fort*) + 지 말 (지 말다, *ne pas*) + 자 !, terminaison exhortative de style familier = litt. "ne parlons pas fort maintenant".

• Ne confondez pas la terminaison 자 (à la fin d'une phrase) avec l'interjection 자 (cf. ph. 5, au début d'une phrase) qui sert à attirer l'attention. On peut le traduire *Bon !, (Bon) Allez !, Écoutez !*

***

Corrigé de l'exercice 1

❶ Ne mangez pas ce plat. ❷ Je ne rentrerai pas trop tard. ❸ Ne prenez pas de photo. ❹ Un peu de silence, s'il vous plaît. ❺ Séparons-nous ici !

연습 2 – 빈칸을 채우십시오.

❶ Je ne prends pas de photo aujourd'hui. (style poli)

오늘은 사진을 __ ___.

❷ Pourquoi ne prenez-vous pas de photo aujourd'hui ? (style poli + honorifique)

오늘은 왜 사진을 __ ___?

❸ Ne prenez pas de photo, ici. (style poli)

여기서 사진을 __ ___.

***

연습 3 – 한글로 쓰십시오.
❶ *musée* ❷ *photo* ❸ *vous*, *tous*

***

Les Coréens dessinent un V avec l'index et le majeur lorsqu'ils sont pris en photo. Pourquoi ? Il y a plusieurs hyphothèses mais la plus crédible repose sur le fait que le signe "V" signifie "victoire", signe que l'on utilise depuis l'ouverture des portes du pays vers l'extérieur. D'autre part, lorsque l'on prend une photo, les Coréens photogra-

59

제오십구 과

행복해요 ?
hèngbôghèyô

1   다비드 씨에게는 사랑하는 여자가
    있습니다. ¹
    dabideu ssi-égé-neun salangha-neun yodja-ga iss-
    seubni-da

: Note

1 ...에게, P.COI (≈ 한테, à la leçon 48, s'emploie plutôt à l'oral) + 는, P.thème (pour l'emphase) = litt. "chez, à David" ; 사랑하 (사랑하다, *aimer (qqn)* + 는, sfx. de proposition + 여자, *femme* = *femme qu'il aime*.

❹ Ne prenons pas de photo ici. (style ultra formel)

여기서 사진을 __ ___.

❺ Rencontrons-nous demain. (style familier)

내일 ___!

Corrigé de l'exercice 2

❶ – 찍지 않아요 ❷ – 찍지 않으세요 ❸ – 찍지 마세요
❹ – 찍지 맙시다 ❺ – 만나자

***

Corrigé de l'exercice 3

❶ 박물관 ❷ 사진 ❸ 여러분

***

phiés disent 김치, *kimchi, à l'image des termes "cheese" (anglais) ou
"ouistiti" que l'on peut utiliser dans d'autres pays.*

Deuxième vague : 9ᵉ leçon

59

Cinquante-neuvième leçon

[Est-il] heureux ?

1   David a une femme [qu'il] aime.

2 오랫동안 만난 사람입니다. ²
ôlèsdông'an manna-n salam-i-bni-da

3 마침내 지난달에 결혼하게
되었습니다. ³
matchimnè djinandal-é gyolhônha-gé dwé-oss-
seubni-da

4 결혼식에 친구들을 많이
초대했습니다. ⁴
gyolhônsig-é tchin'gou-deul-eul manhi tchôdèhè-ss-
seubni-da

5 이제 두 사람은 부부가 됐습니다 ⁵.
idjé dou salam-eun boubou-ga dwè-ss-seubni-da

6 – "다비드 씨, 결혼 축하해요 ! 아들, 딸
많이 낳고 행복하게 잘 사세요." ⁶
dabideu ssi, gyolhôn tchoughahèyô ! adeul, ttal
manhi nah-gô hèngbôghagé djal sa-séyô

7 – "감사해요. 집들이에 곧 초대할게요." □
gamsahèyô. djibdeuli-é gôd tchôdèha-lgéyô

Remarque de prononciation
(2) 오랫동안 se prononce *[ô-Rè'-ttông-ann]*. La consonne finale ㅅ se prononce *[']* et la consonne suivante ㄷ se durcit : *[tt]*.

Notes
2 오랫동안, *pendant longtemps* (mot composé de 오래, *longtemps*, et de
동안, *pendant*) + 만나 (만나다, *rencontrer*, signifie aussi *fréquenter, sortir avec qqn*) + ㄴ, sfx. de proposition au passé + 사람, *personne* = litt.
"personne qu'il a rencontrée pendant longtemps."

3 마침내, *finalement, enfin, en fin de compte* + 결혼, *mariage*, 결혼하 (결
혼하다, *se marier*) + 게 되(게 되다, *finir par, être amené(e) à*) + 었 + 습니
다 = litt. "ils sont amenés à se marier". Le verbe auxiliaire 게 되다 sert

2 [C']est la personne [avec qui il] est sorti pendant longtemps.

3 Finalement, [ils] ont fini par se marier le mois dernier.

4 [Ils] ont invité beaucoup [d']amis à [leur] cérémonie [de] mariage.

5 Maintenant les deux sont devenus un couple marié.

6 – "David, toutes mes félicitations [pour] le mariage ! [ ]Je vous souhaite d']avoir beaucoup [d']enfants et [de] vivre heureux. *(David [hon.] mariage féliciter ! fils, fille beaucoup enfanter-et heureusement bien vivre)*

7 – [Je vous] remercie. [Je vous] inviterai bientôt à [notre] pendaison de crémaillère." *(remercier. pendaison-de-crémaillère bientôt inviter)*

à exprimer l'aboutissement d'une action. 되 et 었 peuvent éventuellement se contracter en 됐 (ph. 5).

• Un peu de vocabulaire supplémentaire : 지난달, *le mois dernier* ; 이번 달, *ce mois-ci* ; 다음 달, *le mois prochain*.

4 결혼식, *cérémonie de mariage* + 초대, *invitation*, ...에 초대하 (...에 초 대하다, *inviter (à)* (qqch. / quelque part)) + 었 + ㅂ니다 = *ils ont invité beaucoup d'amis à leur cérémonie de mariage*. Autre ex.: 집들이, *pendai-son de crémaillère* + 에 초대하 (...에 초대하다, *inviter à)* + ㄹ게요, futur certain = *Je vais vous inviter à la pendaison decrémaillère* (ph. 7).

5 Regardez comment le verbe 되다, *devenir*, est employé : A 은/는 B 이/가 되다, *A devient B*, ex. : 두, *deux* (comptage coréen) + 사람, *per-sonne* + 은, P.thème + 부부, *couple marié, mari et femme* + 가, P.sujet + 되 (되다, *devenir*) + 었 + ㅂ니다 = *Les deux personnes sont devenues un couple marié.*

6 축하, *félicitation* ; 축하하 (축하하다, *féliciter*) + 어요 = litt. "je félicite le mariage" ; 낳 (낳다, *accoucher, enfanter*) + 고, *et* + 행복하게, *avec du bonheur, heureusement*, formé du verbe 행복하다, *être heureux* et de 게, sfx. adverbial + 잘, *bien* + 사 (살다, *habiter, vivre*) + 시, m. honori-fique + 어요 = verbe irrégulier en ㄹ, litt. "enfantez beaucoup de fils et de filles et vivez heureusement." C'est une expression courante que l'on utilise pour féliciter des jeunes mariés.

▶ 연습 1 – 번역하십시오.
❶ 다음 달에 결혼하기로 했어요. ❷ 오랫동안 만난 사람과 다음 주에 결혼하게 됐어요. ❸ 아이를 몇 명 낳았어요 ? ❹ 언제 집들이에 초대할 거예요 ? ❺ 행복하고 재미있게 잘 사세요 !

***

연습 2 – 빈칸을 채우십시오.
❶ Nous sommes tombés amoureux. *(avoir été amené à aimer* au style ultra formel)

_ _ _ _ _ _ _ _.

❷ Qui avez-vous invité à votre mariage ? (style poli)
누구누구를 _ _ _ _ _ _ _ _ ?

❸ Nous sommes devenus un couple marié. (style poli)
우리는 부부가 _ _ _.

***

연습 3 – 한글로 쓰십시오.
❶ *le mois dernier* ❷ *couple marié* ❸ *crémaillère*

***

Si vous êtes un jour invité à une pendaison de crémaillère, sachez qu'il y a une petite coutume à respecter : il faut offrir aux hôtes du 화장지 **hwadjangdji**/휴지 **hyoudji**, *papier toilette, ou des* 세제 **sédjé**, *détergents, des petits cadeaux pratiques pour la vie quotidienne. Ces présents invitent les nouveaux occupants à garder leur logement propre longtemps, mais ils ont également une signification qui va bien au-delà des impératifs ménagers. En effet, offrir du papier toi-*

Corrigé de l'exercice 1

❶ On a décidé de se marier le mois prochain. ❷ J'ai fini par me marier avec la personne que j'ai fréquentée pendant longtemps. ❸ Combien d'enfants avez-vous eus *(accouché)* ? ❹ Quand allez-vous nous inviter à votre crémaillère ? ❺ Je vous souhaite plein de bonheur et de joie !

***

❹ Le couple marié a vécu heureux. (style poli)
부부는 행복하게 ＿＿＿＿.

❺ Où habitez-vous ? (style poli + honorifique)
어디 ＿＿＿?

Corrigé de l'exercice 2

❶ 사랑하게　됐습니다 ❷ – 결혼식에　초대했어요
❸ – 됐어요 ❹ – 살았어요 ❺ – 사세요

***

Corrigé de l'exercice 3

❶ 지난달 ❷ 부부 ❸ 집들이

***

lette, c'est aussi souhaiter que les affaires se déroulent bien... et recevoir des détergents et autres produits ménagers est gage de bonne fortune, à l'image de la mousse produite par ces substances qui se propage et recouvre de grandes surfaces... Brillant !

Deuxième vague : 10ᵉ leçon

제육십 과

졸업식
djôlobsig

1 – 기분이 안 좋아 보이는데 무슨 걱정이
있니 ? [1]
gibouni an djôh-a bôi-neundé mouseun gogdjong-i
iss-ni

2 – 다음 달에 졸업식을 하는데 좀 슬퍼 [2].
da'eum dal-é djôlobsig-eul ha-neundé djôm seulpʰo

3 – 왜 슬픈데 ? 친구들과 헤어져서 ? [3]
wè seulpʰeu-ndé ? tchin'gou-deul-gwa héodjy-oso

4 – 응. 친한 친구들과 헤어지고 싶지
않은데... [4]
eung. tchinha-n tchin'gou-deul-gwa héodji-gô sipʰ-
dji anh-eundé

5 – 앞으로도 지금처럼 계속 연락하면
되잖아. [5]
apʰeulô-dô djigeum-tcholom gyésôg yonlagha-myon
dwé-djanha

Notes

1 기분, *humeur, sentiment* ; 기분(이) 좋다, *être de bonne humeur* ; 기분이 안
좋 (기분(이) 안 좋다, *être de mauvaise humeur*) + 아 보이 (어/아 보이다,
litt. "cela se voit que", *il paraît que, on dirait que*) + 는데, *alors*, connecteur
oral = litt. "il me paraît que tu es de mauvaise humeur alors" ; 무슨, *quel*
+ 걱정, *inquiétude, souci* + 이, P.sujet + 있 (있다, *exister*) + 니 ? = litt. "quel
souci as-tu ?". Le verbe auxiliaire 어/아 보이다 s'utilise avec un verbe
d'état et exprime l'évaluation subjective qui peut se traduire par *il semble
que, il paraît que, avoir l'air d'être, ça se/on voit que*, etc., selon le contexte.

Soixantième leçon

La cérémonie de remise des diplômes

1 – [Tu] as l'air de mauvaise humeur. As-[tu] un souci ?

2 – []']ai une cérémonie de remise des diplômes le mois prochain et [je] suis un peu triste.

3 – Pourquoi triste ? Parce que [tu] quittes [tes] amis ?

4 – Oui. [Je] ne voudrais pas quitter [mes] amis proches...

5 – Comme tu [le] sais, [tu] peux toujours garder le contact comme maintenant. *(dorénavant-aussi maintenant-comme continuellement contacter-il-suffit-de-comme-tu-sais)*

---

2 졸업, *fin d'études* ; 졸업식, *cérémonie de fin d'études, remise des diplômes* ; 졸업식을 하 (졸업식(을) 하다, litt. "avoir la remise des diplômes") + 는데, *alors*, connecteur oral + 슬ㅍ(슬프다, *être triste*, verbe irrégulier en —) + 어, style familier = litt. "j'ai une cérémonie de remise des diplômes alors je suis triste".

3 왜, *pourquoi* + 슬프 (슬프다, *être triste*) + ㄴ데, terminaison orale = *Pourquoi es-tu triste ?* ; ...과 헤어지 (...과/와/하고 헤어지다, *quitter (qqn)*, *rompre avec (qqn)*) + 어서, *parce que* = *Parce que tu quittes tes amis ?*

4 친하 (친하다, *être proche, intime*) + ㄴ, sfx. adjectif + 친구들, *les amis* + 과 헤어지 (...과/와/하고 헤어지다, *quitter qqn*) + 고 싶 (고 싶다, *vouloir*) + 지 않 (지 않다, *ne pas*) + 은데, *mais...*, terminaison orale = litt. "je ne veux pas quitter mes amis proches, mais...".

5 앞으로, *désormais, dorénavant* + 도, *aussi* + 지금, *maintenant* + 처럼, *comme* = litt. "désormais aussi comme maintenant" ; 연락, *contact*, 연락하 (연락(을) 하다, *(se) contacter*) + 면 되 (으면/면 되다, *il suffit de*) + 잖아, litt. "comme on sait", *comme tu le sais...*, terminaison orale (familier, non poli) = litt. "comme tu sais, il suffit que tu les contactes continuellement". La terminaison orale 잖아요 sert à donner la raison que l'interlocuteur connaît déjà. On peut la traduire *comme vous le savez, comme vous le voyez*, etc., ex. : 소윤 씨는 한국 사람이잖아요, *Comme vous le savez, So-yun est coréenne.*

6 – 그랬으면 좋겠어. [6]

geulè-sseumyon djôhgéss-o

□

Note

6 그래 (그렇다, *être comme cela*) + 았으면 좋겠 (었/았으면 좋겠다, *Ce serait bien si,* (*J'*)*espère que*) + 어 = litt. "cela serait bien si c'était comme cela, j'espère que c'est comme cela". Le verbe auxiliaire 었/았으면 좋겠다 sert à exprimer un désir, un souhait, un espoir, ex. : 한국어를 잘 했으면 좋겠어요, *Ce serait bien si je parlais bien coréen, J'espère que je parle bien coréen.*

***

▶ 연습 1 – 번역하십시오.
❶ 걱정이 있어 보여요. **❷** 친구들과 헤어져서 슬퍼요.
❸ 앞으로도 연락했으면 좋겠어요. **❹** 안 헤어졌으면
좋겠어요. **❺** 전화하면 되잖아요.

***

연습 2 – 빈칸을 채우십시오.
❶ [Il/Elle] a l'air d'être de bonne humeur. (style poli)
　기분이 __ ___.

❷ [J']ai beaucoup d'amis proches.
　__ 친구가 많아요.

❸ Je ne veux pas me séparer de ma famille. (style poli)
　가족하고 ____ __ ___.

***

연습 3 – 한글로 쓰십시오.
❶ *inquiétude* **❷** *s'inquiéter* (infinitif) **❸** *être proche* (infinitif)

6 – [Ce] serait bien si [c']était le cas. *(être-comme-cela-serait-bien-si)*

걱정이 있어 보여요.

Corrigé de l'exercice 1

❶ Tu as l'air d'avoir un souci. ❷ Je suis triste parce que je me sépare de mes amis. ❸ Ce serait bien qu'on garde le contact. ❹ J'espère qu'on ne se quittera pas. ❺ Comme tu le sais, il suffit qu'on s'appelle au téléphone.

***

❹ Comme vous le savez, on se voit demain. (style poli)
내일 _ _ _ _ _·

❺ Ce serait bien si j'allais en Corée cet été. (style poli)
이번 여름에 한국에 _ _ _ _ _ _ _·

Corrigé de l'exercice 2

❶ – 좋아 보여요 ❷ 친한 – ❸ – 헤어지고 싶지 않아요
❹ – 만나잖아요 ❺ – 갔으면 좋겠어요

***

Corrigé de l'exercice 3

❶ 걱정 ❷ 걱정(을) 하다 ❸ 친하다

En Corée, lorsqu'on quitte l'école primaire, le collège et le lycée, on fête la fin des études. Certains pleurent parce qu'ils se séparent de leurs amis et certains font la fête. On jette joyeusement de la farine, des œufs (crus) sur ses camarades, surtout pendant la cérémonie du lycée. Cela représente une manière d'évacuer le stress que les élèves ont accumulé pendant la période scolaire. Eh oui, pour obtenir une bonne note au 대학 수학 능력 시험 **dèhag souhag neunglyog sihom** *(en abrégé :* 수능 **souneung**)*, équivalent du baccalauréat français, les lycéens coréens travaillent beaucoup et dorment peu, 5 heures et demie par nuit en moyenne !*

Les élèves passent le "baccalauréat coréen" en novembre, au cours d'une seule journée qui commence à 8 h 40 et se termine à 17 h 40.

61
_____

제육십일 과

▶

시험
sihom

1   다비드 씨는 내일 한국어 시험을
봅니다. '
dabideu ssi-neun nèil han'gougo sihom-eul bô-bni-da

2   그래서 시험공부를 합니다. ²
geulèso sihomgôngbou-leul ha-bni-da

3 – "얼굴, 머리, 눈, 코, 입, 귀, 목, 어깨, 팔,
손.
olgoul, moli, noun, kʰô, ib, gwi, môg, okkè, pʰal, sôn

4   가슴, 배, 허리, 엉덩이, 다리, 무릎, 발.
gaseum, bè, holi, ongdong'i, dali, mouleupʰ, bal

◾ : Notes

1 시험, *examen, contrôle ;* 시험을 보 (시험(을) 보다/치르다, *avoir des examens, se présenter à des examens)* + ㅂ니다 = *(David) a un examen.*

Les examens sont sous forme de questionnaires à choix multiple, sauf pour certaines matières comme les mathématiques. Il faut donc se donner à fond ce jour-là et les parents attendent parfois à l'extérieur de l'endroit où a lieu l'examen en priant pour que leurs enfants aient de bonnes notes. Les élèves des autres niveaux du lycée sont également là pour encourager leurs camarades, devant l'entrée du bâtiment. C'est un événement très important dans la vie de tout Coréen.

Deuxième vague : 11ᵉ leçon

61

Soixante et unième leçon

Les examens

1 Demain, David a un examen [de] coréen.
2 Donc, [il] révise.
3 – "Le visage, la tête, les yeux, le nez, la bouche, les oreilles, le cou, les épaules, les bras, les mains.
4 La poitrine, le ventre, les reins, les fesses, les jambes, les genoux, les pieds.

2 시험공부, *révision, préparation d'un examen* ; 시험공부를 하 (시험공부 (를) 하다, *réviser, préparer les examens*) + ㅂ니다 = *Donc, il révise.*

5   약, 약국, 약사, 병, 병원, 의사, 간호사.
yag, yaggoug, yagsa, byong, byong'won, euisa, ganhôsa

6   미치겠네. 단어 외우기가 너무 힘들어. ³
mitchi-géss-né. dano wéou-giga nomou himdeul-o

7   시험을 잘 봐야 하는데..." ⁴   □
sihom-eul djal bw-aya ha-neundé

**: Notes

3   미치 (미치다, *être fou*) + 겠, m. futur + 네, terminaison orale exclamative
non polie (≈ 네요, forme polie) = litt. "je vais être fou", *Je vais devenir
fou*, *Cela me rend fou* ; 단어, *vocabulaire* + 외우 (외우다, *mémoriser,
apprendre par cœur*) + 기가 힘들 (...기가 힘들다, *être dur de/à*) + 어 =
C'est dur d'apprendre par cœur. L'expression -기가 힘들다 s'accole au

***

▶ 연습 1 – 번역하십시오.
❶ 언제 시험을 봐요 ? ❷ 시험을 잘 봤어요 ?
❸ 시험을 잘 못 봤어요. ❹ 단어 공부하기가 힘들어요.
❺ 미치겠어요.

***

연습 2 – 빈칸을 채우십시오.
❶ J'ai un examen de coréen demain. (style poli)
내일 한국어 _ _ _ _ _.

❷ Aimez-vous étudier ?
_ _ _ _ _ 좋아하세요 ?

❸ Est-ce difficile d'étudier le coréen ? *(étudier le coréen est difficile)*
한국어 _ _ _ _ _ 어려워요 ?

5 Des médicaments, une pharmacie, un pharmacien, une maladie, un hôpital, un médecin, un infirmier.

6 [Je] vais devenir fou ! [C']est trop dur d'apprendre par cœur le vocabulaire. *(être-fou. vocabulaire mémoriser-être-dur)*

7 [Je] dois bien réussir les examens, pourtant…" *(examen[-P.COD] bien passer-devoir)*

radical du verbe, ex. : 공부하기가 힘들다, *C'est dur d'étudier* ; 먹기가 힘들다, *C'est dur à manger*.

4 시험을 잘 보 (시험을 잘 보다, *réussir les examens*, vs 시험을 잘 못 보다, *ne pas réussir, rater les examens*) + 아야 하 (어/아야 하다, *devoir*) + 는데, *mais, pourtant*…, terminaison orale = *Je dois réussir mes examens, pourtant…*

***

Corrigé de l'exercice 1

❶ Quand avez-vous vos examens ? ❷ Avez-vous bien réussi vos examens ? ❸ Je n'ai pas bien réussi mes examens. ❹ C'est dur d'étudier le vocabulaire. ❺ Je vais devenir fou.

***

❹ C'est intéressant à étudier. *(étudier est intéressant)*
_ _ _ _ _ 재미있어요.

❺ C'est dur de mémoriser le vocabulaire. *(mémoriser le vocabulaire est dur)*
단어 _ _ _ _ 힘들어요.

Corrigé de l'exercice 2

❶ – 시험을 봐요 ❷ 공부하기를 – ❸ – 공부하기가 –
❹ 공부하기가 – ❺ – 외우기가 –

연습 3 – 한글로 쓰십시오.
❶ *yeux* **❷** *nez* **❸** *bouche*

62

제육십이 과

▶

피서 ¹
pʰiso

1 – 피서 계획을 세웠어요 ? ²
pʰiso gyéhwég-eul séw-oss-oyô

2 – 네. 제 외국 친구들, 한국 친구들하고
부산에 가기로 했어요 ³.
né. djé wégoug tchin'gou-deul, han'goug tchin'gou-
deul-hagô bousan-é ga-gilô hè-ss-oyô

3 거기서 수영도 하고 물놀이도 할
거예요. ⁴
gogiso souyong-dô ha-gô moulnôli-dô ha-l goyéyô

4 – 다비드 씨는 수영할 줄 알아요 ⁵ ?
dabideu ssi-neun souyongha-l djoul al-ayô

■ : Notes

1 피서, *vacances*, *congé d'été* (sino-coréen). On peut aussi dire 여름 휴
가, *congé d'été* (mot composé de 여름, *été*, et de 휴가, *congé*) et 바캉스,
vacances (français coréanisé).

2 계획, *plan*, *projet* ; 계획을 세우 (계획을 세우다, *dresser/avoir un projet*,
programmer qqch.) + 었, m. passé + 어요 = litt. "avez-vous programmé
un plan de vacances d'été ?".

3 외국 친구들, *les amis étrangers* ; 한국 친구들, *les amis coréens* + 하고,
avec + 부산에 가 (부산에 가다, *aller à Busan*) + 기로 하 (기로 하다, *déci-*

Corrigé de l'exercice 3

❶ 눈 **❷** 코 **❸** 입

Deuxième vague : 12e leçon

62

Soixante-deuxième leçon

Les vacances

1 – Avez[-vous] fait des projets [pour] les vacances ?
2 – Oui, [j']ai prévu d'aller à Busan avec mes amis étrangers et [mes] amis coréens.
3 Là-bas, [on] va nager et aussi [s']amuser dans l'eau.
4 – David, savez[-vous] nager ?

der, *prévoir de*) + 었, m. passé + 어 요 = *J'ai prévu d'aller à Busan...* Le verbe auxiliaire 기로 하다 s'accole au radical du verbe sans se soucier de la dernière lettre et signifie *(se) décider à/de*, *prévoir (de)*.

4 거기서 (거기, *là-bas* + 에서, P.lieu), *là-bas* + 수영, *natation*, 수영도 하 (수영(을) 하다, *nager*) + 고, *et* + 물, *eau* ; 놀이, *jeux*, *amusement* ; 물놀 이, *jeux dans l'eau* + 도, *aussi* + 하 (하다, *faire*) + ㄹ 거예요, futur incertain = litt. "là-bas, on va nager <u>aussi</u> et faire des jeux dans l'eau <u>aussi</u>". La particule 도, *aussi*, se place toujours après un nom.

5 수영하 (수영(을) 하다, *nager*) + ㄹ 줄 알(을/ㄹ 줄 알다, *savoir*) + 아 요 = *Savez-vous nager ?* Le verbe auxiliaire 을/ㄹ 줄 알다, *savoir*, sert à exprimer la connaissance , ex.: 운전할 줄 알아요, *Je sais conduire.* 수영하 (수영(을) 하다, *nager*) + ㄹ 줄 알 (을/ㄹ 줄 알다, *savoir*) + 지요 ?, *n'est-ce pas ?* = *So-yun, vous savez aussi nager, n'est-ce pas ?* (ph. 5). Si on veut dire que l'on ne sait pas, il faut employer 을/ㄹ 줄 모르다, *ne pas savoir*, ex.: 하 (하다, *faire*) + ㄹ 줄 몰ㄹ (을/ㄹ 줄 모르다, *ne pas savoir*, verbe irrégulier en 르) + 아요 = *Non, je ne sais pas (faire)* (ph. 6).

5 – 당연하죠. ⁶ 소윤 씨도 수영할 줄
알지요 ?

dang'yonha-djyô. sô-youn ssi-dô souyongha-l djoul
al-djiyô

6 – 아니요. 할 줄 몰라요. 저는 물이 제일
무서워요. ⁷

aniyô. ha-l djoul moll-ayô. djo-neun moul-i djéil
mousow-oyô

7 – 걱정하지 마세요. ⁸

gogdjongha-dji ma-séyô

8 제가 나중에 수영하는 방법을 꼭
가르쳐 줄게요. ⁹   ☐

djé-ga nadjoung-é souyongha-neun bangbob-eul
kkôg galeutchy-o djou-lgéyô

☐ : Notes

6 당연하 (당연하다, *être normal, naturel, évident*) + 지요, terminaison
orale de confirmation = 당연하죠 (지요 se contracte souvent en 죠),
évidemment. La terminaison orale de confirmation 지요 se traduit par
n'est-ce pas ? dans une phrase interrogative (ex. note 5) ; elle sert également à confirmer une évidence dans une phrase déclarative, ex. : 피곤
해요, *Je suis fatigué(e)* vs 피곤하죠, *Je suis (évidemment) fatigué(e)*.

7 물이 무서우 (A은/는 B이/가 무섭다, *B faire peur à A, A avoir peur de B*,
verbe irrégulier en ㅂ) + 어요 = litt. "l'eau me fait peur".

*** *

▶ 연습 1 – 번역하십시오.
❶ 시험을 잘 보는 방법 **❷** 시험을 잘 보는 방법을
가르쳐 줄게요. **❸** 아직 피서 계획을 안 세웠어요.
❹ 운전 할 줄 알아요 ? **❺** 뭐가 제일 무서워요 ?

5 – Bien sûr. So-yun, [vous] savez aussi nager, n'est-ce pas ?
6 – Non, [je] ne sais pas faire. []']ai *(le plus)* peur de l'eau.
7 – Ne vous inquiétez pas.
8 Je ne manquerai pas de [vous] apprendre comment *(la manière de)* **nager plus tard, [promis].**

저는 물이 제일 무서워요.

Le superlatif 제일, *le/la plus, meilleur(e)*, se positionne devant le verbe 무섭다 ; il s'agit d'une tournure identique à 가장 que nous avons déjà vu dans la leçon 29, ph. 8 (가장 맛있는 음식, *le plat le meilleur*).

8 걱정하 (걱정(을) 하다, *s'inquiéter*) + 지 마 (지 말다, *ne pas*, verbe irrégulier en ㄹ) + 시, m. honorifique + 어요 = *Ne vous inquiétez pas.* Comme nous l'avons appris dans la leçon 58, note 2, la forme négative d'une phrase impérative nécessite le verbe auxiliaire 지 말다.

9 제가 (저, *je, moi*) + 가, P.sujet) + 나중, *plus tard, un autre jour* + 에, P.lieu = *Plus tard je...* ; 수영하 (수영(을) 하다, *nager*) + 는, sfx. de proposition + 방법, *méthode, manière* = litt. "la manière dont on nage" ; 꼭, litt. "sans faute, sûrement, certainement", sous entendu *vous pouvez compter sur moi, je compte sur vous* + 가르치 (가르치다, *enseigner*) + 어 주 (어/아 주다, *faire qqch. pour qqn*) + ㄹ게요, futur certain = litt. "sûrement, j'enseignerai pour vous".

***

Corrigé de l'exercice 1

❶ la manière de réussir les examens ❷ Je vous apprendrai à bien réussir vos examens. ❸ Je n'ai pas encore de projet de vacances pour cet été. ❹ Savez-vous conduire ? ❺ De quoi avez-vous le plus peur ?

연습 2 – 빈칸을 채우십시오.

❶ J'ai peur de l'eau.
__ 무서워요.

❷ Vous parlez français ? (*savoir faire le français*, **style poli**)
프랑스어를 _ _ _ _ _?

❸ J'enseigne le français à So-yun. (*enseigner pour So-yun*, **style ultra formel**)
소윤 씨에게 프랑스어를 _ _ _ _ _ _.

***

연습 3 – 한글로 쓰십시오.
❶ *natation* **❷** *jeux dans l'eau* **❸** *vacances d'été*

63

제육십삼 과

복습 – Révision

1 Les verbes auxiliaires (suite)

• Expression négative avec 지 말다

Vous avez déjà appris à former une proposition négative soit avec la marque de négation 안, *ne pas*, soit avec le verbe auxiliaire 지 않다, *ne pas*, ex. : 안 먹어요 ≈ 먹지 않아요, *je ne mange pas*, pour les tournures déclaratives et interrogatives. Pour les tournures impératives et exhortatives, il faut employer le verbe auxiliaire 지 말다, *ne pas*. Attention ! C'est un verbe irrégulier en ㄹ : lorsqu'il est suivi d'éléments commençant par ㄴ, ㅅ ou ㅡ (terminaison, marque honorifique, connecteur, etc.), le ㄹ du radical tombe.

먹지 마세요, *Ne mangez pas* → 먹 + 지 마 (ㄹ tombe) + 세요 (으세요/세요)
먹지 말까요 ?, *On ne mange pas ?* → 먹 + 지 마 (ㄹ tombe) + ㄹ까요 (을/ㄹ까요) ?
먹지 말자 !, *Ne mangeons pas !* (familier, non poli) → 먹 + 지 말 + 자

❹ J'ai décidé d'aller en Corée cet été. (style poli)

이번 여름에 한국에 ___ ___.

❺ Ne vous inquiétez pas !

____ 마세요 !

Corrigé de l'exercice 2

❶ 물이 – ❷ – 할 줄 알아요 ❸ – 가르쳐 줍니다 ❹ – 가기로 했어요 ❺ 걱정하지 –

***

Corrigé de l'exercice 3

❶ 수영 ❷ 물놀이 ❸ 피서

Deuxième vague : 13ᵉ leçon

63

Soixante-troisième leçon

먹지 맙시다 !, *Ne mangeons pas !* (ultra formel) → 먹 + 지 마 (ㄹ tombe) + ㅂ시다 (읍/ㅂ시다).

• **Expression d'aboutissement avec 게 되다**

Le verbe auxiliaire 게 되다 sert à exprimer l'aboutissement d'une action ou d'un état. On peut le traduire par *finir par, amener à, en arriver à, devenir*, etc., selon le contexte.

사랑하게 되었어요. (Ils n'avaient pas de sentiment l'un pour l'autre mais) *Ils ont fini par s'aimer.*

행복하게 되었어요. (Désormais) *Ils sont (devenus) heureux.*

한국에 가게 되었어요. (Je suis accepté à l'université nationale de Séoul) *Cela (donc) m'a amené à aller en Corée.*

• **Expression d'une envie, d'un désir ou d'un espoir avec 었/았으면 좋겠다**

Accompagné d'un verbe d'action ou d'un verbe d'état, le verbe auxiliaire 었/았으면 좋겠다 sert à exprimer un souhait, un désir, une envie, un espoir. On peut le traduire par *ce serait bien si, espérer*, etc.

잤으면 좋겠어요 (자다, *dormir*), *J'aimerais bien dormir, Ce serait bien si je dormais (à la maison).*

돈이 많았으면 좋겠어요 (돈이 많다, *avoir beaucoup d'argent*),

J'espère avoir beaucoup d'argent (un jour), Ce serait bien si j'avais beaucoup d'argent.

• Savoir et ne pas savoir faire quelque chose avec 을/ㄹ 줄 알다/모르다
On peut exprimer le fait de *savoir* grâce au verbe auxiliaire 을/ㄹ 줄 알다, tandis que *ne pas savoir, ignorer*, s'exprime à l'aide de 을/ㄹ 줄 모르다 :
한국어를 읽을 줄 알아요, *Je sais lire le coréen.*
인터넷 뱅킹을 이용할 줄 알아요, *Je sais utiliser la banque en ligne.*

2 La terminaison orale 은데/ㄴ데/는데

Le connecteur 은데/ㄴ데/는데 peut également être employé comme une terminaison mais dans ce cas, il apporte une dose d'hésitation, de regret : *mais..., et alors..., pourtant, et donc...*
다음 달에 결혼하는데요..., *Je me marie le mois prochain, et donc...*(j'ai une chose à te demander, etc.).
배고픈데요..., *J'ai faim, et donc...* (est-ce que vous avez quelque chose à manger ?).

3 Les pronoms indéfinis

Le terme indéfini 아무 peut prendre diverses formes et divers sens selon la phrase :
– dans la phrase affirmative : 아무거나, *n'importe lequel*, 아무나, *n'importe qui*, 아무데나, *n'importe où* ;
– dans la phrase négative : 아무것도, *rien*, 아무도, *personne*, 아무데도, *nulle part*.
Voici quelques exemples : 아무거나 주세요, *Donnez-moi n'importe lequel* ; 아무나 올 수 있습니다, *N'importe qui peut venir* ; 아무데나 괜찮아요, *N'importe où me convient* ; 아무것도 아닙니다, *Ce n'est rien* ; 아무도 없습니다, *Il n'y a personne* ; 아무데도 안 가요, *Je ne vais nulle part.*

4 Le mode de la phrase selon le style

Contrairement au style poli dont la terminaison 어요/아요 peut exprimer à la fois la forme déclarative, interrogative, impérative et exhortative selon le contexte, les formes ultra formelle et familière nécessitent une modification selon le type de phrase :

	Déclaratif	Interrogatif	Impératif	Exhortatif
Ultra formel	습/ㅂ니다	습/ㅂ니까 ?	으/십시오	읍/ㅂ시다 !
Familier	어/아	어/아 ? ou 니 ?	어/아	자 !

Ex.: 갑니다 vs 가, *Je m'en vais* ;
갑니까 ?, *Vous vous en allez ?* vs 가 ? ou 가니 ?, *Tu t'en vas ?* ;
가십시오, *Allez-vous-en !* vs 가, *Va-t'en !* ;
갑시다 vs 가자, *Allons-nous-en !*

▶ 복습 대화

Nous vous conseillons de commencer par faire une traduction littérale de ces phrases afin de décortiquer toutes les expressions avant de les tourner de façon plus naturelle en français.

1 아들, 딸 많이 낳고 행복하게 잘
  사세요 !
  adeul, ttal manhi nah-gô hèngbôghagé djal sa-séyô

2 박물관에서 떠들지 마세요.
  bagmoulgwan-éso ttodeul-dji ma-séyô

3 냉장고에 아무것도 없니 ?
  nèngdjanggô-é amougos-dô obs-ni

4 곧 졸업식이라서 조금 슬퍼.
  gôd djôlobsig-ilaso djôgeum seulpʰ-o

5 언제 한국어 시험을 보세요 ?
  ondjé han'gougo sihom-eul bô-séyô

6 이번 여름에 어디로 피서를 갈 거예요 ?
  ibon yoleum-é odi-lô pʰiso-leul ga-l goyéyô

7 한국에 갔으면 좋겠어요.
  han'goug-é g-asseumyon djôhgéss-oyô

8 언제 부부가 되셨어요 ?
  ondjé boubou-ga dwé-sy-oss-oyô

9 얼굴에 눈, 코, 입이 있어요.
olgoul-é noun, kʰô, ib-i iss-oyô

10 약은 약국에서 사야 하잖아요.
yag-eun yaggoug-éso s-aya ha-djanhayô

64

제육십사 과

윤지는 안경을 써요 ¹.
youn-dji-neun an'gyong-eul ss-oyô

1 – 이상하게 요즘 눈이 잘 안 보여. ²
isanghagé yôdjeum noun-i djal an bôy-o

2 눈이 더 나빠진 것 같은데... ³
noun-i do napp-adji-n gos gatʰ-eundé

3 – 안경을 새로 해야겠네. ⁴
an'gyong-eul sèlô hè-ya-géss-né

: Notes

1 안경, *lunettes*. Pour dire *porter des lunettes*, on peut utiliser 안경을 쓰다 ou 안경을 끼다. Pour *ôter/enlever des lunettes*, on dira 안경을 벗다.

2 이상하 (이상하다, *être étrange, bizarre, anormal*) + 게, sfx. adverbe = *bizarrement, étrangement* ; 눈, *yeux*, 눈이 잘 보이다, litt. "les yeux se voient bien", 눈이 잘 안 보이 (눈이 잘 안 보이다, litt. "les yeux ne se voient pas bien") + 어, terminaison au style familier = *Je ne vois pas bien*.

3 눈이 좋다, *avoir une bonne vue* ; 눈이 나빠 (눈이 나쁘다, *avoir une mauvaise vue*) + 아지 (어/아지다, *devenir*) + ㄴ 것 같 (은/ㄴ 것 같다, *il*

Traduction

1 Ayez beaucoup de garçons et de filles et vivez heureux ! **2** Ne parlez pas (si) fort au musée. **3** Il n'y a rien [à manger] dans le frigo ? **4** Je suis un peu triste car c'est bientôt la cérémonie de fin d'études. **5** Quand passez-vous l'examen de coréen ? **6** Où allez-vous partir en vacances cet été ? **7** Ce serait bien si je partais en Corée. **8** Quand vous êtes-vous mariés ? **9** Il y a les yeux, le nez, la bouche sur le visage. **10** Comme vous le savez, il faut acheter les médicaments dans une pharmacie.

Deuxième vague : 14e leçon

64

Soixante-quatrième leçon

Yun-ji porte des lunettes

1 – C'est bizarre… [Je] ne vois pas [très] bien ces derniers temps.

2 [J']ai l'impression que [mes] yeux sont affaiblis…

3 – [Yun-ji, il] faut [que tu] fasses refaire [tes] lunettes.

---

semble que, avoir l'impression que) + 은데, terminaison orale = litt. "il semble que ma vue est devenue plus mauvaise…". L'adverbe comparatif 더, *plus*, se trouve devant le verbe : 나쁘다.

• 눈이 좋다, litt. "les yeux sont bien", et 눈이 잘 보이다, litt. "les yeux se voient bien", sont synonymes et signifient *avoir une bonne vue*. De même, 눈이 나쁘다, litt. "les yeux sont mauvais", et 눈이 잘 안 보이다, litt. "les yeux ne se voient pas", sont synonymes et veulent dire *avoir une mauvaise vue*.

4 안경을 하 (안경(을) 하다/맞추다, *faire faire des lunettes*) + 어야겠 (어/아야겠다, *falloir*) + 네, terminaison orale exclamative au style familier, non poli (≈ 네요, poli) = litt. "il faut faire faire de nouveau tes lunettes". L'adverbe 새로, *de nouveau, nouvellement*, se trouve devant le verbe : 하다. Le verbe auxiliaire 어/아야겠다, *falloir*, exprime une obligation (il est similaire à 어/아야 하다, *devoir*, ex. : 쉬어야 해요, *Vous devez bien vous reposer*, vu en L40, ph. 3).

i-bèg-gou-sib-i 이백구십이 • 292

4 안경점에 혼자 가기 싫으면 언니랑
    같이 갈래 ? [5]

    an'gyongdjom-é hôndja ga-gi silh-eumyon onni-lang
    gatʰi ga-llè

5 (안경점에서)
    (an'gyongdjom-éso)

 – 이 안경 한번 써 봐도 돼요 ? [6]
    i an'gyong hanbon ss-o bw-adô dwèyô

6 – 네, 고객님. 그 안경이 고객님께 잘
    어울릴 것 같아요. [7]

    né, gôgègnim. geu an'gyong-i gôgègnim-kké djal
    o'oulli-l gos gatʰ-ayô

7 – 언니 ! 나 어때 ? 이 안경이 마음에 쏙
    드는데... [8]

    onni ! na ottè ? i an'gyong-i ma'eumé ssôg deu-
    neundé

8 – 응, 괜찮아. 똑똑해 보여. [9] ☐

    eung, gwèntchanh-a. ttôgttôghè bôy-o

█ : Notes

5 안경점, *chez l'opticien*, *magasin de lunettes* (≠ 안경집, *étui à lunettes*) +
혼자, *seul* + 가 (가다, *aller*) + 기 싫 (...기 싫다, accolé au radical verbal,
ne pas aimer...) + 으면, *si* = *Si tu n'aimes pas (y) aller seul* ; 언니, *grande
sœur* + 랑 (이랑/랑, *avec*) + 같이, *ensemble* + 가 (가다, *aller*) + ㄹ래 ? (을/
ㄹ래, terminaison orale d'intention au style familier = litt. "tu veux y
aller ensemble avec grande-sœur (moi) ?".

• 을/ㄹ래 est une terminaison orale qui sert à exprimer ce que l'on veut
faire ou à demander à un interlocuteur ce qu'il/elle veut faire. Au style poli,
elle se présente ainsi : 같이 갈래요 ?, "voulez-vous y aller ensemble ?".

6 안경 써 (안경(을) 쓰다, *porter des lunettes*) + 어 보((한번) ...어/아 보다,
essayer de... (une fois)) + 아도 되 (어/아도 되다, *permettre*) + 어요 = litt.

4   Si [tu] n'aimes pas aller seule chez l'opticien, [tu
      veux que j'y] aille avec toi ?

5   *(Chez l'opticien)*
      – Puis[-je] essayer cette [paire de] lunettes ?

6 – Bien sûr mademoiselle. Je pense [qu'elles] vous iront
      bien.

7 – So-yun ! Comment [tu] me trouves ? Ces lunettes me
      plaisent [vraiment]...

8 – Oui, c'est pas mal. [Cela te] donne un air intelligent !

"vous permettez que j'essaie une fois de porter ces lunettes ?". 한번,
une fois, peut éventuellement se placer devant le verbe.

7   그 안경이 고객님께 잘 어울리 (A이/가 B에게 (잘) 어울리다, *A aller
bien avec B*, "les lunettes A vont bien avec client B") + ㄹ 것 같 (을/ㄹ
것 같다, *je pense que, il semble que*) + 아요 = litt. "je pense que ces
lunettes vont très bien avec vous, client". La P.COI 에게 de "B에게"
peut être remplacée par 께 pour la version honorifique comme nous
l'avons déjà vu, par ex., en L50, ph. 3 : 할아버지께, *pour son grand-père*.
• Dans les commerces, le/la vendeur(-euse) appelle généralement un
client 고객님 (terme sino-coréen, 고객, *client* + 님, terme honorifique
≈ 손님, terme coréen). Dans les petits commerces où règne une am-
biance familiale, les clients peuvent être désignés par les termes, 언니,
grande sœur, ou 오빠, *grand frère*, plus familiers.

8   나, *je* + 어떠 (어떻다, *être comment ?*) + 어 = litt. "je suis comment ?",
Comment tu me trouves ? ; 마음, *cœur*, 안경이 마음에 드 (A이/가 (B)
마음에 (쏙) 들다, *A plaire à B* ; "les lunettes plaisent à moi", verbe
irrégulier en ㄹ) + 는데, terminaison orale = *Ces lunettes me plaisent...*
쏙 est une onomatopée qui, ici, pourrait être considérée comme un
adverbe ayant pour fonction d'insister sur le verbe 마음에 들다, *plaire*.
Ainsi, 마음에 쏙 들다 signifie *plaire en tout point*.
• 저 et 나 signifient *je, me, moi*. La première est une forme humble qui
s'accorde avec le style poli et le style ultra formel ; la seconde avec le style
familier. Au pluriel, on utilisera 저희 (humble) et 우리 (neutre), *nous, notre*.

9   괜찮 (괜찮다, *être pas mal*) + 아 = *C'est pas mal* ; 똑똑하 (똑똑하다, *être
intelligent*) + 어 보 (어/아 보이다, *il paraît que*) + 어 = litt. "tu me parais
intelligente".

연습 1 – 번역하십시오.
❶ 안경을 맞추러 갈까요 ? ❷ 이상하게 요즘 눈이 잘 안 보여요. ❸ 그럼 내일 같이 갈래 ? ❹ 이 옷이 소윤이한테 잘 어울려요. ❺ 윤지한테도 잘 어울릴까요 ?

***

연습 2 – 빈칸을 채우십시오.
❶ Ces lunettes te plaisent, David ? (style poli)
이 안경이 다비드 씨 ___ ___?

❷ Tu as l'air plus jolie aujourd'hui. (*paraître jolie*, style poli)
오늘 더 __ ___.

❸ Ça te va bien. (style poli)
잘 ____.

❹ Je ne veux pas aller au travail aujourd'hui. (*ne pas aimer aller à l'entreprise*, style poli)
오늘은 회사 ___ ___.

❺ Puis-je le toucher ? (*permettre d'essayer de toucher*)
__ ___ 돼요 ?

***

연습 3 – 한글로 쓰십시오.
❶ *lunettes* ❷ *porter des lunettes* (infinitif) ❸ *être intelligent* (infinitif)

Corrigé de l'exercice 1

❶ On va faire faire des lunettes ? ❷ C'est bizarre, je ne vois pas très bien en ce moment. ❸ Dans ce cas, tu veux qu'on y aille ensemble demain ? ❹ Ce vêtement va bien à So-yun. ❺ Ça irait aussi à Yun-ji ?

***

Corrigé de l'exercice 2

❶ – 마음에 들어요 ❷ – 예뻐 보여요 ❸ – 어울려요
❹ – 가기가 싫어요 ❺ 만져 봐도 –

나 어때 ?

Corrigé de l'exercice 3

❶ 안경 ❷ 안경을 쓰다/끼다 ❸ 똑똑하다

Deuxième vague : 15ᵉ leçon

육십오 과

Aujourd'hui, nous allons évaluer vos connaissances de la langue coréenne. Rassurez-vous, il ne s'agit pas d'un véritable examen mais d'un échantillon de questions types que vous pourriez retrouver si

▶

정답과 오답
djongdab-gwa ôdab

1 {시험 문제} ¹
{sihom moundjé}

<보기>와 같이 답하십시오. ²
bôgi-wa gatʰi dabha-sibsiô

2 다음 글을 읽고 물음에 답하십시오. ³
da'eum geul-eul ilg-gô mouleum-é dabha-sibsiô

3 들은 내용과 같으면 O, 다르면 X
하십시오. ⁴
deul-eun nèyông-gwa gatʰ-eumyon O, daleu-myon X
ha-sibsiô

4 맞게 연결하십시오. ⁵
madjgé yongyolha-sibsiô

◼ : Notes

1 시험, *examen* ; 문제, *questionnaire, question* (d'examen).

2 보기, *exemple* + 와 같이, *comme* (nom + 와/과 같이, *comme* nom) + 답, *réponse*, 답하 (답하다, *répondre*) + 십시오, terminaison impérative au style ultra formel = litt. "répondez comme l'exemple".
  • 으십시오 (après une consonne) / 십시오 (après une voyelle) sont les terminaisons impératives au style ultra formel. Comme nous l'avons

Soixante-cinquième leçon

vous décidiez de passer un test comme le TOPIK (Test Of Proficiency In Korean) par exemple. Nous vous en dirons plus à ce sujet dans la note culturelle, à la fin de la leçon. Nous croisons les doigts pour vous !

Bonne réponse et mauvaise réponse

1 {questionnaire *(d')*examen}
Répondez comme [dans] l'exemple [donné].
2 Lisez le texte suivant et répondez aux questions.
3 [Si l'énoncé suivant] est vrai par rapport à *(avec)* ce que [vous] avez écouté, mettez O ; s'[il] est différent, mettez X.
4 Reliez [les éléments] correctement.

déjà vu en L58, note 1, on les retrouve dans les consignes des exercices que vous retrouvez à chaque leçon.

3 다음, *suivant* + 글, *texte* + 을, P.COD + 읽 (읽다, *lire*) + 고, *et* = litt. "lisez le texte suivant et" ; 물음, *interrogation*, *question* + 에, 답하 (…에 답하 다, *répondre à…*) + 십시오 = litt. "répondez à la question".
• 에, que l'on connaît en tant que P.temps et P.lieu, peut également être une particule de complément circonstanciel précisant la circonstance du verbe, ex. : but, moyen, etc.

4 들 (듣다, *écouter*) + 은, sfx. proposition au passé + 내용, *contenu* + 과 같 (…와/과 같다, *être identique à…*) + 으면, *si* + O (동그라미) + 다르 (다 르다, *être différent*) + 면, *si* + X (엑스) + 하 (하다, *faire*) + 십시오 = litt. "si c'est identique au contenu qu'on a entendu, faites O, si c'est différent, faites X".

5 맞 (맞다, *être correct/juste* + 게, sfx. adverbe = *correctement*) + 연결하 (연결하다, *relier*) + 십시오.

5 빈칸에 들어갈 알맞은 답을
고르십시오. [6]
binkʰan-é deuloga-l almadj-eun dab-eul gôleu-sibsiô

6 맞지 않는 것을 [7] 고르십시오.   ☐
madj-dji anh-neun gos-eul gôleu-sibsiô

■ Notes
6 빈칸, *partie manquante (d'une phrase)* + 에, P.CC, 들어가 (...에 들어가다, *être inséré à/dans/entre*) + ㄹ, sfx. proposition au futur + 알맞 (알맞다, *être adéquat*) + 은, sfx. adjectif + 답, *réponse* + 을, P. COD = litt. "réponse adéquate qui va être insérée dans la partie vide".

***

▶ 연습 1 – 번역하십시오.
❶ 이 글의 내용은 무엇입니까 ? ❷ 맞는 것을
고르십시오. ❸ <보기>와 같은 것이 무엇입니까 ?
❹ 다음을 잘 들으십시오. ❺ 정답을 고르십시오.

***

연습 2 – 빈칸을 채우십시오.
❶ Choisissez la bonne réponse. (ultra formel)
정답을 _ _ _ _ _.

❷ Écrivez la bonne réponse. *(réponse qui est correcte)*
_ _ _ _ _ 쓰십시오.

❸ Répondez à la question. *(interrogation)*
_ _ _ 답하십시오.

***

연습 3 – 한글로 쓰십시오.
❶ *questionnaire d'examen* ❷ *partie manquante (d'une phrase)*
❸ *mauvaise réponse*

5 Choisissez la bonne réponse à insérer dans la partie manquante [d'une phrase].

6 Choisissez ce qui n'est pas correct.

7 맞 (맞다, *être correct*) + 지 않 (지 않다, *ne pas*) + 는, sfx. proposition + 것, *chose* = litt. "chose qui n'est pas correcte".

***

Corrigé de l'exercice 1

❶ Quel est le contenu de ce texte ? ❷ Choisissez ce qui est correct. ❸ Quelle phrase est identique à l'exemple donné ? ❹ Écoutez attentivement (la conversation) suivante. ❺ Choisissez la bonne réponse.

***

❹ Sélectionnez la bonne réponse. *(la chose qui est adéquate)*

___ __ 고르십시오.

❺ Ce n'est pas pareil. *(ne pas être identique,* **style poli***)*

__ ___.

Corrigé de l'exercice 2

❶ – 고르십시오 ❷ 맞는 대답을 – ❸ 물음에 – ❹ 알맞은 것을 – ❺ 같지 않아요

***

Corrigé de l'exercice 3

❶ 시험 문제 ❷ 빈칸 ❸ 오답

Le TOPIK est une épreuve officielle permettant d'évaluer le niveau de coréen des non-natifs. Ce test existe depuis 1997 et il est géré par l'Institut national pour l'éducation internationale, 국립국제교육원 **gouglibgougdjégyôyougwon**, *affilié au ministère coréen de l'Éducation nationale. Il se présente, depuis 2014, en deux niveaux différents : le TOPIK 1 et le TOPIK 2. Selon les notes obtenues, un certificat attestant des compétences est délivré :*

66

제육십육 과

▶

제 취미요 ?
djé tchwimi-yô

1 – 여러분 ! 취미가 뭐예요 ?
yoloboun ! tchwimi-ga mwo-yéyô

2 저는 취미로 주말마다 테니스나
배드민턴을 쳐요 ¹. 다비드 씨는요 ?
djo-neun tchwimi-lô djoumal-mada tʰéniseu-na
bèdeumintʰon-eul tchy-oyô. dabideu ssi-neun-yô

3 – 저는 축구장에 가서 축구를 해요 ².
피에르 씨는요 ?
djo-neun tchouggoudjang-é g-aso tchouggou-leul
hèyô. pʰiéleu ssi-neun-yô

◼ : Notes

1 Certains verbes sont principalement employés pour les activités sportives. On utilise 치다, litt. "frapper", pour les sports nécessitant un outil que l'on tient à la main pour frapper une balle par exemple : 테니스, *tennis* + 나, *ou* + 배드민턴, *badminton* + 을, P.COD + 치 (치다, "frapper") + 어요 = *Je joue au tennis ou au badminton.*

TOPIK 1
Niveau 1 (équivalent au niveau A1 du Diplôme d'études en langue française (DELF))
Niveau 2 (équivalent au niveau A2 du DELF)
TOPIK 2
Niveau 3 (équivalent au niveau B1)
Niveau 4 (équivalent au niveau B2)
Niveau 5 (équivalent au niveau C1)
Niveau 6 (équivalent au niveau C2)

Deuxième vague : 16ᵉ leçon

66

Soixante-sixième leçon

Mes loisirs ?

1 – Quels sont [vos] loisirs/hobbies ? *(tout-le-monde ! loisir[-P.sujet] quoi-être)*

2 Je joue *(comme loisir)* au tennis ou au badminton chaque week-end. Et [vous], David ?

3 – Je vais au terrain de football pour [y] faire quelques matches. Et [vous], Pierre ?

• On utilise 하다, *faire*, pour la majorité des sports pratiqués en équipe, par ex. : 축구, *football* + 를, P.COD + 해요 = *Je joue au football* (ph. 3) ; 야구, *baseball* + 나, *ou* + 농구, *basketball* + 를, P.COD + 해요 = *Je joue au baseball ou au basketball* (ph. 4). Notez que *jouer au baseball* utilise le verbe 하다, *faire*, et non 치다, litt. "frapper", bien que l'on emploie une batte.

2 축구, *football* ; 축구장, *terrain de football*, 축구장에 가 (가다, *aller*) + 아서 (어서/아서, *ensuite*, *et*) = litt. "je vais au terrain de football ensuite là-bas je joue au football".

• Activité + 장 = lieu dédié à cette activité, ex. : 야구장, *stade de baseball* ; 농구장, *terrain de basketball* ; 테니스장, *terrain de tennis* ; 스키장, *station de ski* ; 스케이트장, *patinoire* ; 수영장, *piscine* ; 캠핑장, *site/terrain de camping* ; 운동장, *terrain de sport* ; 공사장, *chantier* ; 시험장, *site d'examen*.

4 – 저는 동네 친구들과 야구나 농구를
해요. 소윤 씨는요 ?

djo-neun dôngné tchin'gou-deul-gwa yagou-na
nônggou-leul hèyô. sô-youn ssi-neun-yô

5 – 저는 피아노를 연주하거나 공연이나
음악회를 보러 가요. ³

djo-neun pʰianô-leul yondjouha-gona gông'yon-ina
eumaghwé-leul bô-lo g-ayô

6 – 저도 피아노를 배워 볼까 하는데요 ⁴...

djo-dô pʰianô-leul bèw-o bô-lkka ha-neundéyô

7 저 좀 가르쳐 주실 수 있으세요 ? ⁵

djo djôm galeutchy-o djou-si-l sou iss-euséyô

8 – 피아노 수업을 한 적이 없어서 ⁶ 자신이
없는데요 ⁷...

pʰianô souob-eul ha-n djogi obs-oso djasin-i obs-
neundéyô

9 그래도 원하신다면 한번 도전해
볼게요. ⁸   □

geulèdô wonha-si-ndamyon hanbon dôdjonhè
bô-lgéyô

▐ ⁝ Notes

3 피아노, *piano* ; 피아노를 연주하 (피아노(를) 연주(를) 하다/치다, *jouer
du piano*) + 거나, *ou*, accolé au radical verbal, ce connecteur introduit
une alternative (*Je joue du piano ou [faire une autre activité]*) ; en revanche, 이나 (après une consonne) / 나 (après une voyelle), *ou*, est une
particule ayant la même fonction mais qui est accolée au nom, ex. : 공
연, *spectacle* + 이나, *ou* + 음악회, *concert* (≈ 콘서트, **concert** coréanisé) ;
야구나 농구, *baseball ou basketball* (ph. 4). 보 (보다, *voir*) + 러 가 (으
러/러 가다, *aller pour*) + 아요 = *Je vais voir un spectacle ou un concert.*

4 피아노를 배우 (피아노(를) 배우다, *apprendre le piano*) + 어 보 (어/아
보다, *essayer de*) + ㄹ까 하 (을/ㄹ 하다, litt. "penser faire", *penser à*)

---

4 – Je joue au baseball ou au basketball avec [mes] amis [du] quartier *(quartier amis[-pluriel]-avec)*. Et vous, So-yun ?

5 – Je joue du piano, ou [je] vais voir des spectacles ou des concerts.

6 – Moi aussi [je] pense à apprendre à jouer au piano *(mais)…*

7 Pourriez[-vous] m'apprendre ?

8 – *(Parce que)* [je] n'ai encore jamais donné de cours de piano, [je] ne suis pas sûr de réussir…

9 Tout de même, si [vous] voulez, [je m'y] mets.

+ 는데, terminaison orale + 요, politesse = litt. "je pense à essayer d'apprendre le piano mais…". Le verbe auxiliaire 을/ㄹ까 하다 sert à exprimer un projet ou un plan encore incertain, ex. : 6월에 한국에 갈 까 해요, (Ce n'est pas encore sûr mais) *Je pense aller en Corée en juin.*

5 저, *moi* + 가르치 (가르치다, *enseigner*) + 어 주 ((좀)… 어/아 주다, *faire qqch. pour qqn*) + 시, m. honorifique + ㄹ 수 있 (을/ㄹ 수 있다, *pouvoir*) + 으시, m.honorifique + 어요 = litt. "pouvez-vous (l')enseigner pour moi, svp ?". Notez que la marque honorifique 으시/시 peut être employée plusieurs fois dans une même phrase, comme ici, où elle est placée après chaque verbe (auxiliaire). Vous aurez sans doute remarqué que la P.COD 를 est omise après 저.

6 수업, *cours*, 피아노 수업을 하 (피아노 수업(을) 하다, *donner des cours de piano*) + ㄴ적이 없 (은/ㄴ 적이 없다, litt. "ne pas avoir") + 어서, *parce que = parce que je n'ai encore jamais donné de cours de piano.* Le verbe auxiliaire 은/ㄴ 적이 있다/없다 sert à exprimer une expérience qui s'est déjà produite ou non par le passé, ex. : 한국에 간 적이 있어 요 ?, *Êtes-vous (déjà) allé en Corée ?* ; 아니요, 아직 간 적이 없어요, *Non, je n'y suis pas encore allé.*

7 자신, *confiance*, 자신(이) 있다, *avoir confiance en soi* ; 자신이 없 (자신 (이) 없다, *ne pas avoir confiance en soi*) + 는데, terminaison orale + 요, politesse = *Je ne suis pas sûr de réussir.*

8 그래도, *tout de même, malgré tout cela, quand même* + 원하 (원하다, *désirer*) + 시, m. honorifique + 는/ㄴ다면 (≈ 으면/면, *si*) = litt. "tout de même, si vous le désirez" ; 한번, *une fois* + 도전, *défi*, 도전하 (도전하다, *se lancer un défi*) + 아 보 (어/아 보다, *essayer de*) + ㄹ게요, *futur certain* = litt. "je vais essayer de me lancer un défi une fois".

▶ 연습 1 – 번역하십시오.
❶ 취미로 피아노를 배울까 해요. ❷ 공연이나 음악회를 자주 보러 가세요 ? ❸ 한국어 수업을 한 적이 있어요. ❹ 동네 친구들과 야구하러 가요. ❺ 학교 친구들과 축구하러 갈까 해요.

***

연습 2 – 빈칸을 채우십시오.
❶ Je pense jouer au football ce week-end. (style poli)
주말에 _ _ _ _ _ _.

❷ Pourriez-vous m'apprendre à jouer au tennis ? (*vous pourrez apprendre le tennis pour moi,* style poli avec la m. honorifique)
테니스를 _ _ _ _ _ _ _ _ _ ?

❸ Avez-vous déjà joué au tennis ? (style poli)
배드민턴을 _ _ _ _ _ _ ?

❹ Avez-[vous] confiance en vous ? (style poli)
_ _ _ _ _ _ ?

❺ Je n'ai encore jamais vu de concert en Corée. (style poli)
한국에서 음악회를 _ _ _ _ _ _.

***

연습 3 – 한글로 쓰십시오.
❶ *loisir* ❷ *terrain de football* ❸ *concert*

Corrigé de l'exercice 1

❶ Je pense apprendre le piano *(comme loisir)*. ❷ Vous allez souvent voir des spectacles ou des concerts ? ❸ J'ai déjà donné des cours de coréen. ❹ Je vais jouer au baseball avec mes amis du quartier. ❺ Je pense aller jouer au football avec mes amis de l'école.

***

Corrigé de l'exercice 2

❶ – 축구를 할까 해요 ❷ – 가르쳐 주실 수 있으세요
❸ – 친 적이 있어요 ❹ 자신 있으세요 ❺ – 본 적이 없어요

Corrigé de l'exercice 3

❶ 취미 ❷ 축구장 ❸ 음악회/콘서트

Deuxième vague : 17ᵉ leçon

제육십칠 과

한국의 전세 제도 [1]
han'goug-eui djonsé djédô

1 다니는 교환 학생으로 한국에 온
프랑스 학생입니다. [2]
dani-neun gyôhwan hagsèng-eulô han'goug-é ô-n
pʰeulangseu hagsèng-i-bni-da

2 개강 전에 집을 구해야 하는데, [3]
gègang djon-é djib-eul gouhè-ya ha-neundé

3 하숙집, 대학교 기숙사, 원룸 중에서
무엇을 선택해야 할지 고민입니다. [4]
hasougdjib, dèhaggyô gisougsa, wonloum djoung-
éso mouos-eul sontʰèghè-ya ha-ldji gômin-i-bni-da

4 하숙집은 주인 아주머니가 항상 음식을
준비해 주셔서 편합니다. [5]
hasougdjib-eun joui'n adjoumoni-ga hangsang
eumsig-eul djounbihè djou-sy-oso pʰyonha-bni-da

⬛ Notes

1 한국, *Corée* + 의, *de* + 전세, *Jeonse* + 제도, *système*. Le 전세 est un système de location couramment pratiqué en Corée. Reportez-vous à la
note culturelle à la fin de cette leçon pour plus de précisions sur cette
particularité coréenne.

2 교환, *échange* ; 교환하다, *échanger* ; 교환 학생, litt. "étudiant échange"
+ 으로, *en tant que* + 한국에 오 (오다, *venir*) + ㄴ, sfx. proposition au
passé + 프랑스 학생, *étudiant français* = litt. "étudiant français qui est
venu en Corée en tant qu'étudiant échange" ; 이 (이다, *être*) + ㅂ니다 =
litt. "Dani est étudiante". Voyez à nouveau comme le verbe 이다, *être*,
s'accole au complément qui le précède.

Soixante-septième leçon

Le système *Jeonse* en *(de)* Corée

1   Dani est une étudiante française. [Elle] est en Corée dans le cadre d'un échange [universitaire].
2   [Elle] doit trouver un logement avant la rentrée mais
3   [elle] ne sait pas quoi choisir : la famille d'accueil, la résidence universitaire ou le studio.
4   La famille d'accueil, [c']est pratique, car il n'y pas à se soucier de faire la cuisine.

---

3   개강, *rentrée scolaire* (종강, *fin des cours*) + 전, *avant* (후, *après*) = *avant la rentrée scolaire* ; 집, *logement* + 을, P.COD + 구하 (구하다, *trouver*) + 아야 하 (어/아야 하다, *devoir*) + 는데, *mais*, connecteur oral = *Elle doit trouver un logement mais…*

4   하숙집, *famille d'accueil* + 대학교, *université*, 기숙사, *résidence* + 원룸, *studio*, **one room** (anglais = *une pièce*) coréanisé + 중에서, *parmi* = litt. "parmi la famille d'accueil, la résidence universitaire et le studio" ; 무엇, *que* + 을, P.COD + 선택하 (선택하다, *choisir*) + 아야 하 (어/아야 하다, *devoir*) + ㄹ지 (을/ㄹ지, connecteur d'interrogation, *si*) + 고민, *préoccupation, souci*, 고민이 (고민이다, *se préoccuper, se tracasser, se soucier*) + ㅂ니다 = litt. "elle se soucie quoi elle doit choisir".
   • Le connecteur 을/ㄹ지 accolé au radical verbal correspond au *si* d'interrogation, ex.: 한국에 갈지 고민이에요, litt. "je me soucie si je vais en Corée", *J'hésite à aller en Corée* (cet été) ; 한국에 갈 수 있을지 모르겠어요, litt. "je ne sais pas si je peux aller en Corée", *Je ne sais pas (encore) si je pourrais aller en Corée*.

5   주인 아주머니, litt "dame propriétaire", *l'hôte*, loue une chambre chez elle avec pension complète ou demi-pension.
   항상, *toujours* + 음식, *plat* + 을, P.COD + 준비, *préparation*, 준비하 (준비하다, *préparer*) + 아 주 (어/아 주다, *faire qqch. pour qqn*) + 시, m. honorifique + 어서 (어서/아서, *car*) = litt. "car la dame de famille d'accueil prépare toujours les plats pour moi" ; 편하 (편하다, *être pratique, libre de tout souci, confortable*) + ㅂ니다 = *C'est pratique.*

5 청소도 해 주셔서 방이 늘 깨끗합니다. [6]
tchongsô-dô hè djou-sy-oso bang-i neul
kkèkkeusha-bni-da

6 기숙사는 룸메이트와 방을 함께
사용해서 [7] 조금 불편하기는 하지만 [8]
gisougsa-neun loumméit^heu-wa bang-eul hamkké
sayônghèso djôgeum boulp^hyonha-gineun ha-djiman

7 친해지면 날마나 즐겁게 지낼 수
있습니다. [9]
tchinhèdji-myon nalmada djeulgobgé djinè-l sou
iss-seubni-da

8 원룸은 혼자 살기 때문에 [10] 자유롭기는
하지만
wonloum-eun hôndja sal-gi ttèmouné djayoulôb-
gineun ha-djiman

9 전세 보증금이 많이 부담스럽습니다. [11]
djonsé bôdjeunggeum-i manhi boudamseulob-
seubni-da

: Notes

6 청소, *nettoyage*, 청소 하 (청소(를) 하다, *faire le ménage, nettoyer*) + 아
주 (어/아 주다, *faire qqch. pour qqn*) + 시 + 어서 (어서/아서, *parce que*) =
litt. "parce qu'elle fait aussi le ménage pour moi". La particule 도, *aussi*,
remplace la P.COD du verbe *faire le ménage* ; 방, *chambre* + 이, P.sujet
+ 늘, *toujours* (≈ 항상, *toujours*, sino-coréen) + 깨끗하 (깨끗하다, *être
propre*) + ㅂ니다 = *La chambre est toujours propre.*

7 기숙사, *résidence* (universitaire) + 는, P.thème + 룸메이트, *colocataire*,
roommate (anglais) coréanisé + 와 (와/과, *avec*) + 방, *chambre* + 을,
P.COD + 함께, *ensemble* + 사용, *utilisation*, 사용하 (사용하다, *utiliser*) +
어서 (어서/아서, *car*) = litt. "parce qu'on utilise la chambre ensemble
avec un/des colocataire(s)".

5 La chambre est toujours propre car [l'hôte] fait
également le ménage.

6 La résidence, [c']est moins confortable car il faut
partager la chambre avec un ou des colocataire(s) mais

7 si [on] s'entend bien, [ça] peut être sympa.

8 [Quant au] studio, [c']est la liberté car [on] vit seul mais

9 le dépôt [de] *jeonse* est très lourd financièrement.

8 조금, *un peu* + 불편하 (불편하다, *être inconfortable, ne pas être pratique*) + 기는 하지만 (A 기는 하지만 B, *(faire) A mais B*) = litt. "c'est un peu inconfortable mais…".
• La forme A 기는 하지만 B s'accole au radical verbal pour confirmer un aspect d'une chose (A), avant d'affirmer un autre aspect, le revers de cette chose (B), ex. : 자유롭 (자유롭다, *être libre, se sentir libre*) + 기는 하지만, *(faire) il est vrai que A mais il est aussi B* = litt. "il est vrai qu'on se sent libre mais…" (ph. 8).

9 친하 (친하다, *être proche (de qqn)*) + 아지 (어/아지다, *devenir*) + 면 (으면/면, *si, de condition*) = litt. "si on devient proche" ; 날, *jour* (≈일, *jour*, sino-coréen. Attention ! Dans cette phrase ces deux mots, pourtant synonymes, ne sont pas interchangeables), 마다, *chaque*, 날마다, *chaque jour* + 즐겁게 (즐겁다, *être joyeux* + 게, sfx. adverbe = *joyeusement*) + 지내 (지내다, *passer (du temps), vivre*) + ㄹ 수 있 (을/ㄹ 수 있다, *pouvoir*) + 습니다 = litt. "chaque jour, on peut vivre joyeusement".

10 혼자, *seul* + 살 (살다, *habiter*) + 기 때문에, *car = car on vit seul* ; 기 때문에, *parce que, car, comme*, s'accole au radical verbal, quelle que soit la dernière lettre, ex. : 비싸기 때문에, *parce que c'est cher*.

11 전세 + 보증금, *caution* + 많이, *beaucoup*, adverbe venant du verbe 많다, *être nombreux* + 부담스럽 (부담스럽다, *être pesant, gênant*) + 습니다 = litt. "la caution de Jeonse est pesante".

10 다니는 오늘도 월세가 싼 원룸 광고를
열심히 찾고 있습니다 [12].

dani-neun ôneul-dô wolsé-ga ssa-n wonloum
gwanggô-leul yolsimhi tchadj-gô iss-seubni-da

11 – "어휴 ! 집 구하기가 이렇게 어려울
줄이야..." [13]   ☐

ohyou ! djib gouha-giga ilohgé olyo'ou-l djouliya

▌ Notes

12 월세, *loyer mensuel* + 가, P.sujet + 싸 (싸다, *être peu cher*) + ㄴ, *sfx.*
proposition + 원룸, *studio* + 광고, *publicité, annonce* = litt. "annonce de

***

⏵ 연습 1 – 번역하십시오.
❶ 친구가 놀러 와서 좋아요. **❷** 기다리는 사람이
이렇게 많을 줄이야... **❸** 저는 한국에서 즐겁게 지내고
있어요. **❹** 하숙집이 편해요 ? 불편해요 ? **❺** 청소를
해서 방이 깨끗해졌어요.

***

연습 2 – 빈칸을 채우십시오.
❶ Est-ce dur de mémoriser le vocabulaire ?
단어 ＿＿＿＿ 어려우세요 ?

❷ Je ne sais pas si je verrai mes amis demain. (style poli)
내일 친구를 ＿＿ ＿ ＿＿＿＿＿.

❸ La résidence universitaire est bon marché mais on ne s'y sent
pas libre.
대학교 기숙사가 ＿＿ ＿＿ 자유롭지 않아요.

***

연습 3 – 한글로 쓰십시오.
❶ *famille d'accueil* **❷** *résidence universitaire* **❸** *studio*

10   Dani est toujours à la recherche d'une annonce [de] studio pas cher.

11 –   "Pfiou ! (*Je ne savais pas que*) trouver un logement était si difficile…"

studio dont le loyer est peu cher" ; 열심히, *ardemment, de manière déterminée* + 찾 (찾다, *chercher*) + 고 있 (고 있다, *être en train de*) + 습니다 = litt. "elle est en train de chercher avec ardeur".

13   집, *logement* + 구하 (구하다, *trouver*) + 기가 어려우 (기가 어렵다, *être dur à/de*) + ㄹ 줄이야 (을/ㄹ 줄이야, *terminaison orale chargée d'étonnement qui s'accole au radical verbal, sous-entendu* "*je ne savais pas*") = litt. "(je ne savais pas que) trouver un logement est aussi dur".

***

Corrigé de l'exercice 1

❶ Je suis content parce que mes amis sont venus me voir. **❷** Je ne savais pas qu'il y avait autant de monde en attente… **❸** Mon séjour en Corée se passe très bien. **❹** Vivre en famille d'accueil, c'est pratique ou pas ? **❺** (*Parce que*) j'ai fait le ménage, la chambre est (*devenue*) propre à présent.

***

❹ Je suis devenu proche de mon colocataire. (style poli)
룸메이트와 _____.

❺ J'ai beaucoup d'amis parce que j'habite dans une résidence universitaire.
저는 대학교 기숙사에 __ ___ 친구가 많아요.

Corrigé de l'exercice 2

❶ – 외우기가 – **❷** – 만날지 잘 모르겠어요 **❸** – 싸기는 한데 –
❹ – 친해졌어요 **❺** – 살기 때문에 –

***

Corrigé de l'exercice 3

❶ 하숙집 **❷** 대학교 기숙사 **❸** 원룸

Le 전세 *est un système locatif immobilier propre à la Corée. Le locataire paie une somme importante au propriétaire, le dépôt, en entrant dans le logement où il souhaite vivre mais il ne paie pas de loyer pendant la durée de la location. Le locataire paie cependant des charges comme l'eau, l'électricité, l'accès à Internet, etc. Vit-il gratuitement pour autant ? Plus ou moins. En fait, le locataire prête son argent au propriétaire qui l'investit et le fait fructifier. Le locataire retrouve sa caution à la fin du bail. À l'époque où les prix*

68

제육십팔 과

장래 희망이 뭐니 ? [1]
djanglè heuimang-i mwo-ni

1 – 우리 엄마는 [2] 꽃을 아주 사랑하셔 [3].
ouli omma-neun kkôtch-eul adjou salangha-sy-o

2 꽃집에서 일을 하셔.
kkôtch djib-éso il-eul ha-sy-o

3 엄마한테는 항상 꽃향기가 나. [4]
omma-hantʰé-neun hangsang kkôtchʰyang'gi-ga n-a

4 나도 엄마처럼 플로리스트가 되고 싶어. [5]
na-dô omma-tcholom pʰeullôliseutʰeu-ga dwé-gô sipʰ-o

5 그리고 우리 아빠는 우체부셔.
geuligô ouli appa-neun outchébou-sy-o

⬛ : Notes

1 장래, *avenir* ; 희망, *espoir, souhait* ; 장래 희망, *métier qu'on veut faire plus tard* + 이, P.sujet + 뭐, *quoi* + 이 (이다, *être*) + 니 ? = litt. "c'est quoi le métier que tu veux faire plus tard ?". La formation de 이 (이다, *être*) et de 니 ?, interrogatif familier, diffère selon la dernière lettre du complément : 이니 ? (après une consonne) / 니 ? (après une voyelle), ex.: 한국 사람이니 ?, *Es-tu coréen ?* Si l'on souhaite s'exprimer de façon plus polie, la forme 장래 희망이 어떻게 되세요 (되 (되다, *devenir*) + 시 + 어

de l'immobilier n'arrêtaient pas d'augmenter, tout le monde était gagnant mais avec la stagnation immobilière de ces dernières années, les propriétaires veulent désormais à la fois le dépôt et un loyer, dont le montant mensuel dépend du montant du dépôt de départ. Plus le dépôt est faible, plus le loyer sera élevé.

Deuxième vague : 18ᵉ leçon

68

Soixante-huitième leçon

Qu'est ce que [tu] veux faire dans l'avenir ?

1 – Ma maman aime beaucoup les fleurs.
2 [Elle] travaille chez une fleuriste *(dans une boutique de fleurs)*.
3 Ma maman sent toujours bon les fleurs.
4 Moi aussi, [je] veux devenir fleuriste, comme maman.
5 Mon papa est facteur.

요) ?, litt. "métier que vous voulez faire plus tard est comment ?", sera plus appropriée.

2 우리, *notre* + 엄마, *maman* = litt. "notre maman", *ma maman*. En coréen, on dit plutôt *notre maman* (avec 우리 ou 저희 (forme plus soutenue)) que *ma maman*, *mon papa*, *mon pays*, car on met plus en valeur le groupe (*notre*) que l'individu (*mon*).

3 꽃, *fleur* + 을, P.COD + 사랑하 (사랑하다, *aimer*) + 시 + 어 = *Elle aime les fleurs.* Cette tournure est empreinte de déférence envers la maman (sujet de la phrase) grâce à la m. honorifique, et comporte une pointe de familiarité obtenue grâce à la terminaison familière 어/아.

4 엄마, *maman* + 한테, P.COI + 는, P.thème = litt. "à maman", *chez maman* ; 향기, *parfum* ; 꽃향기, *parfum de fleur* ; 향기가 나 (향기가 나다, *sentir bon, le parfum émane de*) + 아 = litt. "le parfum de fleur émane d'elle".

5 나, *moi* + 도, *aussi* + 엄마, *maman* + 처럼, *comme* = *moi aussi comme maman* ; 플로리스트, **florist** (anglais = *fleuriste*) coréanisé + 가 되 (...이/가 되다, *devenir...*) + 고 싶 (고 싶다, *vouloir*) + 어 = *Je veux devenir...*

6   편지하고 소포를 배달하셔. [6]
p^hyondji-hagô sôp^hô-leul bèdalha-sy-o

7   우체통을 볼 때마다 아빠 생각이 나. [7]
outchét^hông-eul bô-l ttè-mada appa sènggag-i n-a

8 – 우리 엄마는 책 읽기를 아주 좋아하셔. [8]
ouli omma-neun tchèg ilg-gi-leul adjou djôhaha-sy-o

9   엄마는 도서관에서 일을 하셔.
omma-neun dôsogwan-éso il-eul ha-sy-o

10   나는 엄마랑 책을 사러 서점에 자주 가. [9]
na-neun omma-lang tchèg-eul sa-lo sodjom-é
djadjou g-a

11   우리 아빠는 약사야. 지하철역 앞에
있는 약국에서 일하셔. [10]
ouli appa-neun yagsa-ya. djihatcholyog ap^h-é iss-
neun yaggoug-éso ilha-sy-o

12   내 장래 희망은 글쎄 아직 잘
모르겠어. [11]   □
nè djanglè heuimang-eun geulssé adjig djal môleu-
géss-o

![icon]: Notes

6   편지, *lettre* (편지지, *papier à lettre*, 편지 봉투, *enveloppe*) + 하고, *et* + 소
포, *colis* + 를, P. COD + 배달, *livraison* + 배달하 (배달하다, *livrer*) + 시 + 어
= litt. "il livre…".

7   우체통, *boîte aux lettres* (우체국, *bureau de poste*) + 을, P.COD + 보 (보
다, *voir*) + ㄹ 때 (을/ㄹ 때, *quand, lorsque*) + 마다, *chaque* = litt. "chaque
fois quand je vois une boîte aux lettres" ; 아빠, *papa* + 생각, *pensée*,
생각이 나 (생각이 나다, *penser à, se rappeler*) + 아 = "je pense à mon
père". Le verbe 생각(이) 나다 s'emploie avec un nom, ex.: 와인 생각이
나요, *(Lorsque je mange du fromage) … cela me rappelle le vin* [impli-

6 [Il] distribue des lettres et des colis.

7 [Je] pense à lui chaque fois que [je] vois une boîte aux lettres.

8 – Ma maman adore lire des livres.

9 Elle travaille dans une bibliothèque.

10 [Je] vais souvent à la librairie avec elle pour acheter des livres.

11 Mon papa est pharmacien. [Il] travaille dans une pharmacie qui se trouve devant une station de métro.

12 Le métier que je veux faire plus tard... eh bien... [je] ne sais pas encore !

---

quant qu'on a envie de boire du vin] ; 남자친구 생각이 나요, ... *je pense à mon petit ami*.

8 책, *livre* + 읽 (읽다, *lire*) + 기, sfx. nominalisation + 를, P.COD + 아주, *très, vraiment, beaucoup* + 좋아하 (좋아하다, *aimer*) + 시 + 어 = litt. "ma maman aime beaucoup lire des livres".

9 엄마, *maman* + 랑 (이랑/랑, *avec*) + 책, *livre* + 을, P.COD + 사 (사다, *acheter*) + 러 가 (으러/러 가다, *aller pour*) + 아 = litt. "je vais pour aller acheter les livres". L'adverbe 자주, *souvent*, et le nom 서점, *librairie* + 에, P.lieu = *à la librairie*, peuvent se placer un peu n'importe où dans la phrase.

10 약, *médicament* ; 약사, *pharmacien* + 이 (이다, *être*) + 아 = *Mon papa est pharmacien*. Le verbe 이다, *être*, et la terminaison de style familier 어/아 se contractent pour former 이야 (après une consonne) / 야 (après une voyelle) ; cette formation s'emploie en fonction de la dernière lettre du complément du verbe, ex. : 친구야, *C'est mon ami* ; 선생님이야, *C'est mon professeur*.
지하철, *métro* ; 지하철역, *station de métro* + 앞, *devant* + 에, P.lieu + 있 (있다, *se trouver*) + 는, sfx. proposition + 약국, *pharmacie* + 에서, P.lieu = *pharmacie qui se trouve devant la station de métro* ; 일하 (일하다, *travailler*) + 시 + 어 = *Il travaille...*

11 내, *mon, ma, mes*, est la forme contractée de 나, *moi* + 의, P.possessive, *de* (≈ 제, *mon, ma, mes* de 저, *moi* + 의, *de*, forme humble). 아직, *pas encore* + 잘, *bien* + 모르 (모르다, *ignorer*) 겠 + 어 = litt. "je ne sais pas bien encore".

▶ 연습 1 – 번역하십시오.

❶ 비가 오니까 부침개가 생각나요. **❷** 윤지야, 언제 할머니께 책을 읽어 드리니? **❸** 할아버지께서는 약사이십니다. **❹** 이번 주말에 나는 엄마랑 아빠랑 꽃집에 가. **❺** 엄마 ! 돈 좀 주세요.

***

연습 2 – 빈칸을 채우십시오.

❶ Ma maman est professeur de coréen. (le locuteur s'adresse à ses amis avec le style familier)
우리 엄마는 한국어 _ _ _ _ _·

❷ Je m'appelle Dani. *(mon prénom est Dani)*
_ 이름은 다니야.

❸ Je pense à ma mère. (style familier)
엄마 _ _ _ _·

❹ Mes parents habitent en France. (le locuteur s'adresse à ses amis avec le style familier)
우리 부모님은 프랑스에 _ _·

❺ Je veux devenir comme mon père.
_ _ _ _ 되고 싶어.

***

연습 3 – 한글로 쓰십시오.
❶ *pharmacie* **❷** *bibliothèque* **❸** *librairie*

Corrigé de l'exercice 1

❶ *(Comme)* il pleut, ça me donne envie de manger du buchimgae.
❷ Yun-ji, quand lis-tu le livre pour grand-mère ? ❸ Mon grand-père est
pharmacien. ❹ Ce week-end, je vais à la boutique de fleurs avec ma
maman et mon papa. ❺ Maman ! Donne-moi de l'argent, s'il te plaît.

***

Corrigé de l'exercice 2

❶ – 선생님이셔 ❷ 내 – ❸ – 생각이 나 ❹ – 사셔 ❺ 아빠처럼 –

Corrigé de l'exercice 3

❶ 약국 ❷ 도서관 ❸ 서점

Deuxième vague : 19e leçon

제육십구 과

잔소리
djansôli

1 우리 아버지께서는 일이 많아서 [1]
ouli abodji-kkéso-neun il-i manh-aso

2 언제나 일찍 출근하십니다. [2]
ondjéna iltsig tchoulgeunha-si-bni-da

3 그리고 늦게 퇴근하십니다.
geuligô neudjgé tʰwégeun ha-si-bni-da

4 저도 작년부터 취직하려고 [3]
djo-dô djagnyon-boutʰo tchwidjigha-lyogô

5 준비하는 중입니다. [4]
djounbiha-neun djoung-i-bni-da

6 내년에는... 꼭 취직되었으면
좋겠습니다. [5]
nènyon-é-neun... kkôg tchwidjigdwé-osseumyon
djôhgéss-seubni-da

: Notes

1 아버지, *père* + 께서는, forme honorifique de P.thème 는 + 일, *travail*,
일이 많 (일이 많다, *avoir beaucoup de travail*) + 아서, *parce que* = litt.
"parce que mon père a beaucoup de travail".

2 언제나, *toujours* (≈ 늘, 항상, L60) + 일찍, *tôt* + 출근, litt. "le fait d'aller au
travail", 출근하 (출근(을) 하다, *aller au travail*) + 시 + ㅂ니다 = litt. "il va
toujours tôt à son travail".

• 출근 est un nom sino-coréen, litt. "le fait d'aller au travail". Sa version
verbale est 출근(을) 하다, *aller / se rendre / arriver au travail*. 퇴근, litt.

Soixante-neuvième leçon

Il radote...
(radotage)

1 *(Parce que)* mon père a beaucoup de travail,
2 [il] va toujours tôt au travail,
3 et [il] quitte tard [son] bureau.
4 Moi aussi, depuis l'année dernière, pour trouver un travail,
5 [je] me prépare *(suis en train de me préparer)*.
6 [J']aimerais bien être embauchée... *(certainement)* l'année prochaine.

잔소리...

"sortie du bureau, fin du travail", forme nominale signifiant *quitter le travail*, a pour forme verbale 퇴근(을) 하다, *quitter le bureau, rentrer du bureau*. Par ex. : 늦게, *tardivement* + 퇴근하 (퇴근하다, *quitter le bureau*) + 시 + ㅂ니다 = litt. "il quitte tardivement son bureau" (ph. 3).

3 작년, *année dernière* (<-> 내년, *année prochaine*, ph. 6) + 부터, *depuis, à partir de* + 취직, litt. "obtention d'un emploi", 취직하 (취직(을) 하다, *trouver, obtenir un emploi*) + 려고 (으려고/려고, *afin de, pour (que)*).

4 준비하 (준비(를) 하다, *(se) préparer*) + 는 중이 (는 중이다, *être en train de* ≈ 고 있다, ex. : 오고 있는 버스, *bus qui est en train d'arriver*, L44, ph. 3) + ㅂ니다.

5 취직되 (취직되다, *être embauché*) + 었으면 좋겠 (었/았으면 좋겠다, *ce serait bien si...*) + 습니다 = litt. "ce serait bien si j'étais embauché".

7 – "텔레비전 그만 보고 열심히
공부해야겠지 ?" [6]
tʰéllébidjon geuman bô-gô yolsimhi gôngbouhè-
yagéss-dji

8 또... 잔소리하십니다. [7]
ttô... djansôliha-si-bni-da

9 음... 오늘은 사랑스러운 아빠가
아닙니다 [8] !   □
eum... ôneul-eun salangseulo'ou-n appa-ga ani-bni-da

Notes

6 텔레비전, *télévision* + 그만, *ne plus*, employé devant le verbe + 보 (보
다, *regarder*) + 고, *et* = litt. "tu ne regardes plus la télévision et" ; 열심
히, *ardemment*, *sérieusement* + 공부하 (공부(를) 하다, *étudier*) + 아야겠
(어/아야겠다, *falloir*, *devoir*) + 지 ?, *non* ? (≈ 지요 ?, *n'est-ce pas ?*, *non ?*
avec politesse) = litt. "tu dois étudier ardemment, non ?".

***

▶ 연습 1 – 번역하십시오.
❶ 잔소리 좀 그만 하세요. ❷ 이건 잔소리가 아니야.
❸ 늦게 출근하고 일찍 퇴근했으면 좋겠어요.
❹ 사랑하는 아버지께... ❺ 남자친구를 만나러 가려고
준비하는 중이에요.

***

연습 2 – 빈칸을 채우십시오.
❶ Ne regardez plus la télévision !
텔레비전 좀 __ 보세요 !

❷ Ce serait bien si je rentrais tôt du travail. (*quitter tôt mon bureau*,
style poli)
일찍 퇴근했으면 ____.

❸ J'étais embauché l'année dernière. (style poli)
작년에 _____.

7 – "[Tu] devrais arrêter de regarder la télévision et commencer à étudier sérieusement, non ?"

8 [Il] radote... encore.

9 Hmmm... Qu'il est adorable (n'est pas papa adorable) aujourd'hui !

---

7 또, encore + 잔소리, radotage, reproche répété, 잔소리하 (잔소리하다, radoter) + 시 + ㅂ니다.

8 사랑스러우 (사랑스럽다, être adorable, cher, aimable) + ㄴ, sfx. adjectif + 아빠, papa = litt. "papa adorable" + 가, P.sujet + 아니 (아니다, ne pas être) + ㅂ니다 = litt. "il n'est pas mon papa adorable".

• Dans la formule négative ne pas être quelque chose, le *"quelque chose"* est toujours marqué par la particule 이 (après une consonne) / 가 (après une voyelle), ex. : 일본 사람이 아니에요, *Je ne suis pas japonais* ; 김치가 아니에요, *Ce n'est pas du kimchi*. Au style familier, cela donne : 아니야, par ex., 곰이 아니야, *Ce n'est pas un ours* ; 친구가 아니야, *Il n'est pas mon ami*.

• Nous avons volontairement "traduit" la négation du coréen en ton ironique en français afin d'être plus juste.

***

Corrigé de l'exercice 1

❶ Arrêtez de radoter, s'il vous plaît. ❷ Je ne radote pas. *(ce n'est pas du radotage)* ❸ J'aimerais bien aller au travail tard et rentrer tôt. ❹ À mon cher père... *(à mon père que j'aime)* ❺ Je suis en train de me préparer pour aller voir mon petit ami.

***

❹ J'étudie sérieusement le coréen pour [pouvoir] travailler en Corée.
한국에서 ＿＿＿＿ 한국어를 열심히 공부해요.

❺ Ici, ce n'est pas la libraire. (style poli)
여기는 ＿＿＿ ＿＿＿＿.

Corrigé de l'exercice 2

❶ – 그만 – ❷ – 좋겠어요 ❸ – 취직됐어요 ❹ – 일하려고 –
❺ – 서점이 아니에요

연습 3 – 한글로 쓰십시오.
❶ *année dernière* ❷ *année prochaine* ❸ *trouver un travail* (infinitif)

70

제칠십 과

복습 – Révision

1 Les verbes auxiliaires (suite)

• Exprimer la perception visuelle avec 어/아 보이다
Le verbe auxiliaire 어/아 보이다 s'utilise avec un verbe d'état et signifie : *il paraît que, avoir l'air, il semble que.*
예뻐 보여요 (예쁘다, *être joli*), *Ça a l'air joli.*
귀여워 보여요 (귀엽다, *être mignon*), *Il a l'air mignon.*

• Exprimer le changement d'état avec 어/아지다
Le verbe auxiliaire 어/아지다 s'utilise avec un verbe d'état et exprime une transformation, un changement d'état : *devenir.*
행복해졌어요 (행복, *bonheur*, 행복하다, *être heureux*), *Je suis devenu heureux.*
귀여워졌어요 (귀엽다, *être mignon*), (Ton bébé) *est devenu (encore plus) mignon.*

• Exprimer une hésitation avec 을/ㄹ까 하다
Le verbe auxiliaire 을/ㄹ까 하다 s'utilise avec un verbe d'action et exprime une hésitation, un projet en cours de réflexion : (Je n'ai pas encore décidé mais) *je pense à, je me demande si, je réfléchis si,* etc.
내년에 결혼할까 해요 (결혼(을) 하다, *se marier*), (On n'a pas encore décidé mais) *on pense se marier l'année prochaine.*
주말에 그냥 집에 있을까 해요 (집에 있다, *rester à la maison*), (Je ne sais pas encore mais) *je pense rester à la maison ce week-end.*

• Exprimer une expérience passée avec 은/ㄴ 적이 있다/없다
Le verbe auxiliaire 은/ㄴ 적이 있다 sert à exprimer une expérience qui a eu lieu dans le passé : *avoir/être déjà* + (participe passé) (<–>은/ㄴ 적이 없다, *ne pas avoir / n'être encore jamais*)
김치를 먹은 적이 있어요 (litt. "j'ai déjà mangé du kimchi"), *J'avais déjà goûté au kimchi.*
그 사람을 만난 적이 없어요, *Je n'avais jamais vu cette personne.*

Corrigé de l'exercice 3
❶ 작년 ❷ 내년 ❸ 취직하다

Deuxième vague : 20ᵉ leçon

70

Soixante-dixième leçon

• Exprimer une obligation avec 어/아야겠다
Le verbe auxiliaire 어/아야겠다 s'utilise avec un verbe et signifie :
falloir (≈ 어/아야하다, *devoir*).
자야겠어요 (자다, *dormir*), *Il faut que je dorme.*
미리 예약해야겠어요 (미리, *à l'avance*, 예약하다, *réserver*), *Il faut que je réserve à l'avance.*
그 사람을 만나야겠어요, *Il faut que je voie la personne* (qu'on a mentionnée).

2 Les particules selon le verbe

Il existe des verbes spécifiques qui prennent des particules, comme :
(A은/는) B이/가 아니다, *A ne pas être B.*
ex. : (저는) 한국 사람이 아니에요, *Je ne suis pas coréen(ne).*

A이/가 B 마음에 들다, *A plaire à B.*
ex. : 이 안경이 마음에 들어요, *Ces lunettes (me) plaisent.*

A이/가 B(personne)에게/한테 (잘) 어울리다, *A aller bien à B.*
ex. : 안경이 윤지에게 잘 어울려요, *Les lunettes vont bien à Yun-ji.*

3 La transformation du verbe en nom

Comment exprimer une proposition précédée par *"ce que"* ou *"ce qui"* en coréen ? Eh bien, il faut transformer le verbe de la proposition en nom : les verbes (d'état) + 은/ㄴ/는/을/ㄹ, sfx. proposition + 것, *chose = chose …, le fait qu'on…, ce que, ce qui.* Nous allons faire un point sur cette transformation selon les verbes, et sur son emploi.

• Verbe d'état + 은 / ㄴ 것
예쁜 것 (예쁘다, *être joli*), *chose jolie, ce qui est joli*
맛있는 것 (맛있다[1], *être délicieux*), *chose délicieuse, ce qui est délicieux*
쉬운 것 (쉽다, *être facile*), *chose facile, ce qui est facile*

[1] Un verbe d'état se terminant par 있 ou 없 prend, exceptionnellement, le suffixe 는.

sam-bèg-i-sib-sa 삼백이십사 • 324

• Verbe d'action + 은 / ㄴ (passé) / 는 (présent) / 을 / ㄹ (futur) 것
좋아하는 것 (좋아하다, *aimer bien*), *chose*, *ce qu'on aime*, *le fait qu'on aime*.
먹은 것 (먹다, *manger*), *chose*, *ce qu'on a mangé*.
살 것 (사다, *acheter*), *chose*, *ce qu'on va acheter*.

• Emploi dans une phrase
예쁜 것을 주세요, *Donnez-moi ce qui est joli*.
좋아하는 게[1] 뭐예요 ? (litt. "ce que tu aimes est quoi ?"), *Qu'est-ce que tu aimes ?*
[1]...은/ㄴ/는 것 + 이, P.sujet, se contractent souvent à l'oral .
... 은/ㄴ/는 게

***

▶ 복습 대화

1 맞는 것을 고르십시오.
madj-neun gos-eul gôleu-sibsiô

2 이상하게 요즘 눈이 잘 안 보여요.
isanghagé yôdjeum noun-i djal an bôy-oyô

3 두 분이 정말 잘 어울리시네요.
dou boun-i djongmal djal o'oulli-si-néyô

4 잔소리를 자주 안 하셨으면 좋겠어요.
djansôli-leul djadjou an ha-sy-osseumyon djôhgéss-oyô

5 요즘 일이 많아서 일찍 출근하고 늦게 퇴근해요.
yôdjeum il-i manh-aso iltsig tchoulgeulha-gô neudjgé tʰwégeunhèyô

6 방을 구하셨어요 ? – 아니요, 아직 못 구했어요.
bang-eul gouha-sy-oss-oyô ? aniyô, adjig môs gouhè-ss-oyô

4 La différence entre 어서/아서 et 고

Les connecteurs 어서/아서 et 고 servent à relier deux actions qui s'enchaînent. 어서/아서 relie deux actions qui se produisent au <u>même endroit</u>, alors que le connecteur 고 ne se soucie pas du/des lieu(x) où se produisent les actions.

커피숍에 가서 친구를 만나요 (litt. "je vais au café et (là-bas) je vois mes amis"), *Je vais au café voir mes amis.*

커피숍에 가고 친구를 만나요, *Je vais au café et ensuite je vois mes amis.*

Dans le deuxième exemple, le lieu de rendez-vous peut très bien être le café ou tout autre endroit.

***

7 피아노를 배워 본 적이 있어요 ?
pʰianô-leul bèw-o bô-n djogi iss-oyô

8 취직을 해서 축하 파티를 합니다.
tchwidjig-eul hèso tchougha pʰatʰi-leul ha-bni-da

9 서울에서 집 구하기가 많이 어려워요 ?
so'oul-éso djib gouha-giga manhi olyow-oyô

10 오늘부터 그만 먹고 운동을 하겠어요 !
ôneul-boutʰo geuman mog-gô oundông-eul ha-géss-oyô

Traduction
1 Choisissez la bonne réponse. **2** C'est étrange, je ne vois pas clair ces jours-ci. **3** Vous deux, vous allez vraiment bien ensemble. **4** Ce serait bien si il/elle ne radotait pas autant. **5** J'ai beaucoup de travail en ce moment donc je vais tôt au bureau et je rentre tard. **6** Avez-vous trouvé un logement ? – Non, pas encore. **7** Avez-vous déjà appris à jouer du piano ? **8** On fait une soirée parce que j'ai trouvé un travail. **9** Est-ce vraiment difficile de trouver un logement à Séoul ? **10** À partir d'aujourd'hui, je ne mange plus et je vais faire du sport.

Deuxième vague : 21ᵉ leçon

제칠십일 과

▶

한국어를 ¹ 꽤 잘 하시네요 !
han'gougo-leul kkwè djal ha-si-né-yô

1 – 한국어 배운 지 얼마나 됐어요 ? ²
han'gougo bèou-n dji olmana dwè-ss-oyô

2 – 배운 지 한 6개월쯤 된 것 같아요.
bèou-n dji han youg-gèwol-tseum dwé-n gos gatʰ-ayô

3 – 6개월밖에 안 됐어요 ? ³
youg-gèwol-bakk-é an dwè-ss-oyô

4 생각보다 한국어를 꽤 잘 하시네요. ⁴
sènggag-bôda han'gougo-leul kkwè djal ha-si-néyô

🗂 : Notes

1 Comme vous le savez, la 언어, *langue* (parlée ou écrite), s'exprime grâce à 어 accolé au nom du pays, ex. : 스페인, *Espagne* → 스페인어, *espagnol* ; 이탈리아, *Italie* → 이탈리아어, *italien* ; 일본, *Japon* → 일본어, *japonais* ; 중국, *Chine* → 중국어, *chinois*. Il existe une exception : 영국, *Angleterre* ; 미국, *États-Unis* → 영어, *anglais*.

2 한국어, *langue coréenne* + 배우 (배우다, *apprendre*) + ㄴ 지 얼마나 되 (은/ㄴ 지 (durée) 되다, *cela fait* (durée) *que...*) + 었 + 어요 = *Cela fait combien de temps que vous avez appris le coréen ?* Le verbe auxiliaire 은/ㄴ 지 (durée) 되다, *cela fait* (durée) *que...*, sert à exprimer la durée nécessaire pour faire quelque chose, ex. : 배우 (배우다, *apprendre*) + ㄴ 지 한 6 개월쯤, *environ six mois*, 되 (은/ㄴ 지 (durée) 되다, *cela faire* (durée) *que*) + ㄴ 것 같 (은/ㄴ 것 같다, *penser*) + 아요 = *Je pense que cela fait environ six mois* (ph. 2).
   • La forme 한... 쯤, *environ...*, exprime une estimation, ex. : 한 6개월쯤, *environ six mois*. On peut se passer de l'un ou l'autre des termes de cette expression (한 ou 쯤) lorsqu'on formule la phrase, comme c'est le cas en phrase 1, ainsi : 6개월쯤, 한 6개월, *environ six mois*. Attention !

Soixante et onzième leçon

[Vous] parlez bien le coréen !

1 – Cela fait combien [de] temps [que vous] avez appris le coréen ?
2 – []e] pense [que] cela fait environ six mois que [j']ai appris.
3 – Cela ne fait que six mois ?
4 [Vous] parlez mieux que [je ne l'aurais] pensé *(pensée)*.

개월 est un classificateur sino-coréen qui nécessite le comptage sino-coréen, ex. : 6개월 *[you^k-kkè-wol]*, 6 mois (≠ 6월 *[you-wol]*, juin).

3 6개월, *6 mois* + 밖에, *ne... que* + 안, *ne* + 되 (되다, *atteindre*) + 었 + 어요 = litt. "cela n'a atteint que 6 mois". Voici d'autres exemples de l'utilisation de 밖에, *ne... que*, accolé au mot précédent : 너밖에 없어, *Je n'ai que toi* ; 만 원밖에 없어, *Je n'ai que 10 000 wons*.

4 생각, *pensée* + 보다, *(plus, moins) que...*, particule comparative (qui s'accole à un nom) + 꽤, *assez, suffisamment* + 잘, *bien* + 하 (하다, *parler*) + 시 + 네요 = litt. "vous parlez le coréen mieux que ma pensée". On retrouve la même tournure à la phrase 7 : 그런데, *mais* (employé au début d'une phrase) + 생각, *pensée* + 보다, *(plus, moins) que...* + 많이, *beaucoup* + 어려우 (어렵다, *être difficile*) + 었 + 어요 = litt. "mais c'était plus difficile que ma pensée". Autre exemple : 다니가 윤지보다 커요, *Dani est plus grande que Yun-ji*.

5 배우기가 쉬웠어요 ? [5]
bèou-giga swiw-oss-oyô

6 – 처음에는 쉬운 줄 알았어요. [6]
tcho'eum-é-neun swiou-n djoul al-ass-oyô

7 그런데 생각보다 많이 어려웠어요.
geulondé sènggag-bôda manhi olyow-oss-oyô

8 – 뭐가 특히 어려웠어요 ? [7]
mwo-ga tʰeughi olyow-oss-oyô

9 – 문법도 어려웠지만 가장 어려웠던 건
발음이었어요. □
mounbob-dô olyow-oss-djiman gadjang olyow-oss-
don gon baleum-i-oss-oyô

Notes

5 배우 (배우다, *apprendre*) + 기가 쉽다 (...기가 쉽다, *être facile à/de*...) + 었 + 어요 = litt. "apprendre était facile ?".

6 처음, *début* ; 처음에, *au début* + 는, P.thème pour l'emphase + 쉬우 (쉽다, *être facile*) + ㄴ 줄 알았 (은/ㄴ/는/을/ㄹ 줄 알았다, *avoir imaginé/cru que*...) + 어요 = litt. "au début, j'ai cru que c'était facile". 은/ㄴ/는/을/ㄹ 줄 알았다 est un verbe auxiliaire qui peut prendre divers suffixes (은/ㄴ/는/을/ㄹ) selon le verbe auquel on l'accole. On dira 은/ㄴ 줄 알

***

▶ 연습 1 – 번역하십시오.
❶ 자주 가던 식당 ❷ 한국 음식은 모두 맛있는데 특히
김밥이 제일 맛있어요. ❸ K-pop을 들은 지 한 2년쯤
된 것 같아요. ❹ 피아노 친 지 7개월밖에 안 됐어요.
❺ '달[1], 딸, 탈[2], 발음하기가 어려워요.
[1] 달 **dal**, *lune*
[2] 탈 **tʰal**, *masque*

5 [Était-ce] facile [d']apprendre [cette langue] ?

6 – Au début, [je] pensais [que c']était facile.

7 Mais [c']est [plus] difficile que [je ne le] pensais.

8 – Qu'est-ce qui était particulièrement difficile ?

9 – La grammaire était difficile, mais le plus dur, [c']était la prononciation.

았다 (passé) ou 을/ㄹ 줄 알았다 (futur) à la suite du radical d'un verbe d'état, ex. : 바쁜 줄 알았어, *Je croyais que tu étais occupé* ; 바쁠 줄 알았어, *Je croyais que tu serais occupé*. En revanche, on utilisera 은/ㄴ (passé) / 는 (présent) / 을 / ㄹ (futur) 줄 알았다 à la suite du radical d'un verbe d'action, ex. : 간/가는/갈 줄 알았어, *j'ai cru que tu étais parti/partais/partirais*.

7 뭐, *quoi* + 가, P.sujet + 특히, *particulièrement* (≈ 특별히) + 어려우 (어렵다, *être difficile*) + 었 + 어요= litt. "quoi était particulièrement difficile ?".

8 문법, *grammaire* + 도, *aussi* + 어려우 (어렵다, *être difficile*) + 었 + 지 만, *mais* = litt. "la grammaire était aussi difficile mais", 가장, *le/la plus* + 어려우 (어렵다, *être difficile*) + 었, m. passé + 던, m. imparfait + 건 (forme contractée de 것, *chose* + 은, P.thème) = litt. "la chose qui était la plus difficile" ; 발음, *prononciation* + 이 (이다, *être*) + 었 + 어요 = litt. "était la prononciation". La marque de l'imparfait, accolée au radical du verbe, sert à exprimer un passé inachevé. Nous verrons ceci plus en détail dans la prochaine leçon de révision.

***

Corrigé de l'exercice 1

❶ mon restaurant préféré *(le restaurant où je me rendais souvent)*
❷ Tous les plats coréens sont délicieux mais le kimbap est le meilleur.
❸ Cela fait environ deux ans que j'écoute de la K-pop. **❹** Ça ne fait que sept mois que je joue du piano. **❺** C'est difficile de prononcer "la lune, (ma) fille, le masque" [en coréen].

연습 2 – 빈칸을 채우십시오.

❶ C'est la musique que j'écoutais de temps en temps.

가끔 _ _ 음악이에요.

❷ Cela fait combien de temps que vous avez terminé vos études ?
(style poli)

학교를 졸업한 지 _ _ _ _ _ _ ?

❸ Il est plus drôle que je ne le pensais (plus que pensée).

_ _ _ _ 재미있는 사람이네요.

***

연습 3 – 한글로 쓰십시오.

❶ grammaire **❷** pensée **❸** prononciation

72

제칠십이 과

사랑스러운 우리 강아지
salangseulo'ou-n ouli gang'adji

1 – 저는 동물이 좋아요. **¹**
djo-neun dôngmoul-i djôh-ayô

2 토끼, 소, 돼지, 양, 말, 닭, 오리, 개를
좋아해요.
tʰôkki, sô, dwèdji, yang, mal, dalg, ôli, gè-leul djôhahèyô

Note

1 동물, *animal* + 이, P.sujet + 좋 (좋다, *être bien*) + 아요 = litt. "quant à moi,
l'animal est bien". Le verbe d'état 좋다, *être bien*, et le verbe d'action
좋아하다, *aimer (bien)*, peuvent se traduire de la même manière en français, ex. : 개, *chien* + 를, P.COD + 좋아하 (좋아하다, *aimer (bien)*) + 아
요 = *J'aime les chiens* (ph. 2). La seule différence réside dans le fait que
좋다 est un verbe intransitif (VI) qui nécessite un sujet (ici, *je*), et 좋아하다

❹ Désolé, j'ai cru que c'était un(e) de mes ami/e/s.
죄송해요. 제 _ _ _ _ 알았어요.

❺ Ma fille n'a que cinq mois.
제 딸은 _ _ _ _ _ 안 됐어요.

Corrigé de l'exercice 2
❶– 듣던 – ❷– 얼마나 됐어요 ❸ 생각보다 – ❹– 친구인 줄 –
❺ – 오 개월밖에 –

***

Corrigé de l'exercice 3
❶ 문법 ❷ 생각 ❸ 발음

Deuxième vague : 22ᵉ leçon

72

Soixante-douzième leçon

Mon *(notre)* adorable chiot

1 – J'aime [bien] les animaux.
2   [J']aime les lapins, les vaches/bœufs, les cochons, les
    moutons, les chevaux, les poules/coqs, les canards
    [et] les chiens.

저는 동물이 좋아요.

est un verbe transitif (VT) qui nécessite un sujet et un COD (ici, *chien*).
Nous vous donnerons plus de détails à ce sujet dans la prochaine leçon
de révision.

3 쥐, 늑대, 여우, 악어 같은 동물은
싫어요 ².
djwi, neugdè, yo'ou, ago gatʰeun dôngmoul-eun
silh-oyô

4 우리 누나는 곤충을 특히 싫어해요.
ouli nouna-neun gôntchoung-eul tʰeughi silhohèyô

5 파리, 모기는 무서운 곤충이 아닌데도 ³
pʰali, môgi-neun mouso'ou-n gôntchoung'i ani-ndé-
dô

6 정말 무서워해요. ⁴
djongmal mousowohèyô

7 – 제가 가장 예뻐하는 동물은 ⁵
djéga gadjang yéppoha-neun dôngmoul-eun

8 우리 집 강아지 '예삐'예요. ⁶
ouli djib gang'adji "yéppi"-yéyô

9 동그란 눈으로 저를 쳐다보는 '예삐'
는... ⁷
dônggeula-n noun-eulô djo-leul tchyodabô-neun
"yéppi"-neun

⚑ : Notes

2 악어, *crocodile* + 같은, *comme* + 동물, *animal* + 은, P.thème + 싫 (싫다,
être déplaisant, désagréable) + 어요 = litt. "l'animal comme le crocodile
est déplaisant", *Je n'aime pas...* Le verbe d'état 싫다, *être déplaisant*
(<–> 좋다, *être bien*), étant un VI, il nécessite un sujet (ici, *animaux*) et le
verbe d'action 싫어하다, *ne pas aimer, détester* (<–> 좋아하다, *aimer*),
étant un VT, il nécessite un COD (ici, *insecte*), ex. : 누나, *grande sœur*
(d'un homme) + 는, P.thème + 곤충, *insecte* + 을, P. COD + 특히, *en particulier* + 싫어하 (싫어하다, *détester*) + 어요 = litt. "notre grande sœur
déteste en particulier les insectes".

3 [En revanche, je] n'aime pas les animaux comme le rat, le loup, le renard [et] le crocodile.

4 Ma *(notre)* grande sœur déteste tout particulièrement les insectes.

5 Même si les mouches et les moustiques ne font pas peur,

6 [elle les] craint.

7 – L'animal [que] je préfère *(le plus)*,

8 [c']est mon *(notre maison)* chiot "Yeppi".

9 Yeppi me regarde avec des yeux [tout] ronds...

• Ici, la P.sujet est remplacée par la P.thème (동물, *animal* + 은) afin de souligner la comparaison : *J'aime… (en revanche,) je n'aime pas…*

3 파리, *mouche* + 모기, *moustique* + 는, P.thème + 무서우 (무섭다, *être effrayant*) + ㄴ, sfx. proposition + 곤충, *insecte* = litt. "les insectes qui sont effrayants" ; 이, P. sujet + 아니 (아니다, *ne pas être*) + ㄴ데, *mais*, connecteur oral + 도, *même pas* = litt. "ce n'est même pas des insectes qui sont effrayants mais".

4 정말, *vraiment* + 무서워하 (무서워하다, *craindre*) + 아요 = litt. "elle craint vraiment (les insectes)".

5 제가 (forme abrégée 저, *moi* + 가, P.sujet) + 가장, *le plus* + 예뻐하 (예뻐하다, *chérir, adorer*) + 는, sfx. proposition + 동물, *animal* + 은, P.thème = litt. "l'animal que je chéris le plus".

6 우리, *notre* + 집, *maison* + 강아지, *chiot* + 예요 (이다, *être*, au style poli) = litt. "est le chiot 'Yeppi' de notre maison".

7 동그라 (동그랗다, *être rond*) + ㄴ, sfx. adjectif + 눈, *œil, yeux* + 으로, *avec* = avec des yeux ronds ; 저, *moi* + 를, P.COD + 쳐다보 (쳐다보다, *regarder* (de bas en haut)) + 는, sfx. proposition + 예뻐 = litt. "Yeppi qui me regarde".

• Lorsqu'un verbe dont le radical se terminant par la consonne ㅎ est suivi d'un élément qui commence par la consonne muette ㅇ (par ex. : 동그랗다, *être rond* ; 어떻다, *être comment*), le radical du verbe perd la consonne ㅎ, ex. : 동그랗 (동그랗다) + 은/ㄴ → 동그란 ; 동그랗 (동그랗다) + 어요/아요 → 동그래요 ; 어떻 (어떻다, *être comment*) + 어요/아요 → 어때요 (L21, note 3).

10 정말 사랑스러워요 ! [8]
djongmal salangseulow-oyô

11 예뻐야 ! 이리 와 ! 까까 줄게. [9] ☐
yéppi-ya ili w-a kkakka djou-lgé

Notes

8 사랑스러우 (사랑스럽다, *être adorable*) + 어요 = *il est vraiment adorable*.

***

▶ 연습 1 – 번역하십시오.
❶ 동그란 토끼 눈 ❷ 제 사랑스러운 아기예요.
❸ 다니아 ! 지금 누구를 쳐다보니 ? ❹ 특히 싫어하는
게 있어요 ? ❺ 쥐가 무섭고 싫어요.

***

연습 2 – 빈칸을 채우십시오.
❶ **Le bébé a les yeux ronds.** *(les yeux de bébé sont ronds)*
아기 눈이 ____.

❷ **Je déteste les insectes.**
___ 싫어해요.

❸ **Quel est ton animal préféré ?** *(c'est quoi l'animal que tu aimes)*
____ 동물이 뭐예요 ?

***

연습 3 – 한글로 쓰십시오.
❶ *rat* ❷ *lapin* ❸ *mouton*

10 que [c'])est *(vraiment)* adorable !

11 Yeppi ! Viens ici ! [Je] vais [te] donner un gâteau.

9 예뻐, *Yeppi* + 야, P.vocative + 이리, *par ici* + 오 (오다, *venir*) + 아 = *Yeppi ! Viens ici !* ; 까까, langage enfantin pour 과자, *gâteau, friandise* + 주 (주다, *donner*) + ㄹ게 (을/ㄹ게요, futur certain au style familier) = *Je vais te donner un gâteau.*

***

Corrigé de l'exercice 1

❶ les yeux ronds du lapin ❷ C'est mon adorable bébé. ❸ Dani ! Tu regardes qui maintenant ? ❹ Est-ce qu'il y a des choses que vous n'aimez pas en particulier ? ❺ J'ai peur des rats et je les déteste.

***

❹ J'aime les lapins. *(quant à moi, les lapins sont bien*, **style poli**)
저는 ___ 좋아요.

❺ J'aime les lapins. (**style poli**)
저는 ___ 좋아해요.

Corrigé de l'exercice 2

❶ – 동그래요 ❷ 곤충을 – ❸ 좋아하는 – ❹ – 토끼가 – ❺ – 토끼를 –

***

Corrigé de l'exercice 3

❶ 쥐 ❷ 토끼 ❸ 양

Deuxième vague : 23ᵉ leçon

제칠십삼 과

언니의 하루
onni-eui halou

1 우리 언니는 아침에 일어나서 [1]
ouli onni-neun atchim-é ilon-aso

2 세수하고 밥을 먹고 [2]
sésouha-gô bab-eul mog-gô

3 화장을 하고 이를 닦아요. [3]
hwadjang-eul ha-gô i-leul dakk-ayô

4 오전에 [4] 학교에 가서 공부해요.
ôdjon-é haggyô-é g-aso gôngbouhèyô

5 오후에 집에 돌아와서 열심히 운동을 해요.
ôhou-é djib-é dôlaw-aso yolsimhi oundông-eul hèyô

6 저녁은 안 먹어요. [5]
djonyog-eun an mog-oyô

: Notes

1 일어나 (일어나다, *se lever*) + 아서, *ensuite* = litt. "notre grande sœur se lève, ensuite (dans le même endroit)". Comme nous l'avons vu en L70, §4, le connecteur A 어서/아서 B sert à relier deux actions qui se produisent au même endroit, ex. : 가 (가다, *aller*) + 아서, *ensuite* + 공부하 (공부하다, *étudier*) = litt. "elle va à l'école, ensuite (à l'école) elle étudie" (ph. 4). 돌아오 (돌아오다, *rentrer* (en venant vers)) + 아서, *ensuite* + 운동을 하 (운동(을) 하다, *faire du sport*) = litt. "elle rentre à la maison ensuite (à la maison) elle fait du sport" (ph. 5).

2 세수하 (세수(를) 하다, *faire sa toilette, se laver le visage*) + 고, *et* + 밥을 먹 (밥(을) 먹다, *prendre un repas*) + 고, *et* = litt. "elle fait sa toilette, prend son repas".

Soixante-treizième leçon

[La] journée de [ma] grande sœur

1 Le matin, ma *(notre)* grande sœur se lève, ensuite
2 [elle] fait sa toilette, prend [son] repas,
3 se maquille et se brosse les dents.
4 Dans la matinée, [elle] va à l'école et [elle] étudie.
5 [Elle] rentre à la maison en fin de journée puis [elle] fait du sport de manière intensive.
6 [Elle] ne dîne pas,

일어나서 커피를 마셔요.

---

3 화장을 하 (화장(을) 하다, *se maquiller*) + 고, *et* + 이, *dent*, 닦다, *nettoyer*, 이를 닦 (이(를) 닦다, *se brosser les dents*) + 아요 = *se maquille, se brosse les dents*. Le connecteur 고 sert à relier des actions qui s'enchaînent, comme par ex. à la phrase 2 ou à la phrase 3.

4 Il est utile de connaître les termes 오전, *matin*, *matinée*, **AM**, et 오후, *après-midi*, **PM** (L37, ph. 5) lorsqu'on souhaite donner l'heure. En effet, en coréen, l'heure s'exprime selon un cycle de douze heures comme en anglais, il est donc préférable de signaler s'il s'agit du matin ou de l'après midi. Par ex. : 오후 1 (한) 시, litt. "1 h de l'après-midi", *13 h*.

5 저녁, *dîner* (n.) + 은, P.thème + 안, *ne pas* + 먹 (먹다, *manger*) + 어요 = litt. "le dîner, elle ne mange pas". Le verbe *manger* nécessite un COD (*dîner* (n.)) mais ici, la P.COD est remplacée par la P.thème pour mettre l'emphase sur le *dîner*.
   • 아침, 점심 et 저녁 signifient respectivement *petit-déjeuner*, *déjeuner* et *dîner* mais aussi, respectivement, *matin*, *midi* et *soir*.

7 하지만 밤 11시 정도에 자주 치킨을 배달시켜 먹어요 [6].

hadjiman bam yolhan-si djongdô-é djadjou tchikʰin-eul bèdalsikʰy-o mog-oyô

8 저는 언니한테 가끔 물어봤어요. "언니 ! 그럼 아까 [7] 왜 운동했어 ?"

djo-neun onni-hantʰé gakkeum moulobw-ass-oyô. onni ! geulom akka wè oundônghè-ss-o

9 언니는 맨날 이렇게 대답했어요. [8]

onni-neun mènnal ilohgé dèdabhè-ss-oyô

10 "오늘까지만 먹고 내일부터는 안 먹을 거야." [9]

ôneul-kkadji-man mog-gô nèil-boutʰo-neun an mog-eul goya

11 언니를 이해할 수 없어요. [10] □

onni-leul ihèha-l sou obs-oyô

🗋 : Notes

6 밤, *nuit* + 11 시, *11 h* (comptage coréen *[yol-han chi]*) + 정도, *environ*, *vers* (≈ (한) ... 쯤) + 에, P.temps = litt. "vers 11 h de nuit" ; 배달, *livraison* ; 배달(을) 하다, *livrer* ; 배달시키 (배달시키다, *faire livrer*) + 어 (어/아, *ensuite* ≈ 어서/아서) + 먹다 (먹다, *manger*) + 어요 = litt. "elle fait livrer le poulet frit ensuite elle le mange". Le verbe 시키다 accolé à un nom le transforme en verbe causatif, ex. : 이해, *compréhension* → 이해하다, *comprendre* → 이해시키다, *faire comprendre* ; 취소, *annulation* → 취소하다, *annuler* → 취소시키다, *faire annuler*.

***

▶ 연습 1 – 번역하십시오.
❶ 아침에 일어나서 무엇을 해요 ? ❷ 일어나서 커피를 마셔요. ❸ 치킨하고 맥주를 배달해 주세요. ❹ 정말 이해할 수 없는 사람이에요. ❺ 오늘까지만 놀고 내일부터는 공부를 열심히 할 거야 !

7   mais [elle se] fait souvent livrer du poulet frit vers 23 h.

8   [Je] lui ai parfois demandé : "Grande sœur ! *(Dans ce cas)* pourquoi as[-tu] fait du sport tout à l'heure ?"

9   Elle *(grande sœur)* [m']a répondu à chaque fois ainsi :

10   "[J']en] mange encore aujourd'hui et demain, [j']arrête." *(aujourd'hui-jusqu'à-seulement manger-et dès-demain[-P.thème] ne-pas manger)*

11   [Je] ne comprends pas [ma] sœur.

---

7   언니, *grande sœur* (d'une femme) + 한테, P.COI, *à* + 물어보 (물어보다, *demander* ≈ 묻다, *demander, interroger*) + 았 + 어요 = litt. "j'ai demandé à ma grande sœur" ; 그럼, *dans ce cas* + 아까, *tout à l'heure* = litt. "dans ce cas, pourquoi tout à l'heure"... Attention, notez que l'adverbe 아까 ne s'utilise que dans une phrase traitant d'un élément passé, ex. : 아까 먹었어요, *J'ai mangé tout à l'heure* ; on ne peut pas l'utiliser pour un événement à venir, comme on pourrait le faire en français : ~~아까 먹겠어요, Je vais manger tout à l'heure~~.

8   맨날, *tous les jours, tout le temps* (forme orale de 매일) + 이렇게, *ainsi* (vient du verbe d'état 이렇다, *être comme cela*) + 대답하 (대답(을) 하다, *répondre*) + 었 + 어요 = litt. "grande sœur répondait ainsi tout le temps".

9   오늘, *aujourd'hui* + 까지, *jusqu'à* + 만, *seulement, ne que* + 먹 (먹다, *manger*) + 고, *et* = litt. "je mange seulement jusqu'à aujourd'hui et" ; 내일, *demain* + 부터, *à partir de* + 는, P.thème (pour souligner un contraste / une comparaison) = litt. "(en revanche) à partir de demain" ; 안, *ne pas* + 먹 (먹다, *manger*) + 을 거야 (forme familière de 을/ㄹ 거예요, *futur incertain*) = litt. "je ne mangerai pas".

10   이해, *compréhension*, 이해하 (이해(를) 하다, *comprendre*) + ㄹ 수 없 (을/ㄹ 수 없다, *ne pas pouvoir*) + 어요 = litt. "je ne peux pas comprendre ma grande sœur".

***

Corrigé de l'exercice 1

❶ Que faites-vous après vous être levé ? ❷ Je me lève, ensuite je prends un café. ❸ Je souhaiterais me faire livrer du poulet frit et de la bière, s'il vous plaît. *(livrez-moi le poulet frit et la bière)* ❹ C'est une personne qu'on ne peut vraiment pas comprendre. ❺ Je m'amuse encore aujourd'hui et demain, j'étudierai sérieusement !

연습 2 – 빈칸을 채우십시오.

❶ Moi aussi, je l'ignore. Demandez au professeur. (style poli)

저도 잘 모르겠어요. 선생님께 __ ___.

❷ On se fait livrer du poulet frit ? *(on va se faire livrer le poulet frit ensuite on mange)*

치킨을 __ __ 먹을까 ?

❸ Je vais faire ma toilette et je vais me brosser les dents. (futur incertain, style familier)

세수하고 __ __ __.

***

연습 3 – 한글로 쓰십시오.
❶ *se brosser les dents* ❷ *se lever* ❸ *faire sa toilette, se laver le visage*
(infinitif pour les trois propositions)

***

Se faire livrer une 야식 *yasig, litt. "collation de nuit, repas de nuit", est une pratique très courante en Corée. Les Coréens prennent leur dîner vers 18 h et il arrive parfois qu'ils aient encore faim vers 22 h. Ils commandent alors leur* 야식, *soit par téléphone, soit grâce à une application mobile. Ce service fait l'unanimité car c'est très rapide mais aussi très efficace. Vous vous trouvez au bord de la rivière Han à Séoul, il est 23 h, vous avez un petit creux ? Pas de problème ! Les livreurs sont capables de vous livrer à n'importe quel moment,*

74

제칠십사 과

▶

슬럼프 ?
seullompʰeu

1 – 요즘 슬럼프에 빠진 것 같아 ¹.
yôdjeum seullompʰeu-é ppadji-n gos gatʰ-a

▉ Note

1 슬럼프, *mauvaise période, période noire*, mot anglais coréanisé issu de ***slump*** (= *récession, dégringolade, chute*) ; 빠지다, *tomber* (dedans), 슬

❹ Je vais à la bibliothèque pour *(ensuite)* y lire des livres.

도서관에 __ 책을 읽어요.

❺ Cet après-midi, j'ai lu des livres à la bibliothèque et j'ai vu mes amis au cinéma.

오후에 도서관에서 책을 __ 영화관에서 친구를 만났어요.

Corrigé de l'exercice 2

❶ – 물어 보세요 ❷ – 배달 시켜 – ❸ – 이를 닦을 거야 ❹ – 가서 – ❺ – 읽고 –

***

Corrigé de l'exercice 3

❶ 이(를) 닦다 ❷ 일어나다 ❸ 세수(를) 하다

***

n'importe où ! Et que commandent les Coréens pour ces collations ? Eh bien voici, par exemple, quelques uns de leurs mets favoris : du 치킨 *(poulet frit), de la* 피자 p^hidja, *pizza, du* 보쌈 **bôssam**, *bossam, (porc cuit) ou du* 족발 **djôbal**, *jokbal (mijoté de pied de porc). Même la nuit, la vie en Corée ne s'arrête pas. Pourrez-vous résister à ces petits plats une fois que vous serez sur place ?*

Deuxième vague : 24e leçon

74

Soixante-quatorzième leçon

Une mauvaise période ?

1 – [Je] pense [que je] traverse une mauvaise période en ce moment.

럼프에 빠지 (슬럼프에 빠지다, litt. "tomber dans une mauvaise période", *traverser une mauvaise période*) + ㄴ 것 같 (은/ㄴ 것 같다, *il me semble que, je pense que*) + 아.

2 작은 일에도 쉽게 스트레스를 받고 [2]
djag-eun il-é-dô swibgé seut^heuléseu-leul bad-gô

3 짜증이 나. [3]
tsadjeung'i n-a

4 – 누가 그렇게 스트레스를 주는데 ? [4]
nouga geulohgé seut^heuléseu-leul djou-neundé

5 짜증 내지 말고 스트레스 풀러 가자 [5] !
tsadjeung nè-dji mal-gô seut^heuléseu p^houl-lo ga-dja

6 – 얼굴에 뭐가 나서 밖에 나가기도 싫어. [6]
olgoul-é mwo-ga n-aso bakk-é naga-gi-dô silh-o

7 게다가 오늘 아침에는 계단에서
넘어져서 [7]
gédaga ôneul atchim-é-neun gyédan-éso nomodjy-oso

8 무릎에 피도 났어. [8]
mouleup^h-é p^hi-dô n-ass-o

9 아 ! 화가 나서 눈물이 날 것 같아. [9]
a ! hwa-ga n-aso nounmoul-i na-l gos gat^h-a

◼ : Notes

2 작 (작다, *être petit, peu important*) + 은, sfx. adjectif + 일, *chose, affaire*
= *le(s) petite(s) chose(s)*; 도, *même* + 쉽게, *facilement* (vient de 쉽다,
être facile) + 스트레스, *stress*; 받다, *recevoir*; ...에 스트레스를 받 (...에
스트레스(를) 받다, *être stressé par/pour qqch.*)+ 고, *et*. Observez bien où
est placée la particule 도, *aussi*.

3 짜증, *irritabilité*; 짜증이 나 (짜증(이) 나다, *s'énerver, être énervé*) + 아,
familier = *ça m'énerve*. On retrouve une expression similaire à la ph. 5 :
짜증 내 (짜증(을) 내다, *manifester de la mauvaise humeur* + 지 말 (지
말다, *ne pas*, dans une phrase impérative ou exhortative) + 고, *et* = litt.
"ne manifeste pas de la mauvaise humeur et...".

2   [Je] stresse facilement, même pour des petites
       choses, et

3   [ça] m'énerve.

4 – Qui est-ce qui [te] stresse ainsi ?

5   Ne t'énerve pas et allons [nous] défouler !

6 – *(Comme)* [j']ai des boutons sur le visage, [je] n'ai
       même pas envie de sortir.

7   En plus, *(comme)* ce matin [je] suis tombé dans
       l'escalier,

8   [j']ai *(aussi)* saigné du genou.

9   Ah ! *(Comme)* [je] suis [tellement] en colère que [j']ai
       envie de pleurer.

---

4   누가, *qui est-ce qui* + 그렇게, *ainsi* (comme cela) (vient de 그렇다, similaire à 이렇게, *ainsi* (comme ceci)) + 스트레스를 주 (스트레스(를) 주다, *stresser qqn*) + 는데, terminaison orale.

5   풀다, *dénouer*, *défouler* ; 스트레스 풀 (스트레스(를) 풀다, *se débarasser du stress*) + 러 가 (으러/러 가다, *aller pour*) + 자, terminaison exhortative au style familier *-ons*, ***let's*** = litt. "allons pour nous défouler du stress !".

6   얼굴, *visage* ; 얼굴에, *sur le visage* ; 뭐, *quoi*, *quelque chose* + 가, P. sujet + 나 (뭐가 나다, *avoir qqch.*) + 아서 (어서/아서, *comme*) = litt. "comme j'ai qqch. sur le visage" ; 밖, *dehors* + 에, P.lieu + 나가기, (나가 (나가다, *sortir*) + 기, sfx. nominalisation = *sortir* (nom)) + 도, *même* + 싫 (싫다, *être désagréable*) + 어 = litt. "même sortir dehors est désagréable".

7   게다가, *en plus*, *d'ailleurs* + 계단, *escalier* + 에서, P.lieu + 넘어지 (넘어지다, *tomber*, *se renverser*, *chuter*) + 어서 (어서/아서, *comme*) = "d'ailleurs comme je suis tombé dans l'escalier".

8   무릎, *genou(x)* ; 무릎에, *sur les genoux* ; 피, *sang* ; 피도 나 (피가 나다, *saigner*, la P.sujet est remplacée par 도, *aussi*) + 았 + 어.

9   화, *colère* ; 화가 나 (화(가) 나다, *être en colère*) + 아서, *comme* = "comme je suis en colère" ; 눈물, *larme* ; 눈물이 나 (눈물(이) 나다, *avoir les larmes aux yeux*) + ㄹ 것 같 (을/ㄹ 것 같다, *penser* + (futur)) + 아 = litt. "je pense que j'aurai des larmes aux yeux".

10 – 나랑 같이 산책할래 ? [10]
na-lang gatʰi santchègha-llè

11 운동을 하면 온몸에 열이 나고 열이
나면 땀도 나고... [11]
oundông-eul ha-myon ônmôm-é yol-i na-gô yol-i
na-myon ttam-dô na-gô

12 땀이 난 후에는 기분이 괜찮아질
거야 ! [12]
□
ttam-i na-n hou-é-neun gibouni gwèntchanh-adji-l
goya

■ Notes

: **10** 나, *je, me, moi* + 랑 (이랑/랑), *avec* + 같이, *ensemble* + 산책, *promenade* ;
산책 하 (산책(을) 하다, *se promener*) + ㄹ래 (을/ㄹ래, terminaison orale
d'intention, forme familière, ex. : 언니랑 같이 갈래 ?, *Tu veux y aller
avec moi ?*, L64, ph. 4) = *Tu veux te promener avec moi ?*

***

▶ 연습 1 – 번역하십시오.
❶ 열이 나면 집에서 쉬세요. ❷ 계단에서 넘어졌는데도
피가 안 났어. ❸ 스트레스를 안 받고 살 수 있을까 ?
❹ 땀이 나서 샤워를 했어요. ❺ 나 요즘 슬럼프에 빠진
것 같아.

***

연습 2 – 빈칸을 채우십시오.
❶ Je suis irrité (énervé).
_ _ _ 나요.

❷ Ne vous énervez pas. *(ne manifestez pas de mauvaise humeur)*
_ _ _ _ _ 마세요.

❸ Le film est triste alors j'ai les larmes aux yeux. (style poli)
영화가 슬퍼서 _ _ _ _ _.

10 – [Tu] veux [aller] te promener avec moi ?

11 Quand [on] fait du sport, le corps *(entier)* s'échauffe,
et quand [il] s'échauffe, [on] transpire *(aussi)* et...

12 Une fois qu['on] a [bien] transpiré, [on] se sent mieux !

---

11 운동을 하 (운동(을) 하다, *faire du sport*) + 면 (으면/면, *quand* de conjonction et non adverbe interrogatif) = *quand on fait du sport* ; 몸, *corps* ; 온몸, *corps entier* ; 온몸에, *dans tout le corps* + 열, *chaleur, fièvre*, 열이 나 (열(이) 나다, *avoir chaud/de la fièvre*) + 고, *et* = litt. "on a chaud dans tout le corps et" ; 열이 나 (열(이) 나다, *quand*) = litt. "quand on a chaud" ; 땀, *sueur* ; 땀도 나 (땀(이) 나다, *transpirer*) + 고, *et* = *on transpire aussi et*... À nouveau, vous remarquerez que la particule 도, *aussi*, remplace la P.sujet 이 du verbe 땀이 나다.

12 땀이 나 (땀(이) 나다) + ㄴ 후 (...은/ㄴ 후, *après avoir* (participe passé)) + 에, P.temps + 는, P.thème (pour l'emphase) = *après avoir transpiré* ; 기분, *humeur* ; 기분이 괜찮 (기분(이) 괜찮다/좋다, *être de bonne humeur*) + 아지 (어/아지다, *devenir*) + ㄹ 거야 (을/ㄹ 거야 est la forme familière (non polie) de 을 거예요, *futur incertain*) = litt. "tu vas devenir de bonne humeur".

***

Corrigé de l'exercice 1

❶ Reposez-vous à la maison si vous avez de la fièvre. ❷ Même si je suis tombé dans l'escalier, je n'ai pas saigné. ❸ Peut-on vivre sans stress ? ❹ J'ai pris une douche parce que j'ai transpiré. ❺ Je pense que je traverse une mauvaise période.

***

❹ **On boit une bière fraîche après avoir fait du sport ?**
운동을 _ _ _ 시원한 맥주 한 잔 마실까요 ?

❺ **Je transpire beaucoup des mains.**
_ _ 땀이 많이 나요.

Corrigé de l'exercice 2

❶ 짜증이 – ❷ 짜증을 내지 – ❸ – 눈물이 나요 ❹ – 한 후에 – ❺ 손에 –

연습 3 – 한글로 쓰십시오.
❶ *chaleur, fièvre* ❷ *escalier* ❸ *sueur*

75

제칠십오 과

애완동물
èwandôngmoul

1 방금 엄마 친구분께서 저희 집에 놀러
오셨습니다. ¹
banggeum omma tchin'gou-boun-kkéso djoheui
djib-é nôl-lo ô-sy-oss-seubni-da

2 어디선가 고양이 우는 소리가 ² 들리자
아주머니께서 물으십니다 ³ :
odison'ga gôyang'i ou-neun sôli-ga deulli-dja
adjoumoni-kkéso moul-eusi-bni-da

: Notes

1 방금, *tout à l'heure, à l'instant* + 엄마 친구, *ami de maman* + 분 (forme
honorifique de 사람, *personne*, accolée à un nom pour exprimer la déférence, ex.: 친구분, (votre) *ami* ; 남편, *mari, époux* ; 남편분 (votre) *mari,
époux*, similaire à 님 qui s'accole à un statut ou un titre professionnel,
ex.: 선생님, *professeur* ; 사장님, *patron*, 부모님, *parents*) + 께서, P.sujet
(forme honorifique) + 저희 (forme alternative de 우리, *nous, notre*, utilisée avec déférence en marquant un abaissement de soi) + 집, *maison* +
에, P.lieu + 놀 (놀다, *s'amuser, jouer*) + 러 오 (으러/러 오다, *venir pour*) +
시 + 었 + 습니다 = litt. "à l'instant, un(e) ami(e) de maman est venu(e)
à notre maison pour s'amuser".

2 어디선가 ((on n'est pas sûr d'où mais ça vient) *de quelque part*, forme
abrégée de 어디, *où* + 에서, *de* + 인/ㄴ가, accolé au nom, charge interrogative) + 고양이, *chat* + 우 (울다, *miauler*) + 는, sfx. proposition +

Corrigé de l'exercice 3
❶ 열 ❷ 계단 ❸ 땀

Deuxième vague : 25ᵉ leçon

75

Soixante-quinzième leçon

Un animal de compagnie

1 *(À l'instant)* une amie [de ma] maman vient d'arriver chez nous.

2 Un miaulement se fait entendre. La dame demande aussitôt [à ma mère] :

참 좋은 질문이네요 !

소리, *son* = "de quelque part, le son qu'un chat miaule". 인/ㄴ가 s'accole souvent aux pronoms 언제, *quand*, 어디서, *d'où*, 누구, *qui*, ex.: 언젠가 간 식당, (je ne sais pas quand mais) *le restaurant où je suis allé il y a quelque temps* ; 어디선가 본 사람, (je ne sais pas où mais) *la personne que j'ai déjà vue quelque part* ; 누군가 좋은 사람, (je ne sais pas qui mais) *quelqu'un de bien*.

3 가, P.sujet + 들리 (들리다 (VI), *(s')entendre*) + 자 (자(마자), *dès que*) = litt. "dès qu'on entend" ; 아주머니, *dame* + 께서, P.sujet (honorifique) + 물 (묻다, *demander*, *interroger*) + 으시, m. honorifique + ㅂ니다 = *la dame demande*. Le connecteur 자(마자), *dès que*, s'accole au radical d'un verbe quelle que soit sa dernière lettre, ex.: 먹자마자, *dès qu'on mange* ; 사자마자, *dès qu'on achète*.
• 듣다, *écouter*, ex.: 소리를 들어요, *J'écoute le son* vs 들리다, *(s')entendre*, ex.: 소리가 들려요, "le son s'entend", *J'entends le son*.

3 – "소윤이 엄마, 애완동물 키워요 ?" [4]
sô-youn-i omma, èwandôngmoul kʰiw-oyô

4 – "네, 한 달 전부터 작은 고양이를
　　기르고 있어요." [5]
né, han dal djon-boutʰo djag-eun gôyang'i-leul
gileu-gô iss-oyô

5 　(고양이를 보시면서)
　　(gôyang'i-leul bô-si-myonso)

　　– "어머, 고양이가 많이 지저분하네요 ! [6]
omo, gôyang'i-ga manhi djidjobounha-néyô

6 　애들이 고양이 목욕은 안 시켜요 ?" [7]
è-deul-i gôyang'i môgyôg-eun an sikʰy-oyô

7 – "참 좋은 질문이네요 ! [8]
tcham djôh-eun djilmoun-i-néyô

8 　(소윤이와 윤지를 바라보면서)
　　(sô-youn-i-wa youn-dji-leul balabô-myonso)

　　누가 고양이 목욕시킬래 ?" [9]　　　　□
nouga gôyang'i môgyôgsikʰi-llè

■ : Notes

4 동물, *animal* ; 애완동물, *animal de compagnie* + 키우 (키우다, *élever*) +
어요 = *Élevez-vous un animal de compagnie ?*
• La dame n'emploie pas le pronom personnel de deuxième personne
tu ou *vous* pour s'adresser à la maman de So-yun, elle emploie cette

***

▶ 연습 1 – 번역하십시오.
❶ 내일 아빠 친구 분께서 저희 집에 오십니다.
❷ 어디선가 핸드폰 소리가 들려요. ❸ 애완동물 몇 마리
기르세요 ? ❹ 윤지 엄마, 안녕하세요 ? 오랜만이에요.
❺ 윤지는 학교에서 돌아오자마자 텔레비전을 봐요.

3 – "[Vous] élevez un animal de compagnie ?

4 – Oui, [nous] sommes en train d'élever un petit chat depuis un mois.

5 *(En regardant le chat)* – Mon dieu, qu'il est sale !

6 Les enfants ne [lui] donnent pas le bain ?

7 – [C']est une très bonne question !

8 *(En scrutant So-yun et Yun-ji)*
Qui va donner le bain au chat ?"

tournure : 소윤(이) 엄마, "maman de So-yun". En effet, une femme mariée, mère d'un ou plusieurs enfant(s) est couramment appelée *"maman de (prénom de l'aîné)"*.

5 한, *un* + 달, *mois* + 전, *passé* + 부터, *depuis = depuis un mois* ; 작 (작다, *être petit*) + 은, sfx. adjectif + 고양이 = *petit chat* : 기르 (기르다, *élever* ≈ 키우다) + 고 있 (고 있다, *être en train de*) + 어요.

6 보 (보다, *regarder*) + 시 + 면서 (으면서/면서, *en ...-ant*) = *en regardant le chat* ; 어머, *Ah !, Oh là là !*, interjection de surprise souvent employée par les femmes + 많이, *beaucoup* + 지저분하 (지저분하다, *être sale*) + 네요.

7 애, *enfant* (forme contractée de 아이) + 들, m. pluriel + 이, P.sujet + 목욕, *bain* + 은, P.thème + 안, *ne pas* + 시키 (목욕시키다, *donner un bain*) + 어요 ?

• 목욕(을) 하다, *prendre un bain, se baigner*, ex.: 엄마가 목욕을 해요, *maman prend un bain* vs 엄마가 아이를 목욕시켜요, *Maman donne un bain à son enfant*.

8 참, *très* + 좋 (좋다, *être bon*) + 은, sfx. adjectif + 질문, *question* + 이 (이다, *être*) + 네요.

9 바라보 (바라보다, *regarder en fixant, scruter*) + 면서 (으면서/면서, *en ...-ant*) = *en scrutant So-yun et Yun-ji* ; 누가, *qui est-ce qui* + 목욕시키 (목욕시키다) + ㄹ래 (을/ㄹ래) = *Qui va donner le bain au chat ?*

***

Corrigé de l'exercice 1

❶ Demain, un ami de mon père vient chez nous. ❷ On entend une sonnerie de téléphone portable quelque part. ❸ Combien d'animaux de compagnie élevez-vous ? ❹ Bonjour madame *(maman de Yun-ji)* ! Cela fait longtemps qu'on ne s'est pas vus. ❺ Yun-ji, elle regarde la télévision dès qu'elle rentre de l'école.

연습 2 – 빈칸을 채우십시오.

❶ Ah ! J'entends de la K-pop *(la musique K-pop que j'aime)* au loin *(de quelque part)*, ma musique préférée. (style poli)

아 ! 어디선가 제가 좋아하는 K-pop ___ ___.

❷ Pendant le week-end, j'écoute de la musique à la maison. (style poli)

주말에는 집에서 음악을 ___.

❸ Depuis quand élevez-vous *(avez-vous élevé)* un animal de compagnie ? (style poli avec marque honorifique)

언제부터 애완동물을 _____?

***

연습 3 – 한글로 쓰십시오.
❶ *animal de compagnie* **❷** *chat* **❸** *son* (n.)

76

제칠십육 과

▶

일기 예보
ilgi yébô

1 봄 하늘이 파래요. ¹
　　　bôm haneul-i pʰalèyô

2 갑자기 구름이 끼고 비가 오기
　　　시작해요. ²
　　　gabdjagi gouleumi kki-gô biga ô-gi sidjaghèyô

Notes

1 하늘, *ciel* + 이, P. sujet + 파래 (파랗다, *être bleu*) + 요. Le radical des verbes d'état qui expriment la couleur se termine souvent par la consonne ㅎ, ex. : 빨갛다, *être rouge* ; 노랗다, *être jaune* ; 파랗다, *être bleu* ; 하얗다, *être blanc* ; 까맣다, *être noir*. Lorsqu'on lui accole un élément qui commence par la consonne muette ㅇ, le radical perd la dernière consonne ㅎ et les voyelles se contractent, ex. : 노라 (노랗다) +

❹ So-yun prend son bain. (style poli)

소윤이가 ＿ ＿ ＿ ＿ .

❺ So-yun est en train de donner un bain à son chiot.

소윤이가 강아지를 ＿ ＿ ＿ ＿ ＿ 있어요.

Corrigé de l'exercice 2

❶ – 음악이 들려요 ❷ – 들어요 ❸ – 키우셨어요
❹ – 목욕해요 ❺ – 목욕시키고 –

***

Corrigé de l'exercice 3

❶ 애완동물 ❷ 고양이 ❸ 소리

Deuxième vague : 26ᵉ leçon

76

Soixante-seizième leçon

La météorologie

1   Le ciel [de] printemps est bleu.
2   Soudain, [le ciel] se couvre *(de nuages)* et [il]
    commence à pleuvoir.

아요 → 노래요 ; 파랑 (파랗다) + 아서 → 파래서 ; 하양 (하얗다) + 은 →
하야 + ㄴ → 하얀 ; 까망 (까맣다) + 으니까 → 까마 + 니까 → 까마니까.
• Les verbes comme 좋다, *être bien* ; 싫다, *être désagréable* ; 많다, *être*
nombreux ; 괜찮다, *être satisfaisant* ; 낳다, *accoucher*, etc., ne perdent
pas la consonne finale ㅎ même si on les fait suivre d'éléments qui
commencent par la consonne muette ㅇ, ex. : 좋아요, 싫으니까, 많으
세요, 괜찮아, 낳은.

2   갑자기, *soudain* + 구름, *nuage* + 구름이 끼 (구름(이) 끼다, *être nua-*
    geux, se couvrir de nuages) + 고, *et* + 비가 오 (비(가) 오다, *pleuvoir*) + 시
    작, *commencement* ; 시작하다, *commencer* ; 기 시작하 (...기 시작하다,
    accolé au radical verbal, *commencer à...*) + 아요.

3 비가 그치자마자 무지개가 떠요. ³
bi-ga geutchi-djamadja moudjigè-ga tt-oyô

4 빨강, 주황, 노랑, 초록, 파랑, 남색, 보라
색의 ⁴ 무지개.
ppalgang, djouhwang, nôlang, tchôlôg, pʰalang,
namsèg, bôla sèg-eui moudjigè

5 여름에는 기온과 습도가 매우 높아요 ⁵.
yoleum-é-neun giôn-gwa seubdô-ga mèou nôpʰ-ayô

6 가을에는 기온 차가 커서 안개가 자주
끼어요 ⁶.
ga'eul-é-neun giôn tcha-ga kʰ-oso an'gèga djadjou
kki-oyô

7 겨울에는 바람이 많이 불고 건조해요 ⁷.□
gyo'oul-é-neun balami manhi boul-gô gondjôhèyô

⬛: Notes

3 비, *pluie* + 가, P.sujet + 그치 (그치다, *s'arrêter*) + 자마자, *dès que* + 무지
개, *arc-en-ciel* + 무지개가 뜨 (무지개가 뜨다, "se former un arc-en-ciel")
+ 어요.

***

▶ 연습 1 – 번역하십시오.
❶ 파란 가을 하늘 **❷** 건조한 날씨 **❸** 기온 차가 크니까
감기를 조심하세요. **❹** 습도가 높아서 짜증이 나요.
❺ 윤지 눈이 까매요.

3 Dès que la pluie s'arrête, un arc-en-ciel se forme.

4 L'arc-en-ciel de couleur rouge, orange, jaune, verte, bleue, indigo [et] violette.

5 En été, la température et l'humidité sont très élevées *(hautes)*.

6 En automne, comme il y a un grand écart [de] température, il y a souvent du brouillard.

7 En hiver, il y a beaucoup de vent et [c']est sec.

---

4 빨강, *rouge* ; 주황, *orange* ; 노랑, *jaune* ; 초록, *vert* ; 파랑, *bleu* ; 남(색), *(couleur) indigo* ; 보라, *violet* ; 색, *couleur*.

5 기온, *température* + 과, *et* + 습도, *humidité* (습하다, *être humide*) + 매우, *très* + 높 (높다, *être haut*) + 아요.

6 차, *écart* + 가, P.sujet + ㅋ (크다, *être grand*) + 어서, *comme* = litt. "comme l'écart de température est grand" ; 안개, *brouillard* + 안개가 끼 (안개(가) 끼다, *avoir du brouillard*) + 어요. L'adverbe 자주, *souvent*, est positionné devant le verbe 끼다.

7 바람, *vent* ; 바람이 불 (바람(이) 불다, *il y a du vent*) + 고, *et*. L'adverbe 많이, *beaucoup*, est positionné devant le verbe 불다. 건조, *séchage* ; 건조하 (건조하다, *être sec*) + 아요.

***

Corrigé de l'exercice 1

❶ le ciel bleu d'automne ❷ le temps sec ❸ Attention au rhume car il y a des écarts de température. ❹ Je suis irrité car l'humidité est élevée. ❺ Les yeux de Yun-ji sont noirs.

연습 2 – 빈칸을 채우십시오.

❶ Dani a un visage blanc. (*visage est blanc*, style poli)

다니는 얼굴이 ___.

❷ Le ciel est couvert. (style poli)

구름이 ____.

❸ Il y a un arc-en-ciel. (style poli)

무지개가 ___.

❹ Vous aimez quelle couleur ?

____ 좋아하세요 ?

❺ Je n'aime pas le temps brumeux.

_ _ _ 날씨를 싫어해요.

***

연습 3 – 한글로 쓰십시오.

❶ *être blanc* ❷ *être noir* ❸ *être sec* (infinitif pour les trois propositions)

77

제칠십칠 과

복습 – Révision

1 Les verbes transitifs et intransitifs

Nous allons à présent faire un point sur les verbes transitifs et intransitifs. Il faut savoir les distinguer afin de bien choisir une particule pour les accompagner.

1.1 Les verbes transitifs

Acheter, donner, téléphoner, boire, aimer, etc. sont des verbes transitifs, 타동사, qui nécessitent un/des complément(s) d'objet(s), direct (COD) ou indirect (COI), ex. :

마시다, *boire* → 아기가 우유를 마셔요, *Le bébé boit du lait.*

사다, *acheter* → 엄마가 꽃을 사요, *Maman achète des fleurs.*

Corrigé de l'exercice 2

❶ – 하얘요 ❷ – 끼었어요 ❸ – 떴어요 ❹ 무슨색을 – ❺ 안개
끼 –

일기 예보

Corrigé de l'exercice 3

❶ 하얗다 ❷ 까맣다 ❸ 건조하다

Deuxième vague : 27ᵉ leçon

77

Soixante-dix-septième leçon

주다, *donner* → 엄마가 고양이에게 우유를 줘요, *Maman donne du
lait à son chat.*
전화하다, *téléphoner* → 엄마가 아빠에게 전화해요, *Maman téléphone à papa.*
Lorsqu'il accompagne ce type de verbe, le sujet, ex. : 아기, *bébé* ;
엄마, *maman*, est marqué par la P.sujet ; le COD, ex. : 우유, *lait* ; 꽃,
fleur, est marqué par la P.COD et le COI, ex. : 고양이, *chat* ; 아빠,
papa, par la P.COI.

1.2 Les verbes intransitifs

Aller, *dormir*, *se promener*, etc. sont des verbes intransitifs, 자동
사. Ces verbes ne nécessitent pas de complément d'objet mais ils
peuvent éventuellement avoir recours à des compléments circons-
tanciels de lieu, de temps, etc. Les verbes d'état, ex. : *être grand*,
être joli, sont obligatoirement des verbes intransitifs, ex. :

예쁘다, *être joli* → 꽃이 예뻐요, *La fleur est jolie*.
크다, *être grand* → (저는) 키가 커요, litt. "(quant à moi,) la taille est grande", *Je suis grand*.
자다, *dormir* → 아기가 자요, *Le bébé dort*.
가다, *aller* → 동생이 학교에 가요, *Mon petit frère / Ma petite sœur va à l'école*.
산책하다, *se promener* → 엄마랑 공원에서 저녁에 산책해요, *Je me promène dans le parc avec ma maman le soir*.

Les sujets, 꽃, *fleur*, 키, *taille*, 아기, *bébé*, et 동생, *petit frère / petite sœur*, sont marqués par la P.sujet ; 학교, *école*, et 공원, *parc*, par la P.lieu ; 저녁, *soir*, par la P.temps ; 엄마, *maman*, par la particule *avec*. C'est toujours le verbe qui décide s'il faut un COD, un COI ou seulement un sujet, et en fonction de cela, on le marque de la particule adéquate.

2 Les verbes auxiliaires (suite)

• Exprimer une durée avec 은/ㄴ 지 (durée) 되다
Le verbe auxiliaire 은/ㄴ 지 (durée) 되다, *cela fait* (durée) *que*, sert à exprimer le temps passé à accomplir une action. Il faut donc souvent employer la marque du passé, ex. :
한국어 공부한 지 얼마나 됐어요 ?, *Cela (a) fait combien de temps que vous apprenez le coréen ?*
밥 먹은 지 1 시간 됐어요, *Cela (a) fait une heure que j'ai mangé*.
결혼한 지 3 년 됐어요, *Cela (a) fait trois ans que je suis marié*.

• Exprimer des présomptions avec 은/ㄴ/는/을/ㄹ 줄 알았다/몰랐다
Les verbes auxiliaires 은/ㄴ/는/을/ㄹ 줄 알았다, *avoir cru, pensé que*, et 은/ㄴ/는/을/ㄹ 줄 몰랐다, *ne pas avoir su que*, s'emploient avec un verbe d'état (은/ㄴ) et aussi avec un verbe d'action 은/ㄴ (passé) / 는 (présent) / 을/ㄹ (futur) et servent à exprimer des suppositions, ex. :
한국 사람인 줄 알았어요 (한국 사람이다, *être Coréen*), *Je pensais que vous étiez Coréen*.
한국에 간 줄 알았어요 (한국에 가다, *partir en Corée*), *Je pensais que vous étiez parti en Corée*.
한국에 가는 줄 알았어요, *Je pensais que vous partiez en Corée*.
한국에 갈 줄 알았어요, *Je pensais que vous partiriez en Corée*.

• Transformer un verbe intransitif en verbe transitif avec 어/아하다
Le verbe auxiliaire 어/아하다 accolé au radical d'un verbe intransitif permet de le transformer en verbe transitif. Cette transformation n'apporte souvent pas grand chose en termes de sens mais
nécessite une P.COD, ex. :

좋다, *être bien* → 좋아하다, *aimer bien*
한국 드라마가 좋아요, litt. "le drama coréen est bien", *J'aime le
drama coréen.*
한국 드라마를 좋아해요, *J'aime bien le drama coréen.*

싫다, *être désagréable* → 싫어하다, *détester*
비가 싫어요, litt. "la pluie est désagréable", *Je déteste la pluie.*
비를 싫어해요, *Je déteste la pluie.*

예쁘다, *être joli* → 예뻐하다, *adorer*
강아지가 예뻐요, *Le chiot est joli.*
강아지를 예뻐해요, *J'adore le chiot.*

3 Le causatif

Dans une structure causative, le sujet ne réalise pas l'action lui-
même mais la fait faire par quelqu'un d'autre. Il y a plusieurs façons
d'exprimer le causatif. Nous allons tout d'abord voir comment on
peut l'exprimer à partir d'un nom, grâce au verbe 시키다, ex. :
공부했어요, *J'ai étudié* vs 선생님이 공부시켰어요, *Le professeur m'a
fait étudier.*
약속을 취소했어요, *J'ai annulé mon rendez-vous* vs 약속을 취소시켰
어요, *J'ai fait annuler mon rendez-vous.*
청소해요, *Je fais le ménage* vs 청소시켜요, *Je fais / On me fait faire
le ménage.*

4 Exprimer l'imparfait

En coréen, le temps de l'imparfait n'existe pas vraiment comme en
français, néanmoins le suffixe 던 permet de l'exprimer. Cependant,
si on emploie la marque du passé 었/았 et le suffixe 던 à la fois, on
obtient alors un passé-composé, ex. :
만나던 사람, *la personne avec qui je sortais*
만났던 사람, *la personne avec qui je suis sorti*
먹던 음식, *le plat que je mangeais*
먹었던 음식, *le plat que j'ai mangé*

▶ 복습 대화

1 오늘까지만 놀고 내일부터는 공부를
열심히 할 거야.
ôneul-kkadji-man nôl-gô nèil-boutʰo-neun gôngbou-
leul yolsimhi ha-l goya

2 운동하기 위해서 산책을 시작했어요.
oundôngha-gi wihèso santchèg-eul sidjaghè-ss-oyô

3 넘어져서 피도 났어요.
nomodjy-oso pʰi-dô n-ass-oyô

4 떡볶이가 생각보다 많이 맵지 않네요.
ttogbôkki-ga sènggag-bôda manhi mèb-dji anh-néyô

5 K-pop을 들은 지 1년 정도 된 것
같아요.
K-pop-eul deul-eun dji il-nyon djongdô dwé-n gos
gatʰ-ayô

6 배고픈데 햄버거를 배달시킬까 ?
bègôpʰeu-ndé hèmbogo-leul bèdalsikʰi-lkka

7 엄마 ! 왜 언니만 예뻐하세요 ?
omma ! wè onni-man yéppoha-séyô

8 고양이도 목욕시켜야 돼요 ?
gôyang'i-dô môgyôgsikʰy-oya dwèyô

9 아 ! 짜증나게 하지 마 !
a ! tsadjeungnagé ha-dji ma

10 언제부터 얼굴에 뭐가 났어 ?
ondjé-boutʰo olgoul-é mwo-ga n-ass-o

Traduction

1 Je m'amuse seulement jusqu'à aujourd'hui et dès demain, j'étudierai sérieusement. **2** Je me suis mis à la promenade pour faire du sport. **3** Je suis tombé et j'ai même saigné. **4** Le tteokbokki est moins piquant que je ne le pensais. **5** Je pense que cela fait environ un an que j'ai commencé à écouter de la K-pop. **6** J'ai faim. On se fait livrer un hamburger ? **7** Maman ! Pourquoi est-ce que ma grande sœur est la chouchoute *(tu chéris seulement ma grande sœur)* ? **8** Faut-il donner un bain même au chat ? **9** Oh là ! Ne m'énerve pas ! **10** Depuis quand as-tu des boutons sur le visage ?

Deuxième vague : 28ᵉ leçon

제칠십팔 과

▶

반말 ? 존댓말 ? [1]
banmal ? djôndèsmal

1 – 혹시 여기 자리 있어요 [2] ?
hôgsi yogi djali iss-oyô

2 – 아니요, 없어요. 여기 앉으세요.
aniyô, obs-oyô. yogi andj-euséyô

3 – 고마워요. 전 19학번 윤지라고 해요. [3]
gômaw-oyô. djo-n sib-gou-hagbon youn-dji-lagô
hèyô

4 – 아 ! 저도 19학번이에요. 저는 다니예요.
a ! djo-dô sib-gou-hagbon-i-éyô. djo-neun dani-yéyô

5 아직 한국말이 많이 서툴러요. [4]
adjig han'gougmal-i manhi sotʰoull-oyô

6 – 19학번 ? 그럼 우리 동갑이겠네요. [5]
sib-gou-hagbon ? geulom ouli dônggab-i-géss-néyô

◻ Notes

1 반말, litt. "style familier" (sans politesse), *tutoiement*, et 존댓말, litt.
"style ultra formel/poli", *vouvoiement*. On choisit l'un ou l'autre en
fonction de l'âge, du niveau social, de l'ancienneté (dans une entreprise
ou encore, l'année supérieure à l'université), etc. Les verbes sont : 반말
하다, *(se) tutoyer*, et 존대하다, *(se) vouvoyer*.

2 혹시, *par hasard* ; 자리, *place* ; 자리가 있다, litt. "il y a une place", *il y
a qqn à cette place* ; 자리가 없다, *il n'y a pas de place, être occupé*. En
coréen, la phrase interrogative 자리가 있어요 ? signifie litt. *y a-t-il qqn à
cette place ?*, *Y a-t-il une place ?* Voici, comment y répondre : 아니요, 없

Soixante-dix-huitième leçon

Tutoiement ? Vouvoiement ?

1 – Y a-t-il une place ici, par hasard ?
2 – Oui, [c']est vacant. Asseyez[-vous] ici.
3 – Merci. Je suis Yun-ji, entrée en 2019.
4 – Ah ! Je suis aussi entrée en 2019. Je suis Dani.
5 [Je] ne parle pas encore très bien le coréen.
6 – En 2019 ? Dans ce cas, nous avons [peut-être] le même âge.

어요, litt. *non, il n'y a personne*, *Oui, la place est libre* ; 네, 있어요, litt. *oui, il y a qqn*, *Non, la place est occupée*. Il faut, en quelque sorte, inverser le raisonnement.

3 Le 학번, *numéro d'étudiant*, est donné selon le comptage sino-coréen et il est attribué à tout étudiant lors de son entrée à l'université. Le numéro complet commence par l'année d'entrée à l'université complété d'un numéro individuel. Accolé à un nom, 이라고 (après une consonne) / 라고 (après une voyelle) 하다, litt. "être appelé par", sert à (se) présenter, ex. : 19학번 윤지라고 해요, litt. "je suis appelée par Yun-ji, n° étudiant (20)19".

4 아직, *encore* + 한국말, *coréen* (≈ 한국어, *coréen*) + 이, P.sujet + 서툴르 (서투르다, *être maladroit, inexpérimenté*) + 어요 = litt. "je suis encore inexpérimenté en coréen".

5 동갑, *même âge, personne de même âge* + 이 (이다, *être*) + 겠, m. incertitude + 네요 = litt. "(peut-être que) nous sommes de même âge". Accolé à un radical verbal, 겠네(요) s'emploie souvent à l'oral pour exprimer une idée imprécise, vague, incertaine, ex. : 좋겠네요, *Ce serait* ("peut-être") *bien* (L45, ph. 2) ; 미치겠네, *Je vais* ("peut-être") *devenir fou* (L61, ph. 6) ; 안경을 새로 해야겠네, *Il faudrait (peut-être) faire refaire les lunettes* (L64, ph. 3).

7 말 놓을까요 ?
mal nôh-eulkkayô

8 – 그래 ? 좋아. 말 놓자. [6]
geulè ? djôh-a. mal nôh-dja

9 근데 이 교수님은 어떠셔 ? [7]
geundé i gyôsounim-eun otto-sy-o

10 – 좀 깐깐하셔. 과제도 많은 편이고. [8]
djôm kkankkanha-sy-o. gwadjé-dô manh-eun pʰyoni-gô

11 – 아, 어쩌지 ? 나한텐 많이 어렵겠는데... [9]
a, otso-dji ? na-hantʰé-n manhi olyob-géss-neundé

12 – 걱정 마. 내가 노트도 빌려주고 많이
도와줄게. [10]   □
gogdjong ma. nè-ga nôtʰeu-dô billyodjou-gô manhi
dôwadjou-lgé

◨ : Notes

6 말 놓 (말을 놓다, *se tutoyer*) + 자, terminaison exhortative au style familier (que nous avons déjà rencontré en L58, ph. 6 : 떠들지 말자, litt. "ne
parlons pas fort"). Ce qui donne ici "tutoyons-nous".

7 근데, forme contractée de 그런데, *au fait* + 이, *ce* + 교수, *professeur
d'université* (s'emploie souvent avec le terme honorifique 님, ex. : 교수
님 comme 선생님, *professeur*) + 은, P.thème + 어떠 (어떻다, *être comment*) + 시, m. honorifique + 어 = *Au fait, ce professeur est comment ?*
La m. honorifique sert à faire preuve de déférence envers le sujet (*professeur*) et la terminaison au style familier sert à faire preuve de familiarité envers son interlocuteur (*Yun-ji*) comme 깐깐하 (깐깐하다, *être
exigeant, pointilleux*) + 시 + 어 = litt. "(professeur) est exigeant".

8 과제, *devoirs* + 도, *aussi* + 많 (많다, *être nombreux*) + 은 편이 (ㄴ/은/는
편이다, *avoir tendance à*) + 고, terminaison orale = litt. "on a tendance
à avoir beaucoup de devoirs". La terminaison orale 고 (style familier) /
고요 (style poli) s'accole au radical du verbe dans les phrases déclaratives et interrogatives et s'emploie souvent dans une conversation

7 *(parole)* [on] se tutoie ?

8 – Ah bon ? Ok. [On] se tutoie !

9 Au fait, ce professeur, [il] est comment ?

10 – [Il] est un peu exigeant. [Il] donne aussi pas mal de devoirs.

11 – Ah, comment [je] vais faire ? [Ça] sera très difficile pour moi...

12 – Ne t'en fais pas. Je [te] prêterai [mes] notes et [je t']aiderai beaucoup.

amicale. Comme la plupart des terminaisons orales, il est difficile de la faire figurer dans une traduction. Il est fréquent que les Coréens l'écrivent et la prononcent plutôt 구 (style familier) / 구요 (style poli) mais faites attention, ce n'est pas l'orthographe officielle.

9 어쩌 (어쩌다 forme contractée de 어찌하다, *faire comment*) + 지, style familier de 지요 = litt. "comment je fais ?" ; 나, *moi* + 한텐 (forme contractée de 한테, *chez, à*, et de 는, P.thème) = *pour moi* ; 많이, *beaucoup* + 어렵 (어렵다, *être difficile*) + 겠, m. hypothèse + 는데, terminaison orale = litt. "ce serait difficile pour moi".

10 걱정, *inquiétude* ; 말다, *ne pas faire* ; 걱정 마 (걱정 말다, *ne pas se faire d'inquiétude*) + 아 = *Ne t'en fais pas* (cf. ≈ 걱정하지 마세요, *ne vous inquiétez pas*, L62, ph. 7) ; 내가 (contraction de 나, *moi*, et de 가, P.sujet) + 노트, *note* + 도, *aussi* + 빌려주 (빌려주다, *prêter*) + 고, *et* + 많이, *beaucoup* + 도와주 (도와주다, *aider*) + ㄹ게, futur certain = litt. "je vais te prêter les notes et aussi beaucoup aider".

• Dans l'usage courant, 돕다, *aider*, s'emploie souvent avec le verbe auxiliaire 어/아 주다, *faire qqch. pour qqn*. Ils se contractent ainsi : 도와주다, *aider*.

연습 1 – 번역하십시오.
❶ 동갑이니까 말 놓을까 ? ❷ 존댓말을 해야 해요 ?
❸ 그 분은 좀 깐깐하신 것 같아요. ❹ 집안일이 아직
서툴러요. ❺ 핸드폰 좀 빌려주세요.

***

연습 2 – 빈칸을 채우십시오.
❶ Bonjour ! Je suis David. (style poli, *on m'appelle par David*)
안녕하세요. 다비드 __ ___.

❷ En quelle année êtes-vous entré à l'université *(numéro d'étudiant)* ?
몇 __ 이세요 ?

❸ Asseyez-vous ici. (style poli avec m. honorifique)
여기 ____.

***

연습 3 – 한글로 쓰십시오.
❶ *vouvoiement* ❷ *(personne) de même âge* ❸ *devoirs*

79

제칠십구 과

첫 ¹ 출근
tchos tchoulgeun

1   다비드 씨는 오늘 첫 출근을 합니다.
     dabideu ssi-neun ôneul tchos tchoulgeun-eul
     ha-bni-da

📄 : Note

1   On exprime les nombres ordinaux ainsi : 첫 (번째), *le/la premier(-ère)* ;
     두 번째, *le/la deuxième* ; 세 번째, *le/la troisième* ; 네 번째, *le/la qua-*

Corrigé de l'exercice 1

❶ On se tutoie car nous avons le même âge ? ❷ Faut-il que l'on se vouvoie ? ❸ Je pense qu'il est exigeant. ❹ Je suis encore inexpérimenté en tâches ménagères. ❺ Prêtez-moi votre téléphone portable, s'il vous plaît.

***

❹ Ne t'en fais pas. (style familier)
걱정 _ .

❺ Vous pouvez me tutoyer. (style poli avec m. honorifique, *tutoyez*)
말 ____ .

Corrigé de l'exercice 2

❶ – 라고 해요 ❷ – 학번 – ❸ – 앉으세요 ❹ – 마 ❺ – 놓으세요

***

Corrigé de l'exercice 3

❶ 존댓말 ❷ 동갑 ❸ 과제

Deuxième vague : 29ᵉ leçon

79

Soixante-dix-neuvième leçon

Premier jour de travail

1 Aujourd'hui, [c']est le premier jour de travail [de] **David** (*David [hon.-P.thème] aujourd'hui premier aller-au-travail*).

---

trième ; 다섯 번째, *le/la cinquième*... 번째 est un nom que l'on retrouve dans les nombres cardinaux, dépendant du chiffre coréen, sauf *le/la premier/-ère*, qui le précède, un peu comme un suffixe, signifiant *tour, ordre, fois*, ex. : 두 번째 만남, *deuxième* (fois de) *rendez-vous*.

2 – 자 ! 다들 주목해 주세요 ! [2]
dja ! da-deul djoumôghè djou-séyô

3 오늘 새로 온 신입사원 다비드입니다. [3]
ôneul sèlô ô-n sinibsawon dabideu-i-bni-da

4 따뜻하게 맞이해 주세요. [4]
ttatteushagé madjihè djou-séyô

5 – 안녕하세요 ? 다비드입니다.
annyongha-séyô ? dabideu-i-bni-da

6 열심히 하겠습니다. 잘 봐 주세요. [5]
yolsimhi ha-géss-seubni-da. djal bw-a djou-séyô

7 – 아직 업무에 익숙하지 않을 테니 [6]
adjig obmou-é igsougha-dji anh-eul tʰéni

8 김대리가 옆에서 잘 좀 지도해 줘요 [7].
gim-dèli-ga yopʰ-éso djal djôm djidôhè djw-oyô

9 – 알겠습니다, 부장님 !
al-géss-seubni-da, boudjangnim

◾ Notes

2 자 ! est une interjection employée pour demander l'attention : *Bon !, Allez !, Écoutez !* ; 다, *tout* + 들, m. pluriel + 주목, *attention* ; 주목하 (주목하다, *prêter attention à qqch.*) + 아 주시 (어/아 주다, *faire qqch. pour qqn*) + 시 + 어요 = litt. "bon ! tout le monde, prêtez votre attention".

3 새로 est un adverbe (que l'on place devant un verbe), *pour la première fois* + 오 (오다, *venir*) + ㄴ, sfx. proposition + 신입사원, *nouvel employé* + 이 (이다, *être*) + ㅂ니다 = litt. "c'est David, nouvel employé qui est venu pour la première fois, aujourd'hui".

4 따뜻하 (따뜻하다, *être chaleureux*) + 게, sfx. adverbe, *-ment* + 맞이하 (맞이하다, *accueillir*) + 아 주 (어/아 주다, *faire qqch. pour qqn*) + 시 + 어요 = litt. "accueillez chaleureusement". La forme 어/아 주세요 (style poli) / 주십시오 (style ultra formel) accolée à un radical verbal veut dire *veuillez*, ex. : 앉아 주십시오, *Veuillez vous asseoir* ; 기다려 주십시오, *Veuillez attendre*.

2 – Bon ! *(Portez)* [votre] attention, s'il vous plaît !

3 [Voici] David, [notre] nouvel employé qui [nous] a rejoint aujourd'hui.

4 Veuillez l'accueillir chaleureusement.

5 – Bonjour ! [Je] suis David.

6 [Je] ferai de [mon] mieux pour être à la hauteur (de vos attentes).

7 – Puisqu'[il] n'a pas [encore] d'expérience *(expérimenté)* à [ce] poste *(travail)*,

8 [je vous] demande, madame Kim, de [l']accompagner *(bien)* [pour ses débuts] *(guider)*.

9 – Entendu *(j'ai compris)*, monsieur le directeur !

---

5 열심히, *avec ardeur* + 하 (하다, *faire*) + 겠, m. futur + 습니다 = litt. "je vais faire de mon mieux avec ardeur" ; 잘, *bien* + 보 (보다, *juger, apprécier*) + 아 주 (어/아 주다, *faire qqch. pour qqn*) + 시 + 어요 = litt. "appréciez-moi bien". Ainsi, 잘 봐/지켜봐/예쁘게 봐 주세요 (style poli) / 주십시오 (style ultra formel) sont des expressions très courantes que l'on emploie lorsqu'on se présente.

6 아직, *pas encore* + 업무, *tâche, travail, emploi* + ...에 익숙하 (...에 익숙하다, *être expérimenté dans, habitué à*) + 지 않 (지 않다, *ne pas*) + 을 테니 (을/ㄹ 테니(까), *puisque* = *puisqu'il n'est pas encore expérimenté dans son travail*. La forme 을/ㄹ 테니(까), accolée à un radical verbal, sert à exprimer une cause probable, ex. : 날씨가 추울 테니까, (mettez un manteau) *parce qu'il va faire froid* ; 일할 테니까, (ne l'appelle pas) *car il doit être au travail*.

7 옆, *côté* ; 옆에서, *à côté* + 잘, *bien* + 지도, *direction*, 지도하 (지도하다, *diriger, guider*) + 아 주 (어/아 주다, *faire qqch. pour qqn*) + 어요 = litt. "madame Kim, guidez-le à côté".

• Dans un lieu professionnel, la façon de nommer les employés prend une forme particulière selon leur position dans l'entreprise. Généralement, un nouvel employé n'a pas de désignation particulière mais au fur et à mesure, il endossera un certain titre en fonction des promotions obtenues : 대리 **déli** - 과장 **gwadjang** - 차장 **tchadjang** - 부장 **boudjang** - 이사 **isa** - 사장 **sadjang** - 회장 **hwédjang**, ex. : 부장님 **boudjangnim** (ph. 9 ; voir également note culturelle en fin de leçon).

10 환영회 겸 회식은 언제 합니까 ? [8]

hwanyonghwi gyom hwésig-eun ondjé ha-bni-kka

11 – 허 참 ! 벌써 회식 생각부터 하는
건가요 ? [9] ☐

ho tcham ! bolsso hwésig sènggag-bouth̊o ha-neun
go-ngayô

Notes

8 환영, *bienvenue* ; 환영회, *fête de bienvenue* + 겸, *et*, *en même temps*, *à la
fois* + 회식, *repas* (entre collègues) + 하 (하다, *prendre*) + ㅂ니까 ? = litt.
"quand fait-on la fête de bienvenue et le repas ?". Le mot 겸 se place

***

▶ 연습 1 – 번역하십시오.
❶ 모두 주목해 주세요 ! ❷ 언제부터 출근하세요 ?
❸ 신입사원이세요 ? ❹ 여기서 좀 기다려 주세요. ❺ 잘
지도해 주셔서 감사합니다.

***

연습 2 – 빈칸을 채우십시오.
❶ Je vous présente David, mon mari et mon collègue.
제 _ _ _ _ _ 다비드 씨를 소개할게요.

❷ Maman pense d'abord à [son] bébé.
엄마는 아기 _ _ _ _ 합니다.

❸ Je serais en retard, mange avant. (cause probable)
_ _ _ _ 먼저 먹어.

❹ Merci de m'avoir bien accueilli. *(merci parce que vous m'accueillez
chaleureusement)*
따뜻하게 _ _ _ _ _ _ 감사합니다.

***

연습 3 – 한글로 쓰십시오.
❶ *nouvel employé* ❷ *travail, tâche* ❸ *le/la deuxième*

10   Quand est-ce qu['on] organise un pot de bienvenue
(et un repas) ?

11 – Oh là ! [On en] parle déjà ?

entre les deux noms et signifie *et*, ex. : 아침 겸 점심, "petit-déjeuner
déjeuner", **brunch** ; 남편 겸 동료, *mon mari et en même temps mon
collègue*.

9 허 est une interjection souvent employée pour émettre une légère
remarque + 참, *vraiment* + 벌써, *déjà* + 생각, *pensée* ; 생각하다, *penser*, 부터, *d'abord, en premier*, 생각부터 하 (... 생각부터 하다, *penser
d'abord...*) + 는, sfx. proposition + 것, *chose* + 이 (이다, *être*) + ㄴ가 (은/
ㄴ가, terminaison orale interrogative) + 요 = litt. "oh là ! vous pensez
d'abord déjà au repas ?".

***

Corrigé de l'exercice 1

❶ *(Prêtez)* votre attention, s'il vous plaît ! ❷ Vous commencez votre
travail à partir de quand ? *(vous allez au travail à partir de quand)*
❸ Êtes-vous un nouvel employé ? ❹ Veuillez attendre ici. ❺ Je vous
remercie de m'avoir bien accompagné.

***

❺ Je ne suis pas encore habitué à parler coréen. *(ne pas être habitué
en coréen)*

저는 아직 _ _ _ _ 익숙하지 않아요.

Corrigé de l'exercice 2

❶ – 남편 겸 동료 – ❷ – 생각부터 – ❸ 늦을 테니까 –
❹ – 맞이해 주셔서 – ❺ – 한국어에 –

***

Corrigé de l'exercice 3

❶ 신입사원 ❷ 업무 ❸ 두 번째

Pour désigner une personne dans un lieu de travail, il faut connaître son poste. Prenons l'exemple d'une personne qui s'appelle 김다니 **gimdani**. *Quand cette personne commence son travail (en tant que débutant), elle n'est qu'un* employé, 사원 **sawon**, *qu'on pourrait appeler alors* "(김)다니 씨 !" "**(gim)dani ssi !**" *avec le terme de politesse* 씨 *ajouté à la suite de son prénom. Petit à petit, cet employé peut être amené à être désigné par son statut, précédé de son nom de famille, à la suite d'une promotion obtenue, ex. :* 김 대리님 **gim**

80

제팔십 과

놀이터에서 [1]
nôlitʰo-éso

1 – 손녀가 참 순하게 생겼네요. [2]
sônnyo-ga tcham sounhagé sènggy-oss-néyô

2 – 순하긴요. 미운 일곱 살이라 [3]
sounha-gin-yô. miou-n ilgôb sal-ila

3 말도 잘 안 듣고 고집이 세요. [4]
mal-dô djal an deud-gô gôdjib-i séyô

4 – 언제부터 돌보셨어요 ? [5]
ondjé-boutʰo dôlbô-sy-oss-oyô

: Notes

1 놀이, *jeu* ; 놀다, *s'amuser, jouer* ; 놀이터, *aire de jeux*. Le terme 터 est souvent utilisé pour désigner un endroit, ex.: 공터, *terrain vague* ; 일터, *lieu de travail* ; 쉼터, *lieu de repos* ; 낚시터, *zone de pêche à la ligne*.

2 손녀, *petite-fille* (손자, *petit-fils* ; 손주, *petite-fille / petit-fils*) + 가, P.sujet + 순하 (순하다, *être sage, doux, calme, paisible*) + 게, sfx. adverbe *-ment* + 생기 (생기다, *avoir l'air* (visuel)) + 었 + 네요, terminaison orale exclamative. Le verbe 생기다, litt. "former, constituer", s'exprime souvent au passé dans une phrase, ex.: 잘 생겼다, *être beau*, litt. "il a été bien constitué" (pour exprimer l'apparence d'un homme) ; 못 생겼다, *être moche*, litt. "il a été mal constitué" ; 예쁘게 생겼다, *être joli*, litt. "il a été joliment constitué".

dèlinim → 김 과장님 gim gwadjangnim → 김 차장님 gim tchadjan-nim → 김 부장님 gim boudjangnim → 김 이사님 gim isanim → 김 사장님 gim sadjangnim → 김 회장님 gim hwédjangnim. *Le nombre de dénominations en fonction du statut varie selon la taille de l'entreprise. Notez qu'il est difficile de traduire en français tous ces statuts car c'est une pratique propre au management coréen.*

Deuxième vague : 30ᵉ leçon

80

Quatre-vingtième leçon

[Dans] l'aire de jeux

1 – [Votre] petite-fille a l'air très sage.
2 – Sage ? [Elle] fait [sa] crise de 7 ans alors
3 – [elle] n'écoute rien et est têtue.
4 – Depuis combien de temps [la] gardez[-vous] ?

3 기는(요) (forme contractée : 긴(요)) s'accole à un radical verbal et sert à nier ou à ironiser ce qui est exprimé par ce radical, ex.: 순하 (순하다) + 기는요 (긴(요) = *Sage ?* (= *elle n'est pas sage*) ; 미우 (밉다, *être vilain*) + ㄴ, sfx. proposition + 일곱 (comptage coréen) + 살, classificateur pour l'âge + 이라 (이라서/라서, *parce que*) = litt. "parce qu'elle a 7 ans, l'âge vilain".

4 말을 듣다, *écouter qqn* ; 말도 잘 안 듣, "ne même pas bien écouter qqn" + 고, *et* + 고집, *entêtement*, 고집이 세 (고집이 세다, *être têtu*) + 요 = litt. "elle n'écoute même pas bien quelqu'un et elle est têtue".

5 돌보 (돌보다, *s'occuper de qqn, prendre soin de qqn*) + 시 + 었 + 어요 = litt. "depuis quand vous êtes vous occupé d'elle ?".

5 – 퇴직 후 맞벌이 하는 아들네
도와주려고 시작했어요. [6]
tʰwédjig hou madjboli ha-neun adeulné dowadjou-
lyogô sidjaghèss-oyô

6 – 아들과 며느님이 고마워하겠네요. [7]
adeul-gwa myoneunim-i gômawoha-géss-néyô

7 – 네, 힘들긴 해도 요즘은 [8]
né, himdeul-gin hèdô yôdjeum-eun

8 손녀 보는 재미에 산답니다. [9]
sônnyo bô-neun djèmi-é sa-ndabnida

9 우리 강아지가 어찌나 애교도
많다고요 ! [10]
ouli gang'adji-ga otsina ègyô-dô manh-dagô-yô

▮ : Notes

6 퇴직, *retraite* + 후, *après* = *après ma retraite* ; 맞벌이, (foyer) *double
revenu* ; 맞벌이 하, *travailler tous les deux* + 는, sfx. proposition + 아들,
fils ; 아들네, *chez (mon) fils, famille de (mon) fils, couple de (mon) fils* +
도와 (돕다, *aider*) + 아 주 (어/아 주다, *faire qqch. pour qqn*) + 려고 (으
려고/려고, *afin (de, que), pour (que)*) + 시작, *commencement* ; 시작하,
commencer + 었 + 어요 = litt. "j'ai commencé afin de donner un coup
de main au couple de mon fils qui travaille tous les deux".

7 며느님, terme soutenu pour designer la belle-fille de quelqu'un, 며느리,
belle-fille ; 며늘아기, sa forme familière + 고마우 (고맙다, *être reconnaissant*) + 어하 (어/아하다, *sert dans le contexte de description*) + 겠 + 네
요 = litt. "votre fils et votre belle-fille, ils vous seraient reconnaissants".
• En coréen, on peut énoncer son constat de l'état, des sentiments ou
encore du souhait d'une autre personne en utilisant cette dernière
comme sujet de la phrase. Autrement dit, *moi* observateur est un sujet
caché qui n'apparaît pas dans la phrase. Pour une telle tournure de
phrase, on utilise le verbe auxiliaire 어/아하다, *ex.* : 아이가 아파요,

5 – Après [ma] retraite, [j']ai commencé à [la garder]
     pour aider mon fils et ma belle-fille qui travaillent
     tous les deux.

6 – [Votre] fils et sa femme [doivent vous en] être
     reconnaissants.

7 – Oui, [c']est dur mais en ce moment,

8 voir [ma] petite-fille est le plaisir de [ma] vie.

9 Comme [elle] fait [sa] coquine *(minauderies)* !

---

l'enfant est malade (il n'y a qu'un seul sujet, l'enfant) ; 아이가 아파해요,
(je vois que) *l'enfant est malade* (il y a un sujet caché, c'est-à-dire *je* qui
observe que l'enfant est malade). Nous verrons ceci plus en détail dans
la prochaine leçon de révision.

8 힘 *force* (physique) ; 힘들 (힘들다, *être dur* (physiquement)) + 긴 하 (기는
하다, *certainement*) + 아도 (어도/아도, *même si, bien que*) + 요즘, *en
ce moment* + 은, P.thème = litt. "même si c'est certainement dur, en
ce moment...".
• Le verbe auxiliaire 기는 하다 s'accole à un radical verbal et sert à
suggérer l'opposition avec l'aide du connecteur 지만, 은/는/ㄴ 데, *mais*,
ex. : 편하기는 하지만 비싸요, *C'est certainement pratique mais c'est
cher* ; 한국에 가기는 하는데 날짜는 아직 몰라요, *Certes, je vais en
Corée, mais je ne sais pas encore pour la date.*

9 보 (보다, *voir*) + 는, sfx. proposition + 재미, *plaisir*, 재미에 사 (재미에 살
다, litt. "vivre pour le plaisir de...") + ㄴ답니다 (는/ㄴ답니다, terminaison orale) = litt. "je vis pour le plaisir de voir ma petite fille."
• La terminaison orale 는/ㄴ답니다 s'accole à un verbe d'action et sert
à déclarer un fait avec fierté, ex. : 손녀가 밥을 아주 잘 먹는답니다,
Ma petite fille mange bien ; 내년에 학교에 간답니다, *Elle va à l'école
l'année prochaine.*

10 우리, *notre* + 강아지, *chiot*, terme employé pour désigner familière-
ment son enfant ou son petit enfant comme *mon lapin, ma puce*, en
français + 가, P.sujet + 어찌나, *tellement* + 애교, litt. "minauderies",
"coquinerie" + 도, *aussi* + 많 (많다, *être nombreux*) + 다고, terminaison
orale servant à insister sur l'opinion + 요 = litt. "notre chiot fait aussi
tellement de minauderies".

▶ 연습 1 – 번역하십시오.
❶ 언제 퇴직 하셨어요 ? ❷ 저희 부부는 맞벌이를 해요.
❸ 무슨 재미로 사니 ? ❹ 김치가 맵기는 해도 아주
맛있어요. ❺ 손주가 참 순하게 생겼네요.

**

연습 2 – 빈칸을 채우십시오.
❶ Je remercie mes parents qui gardent notre enfant.
　아이를 __ ____ 부모님께 항상 감사드려요.

❷ Depuis que je suis à la retraite *(après ma retraite)*, je vois plus
souvent mon fils et sa femme.
　__ _ 아들네를 더 자주 만나요.

❸ Même si c'est difficile de garder un enfant, cela fait plaisir.
　아이를 돌보기가 ___ __ 재미있답니다.

**

연습 3 – 한글로 쓰십시오.
❶ *petite-fille* ❷ *petit-fils* ❸ *petit-enfant*

**

*Aujourd'hui, nous allons nous intéresser aux retraités. Comment
occupent-ils leur temps libre ? Pour le moment, partir en vacances
après la retraite n'est pas donné à tout le monde car à vrai dire,
la pension de retraite n'est pas du tout suffisante, même pour les
dépenses de la vie quotidienne.*
*Souvent, les retraités qui ont des petits-enfants s'occupent d'eux pour
aider leurs enfants, si le père et la mère travaillent tous les deux* 맞
벌이 부부 **madjboli boubou**, *"les époux qui travaillent tous les deux".*
*Dans un couple marié, les parents de l'un et de l'autre (*친정 부모님
tchindjong boumônim *(terme utilisé par la mariée pour désigner)
ses propre parents ;* 시부모님 **siboumônim***, (terme utilisé par la
mariée pour désigner) les parents de son mari ;* 처가 부모님 **tchoga-**

Corrigé de l'exercice 1

❶ Depuis quand êtes-vous à la retraite ? ❷ [Dans] notre couple, nous travaillons tous les deux. ❸ Qu'est-ce qui t'intéresse ? *(tu vis pour quel plaisir)* ❹ Le kimchi, même si c'est pimenté, c'est *(très)* délicieux. ❺ Votre petit-enfant a l'air très sage.

***

❹ C'est qui qui n'écoute pas bien ses parents et qui est têtu ?

부모님 말도 잘 안듣고 _ _ _ _ 아이가 누구지 ?

❺ *(Vous pensez qu')*[elle] me remercie ? (= elle ne me remercie pas, au style poli)

_ _ _ _ _ _ .

Corrigé de l'exercice 2

❶ – 돌봐 주시는 – ❷ 퇴직 후 – ❸ – 힘들긴 해도 – ❹ – 고집이
센 – ❺ 고마워하긴요

***

Corrigé de l'exercice 3

❶ 손녀 ❷ 손자 ❸ 손주

***

boumônim/장인 장모님 **djang'in djangmônim,** *(termes utilisés par le marié pour désigner) les parents de sa femme) alternent la garde de leurs petits-enfants.*

Il existe des crèches en Corée mais les parents préfèrent placer leurs enfants dans des structures collectives le plus tard possible car ils sont très attachés à leur progéniture et veulent garder leurs enfants auprès d'eux le plus longtemps possible, d'où cette préférence de faire appel aux grands-parents en tant que nounous. Afin de les remercier de leur aide précieuse, les heureux parents offrent un peu d'argent de poche à leurs "parents-nounous".

Deuxième vague : 31ᵉ leçon

제팔십일 과

워킹맘
wokʰingmam

1 – 소윤 엄마 ! 다음 주 반상회에 나올 수 있어요 ? [1]
sô-youn omma ! da'eum djou bansanghwé-é naô-l sou iss-oyô

2 – 아시다시피 워킹맘이라 [2]
asidasipʰi wokʰingmam-ila

3 퇴근 후 바로 아이를 찾으러 가야 해서 [3]
tʰwégeun hou balô a'i-leul tchadj-eulo g-aya hèso

4 시간이 없을 것 같아요 [4]
sigan-i obs-eul gos gatʰ-ayô

5 – 그래요 ? 알았어요.
geulèyô ? al-ass-oyô

6 경비원 문제와 재활용 문제에 대해 결정을 해야 하는데... [5]
gyongbiwon moundjé-wa djèhwalyông moundjé-é dèhè gyoldjong-eul hè-ya ha-neundé

Notes

1 반상회, litt. "réunion de quartier", *réunion des résidents* + 에, P.lieu + 나 오 (나오다, *se présenter*) + ㄹ 수 있 (을/ㄹ 수 있다, *pouvoir*) + 어요.

2 아 (알다, *savoir*) + 시, m. honorifique + 다시피, *comme, ainsi que = comme vous savez* ; 워킹맘, **working mom** + 이라 (이라/이라서, *parce que*) = litt. "car je suis maman qui travaille".

Quatre-vingt-unième leçon

*Working mom**

1 – Madame *(maman de So-yun)* ! Pouvez[-vous] venir à la réunion des résidents [de] la semaine prochaine ?

2 – Comme [vous le] savez, [je] suis une maman qui travaille [et]

3 après mon travail, [je] dois tout de suite aller chercher [mon] enfant,

4 et donc [je] pense que [je] n'aurai pas le temps [d'y participer].

5 – Ah bon ? [Je] comprends *(ai compris)*.

6 Pourtant, [nous] devons prendre des décisions concernant les problèmes [relatifs] au gardien et au recyclage...

* **working mom** *(anglais)*, maman qui travaille

• 다시피, *comme*, *ainsi que*, s'accole à un radical verbal de perception, ex. : 알다, *savoir* ; 보다, *voir* ; pour suggérer la suite, ex. : 알다시피, *comme tu sais* ; 보시다시피, *comme vous le voyez*.

3 퇴근 후, *après le travail* + 바로, *immédiatement* + 찾 (찾다, *chercher*) + 으러 가 (으러/러 가다, *aller pour*) + 아야 하 (아/아야 하다, *devoir*) + 아 서 (어서/아서, *parce que*) = litt. "après le travail, parce que je dois aller pour chercher immédiatement mon enfant".

4 시간, *temps* ; 시간이 있다, *avoir du temps* ; 시간이 없 (시간이 없다, *ne pas avoir de temps*) + 을 것 같 (을/ㄹ 것 같다, *penser*) + 아요.

5 경비원, *gardien* (d'immeuble) + 문제, *problème* + 와 (과/와, *et*) + 재활 용, *recyclage* + (nom) 에 대해(서), *concernant* (nom) + 결정, *décision* ; 결정을 하 (결정(을) 하다, *décider*) + 아야 하 (어/아야 하다, *devoir*) + 는데, connecteur oral.

7 다른 분들 중에서도 못 나오시는 분
계세요 ? [6]

daleun boun-deul djoung-éso-dô môs naô-si-neun
boun gyéséyô

8 – 죄송하지만 저도 참석을 못 할 것
같아요. [7]

djwésôngha-djiman djo-dô tchamsog-eul môs ha-l
gos gat^h-ayô

9 남편이 대신 가도 되죠 ? [8]

namp^hyon-i dèsin ga-dô dwé-djô

10 – 아니, 은후 엄마도 못 오세요 ? [9]

ani, eunhou omma-dô môs ô-séyô

11 네, 그럼 은후 아빠가 대신 오시면
되겠네요. [10]   □

né, geulom eunhou appa-ga dèsin ô-si-myon dwé-
géss-néyô

Notes

6 다르 (다르다, *être autre*) + ㄴ, sfx. proposition + 분, *personne*, forme honorifique + 들, m. pluriel + 중에(서), *parmi* + 도, *aussi* = litt. "parmi aussi
d'autres personnes" ; 못, m. négation de possibilité, *ne pas pouvoir* +
나오 (나오다) + 시 + 는, sfx. proposition + 분 + 계시 (계시다, forme
honorifique de 있다, *exister*) + 어요 = litt. "il existe des personnes qui
ne peuvent pas se présenter ?".

***

▶ 연습 1 – 번역하십시오.
❶ 워킹맘이라 시간이 많이 없어요. ❷ 다른 분들
중에서도 참석을 못 하시는 분 계세요 ? ❸ 내일 나오실
수 있으세요 ? ❹ 반상회에서 결정해야 할 문제가
많아요. ❺ 죄송하지만 내일 못 나갈 것 같아요.

7 Qui d'autre ne pourra être présent ?

8 – []e] suis navrée mais je ne pourrai pas non plus être présente.

9 [Mon] mari peut [y] aller à [ma] place, non ?

10 – Oh non ! Vous (*maman d'Eunhu*) non plus ?

11 Oui, dans ce cas, il (*papa d'Eunhu*) pourra venir à [votre] place.

---

7 죄송하 (죄송하다, *être désolé, navré*) + 지만, *mais* + 저, *moi* + 도, *non plus* + 참석, *présence* ; 참석(을) 하다, *se présenter* ; 참석(을) 못 하, *ne pas pouvoir se présenter* + ㄹ 것 같 (을/ㄹ 것 같다, *penser*) + 아요 = litt. "je suis désolée mais je pense que je ne pourrai pas non plus me présenter".

8 남편, *mari, époux* + 이, P.sujet + 대신 ((nom) 대신(에), *à la place de* (nom)) + 가 (가다) + 아도 되 (어/아도 되다, *permettre*) + 지요 ?, *non ?* = litt. "permettre mon mari (y) va à la place de (moi), non ?".
• Voici d'autres exemples de la construction "(nom) 대신(에)", ex.: 커피 대신에 물 주세요, *Donnez-moi de l'eau au lieu de café* ; 엄마 대신에 할머니가 오셨어요, *C'est ma grand mère qui est venue à la place de ma maman*.

9 아니 est une interjection d'étonnement que l'on peut traduire par *Oh non !*, ex.: 아니, 뭐라고 ?, *Quoi ! Qu'est-ce que tu racontes ?* ; 아니, 이게 누구야 ?, *C'est pas vrai ! Qui es-tu ?* ; 은후 엄마, "maman (d')Eunhu" + 도, *non plus* + 못, *ne pas pouvoir* + 오 (오다) + 시 + 어요 = litt. "maman d'Eunhu, vous non plus, vous ne pourrez pas venir ?".

10 은후 아빠, "papa d'Eunhu" + 가, P.sujet + 대신, *à la place de* + 오 (오다) + 시, m. honorifique + 면 되 (으면/면 되다, *il suffit que/de*) + 겠 + 네요 = litt. "il suffit que le papa d'Eunhu vienne à la place de (vous)".

*** *** ***

Corrigé de l'exercice 1

❶ Je n'ai pas beaucoup de temps car je suis une maman qui travaille.
❷ Y a-t-il d'autres personnes qui ne peuvent pas se présenter ?
❸ Pourriez-vous vous présenter demain ? ❹ Il y a beaucoup de points à décider lors de la réunion des résidents. ❺ Je suis navré mais je ne pourrai pas être présent, demain.

연습 2 – 빈칸을 채우십시오.

❶ Y a-t-il quelqu'un qui ne pourra pas se présenter ?

참석 못 하시는 _ 계세요 ?

❷ Je vais aller chercher mon enfant tout de suite après le travail.

퇴근 후 바로 아이를 ___ 갈 거예요.

❸ Est-ce possible que mon mari y aille à ma place ?

저 ___ 남편이 가도 될까요 ?

**

연습 3 – 한글로 쓰십시오.
❶ *mari, époux* ❷ *gardien, concierge* ❸ *recyclage*

워킹맘

❹ De quoi *(concernant quoi)* avez-vous parlé à la réunion des résidents d'hier ?

어제 반상회에서 무엇 _ _ _ _ 이야기 하셨어요 ?

❺ Comme vous le savez, je n'ai pas de temps en ce moment.

_ _ _ _ _ 요즘 시간이 없어요.

Corrigé de l'exercice 2

❶ – 분 – ❷ – 찾으러 – ❸ – 대신에 – ❹ – 에 대해서 –
❺ 아시다시피 –

***

Corrigé de l'exercice 3

❶ 남편 ❷ 경비원 ❸ 재활용

***

Parlons un peu de la vie d'une femme mariée. Sans vouloir stigmatiser, la femme a souvent de lourdes responsabilités familiales et si elle travaille, les tâches se multiplient. Il existe même ce terme pour qualifier la maman qui travaille, 워킹맘 **wok^hingmam,** ***working mom**,mais pas pour le papa. La vie de **working mom** n'est pas si évidente, c'est en partie la raison pour laquelle il y a de moins en moins de naissances.*

Deuxième vague : 32ᵉ leçon

제팔십이 과

불고기 만드는 법 [1]
boulgôgi mandeu-neun bob

1 집들이, 생일상 단골 메뉴인 불고기 만드는 법에 대해 알아 봅시다. [2]
djibdeuli, sèng'ilsang dan'gôl ményou-i-n boulgôgi mandeu-neun bob-é dèhè al-a bô-bsida

2 4인 가족 기준 레시피입니다. [3]
sa-in gadjôg gidjoun lésipʰi-i-bni-da

3 주재료 : 불고기용 소고기 (600g), 양파 1개*, 버섯 3송이* [4]
djoudjèlyô : boulgôgiyông sôgôgi (youg-bèg-geulèm), yangpʰa han-gè, bosos sé-sông'i

---

▌: Notes

1 불고기, *bulgogi* + 만드 (만들다, *faire* (plat)) + 는, sfx. proposition + (방)법, *méthode, manière* = litt. "méthode dont on fait le bulgogi".
• 는 (방)법 s'accole au radical d'un verbe d'action et signifie *manière/méthode/façon/moyen de*, ex.: 한복을 입는 법, *manière de s'habiller en hanbok* ; 서울역에 가는 법, *moyen d'aller à la gare de Séoul* ; 한국 사람과 친해지는 법, *façon de devenir proche avec les Coréens*...

2 집, *logement* ; 집들이, *pendaison de crémaillère* + 생일상, *repas d'anniversaire*, litt. "table d'anniversaire" + 단골, *habitué* (nom), *fidèle* (nom), ex.: 단골손님, *client fidèle* ; 단골 메뉴, *le menu qu'on prend habituellement* + 이 (이다, *être*) + 에 대해, *concernant* + 알 (알다, *savoir*) + 아 보 (아/어 보 다, *essayer de*) + ㅂ시다 (읍/ㅂ시다, terminaison exhortative au style ultra formel) = litt. "essayons de savoir sur la recette de bulgogi qui est le menu habituel pour la pendaison de crémaillère et pour la table d'anniversaire".

3 4 (사) comptage sino-coréen + 인, classificateur venant du sino-coréen pour compter des personnes + 가족, *famille* + 기준, *base, modèle* + 레시

Quatre-vingt-deuxième leçon

La recette [du] bulgogi

1 Apprenons la recette [du] bulgogi, *(qui est)* un plat [que l'on sert] habituellement [lors] d'une pendaison de crémaillère [ou] un repas [d']anniversaire.

2 [Il s'agit d']une recette [pour] quatre personnes.

3 Ingrédients *(principaux)* : viande de bœuf pour bulgogi (600 g), 1 oignon [émincé]*, 3 champignons [émincés]*

피, ***recipe*** coréanisé (terme anglais pour *recette*) + 이 (이다) + ㅂ니다 = litt. "c'est la recette modèle de la famille de quatre personnes".
• Les classificateurs 인 et 명 sont tous deux employés pour compter des personnes. Cependant, le premier s'exprime avec le comptage sino-coréen et le second avec le comptage coréen, ex. : 4(사) 인, 4(네) 명, *quatre personnes*.

4 재료, *ingrédient* ; 주재료, *ingrédients principaux* + 용 (sfx. accolé à un nom, *usage de*, ex. : 어린이용, *(usage) réservé aux enfants* ; 어른용, *(usage) réservé aux adultes*) + 소, *bœuf* ; 고기, *viande* ; 소고기, *viande de bœuf* + 양파, *oignon* + 1(한) + 개, classificateur + 버섯, *champignon* + 3 (세) + 송이, classificateur.
• Le classificateur 송이 est utilisé pour compter les légumes, les fruits ou les fleurs ayant une queue ou un pédoncule. En effet, ce classificateur renvoie à l'idée d'une grappe.

4   *당근, 대파 등 좋아하는 야채로 대체 가능합니다. [5]

danggeun, dèpʰa deung djôhaha-neun yatchè-lô dètché ganeungha-bni-da

5   양념 재료 : 간장 (6큰술), 설탕 (4큰술), 참기름 (3큰술), [6]

yangnyom djèlyô : gandjang (yosos-kʰeunsoul), soltʰang (né-kʰeunsoul), tcham'gileum (sé-kʰeunsoul)

6   다진 마늘 (2큰술), 후추 (조금) [7]

dadji-n maneul (dou-kʰeunsoul), houtchou (djôgeum)

7   먼저 고기에 후추를 뿌립니다. [8]

mondjo gôgi-é houtchou-leul ppouli-bni-da

8   준비된 고기에 간장, 설탕, 참기름, 다진 마늘을 섞은 양념장을 부어 [9]

djounbidwé-n gôgi-é gandjang, soltʰang, tcham'gileum, dadji-n maneul-eul sokk-eun yangnyomdjang-eul bou-o

9   한 시간 이상 재워 둡니다. [10]

han sigan isang djèw-o dou-bni-da

◨ Notes

5 당근, *carotte* + 대파, *poireau* + 등, *etc.* + 좋아하 (좋아하다, *aimer*) + 는, sfx. proposition + 야채, *légume* + 로 (으로/로, *par*) + 대체, *remplacement* + 가능, *possibilité*, 가능하 (가능하다, *être possible*) + ㅂ니다 = litt. "le remplacement par les légumes qu'on aime, carottes, poireau, etc., est possible".

6 양념, *assaisonnement, condiment* + 간장, *sauce soja* + 6 (여섯) + 큰술, *cuillère à soupe* + 설탕, *sucre* + 기름, *huile*, 참기름, *huile de sésame*.

4 *[On] peut remplacer les légumes par d'autres légumes au choix *(qu'on aime)* (carottes, poireaux, etc.).

5 *(Ingrédients)* [pour] la sauce : sauce soja (6 cuillères à soupe), sucre (4 c. à s.), huile de sésame (3 c. à s.),

6 ail haché (2 c. à s.), poivre (un peu).

7 D'abord, [on] saupoudre la viande de poivre.

8 Dans la viande préparée, [on] verse la sauce préparée [avec] la sauce soja, le sucre, l'huile de sésame et l'ail écrasé et

9 [on la] laisse mariner 1 heure minimum.

---

7 다지 (다지다, *hacher*) + ㄴ, sfx. proposition au passé + 마늘, *ail* + 후추, *poivre*. Il existe d'autres sauces que l'on utilise souvent dans la cuisine coréenne, notamment la 고추장, *pâte de piment*, ou la 된장, *pâte de soja fermentée*. Le *sel* se dit 소금.

8 먼저, *d'abord* + 고기, *viande* + 에, *à, dans* + 후추 + 를, P.COD + 뿌리 (뿌리다, *saupoudrer*) + ㅂ니다 = litt. "d'abord, on saupoudre le poivre dans la viande".

9 준비되 (준비되다, *être prêt, préparé*) + ㄴ, sfx. proposition au passé + 고기에, *dans la viande* = litt. "dans la viande qui est préparée" ; 다진 마늘, *ail haché* + 을, P.COD + 섞 (섞다, *mélanger*) + 은, sfx. proposition au passé + 양념장, *sauce* + 을, P.COD + 부 (붓다, *verser*) + 어 (어/아, connecteur pour marquer l'ordre chronologique, *ensuite*) = litt. "vous versez la sauce qu'on a préparée avec l'ail haché… ensuite".
• Certains verbes se terminant par la consonne ㅅ perdent leur dernière consonne lorsqu'ils sont en contact avec la consonne muette ㅇ, ex.: 병이 낫다, *guérir* → 병이 나아서, *parce que je suis guéri* ; 붓다, *verser* → 부어, *versez et…*

10 한, *une* + 시간, *heure (durée)* + 이상, *plus de, au-delà* + 재우 (재우다, *mariner*) + 어 두 (어/아 두다, *laisser*) + ㅂ니다 = litt. "on laisse mariner plus d'une heure".
• Le verbe auxiliaire 어/아 두다 accolé au radical d'un verbe d'action sert à exprimer une action que l'on réalise à l'avance en vue d'un usage futur, ex.: 불을 켜 (불을 켜다, *allumer*) + 어 두다 → 불을 켜두다, *laisser allumé* ; 사 (사다) + 아 두다 → 사 두다, *acheter à l'avance et garder*.

10 프라이팬에 식용유를 두르고 양념된
고기와 야채를 넣고. [11]

pʰeula'ipʰèn-é sigyôngyou-leul douleu-gô
yangnyomdwé-n gôgi-wa yatchè-leul noh-gô

11 재료가 익을 때까지 볶습니다. [12]

djèlyô-ga ig-eul ttè-kkadji bôkk-seubni-da

12 맵지 않아 남녀노소 누구나 잘 먹을 수
있는 불고기 완성입니다. [13]   □

mèb-dji anh-a namnyonôsô nougouna djal mog-eul
sou iss-neun boulgôgi wansong-i-bni-da

◻: Notes

11 프라이팬, **frypan** coréanisé (terme anglais signifiant *poêle*) + 에, *sur* +
식용유, litt. "huile comestible" (comme l'huile de maïs ou de soja par
exemple) + 를, P.COD + 두르 (두르다, *verser, étaler* (huile, crème, sauce,
etc.)) + 고, *et* + 양념되 (양념되다, *être assaisonné*) + ㄴ, sfx. proposition
+ 고기 + … + 넣 (넣다, *mettre, ajouter*) + 고, *et*.

***

▶ 연습 1 – 번역하십시오.

❶ 맵지 않아서 외국인도 잘 먹을 수 있어요. ❷ 재료가
다 익을 때까지 볶으세요. ❸ 양념장을 어떻게
만드셨어요 ? ❹ 언제까지 볶을까요 ? ❺ 간장을 한
큰술 더 넣을까요 ?

10 Dans une poêle, [on] verse de l'huile et [on] dépose la viande assaisonnée et les légumes.

11 [On] fait sauter le tout jusqu'à ce que les ingrédients soient cuits.

12 C'est prêt ! Un bon bulgogi non pimenté qui peut être apprécié par tous !

• Le verbe 되다 accolé à un nom à la place de 하다 le transforme en passif, ex.: 취직하다, *trouver un emploi* → 취직되다, *être embauché* ; 양념하다, *assaisonner* → 양념되다, *être assaisonné* ; 결정하다, *décider* → 결정되다, *être décidé*.

12 재료 + 가, P.sujet + 익 (익다, *cuire*) + 을 때 (을/ㄹ 때, *lorsque*) + 까지, *jusqu'à* + 볶 (볶다, *faire sauter*) + 습니다 = litt. "jusqu'à ce que les ingrédients soient cuits, vous les faites sauter".

13 맵 (맵다) + 지 않 (지 않다, *ne pas*) + 아 (어서/아서) = litt. "car ce n'est pas pimenté" ; 남녀노소, "hommes-femmes-vieux-jeunes", *tout le monde* + 누구나, *n'importe qui, quiconque* + 잘 + 먹 (먹다) + 을 수 있 (을/ㄹ 수 있다, *pouvoir*) + 는, sfx. proposition + 불고기 = "bulgogi que n'importe qui, hommes, femmes, vieux ou jeunes peuvent bien manger" ; 완성, *achèvement* + 이 (이다) + ㅂ니다 = "est achevé".

***

Corrigé de l'exercice 1

❶ Les étrangers en mangent bien aussi parce que ce n'est pas pimenté. ❷ Faites-les sauter jusqu'à ce que tout soit cuit. ❸ Comment avez-vous préparé votre sauce ? ❹ Je les fais sauter jusqu'à quand ? ❺ J'ajoute une cuillère à soupe de sauce soja en plus ?

연습 2 – 빈칸을 채우십시오.

❶ Donnez-moi la recette du gratin dauphinois, s'il vous plaît.
그라탕 도피누아 _ _ _ 법을 알려 주세요.

❷ Est-ce possible de la remplacer par d'autres viandes ? (style poli)
다른 고기로 _ _ _ _ _ ?

❸ Quand est-ce que je l'assaisonne ? (style poli)
언제 _ _ _ _ ?

❹ Vous saupoudrez la viande de sel et de poivre.
_ _ _ 소금과 후추를 뿌립니다.

***

연습 3 – 한글로 쓰십시오.
❶ ail ❷ légume ❸ ingrédient

83

제팔십삼 과

한국 교육 과정에 대해 아세요 ?
han'goug gyôyoug gwadjong-é dèhè a-séyô

1 초등학생은 초등학교에 다닙니다.
tchôdeunghagsèng-eun tchôdeunghaggyô-é dani-bni-da

2 도덕, 국어, 수학, 과학, 체육, 음악,
미술을 배웁니다. '
dôdog, gougo, souhag, gwahag, tchéyoug, eumag,
misoul-eul bèou-bni-da

3 중학생은 중학교에 다닙니다.
djounghagsèng-eun djounghaggyô-é dani-bni-da

❺ As-tu décidé du menu du repas d'anniversaire de tes beaux-parents ? (style familier)

시부모님 생신상* 메뉴를 _ _ _ _ ?

* *forme honorifique de* 생일상

Corrigé de l'exercice 2

❶ – 만드는 – ❷ – 대체 가능해요 ❸ – 양념해요 ❹ 고기에 –
❺ – 결정했어

***

Corrigé de l'exercice 3

❶ 마늘 ❷ 야채 ❸ 재료

Deuxième vague : 33ᵉ leçon

83

Quatre-vingt-troisième leçon

[Que] savez[-vous] sur le programme [d']enseignement coréen *(Corée éducation cycle)* ?

1 Les écoliers vont *(fréquentent)* à l'école primaire.
2 [Ils] apprennent l'éthique, le coréen *(langue maternelle)*, les mathématiques, la science, le sport, la musique et l'art.
3 Les collégiens vont *(fréquentent)* au collège.

⌉ Note

1 미술, *art* + 을, P.COD + 배우 (배우다, *apprendre qqch.*) + ㅂ니다. Le verbe 배우다 s'emploie ainsi : (qqun) 에게서 / 한테서 (qqch.) 을 / 를 배우다, *apprendre qqch. de qqn*.

4 남자 중학교, 여자 중학교, 남녀공학
중학교가 있습니다.
namdja djounghaggyô, yodja djounghaggyô,
namnyogônghag djounghaggyô-ga iss-seubni-da

5 예전보다는 줄어들었지만 ²
yédjon-bôda-neun djoulodeul-oss-djiman

6 아직도 정해진 교복을 입고 등교해야
하는 학교가 많습니다. ³
adjig-dô djonghèdji-n gyôbôg-eul ib-gô
deunggyôhè-ya ha-neun haggyô-ga manh-seubni-da

7 고등학교를 다니는 고등학생은 대학
수학 능력 시험을 봅니다. ⁴
gôdeunghaggyô-leul dani-neun gôdeunghagsèng-
eun dèhag souhag neunglyog sihom-eul bô-bni-da

8 수능 성적에 따라 가고 싶은 대학에
들어갑니다. ⁵
souneung songdjog-é ttala ga-gô sipʰ-eun dèhag-é
deuloga-bni-da

9 본인이 하고 싶은 공부에 따라 전공을
정합니다. ⁶
bônin-i ha-gô sipʰ-eun gôngbou-é ttala djon'gông-
eul djongha-bni-da

: Notes

: **2** 예전, *passé, avant* + 보다, P.comparative + 는, P.thème pour l'emphase
+ 줄어들 (줄어들다, *diminuer*) + 었, m. passé + 지만, *mais* = litt. "c'est
diminué (plus) que passé mais".

: **3** 정해지 (정해지다, *être fixé*) + ㄴ, sfx. proposition + 교복, *uniforme sco-*
laire + 을, P.COD + 입 (입다, *s'habiller*) + 고, connecteur + 등교, *aller à*
l'école (nom) ; 등교하 (등교하다, *aller à l'école*) + 아야 하 (어/아야 하

4 [Il] existe le collège [pour] garçons, le collège [pour] filles [et] le collège mixte.

5 Même si [c']est moins répandu que par le passé,

6 aujourd'hui encore, beaucoup d'écoles imposent l'uniforme.

7 Les lycéens qui vont (*fréquentent*) au lycée se présentent à l'épreuve équivalente au baccalauréat.

8 Le choix d'université dépend de la note.

9 [Ils] choisissent une/des spécialité(s) selon les études qu'[ils] souhaitent faire.

다, *devoir*) + 는, sfx. proposition + 학교 = litt. "école où on doit aller en s'habillant en uniforme choisi" ; 가, P.sujet + 많 (많다) + 습니다 = litt. "les écoles où on [...] sont nombreuses".
• Le verbe auxiliaire 어/아지다 accolé au radical d'un verbe transitif le rend passif et intransitif, ex.: 정하다, *fixer* → 정해지다, *être fixé* ; 만들다, *fabriquer* → 만들어지다, *être fabriqué*.

4 대학 수학 능력 시험, "examen préparatoire à l'entrée à l'université" (équivalent au baccalauréat). Forme abrégée 수능 (ph. 8) + 을, P.COD + 보 (보다, *se présenter* (à un examen) + ㅂ니다.

5 수능 + 성적, *note* + 에 따라(서), *selon, suivant* + 가 (가다) + 고 싶 (고 싶다, *vouloir*) + 은, sfx. proposition + 대학, *université* + 에 + 들어가 (들어가다, *entrer*) + ㅂ니다 = litt. "on entre dans l'université qu'on veut selon les notes du bac".

6 본인, litt. "personne même", *soi-même* + 이, P.sujet + 하 (하다) + 고 싶 (고 싶다) + 은, sfx. proposition + 공부 + 에 따라(서), *selon* + 전공, *spécialité* + 을, P.COD + 정하 (정하다, *choisir*) + ㅂ니다 = litt. "on choisit la spécialité selon les études que la personne même veut faire".

10 대학생은 학사 학위, 대학원생은 석사 학위, [7]

dèhagsèng-eun hagsa hagwi, dèhagwonsèng-eun sogsa hagwi,

11 박사생은 박사 학위를 딸 수 있습니다. [8] □

bagsasèng-eun bagsa hagwi-leul tta-l sou iss-seubni-da

: Notes

7 대학생, *étudiant* (à l'université) (대학교, *université*) + 학위, *diplôme* ; 학사 학위, litt. "diplôme de licence" + 대학원생, *étudiant en master* + 석

***

▶ 연습 1 – 번역하십시오.

❶ 저는 남녀공학 고등학교를 다녔어요. ❷ 저희 중학교에는 교복이 없었어요. ❸ 제 전공은 미술이에요. ❹ 수능을 빨리 보고 대학교에 들어가고 싶어요. ❺ 내년 가을에 박사 학위를 딸 거예요.

***

연습 2 – 빈칸을 채우십시오.

❶ De plus en plus d'étudiants apprennent le coréen. *(les étudiants qui apprennent le coréen sont devenus plus nombreux qu'avant)*

한국어를 배우는 학생이 ＿＿＿ 많아졌어요.

❷ Le nombre d'étudiants a beaucoup diminué. (style poli)

학생이 많이 ＿＿＿＿＿＿.

❸ Quand avez-vous passé votre baccalauréat ? (style poli avec m. honorifique)

언제 수능을 ＿＿＿？

***

연습 3 – 한글로 쓰십시오.

❶ *lycéen* ❷ *écolier* ❸ *collégien*

10   Les étudiants à l'université [peuvent obtenir] une
licence, les étudiants en master, un master

11   [et] les doctorants un doctorat *(peuvent obtenir).*

사 학위, litt. "dipôme de master" = litt. "quant à l'étudiant (d'université) une licence, quant à l'étudiant en master, un master…".

8   박사생, *doctorant* + 박사 학위, litt. "diplôme de doctorat" + 따 (따다,
obtenir (un prix, une médaille, un diplôme) + ㄹ 수 있 (을/ㄹ 수 있다)
+ 습니다 = litt. le doctorant peut obtenir le diplôme de doctorat.

***

Corrigé de l'exercice 1

❶ J'étais étudiant au lycée mixte. ❷ Dans mon collège, il n'y avait pas
d'uniforme. ❸ Ma spécialité est l'art. ❹ J'aimerais passer rapidement
mon baccalauréat et entrer à l'université. ❺ Je vais avoir mon
doctorat à l'automne prochain.

***

❹   Quelle est votre spécialité ?
        _ _ _ 어떻게 되세요 ?

❺   Je voudrais obtenir un diplôme en Corée.
        한국에서 학위를 _ _ 싶어요.

Corrigé de l'exercice 2

❶ – 예전보다 – ❷ – 줄어들었어요 ❸ – 보셨어요 ❹ 전공이 –
❺ – 따고 –

***

Corrigé de l'exercice 3

❶ 고등학생 ❷ 초등학생 ❸ 중학생

Arrêtons-nous quelques instants pour parler du fonctionnement du cursus scolaire en Corée. Pour les plus petits, il y a 어린이집 *olinidjib, la crèche (pré-scolaire) et* 유치원 *youtchiwon, l'école maternelle. Ensuite, les petits vont à l'école élémentaire, où le cursus dure six ans, puis ils vont au collège, dont le cursus dure trois ans. L'école élémentaire et le collège sont obligatoires pour tous les enfants. L'enseignement au lycée (trois ans) lui, n'est pas obligatoire pour le moment. Dans l'enseignement supérieur, on obtient sa licence après*

84

제팔십사 과

복습 – Révision

1 Les verbes auxiliaires (suite)

1.1 Le verbe auxiliaire employé en situation descriptive

Lorsque l'on parle de l'état, des sentiments ou des souhaits d'une troisième personne, on peut utiliser cette dernière comme sujet de la phrase pour affirmer simplement ce qu'il est, ce qu'il ressent ou ce qu'il fait (*Il est malade, Il est heureux, Il veut faire du sport...*). Cependant, il est aussi possible de nuancer cette proposition en introduisant l'idée qu'il s'agit d'une simple observation (*Je vois qu'il est malade, Je vois qu'il est heureux, Je vois qu'il veut faire du sport...*). Dans une telle situation, on emploie le verbe auxiliaire 어/아하다, ex. :

다비드 씨는 친구를 만나고 싶어요, *David veut voir ses amis* ≠ 다비드 씨는 친구를 만나고 싶어해요, (je vois que) *David veut voir ses amis.*

그 여자는 기뻐요, *La dame est joyeuse* ≠ 그 여자가 기뻐해요, (je vois que) *La dame est joyeuse.*

그 친구는 슬퍼요, *Cet ami est triste* ≠ 그 친구가 슬퍼해요, (je vois que) *Cet ami est triste.*

그 부부는 행복해요, *Le couple est heureux* ≠ 부부가 행복해해요, (je vois que) *Le couple est heureux.*

1.2 Les verbes permettant d'émettre des informations supplémentaires

• Exprimer la suite opposée avec 기는 하다

Le verbe auxiliaire 기는 하다, *C'est... mais...*, sert à confirmer la

un cursus de quatre ans d'enseignement. Il existe aussi la forma-
tion universitaire qui permet aux étudiants de se spécialiser en deux
années d'études pratiques. Pour le master, il faut compter deux ans
d'études et enfin, pour le doctorat, le nombre d'années d'études n'est
pas fixé mais il dure environ cinq ans.

Deuxième vague : 34ᵉ leçon

84

Quatre-vingt-quatrième leçon

première partie de la phrase mais annonce également une suite
opposée, inattendue, ex. :
맛있기는 하지만 배가 불러요, *C'est délicieux mais je n'ai plus faim.*
바쁘기는 하지만 할 수 있어요, *Je suis occupé mais je peux le faire.*
한국 사람이기는 하지만 김치를 안 먹어요, *Je suis coréen mais je ne*
mange pas de kimchi.

• Exprimer un ajout avec 기도 하다
Le verbe auxiliaire 기도 하다, *C'est… et également…*, sert à renfor-
cer l'idée principale, à apporter des informations supplémentaires,
ex. :
예쁘기도 하지만 맛있기도 해요, *C'est joli mais c'est également*
délicieux.
착하기도 해요, (elle est jolie et) *Elle est également sympa.*
한국 사람이지만 프랑스 사람이기도 해요, *Il est coréen mais il est*
aussi français.

2 La terminaison orale

Au cours des dernières leçons, nous avons rencontré de nouvelles
terminaisons qui s'utilisent à l'oral, récapitulons :
• Verbe d'action + 는/ㄴ답니다 ou verbe d'état + 답니다
Cette construction sert à déclarer un fait avec fierté ou contentement.
Elle est souvent utilisée par des personnes d'un certain âge, ex. :
우리 손녀가 내년에 학교에 간답니다, (je suis très fier parce que) *Ma*
petite-fille ira à l'école l'année prochaine.
보시다시피 아주 행복하답니다, *Comme vous le voyez, je suis très*
heureux (et j'en suis fier).

• La construction verbe + 다고(요) sert à appuyer une opinion personnelle, ex. :

김밥이 얼마나 맛있다고요, (j'insiste) *Le kimbap est tellement bon.*
그 선생님이 얼마나 친절하시다고요, (je souligne que) *Le professeur est très sympa.*

***

▶ 복습 대화

1 이제부터 말 놓을까요 ?
   idjéboutʰo mal nôh-eulkkayô

2 몇 학번이세요 ?
   myotch hagbon-i-séyô

3 아직 업무에 익숙하지 않으니 많이
   도와주세요.
   adjig obmou-é igsougha-dji anh-euni manhi
   dôwadjou-séyô

4 제 아들네는 맞벌이 부부라 제가
   손주를 돌봐요.
   djé adeulné-neun madjboli boubou-la djéga
   sôndjou-leul dôlbw-ayô

5 다음 반상회에는 참석하실 수 있으세요 ?
   da'eum bansanghwé-é-neun tchamsogha-si-l sou
   iss-euséyô

6 대신 오시는 분이 계시면 미리 말해
   주세요.
   dèsin ô-si-neun boun-i gyési-myon mili malhè djou-
   séyô

7 선생님, 한국어 잘 하는 법을
   알려주세요 !
   sonsèngnim, han'gougo djal ha-neun bob-eul
   allyodjou-séyo

De nouveau, nous pouvons constater que la terminaison orale est très difficile à traduire car elle apporte une nuance qui n'est souvent pas traduisible.

***

8 저는 많이 안 익은 고기를 좋아해요.
djo-neun manhi an ig-eun gôgi-leul djôhahèyô

9 무엇을 하고 싶은지 잘 몰라서 아직
전공을 못 정했어요.
mouos-eul ha-gô sipʰ-eundji djal môll-aso adjig
djon'gông-eul môs djonghè-ss-oyô

10 요즘도 말을 잘 안들어요.
yôdjeum-dô mal-eul djal an deul-oyô

Traduction
1 On se tutoie désormais ? **2** Vous êtes entré en quelle année scolaire ? **3** J'aimerais bien que vous m'aidiez car je ne suis pas encore habitué au travail. **4** Mon fils et sa femme travaillent tous les deux, je m'occupe de leur enfant *(parce que le couple de mon fils travaille tous les deux, c'est moi qui m'occupe de mon petit-enfant).* **5** Pourriez-vous être présent à la prochaine réunion des résidents ? **6** Merci de me dire à l'avance s'il y a des mandataires *(quelqu'un qui vient à la place de vous).* **7** Professeur, dites-nous comment faire pour bien parler le coréen ! **8** J'aime bien la viande pas trop cuite. **9** Je n'ai pas encore choisi ma spécialité car je ne sais pas encore ce que je veux faire. **10** Ces jours-ci encore il ne m'écoute pas *(bien).*

Deuxième vague : 35ᵉ leçon

제팔십오 과

▶

여기는 금연 구역입니다.
yogi-neun geumyon gouyog-i-bni-da

1 – '금연 구역'이 무슨 뜻이에요 ? [1]
'geumyon gouyog'-i mouseun tteus-i-éyô

2 어제 '금연 구역'이라고 써진 곳에서 [2]
odjé 'geumyon gouyog'-ilagô ssodji-n gôs-éso

3 담배를 피우고 있었는데 어떤
할아버지께서 [3]
dambè-leul pʰiou-gô iss-oss-neundé otton halabodji-
kkéso

4 "이 녀석 ! 금연 구역에서 담배를
피우면 안 되지"라고 소리치셨어요." [4]
i nyosog ! geumyon gouyog-éso dambè-leul pʰiou-
myon an dwé-dji-lagô sôlitchi-sy-oss-oyô

5 – 다음부터는 "죄송합니다. 흡연 구역으로
가겠습니다"라고 하세요. [5]
da'eum-boutʰo-neun "djwésôngha-bni-da. heubyon
gouyog-eulô ga-géss-seubni-da"-lagô ha-séyô

📑 Notes

1 금연, *interdiction de fumer* (nom) ; 구역, *zone*, 금연 구역 ; *zone non-
fumeur* + 이, P.sujet + 무슨, *quel* + 뜻, *sens*, *signification* = litt. "'금연 구
역' est quelle signification ?".

2 이라고/라고, *sfx. de citation directe* + 써지 (쓰다, *écrire* ; 써지다 ou 쓰
이다, *être écrit*) + ㄴ, *sfx. proposition* + 곳, *lieu* + 에서, P.lieu. 이라고/라
고 est un suffixe de citation directe que l'on utilise pour introduire un
nom ou une phrase rapportée (voir ph. 4).

Quatre-vingt-cinquième leçon

(Ici,) [c']est une zone non-fumeur

1 – Quelle est la signification [de] "금연 구역"?
2 Hier, [j'étais] dans un endroit [où] il y avait l'inscription *(était écrit)* "금연 구역",
3 [j']étais en train de fumer mais un grand-père
4 [m']a crié : "Petite canaille ! Il est interdit de fumer dans une zone non-fumeur !"
5 – *(Dès)* la prochaine fois, dites[-lui] : "[J]e suis désolé. [J]e vais aller dans la zone fumeur."

• Le verbe auxiliaire 어/아지다 accolé à certains radicaux de verbes d'action les fait passer à la forme passive, ex. : 쓰다, *écrire* → 써지다, *être écrit* ; 만들다, *faire* (plat), *fabriquer* → 만들어지다, *être fait* (plat), *être fabriqué* ; 붙이다, *coller* → 붙여지다, *être collé*.

3 담배, *tabac, cigarette*, 담배를 피우 (담배(를) 피우다, *fumer* (du tabac) ≠ 담배를 끊다, *arrêter de fumer*) + 고 있 (고 있다, *être en train de*) + 었 + 는데, connecteur oral ; 어떤, *un* + 할아버지, *grand-père* + 께서, P.sujet (forme honorifique).
• 어떤 se place devant un nom et signale quelque chose d'indéfini, *un(e) certain(e) qqch. / qqun (en particulier)*, ex. : 어떤 곳에 갔는데, *Je suis allé dans un endroit et...*

4 이, *ce* + 녀석, terme familier employé par les personnes d'un certain âge pour appeler les jeunes + 담배를 피우(담배를 피우다, *fumer* (cigarette)) + 면 안되 (으면/면 안 되다, *il est interdit de*) + 라고, sfx. citation directe + 소리, *cri*, 소리치 (소리치다, *crier*) + 시 + 었 + 어요.

5 다음, *prochain* + 부터, *à partir de, dès* + 는, P.thème + 흡연, *fumer* (nom, *"fait de fumer"*), 흡연 구역, *zone fumeur* + 으로, *par, vers* + 가 (가다, *aller*) + 겠 + 습니다 + 라고, sfx. citation directe + 하 (하다, *dire*) + 시 + 어요 = litt. "dès prochain, dites 'je vais aller vers...'".

6 '금연석'이라고 써진 곳도 마찬가지예요. [6]
'geumyonsog'-ilagô ssodji-n gôs-dô matchangadji-yéyô

7 담배 꽁초도 함부로 버리면 안 돼요. [7]
dambè kkôngtchô-dô hamboulô boli-myon an dwèyô

8 아무데나 버리면 벌금을 내야 해요. [8] □
amoudéna boli-myon bolgeum-eul nè-ya hèyô

📑 : Notes

6 금연석, litt. "place/siège non-fumeur" (dans les lieux recevant du public) + 이라고, sfx. citation directe + 써지 (써지다, être écrit) + ㄴ, sfx. proposition + 곳, lieu + 도, aussi + 마찬가지이 (마찬가지이다, être identique, équivalent, pareil) + 어요 = litt. "c'est aussi pareil le lieu où c'est écrit '...'".

***

▶ 연습 1 – 번역하십시오.
❶ 어떤 할아버지께서 '이 녀석'이라고 소리치셔서 기분이 나빴어요. ❷ 새해에는 꼭 담배를 끊을 거예요. ❸ 한국에는 금연 구역이 많아서 저한테 좀 불편해요. ❹ 여기 담배를 피울 수 있는 곳이 어디예요? ❺ 밖에서 그림이 더 잘 그려져요.

***

연습 2 – 빈칸을 채우십시오.
❶ Je ne veux aller nulle part moi !
_ _ _ _ 가기 싫어요 !

❷ Vous devez payer une amende si vous vous garez n'importe comment.
함부로 주차하시면 벌금을 _ _ _ 해요.

❸ Quand on décroche le téléphone, on dit "여보세요".
전화를 받을 땐 "여보세요" _ _ 합니다.

6 [C']est la même chose dans les lieux [publics pour les sièges] marqués (*écrit*) de l'inscription "금연석".

7 Il ne faut pas jeter non plus [son] mégot [de] cigarette sans réfléchir.

8 [On] doit payer une amende si [on le] jette n'importe où.

---

7 꽁초, *mégot (de cigarette)* + 도, *non plus* + 함부로, *sans réfléchir, sans faire de distinction, à tort et à travers, n'importe comment* + 버리 (버리다, *jeter*) + 면 안 되 (으면/면 안 되다, *il est interdit de*) + 어요.

8 아무데나, *pronom de lieu indéfini, n'importe quel endroit* + 버리 (버리다, *jeter*) + 면 (으면/면, *si*) + 벌금, *amende, contravention* + 을, *P.COD* + 내 (내다, *payer*) + 야 하 (어/아야 하다, *devoir*) + 아요.

• Le pronom de lieu indéfini 아무데 peut se traduire ainsi : 아무데나, *n'importe quel endroit* ; 아무데도, *nulle part*, ex. : 아무데나 앉으세요, *Asseyez-vous n'importe où* ; 아무데도 안 갈 거예요, *Je n'irai nulle part*.

***

Corrigé de l'exercice 1

❶ Je n'étais pas content car un grand-père m'a crié : "petite canaille (이 녀석)". ❷ Je vais vraiment arrêter de fumer au Nouvel An. ❸ Ce n'est pas très pratique pour moi car en Corée, il y a beaucoup de zones non-fumeur. ❹ Ici, où est-ce que je peux fumer ? *(le lieu où je peux fumer est où)* ❺ Je dessine mieux à l'extérieur. *(à l'extérieur, le dessin se dessine mieux)*

***

❹ Allez dans l'endroit où c'est indiqué "흡연 구역 (zone fumeur)". '흡연 구역' _ _ _ 써진 곳으로 가세요.

❺ Qu'est-ce que cela veut dire ? *(quelle signification être,* au style poli) 그게 _ _ _ _ _ _?

Corrigé de l'exercice 2

❶ 아무데도 – ❷ – 내셔야 – ❸ – 라고 – ❹ – 이라고 – ❺ – 무슨 뜻이에요

연습 3 – 한글로 쓰십시오.
❶ *mégot de cigarette* ❷ *amende, contravention* ❸ *interdiction de fumer*

밖에서 그림이 더 잘 그려져요.

86

제팔십육 과

한국 전통문화
han'goug djont^hôngmounhwa

1 한국 전통 의상을 '한복'이라고 합니다. [1]
han'goug djont^hông euisang-eul 'hanbôg'-ilagô ha-bni-da

2 다비드 씨는 한국 여자와 결혼을 했는데
dabideu ssi-neun han'goug yodja-wa gyolhôn-eul hè-ss-neundé

3 결혼식 때 한복을 입어 봤다고 합니다. [2]
gyolhônsig ttè hanbôg-eul ib-o bw-ass-dagô ha-bni-da

Corrigé de l'exercice 3
❶ 담배 꽁초 ❷ 벌금 ❸ 금연

Deuxième vague : 36ᵉ leçon

86

Quatre-vingt-sixième leçon

La culture traditionnelle coréenne

1 [On] appelle la tenue traditionnelle coréenne "hanbok".

2 David s'est marié avec une femme coréenne et

3 [il nous] dit qu['il] a [déjà] porté le hanbok lors de [son] mariage.

Notes

1 한복, *hanbok* + 이라고 하 (A을/를 B이라고 /라고 하다, *on appelle A B*) + ㅂ니다. La phrase A은/는 B이다, *A est B*, se transforme au discours rapporté, ainsi : A을/를 B이라고/라고 하다, *on appelle A "B"*, ex. : 한 국 재래식 집을 '한옥'이라고 합니다, *On appelle la maison ancienne coréenne "hanok"* (ph. 4) ; …식사를 '한식'이라고 합니다, *On appelle la nourriture ou le repas coréen "hansik"* (ph. 6) ; … 그림을 '민화'라고 합 니다, *On appelle les dessins populaires […]"minhwa"* (ph. 8).

2 결혼식, *cérémonie de mariage* + 때, *lors de* + 입다, *s'habiller*, 입어 보 (입어 보다, *essayer* (vêtement)) + 았다고 하 (었/았다고 하다, *on dit que* + (passé)) + ㅂ니다. 었/았다고 하다 est un verbe auxiliaire qui sert à introduire au présent un discours rapporté au passé.

4 한국 재래식 집을 ³ '한옥'이라고
합니다.

han'goug djèlèsig djib-eul hanôg-ilagô ha-bni-da

5 기와지붕이 무척 아름답다고 합니다. ⁴

giwadjiboung-i moutchog aleumdabda-gô ha-bni-da

6 한국 고유의 음식이나 식사를 ⁵ '한식'
이라고 합니다.

han'goug gôyou-eui eumsig-ina sigsa-leul 'hansig'-
ilagô ha-bni-da

7 다니는 한국에서 양식보다 한식을 더
자주 먹는다고 합니다 ⁶.

dani-neun han'goug-éso yangsig-bôda hansig-eul do
djadjou mog-neundagô ha-bni-da

8 조선 시대에 유행한 서민의 그림을 ⁷
'민화'라고 합니다.

djôson sidè-é youhèngha-n somin-eui geulim-eul
'minhwa'-lagô ha-bni-da

▗: Notes

3 재래식, (manière) *ancien* + 집, *maison* = *maison ancienne*. Le suffixe
식 accolé à un nom signifie *manière*, ex. : 서양, *Occident* → 서양식, *à
l'occidentale* ; 현대, *moderne* (nom) → 현대식, *(à la manière) moderne*
(adjectif) ; 한국식, *à la manière coréenne*.
• Regardez bien la structure de la phrase lorsqu'on cite un nom, ex. : A
을/를 B이라고/라고 하다, litt. "on dit A par B" (dans les ph. 1, 4 et 8).

4 기와, *tuile* ; 지붕, *toit* ; 기와지붕, *toit de tuiles* + 이, P.sujet + 무척, *très*
+ 아름답 (아름답다, *être magnifique*) + 다고 하 (다고 하다, *on dit que*
+ (présent)) + ㅂ니다. Le verbe auxiliaire 다고 하다 s'accole au radical
d'un verbe d'état, sans se soucier de sa dernière lettre, pour introduire
du discours rapporté, ex. : 시험이 무척 어렵다고 해요, *On dit que l'examen est très difficile*.

4 [On] appelle la maison ancienne coréenne "hanok".

5 [On] dit que les toits de tuiles sont vraiment *(très)* magnifiques.

6 [On] appelle la nourriture ou le repas *(propre)* coréen "hansik".

7 Dani dit qu'en Corée, [elle] mange plus souvent *(plat)* coréen qu'*(plat)*occidental.

8 [On] appelle les dessins populaires [qui] étaient *(est)* à la mode à la période Joseon "minhwa".

한식에는 매운 음식이 많다고 해요.

5 고유, *inhérence, particularité, caractéristique* (ex. : 김치 고유의 맛, *saveur particulière du kimchi*, 고유하다, *être inhérent (à), particulier, propre (à)*, ex. : 고유한 성질, litt. "*caractère qui est propre à*", *caractère propre à*) + 의, P.possessif, *de* + 음식, *nourriture* + 이나 (이나/나, *ou*) + 식사, *repas*.

6 양식, *plat/repas occidental* + 보다, P.comparative, *que* + 한식 + 을, P.COD + 더, *plus* + 자주, *souvent* = litt. "*le plat coréen plus souvent que le plat occidental*" ; 먹 (먹다) + 는다고 하 (는/ㄴ다고 하다, *on dit que* + (présent)) + ㅂ니다. Le verbe auxiliaire 는/ㄴ다고 하다 s'accole au radical d'un verbe d'action pour introduire du discours rapporté, ex. : 지금 학교에 간다고 해요, *Elle me dit que maintenant elle va à l'école.*

7 조선, *Joseon*, période historique coréenne (1392-1897) ; 시대, *époque, période* + 에, P.temps + 유행, *mode* ; 유행하 (유행하다, *être à la mode*) + ㄴ, sfx. proposition + 서민, *homme du peuple* + 의, P.possessif, *de* + 그림, *dessin* = litt. "*dessin de l'homme du peuple qui est à la mode à la période de Joseon*".

9 요즘은 프랑스에서도 민화 전시회를 볼
수 있다고 합니다 [8].

yodjeum-eun pʰeulangseu-éso-dô minhwa
djonsihwé-leul bô-l sou iss-dagô ha-bni-da

10 다니는 다음에 민화 전시회를 꼭 보러
갈 거라고 합니다 [9].   □

dani-neun da'eum-é minhwa djonsihwé-leul kkôg
bô-lo ga-l golagô ha-bni-da

Notes

8 전시회, *exposition* , *salon* + 를, P.COD + 보 (보다) + ㄹ 수 있 (을/ㄹ 수 있
다, *pouvoir*) + 다고 하 (다고 하다, *on dit que* + (présent)) + ㅂ니다 = litt.
"on dit qu'on peut voir une exposition".

***

▶ 연습 1 – 번역하십시오.
❶ 언니는 내일부터 운동을 할 거라고 해요. ❷ 오늘은
시간이 없다고 해요. ❸ 다비드 씨는 내년에 한국에서
결혼할 거라고 해요. ❹ 다니는 한국 재래식 집을 보러
가고 싶다고 해요. ❺ 한식에는 매운 음식이 많다고 해요.

***

연습 2 – 빈칸을 채우십시오.
❶ On dit qu'il fait très froid l'hiver en Corée.
한국의 겨울이 많이 ___ 해.

❷ On me dit que Dani peut lire le coréen.
다니는 한국어를 _____ 해요.

❸ On me dit que Dani ne fume pas.
다니는 담배를 안 ____ 해요.

***

연습 3 – 한글로 쓰십시오.
❶ *homme du peuple* ❷ *plat occidental* ❸ *toit*

9 En ce moment, en France *(aussi)*, [on] dit qu'[il] y a une exposition [de] minhwa.

10 Dani dit qu'[elle] ira la voir la prochaine fois, sans faute.

9 보 (보다) + 러 가 (으러/러 가다, litt. "aller pour") + ㄹ 거라고 하 (을/ㄹ 거라고 하다, *on dit que* + (futur)) + ㅂ니다 = litt. "elle dit qu'elle ira pour voir". Le futur incertain 을/ㄹ 거야 (familier) / 을 / ㄹ 거예요 (poli) / 을 / ㄹ 겁니다 (ultra formel) + la forme de discours rapporté se forment ainsi : 을/ㄹ 거라고 하다, *on dit que* + (futur).

***

Corrigé de l'exercice 1

❶ Ma grande sœur me dit qu'elle va faire du sport à partir de demain. ❷ On me dit qu'aujourd'hui, il n'a pas le temps. ❸ David dit qu'il va se marier l'année prochaine en Corée. ❹ Dani dit qu'elle veut aller voir une maison ancienne coréenne. ❺ On me dit qu'il y a beaucoup de plats pimentés dans la cuisine coréenne.

***

❹ On me dit que David cherche actuellement un logement.
다비드 씨는 요즘 집을 ＿＿＿＿ 합니다.

❺ On me dit qu'il a fait très chaud l'été dernier.
작년 여름에 정말 ＿＿＿＿ 해요.

Corrigé de l'exercice 2

❶ – 춥다고 – ❷ – 읽을 수 있다고 – ❸ – 피운다고 –
❹ – 찾는다고 – ❺ – 더웠다고 –

***

Corrigé de l'exercice 3

❶ 서민 ❷ 양식 ❸ 지붕

민화, **minhwa**, *désigne des dessins populaires réalisés par des non professionnels. On retrouve souvent ces dessins sur des objets utilisés pour décorer le foyer, comme par exemple des jarres, des assiettes, etc. Les dessins représentent souvent des animaux aux traits peu communs, stylisés, arborant des expressions faciales particulières. On peut retrouver également des végétaux chamarrés et des scènes de la vie quotidienne. On retrouve également sur ces dessins folkloriques des symboles mythiques, comme par exemple la tortue signe de longévité, le tigre signe de succès, la pivoine signe de richesse et de gloire, le couple de canards ou de poissons signe d'harmonie conjugale, le chien signe de bonheur en famille et bien d'autres.*

87

제팔십칠 과

▶

김장 준비 ¹
gimdjang djounbi

1   소윤이네는 다음 주 초에 김장을 할 거라고 했습니다. ²
sô-youn-i-né-neun da'eum djou tchô-é gimdjang-eul ha-l golagô hè-ss-seubni-da

2   소윤이 어머님은 작년에 비해 배추, 고춧가루 등 ³
sô-youn-i omonim-eun djagnyon-é bihè bètchou, gôtchousgalou deung

---

▌ Notes

1   김장, *kimjang* + 준비, *préparation*. Le terme 김장 désigne du kimchi préparé en quantité abondante en prévision de l'hiver ou encore l'étape de préparation de ces provisions.

2   소윤 + 이, P. ajoutée pour la prononciation + 네, *famille de…* + 는, P.thème = litt. "la famille de So-yun" ; 다음 주, *semaine prochaine* + 초, *début* + 에, P.temps = *en début de semaine prochaine* ; 김장을 하 (김장

Dans cette leçon, la traduction française proposée ne vous sem-blera certainement pas très "naturelle", vous risquez même d'être un peu dérouté. C'est normal car, vous l'aurez compris, on ne peut traduire littéralement le coréen vers le français (et vice versa). Traduire de manière correcte tout en restant cohé-rent est un exercice de finesse et parfois même un vrai défi ! Il faut respecter la grammaire des deux langues tout en restant compréhensible. Mais rassurez-vous, nous sommes là pour vous accompagner. Bon courage !

Deuxième vague : 37ᵉ leçon

87

Quatre-vingt-septième leçon

La préparation [du] kimjang

1 So-yun a dit que sa famille ferait du kimjang, début de semaine prochaine.
2 La mère [de] So-yun [a dit que], comparé à l'année dernière,

---

(을) 하다, *préparer du kimjang* ≈ 김장을 담그다) + ㄹ 거라고 하 (을/ㄹ 거라고 하다, *on dit que* + (futur)) + 었 + 습니다 = litt. "la famille de So-yun a dit qu'elle va préparer…".
• Voyez comment exprimer le temps du verbe introducteur : 을/ㄹ 거라고 하다, *On dit que* + (futur) vs 을/ㄹ 거라고 했다 (forme contractée de 하 (하다) et de 었), *On a dit que* + (futur). Rappel : La concordance des temps n'existe pas en coréen. Le verbe introducteur au passé n'im-pacte pas le temps du verbe rapporté.

3 작년, *année dernière* + 에 비해, *comparé à* + 배추, *chou chinois* + 고추, *piment* ; 고춧가루, *poudre de piment* + 등, *etc.* = litt. "comparé à l'année dernière, le chou chinois, la poudre de piment, etc.".

3 재료 가격이 많이 올랐다고 했습니다. ⁴

djèlyô gagyog-i manhi ôll-ass-dagô hè-ss-seubni-da

4 다니는 소윤이 어머님께 김장할 때 ⁵

dani-neun sô-youn-i omonim-kké gimdjangha-l ttè

5 구경하러 가도 되냐고 물어봤습니다. ⁶

gougyongha-lo ga-dô dwé-nyagô moulobw-ass-
seubni-da

6 어머님은 월요일에 김장을 할 건데 ⁷

omonim-eun wolyôil-é gimdjang-eul ha-l go-ndé

7 다니에게 올 수 있느냐고
물어보셨습니다. ⁸

dani-égé ô-l sou iss-neunyagô moulobôsy-oss-
seubni-da

8 다니는 올 수 있다고 대답했습니다. ⁹

dani-neun ô-l sou iss-dagô dèdabhè-ss-seubni-da

9 소윤이 어머님은 그럼 그날 와서 ¹⁰

sô-youn-i omonim-eun geulom geunal w-aso

10 김장하는 것도 도와주고 ¹¹

gimdjangha-neun gos-dô dôwadjou-gô

◨ Notes

4 재료, *ingrédient* + 가격, *prix* + 이, P.sujet + 많이, *beaucoup* + 오ㄹ (오르다, *augmenter*) + 았다고 하 (었/았다고 하다, *on dit que* + (passé)) + 었 + 습니다 = litt. "la mère de So-yun a dit que le prix de … a beaucoup augmenté".

5 어머님, *mère* (forme soutenue) + 께, P.COI (forme honorifique) + 김장하 (김장하다) + ㄹ 때 (을/ㄹ 때, *lorsque, quand*) = litt. "Dani (a demandé) à la mère de So-yun, lorsqu'elle fait kimjang".

6 구경하 (구경하다, *assister à* (spectacle, événement), *visiter* (pour voir qqch.)) + 러 가 (으러/러 가다, *aller pour*) + 아도 되 (어/아도 되다, *permettre*) + 냐고 물어보 (느냐(고) (verbe d'action) / 으냐(고) (verbe d'état se terminant par une consonne) / 냐고 (verbe d'état se termi-

3 *(a dit)* le prix des ingrédients (le chou chinois, la poudre de piment, etc.) avait beaucoup augmenté.

4 Dani [a demandé] à la mère [de] So-yun

5 si elle pouvait venir assister au [kimjang].

6 Elle *(la mère)* [a dit qu'elle] ferait du kimjang le lundi

7 et a demandé à Dani si elle pouvait venir [lundi] *(demandé si elle pouvait venir voir ce jour-là).*

8 Dani a répondu qu['elle] pouvait venir.

9 La mère [de] So-yun [lui a dit de] venir dans ce cas ce jour-là

10 pour [l']aider à faire du kimjang et

---

nant par une voyelle) / 물어보다, *on demande si*) + 았 + 습니다 = litt. "(Dani) a demandé (à la mère de So-yun) s'il lui est permis d'y assister (lorsqu'elle fait kimjang)". 느냐(고) / 으냐(고) / 냐(고) sert à rapporter une phrase interrogative, ex. : 언제 만나느냐고 물어봤어요, litt. "j'ai demandé quand est-ce qu'on se voit".

7 월요일, *lundi* + 에, P.temps + 김장을 하 (김장을 하다) + ㄹ 것이 (을/ㄹ 것이다, *futur incertain* : 을/ㄹ 거야 (au style familier), 을/ㄹ 거예요 (au style poli), 을/ㄹ 겁니다/것입니다 (au style ultra formel)) + ㄴ데, connecteur oral = litt. "la mère va faire kimchang le lundi et...".
• La forme correcte est logiquement "할 것인데". Cependant, à l'oral, on utilise souvent la forme contractée suivante, comme dans le texte : "할 건데".

8 오 (오다) + ㄹ 수 있 (을/ㄹ 수 있다) + 느냐고 물어보 (으냐고/냐고/느냐고 물어보다, *on demande si*) + 시 + 었 + 습니다 = litt. "(elle/maman de So-yun) a demandé si elle peut venir".

9 오 (오다) + ㄹ 수 있 (을/ㄹ 수 있다) + 다고 대답하 (는다고 (verbe d'action se terminant par une consonne) / ㄴ다고 (verbe d'action se terminant par une voyelle) / 다고 (verbe d'état) 대답하다, *on répond que*) + 었 + 습니다 = litt. "Dani a répondu qu'elle peut venir".

10 그럼, *dans ce cas* + 그날, *ce jour-là* + 오 (오다) + 아서 (어서/아서, *et*) = litt. "(elle) a dit de venir ce jour-là dans ce cas et".

11 김장하는 것, (le fait de) *faire du kimjang* (김장하 + 는, sfx. proposition + 것, *chose*) + 도, *aussi* + 도와주 (도와주다, *aider*) + 고, *et* = litt. "(elle a dit de) aussi aider faire kimjang et".

11 밥을 먹고 가라고 하셨습니다 ¹².
bab-eul mog-gô ga-lagô ha-sy-oss-seubni-da

12 다니는 "알겠습니다. 월요일에 봬요"
라고 대답했습니다 ¹³. □
dani-neun "al-géss-seubni-da. wolyôil-é bwèyô"-lagô
dèdabhè-ss-seubni-da

⌐: Notes

12 밥을 먹 (밥을 먹다, *manger*) + 고, *et* + 가 (가다, *s'en aller*) + 라고 하 (으
라고/라고 하다, *on dit de*) + 시 + 었 + 습니다 = litt. "elle a dit de manger
et s'en aller". 으라고/라고 하다 s'emploie pour rapporter une phrase

***

▶ 연습 1 – 번역하십시오.
❶ 다비드는 김치가 많이 맵다고 했어요. ❷ 그래서
김치를 못 먹는다고 했어요. ❸ 다니는 그럼 불고기를
먹으라고 했어요. ❹ 불고기는 안 매우냐고 물어봤어요.
❺ 불고기는 맵지 않아서 누구나 잘 먹을 수 있다고
했어요.

***

연습 2 – 빈칸을 채우십시오.
❶ Mon grand-père me demande si je vais à l'école demain.
할아버지께서 내일 학교에 ＿＿＿＿ 물어보십니다.

❷ Dani demande à Yun-ji si son chiot est petit.
다니는 윤지에게 윤지네 강아지가 ＿＿＿＿ 물어봐요.

❸ So-yun demande à Dani s'il fait aussi froid en France.
소윤이는 다니에게 프랑스 겨울도 많이 ＿＿＿＿
물어요.

❹ La mère de So-yun a demandé : "Tu peux nous aider à faire du
kimjang ?"
소윤이 어머님은 "김장 하는 것을 도와줄 수
있니 ?" ＿＿ 물어보셨어요.

11   a dit de manger [chez elle] avant de repartir.

12   Dani [lui] a répondu : "D'accord. [Je vous] vois lundi."

impérative, ex.: 버스를 타라고 하셨어요, *On m'a dit de prendre un bus.*
• 밥(을) 먹고 가다 (litt. "manger puis s'en aller") est une expression signifiant *rester manger*. Ainsi, cette partie de la phrase se traduit comme suit : *Elle m'a invité à rester pour le repas.* Elle est aussi souvent employée à l'impératif, ex.: 밥 먹고 가세요 (style poli) ou 밥 먹고 가 (style familier) = *Restez/Reste pour le repas.*

13   월요일, *lundi* + 에, P.temps + 뵈 (뵈다, *voir qqn*, forme honorifique de 보다) + 어요 + 라고 대답하 ("..." 라고 대답하다, *on répond : "..."*, verbe introducteur de discours direct, avec guillemets) + 었 + 습니다.

***

Corrigé de l'exercice 1

❶ David a dit que le kimchi était très pimenté. ❷ Il a dit que c'était pour cette raison qu'il ne pouvait pas manger de kimchi. ❸ Dani lui a dit, dans ce cas, de manger du bulgogi. ❹ Il lui a demandé si le bulgogi n'était pas pimenté. ❺ Elle lui a dit que le bulgogi n'est pas pimenté et que tout le monde peut donc en manger.

김장 준비

❺   David nous a dit de partir tôt car il y a des embouteillages le samedi.

다비드는 토요일에는 차가 막히니 일찍 _ _ _ _ _ 했어요.

Corrigé de l'exercice 2

❶ – 가느냐고 – ❷ – 작으냐고 – ❸ – 추우냐고 – ❹ – 라고 –
❺ – 출발하라고 –

연습 3 – 한글로 쓰십시오.
❶ *prix* ❷ *augmenter* ❸ *chou chinois*

88

제팔십팔 과

돌잡이에서 잡은 물건 ?[1]
dôldjabi-éso djab-eun moulgon

1 윤지는 다니에게 친척 아기 돌잔치에 같이 가자고 합니다.[2]
youn-dji-neun dani-égé tchintchog agi dôldjantchi-é gatʰi ga-djagô ha-bni-da

2 다니는 알겠다고 대답하고 [3]
dani-neun al-géss-dagô dèdabha-gô

3 아기 선물을 사러 가자고 합니다.
agi sonmoul-eul sa-lo ga-djagô ha-bni-da

4 윤지는 한국에서는 보통 돌잔치 선물로
youn-dji-neun han'goug-éso-neun bôtʰông dôldjantchi sonmoul-lô

5 금반지를 선물한다고 합니다. [4]
geumbandji-leul sonmoulha-ndagô ha-bni-da

Notes

1 돌, *premier anniversaire d'un enfant* ; 돌잡이, *Doljabi* (rituel traditionnel lors du premier anniversaire d'un enfant, voir note culturelle à la fin de cette leçon) + 에서, P.lieu + 잡 (잡다, *prendre, saisir, agripper*) + 은, sfx. proposition au passé + 물건, *objet* = litt. "objet qu'on a agrippé à Doljabi".

Corrigé de l'exercice 3

❶ 가격 ❷ 오르다 ❸ 배추

Deuxième vague : 38ᵉ leçon

88

Quatre-vingt-huitième leçon

L'objet pris lors du *(à)* Doljabi

1 Yun-ji propose à Dani de [l']accompagner à la fête du premier anniversaire d'un/e cousin/e.
2 Dani répond "entendu" et
3 [lui] propose d'aller ensemble acheter un cadeau [pour] le bébé.
4 Yun-ji [dit] qu'en Corée, généralement, comme cadeau [de] premier anniversaire
5 *(dit)* [on] offre une bague en or.

---

2 친척, *parent* (famille au sens large) + 아기, *bébé* + 잔치, *fête* + 돌잔치, *fête du premier anniversaire d'un enfant* + 에, P.lieu + 같이, *ensemble* + 가 (가다) + 자고 하 (자고 하다, *on dit de* + (ph. exhortative) + ㅂ니다 = litt. "Yun-ji dit à Dani d'aller ensemble à la fête d'un premier anniversaire d'un bébé de sa famille". Le verbe auxiliaire 자고 하다 sert à rapporter une phrase exhortative, ex.: 만나자고 해요, litt. "on dit de se voir ensemble" ; 사 (사다) + 러 가 (으러/러 가다) + 자고 하 (자고 하다) + ㅂ니다 = litt. "on dit d'aller acheter ensemble" (ph. 3).

3 알겠 (알다, *connaître* ; 알겠다, *comprendre, être d'accord*) + 다고 대답하 (다고 대답하다, *on répond que*) + 고, *et* = litt. "Dani répond qu'elle est d'accord et".

4 금, *or* ; 반지, *bague* ; 금반지, *bague en or* + 를, P.COD + 선물하 (선물하다, *offrir un cadeau*) + ㄴ다고 하 (는/ㄴ다고 하다, *on dit que*) + ㅂ니다.

6 학생인 윤지와 다니에게는 부담스러운
선물입니다. [5]

hagsèng-i-n youndji-wa dani-égé-neun
boudamseulo'ou-n sonmoul-i-bni-da

7 윤지는 우리는 학생이니 그냥 가도 될
거라고 합니다. [6]

youn-dji-neun ouli-neun hagsèng-i-ni geunyang
ga-dô dwé-l golagô ha-bni-da

8 윤지는 돌잡이에서 연필을 잡았다고
합니다. [7]

youn-dji-neun dôldjabi-éso yonpʰil-eul djab-assdagô
ha-bni-da

9 연필을 잡으면 공부를 잘 한다는데 [8]

yonpʰil-eul djab-eumyon gôngbou-leul djal
ha-ndaneundé

10 이상하게도 윤지 성적이 늘 바닥입니다. [9]

isanghagé-dô youn-dji songdjog-i neul badagi-bni-da

11 윤지에게는 돌잡이에서 잡은 물건이
의미가 없어 보입니다. [10]   □

youn-dji-égé-neun dôldjabi-éso djab-eun moulgon-i
euimi-ga obs-o bôi-bni-da

Notes

5 학생 + 이 (이다) + ㄴ, sfx. proposition + 윤지 + 와, *et* + 다니 + 에게,
P.COI, *à* + 는, P.thème pour l'emphase = litt. "à Yun-ji et Dani qui sont
étudiantes" ; 부담, *charge, poids, gêne*, 부담스러우 (부담스럽다, *être
lourd*) + ㄴ, sfx. proposition + 선물 + 이 (이다) + ㅂ니다 = litt. "c'est un
cadeau qui est lourd".

6 [C']est une lourde [dépense] *(cadeau)* pour Yun-ji et Dani qui sont étudiantes.

7 Yun-ji dit qu'[elles] pourraient [y] aller sans cadeau *(comme cela)* car elles *(nous)* sont étudiantes.

8 Yun-ji dit qu'[elle] a pris un crayon à [son] Doljabi.

9 On dit qu'[on] sera doué pour les études si [on] prend un crayon mais

10 [c']est bizarre, [elle] a toujours de mauvaises notes.

11 [Il] paraît que pour Yun-ji, l'objet pris à son Doljabi n'a pas de sens…

6 우리, *nous* + 는, P.thème + 학생 + 이 (이다) + 니 (forme abrégée de 으니까/니까, *parce que*) + 그냥, *comme cela* + 가 (가다) + 아도 되 (어도/아도 되다, *permettre*) + ㄹ 거라고 하 (을/ㄹ 거라고 하다, *on dit que* + (futur)) + ㅂ니다 = litt. "Yun-ji dit qu'il nous sera permis d'aller comme cela parce que nous sommes étudiants".

7 연필, *crayon* + 을, P.COD + 잡 (잡다) + 았다고 하 (었/았다고 하다, *on dit que* + (passé)) + ㅂ니다.

8 잡 (잡다) + 으면 (으면/면) + 공부를 잘 하 (공부를 잘 하다, *être doué pour les études*) + ㄴ다는 (forme contractée de 는/ㄴ/다고 하는데, *on dit que (...), alors, mais…*) = litt. "on dit qu'on est doué en études si on prend un crayon mais". Le connecteur 는/ㄴ/다고 하는데, *on dit que …, alors, mais…* (composé de 는/ㄴ/다고 하다, *on dit que*, et du connecteur oral 는데, *mais, alors*) sert à annoncer la suite du discours rapporté.

9 이상하다, *être bizarre*, 이상하게, *bizarrement* + 도, *même* + 성적, *notes* (résultat) + 이, P.sujet + 늘, *toujours* + 바닥, *fond, sol, terre* ; 바닥이 (바닥 이다, litt. "être proche du fond", *être quasi nul* ≈ 바닥을 기다) + ㅂ니다 = litt. "même bizarrement, ses notes sont toujours quasi nulles".

10 의미, *signification* + 가, P.sujet + 없 (없다, *ne pas exister*) + 어 보 (어/아 보이다, *paraître*) + ㅂ니다 = litt. "il paraît que pour Yun-ji l'objet qu'elle a pris à son Doljabi n'a pas de sens".

▶ 연습 1 – 번역하십시오.

❶ 돌잔치에서 무슨 물건을 잡았어요 ? ❷ 공부를 늘 열심히 하는데도 성적이 바닥이에요. ❸ 배가 고프니 밥을 먹으러 가자고 할까 ? ❹ 심심해서 친구한테 영화를 보러 가자고 했어. ❺ 다비드 씨는 다음에 올 거라고 할 거야.

***

연습 2 – 빈칸을 채우십시오.

❶ On dit à Dani qu'on se voit demain ?

다니한테 내일 _ _ _ _ 할까 ?

❷ On dit qu'il fait froid demain, alors retrouvons-nous chez moi.

내일 날씨가 _ _ _ _ _ 우리 집에서 봅시다.

❸ On me dit que demain c'est l'anniversaire de David (alors), qu'est-ce qu'on lui offre comme cadeau ?

곧 다비드 씨 생일 _ _ _ _ 무슨 선물을 할까요 ?

❹ On me dit que la mère de So-yun fait du kimjang (alors), on va l'aider (aide) ?

소윤이 어머님이 김장을 _ _ _ _ 도와 드릴까요 ?

❺ On me dit que Dani cherche un logement (alors), on l'aide ?

다니가 집을 _ _ _ _ _ 우리가 도와줄까요 ?

***

연습 3 – 한글로 쓰십시오.

❶ *notes* (résultat) ❷ *crayon* ❸ *or*

***

돌잡이 *est une sorte de rituel traditionnel en Corée que les parents préparent pour le premier anniversaire de leur enfant. Les parents disposent plusieurs objets devant leur bébé, par exemple, de l'argent, un stylo, un micro, un stéthoscope, une bobine de fil, etc. Le premier objet que le bébé prendra sera analysé par les parents, qui imagineront alors l'avenir de leur enfant. Par exemple, s'il prend la bobine de fil, c'est qu'il jouira d'une longue vie en bonne santé, représentée par la longueur du fil. Le stéthoscope, vous l'aurez deviné, peut faire penser que le bébé fera carrière dans la médecine alors que le micro est*

Corrigé de l'exercice 1

❶ Qu'avez-vous pris à votre fête de premier anniversaire ? ❷ Je fais en permanence des efforts pour mes études mais mes notes sont très basses. ❸ On lui propose d'aller manger ensemble car on a faim ? ❹ J'ai proposé à mon ami d'aller voir un film ensemble car je m'ennuyais. ❺ David va te dire qu'il viendra la prochaine fois.

***

Corrigé de l'exercice 2

❶ – 만나자고 – ❷ – 춥다고 하는데 – ❸ – 이라고 하는데 –
❹ – 하신다고 하는데 – ❺ – 찾는다는데 –

돌잔치에서 무슨
물건을 잡았어요 ?

Corrigé de l'exercice 3

❶ 성적 ❷ 연필 ❸ 금

***

associé aux activités de chant, de la scène ; l'argent est, évidemment, associé à la richesse, etc. Les parents choisissent les objets, il n'y a pas de code, et ils peuvent en disposer comme ils le veulent. Si les parents souhaitent que leur enfant devienne médecin, ils peuvent disposer plusieurs stéthoscopes devant le bébé pour être sûrs qu'il en attrape un. C'est assez drôle de voir comme les parents tentent d'influencer l'avenir de leur bébé !

Deuxième vague : 39ᵉ leçon

제팔십구 과

▶

잘 안 들려요.
djal an deully-oyô

1 – 반찬 가게가 몇 시에 문을 닫아요 ? [1]
bantchan gagé-ga myotch si-é moun-eul dad-ayô

2 – 지금이 벌써 밤 10시 반이니까 가게
문이 닫혔을 거예요. [2]
djigeum-i bolsso bam yol-si ban-i-nikka gagé moun-i
dadhy-oss eul go-yéyô

***

3 – 더워서 창문을 열었어요 ? [3]
dow-oso tchangmoun-eul yol-oss-oyô

4 – 아니요. 바람에 저절로 열렸어요. [4]
aniyô. balam-é djodjollo yolly-oss-oyô

***

◼ : Notes

1 반찬, *banchan* (petit plat accompagné de riz), *accompagnement* ; 가게,
magasin ; 반찬 가게, *épicerie/traiteur qui vend des banchans* + 문, *porte*,
문을 닫 (문을 닫다, *fermer* (la porte) + 아요 = litt. "l'épicerie de banchan
ferme à quelle heure ?".

2 지금, *maintenant* + 이, P.sujet + 벌써, *déjà* + 밤 10시 반, *dix heures
et demie de la nuit* + 이 (이다) + 니까 (으니까/니까) = litt. "comme
maintenant c'est déjà la nuit dix heures et demie" ; 문 + 이, P.sujet +
닫히다, *se fermer*, 닫히었 (닫히었다, *s'être* ou *être fermé*) + 었 + 을 거
예요 (을/ㄹ 거예요, *on imagine que*) = litt. "j'imagine que la porte est
fermée". 을/ㄹ 거예요 sert à marquer le futur incertain mais aussi à
formuler une possibilité/hypothèse.

Quatre-vingt-neuvième leçon

[Je] ne [vous] entends pas très bien

1 – À quelle heure ferme le magasin [de] banchans ?

2 – *(Comme)* [il] est déjà 22 h 30, *(la porte)* le magasin sera fermé.

***

3 – As[-tu] ouvert la fenêtre car [tu] avais *(as)* chaud ?

4 – Non, [elle] s'est ouverte toute seule, avec *(par)* le vent.

***

이 문을 어떻게 열어요 ?

• Souvent, les formes passives (par ex. : 닫히다, *se fermer*) s'emploient dans une phrase accompagnées de la marque du passé car c'est un état rendu ; ainsi : 닫히 + 었 + 다, *s'être ou être fermé*.

3 더우 (덥다, *avoir/faire chaud*) + 어서 (어서/아서) + 창문, *fenêtre* + 을, P.COD + 열 (열다, *ouvrir*) + 었 + 어요 ?

4 바람, *vent* + 에, *par* (raison) + 저절로, *automatiquement, tout seul* + 열리 (열리다, *s'ouvrir*) + 었 + 어요 = litt. "la porte s'est ouverte toute seule par le vent".

5 – 과일 가게에 수박이 다 팔려서 못 샀어요. [5]

gwa'il gagé-é soubag-i da pʰally-oso môs s-ass-oyô

***

6 – 찾으시는 주소는 저기 보이는 저 건물이에요. [6]

tchadj-eusi-neun djousô-neun djogi bôi-neun djo gonmoul-i-éyô

***

7 – 헤어스타일을 바꿨더니 이미지가 많이 바뀌었어요. [7]

héoseutʰa'il-eul bakkw-oss-doni imidji-ga manhi bakkwi-oss-oyô

***

8 – 물에 잘 씻기지 않는 선크림 없어요 ? [8]

moul-é djal ssisgi-dji anh-neun sonkʰeulim obs-oyô

***

9 – 잘 안 들려요. 다시 말씀해 주세요. [9] □

djal an deully-oyô. dasi malsseumhè djou-séyô

█ Notes

5 과일, *fruit* + 가게 + 에, P.lieu + 수박, *pastèque* + 이, P.sujet + 다, *tout* + 팔다, *vendre*, 팔려 (팔리다, *se vendre*) + 어 (어서/아서) = litt. "car la pastèque au magasin de fruits s'est entièrement vendue" ; 못, *ne pas pouvoir* + 사 (사다) + 았 + 어요 = *Je n'ai pas pu acheter*. Vous aurez remarqué que l'on n'utilise pas le radical du premier verbe au passé comme 팔렸다, *s'être* ou *être vendu*, car il n'existe pas de concordance des temps en coréen. Ainsi, une seule marque du passé dans le dernier verbe suffit : 샀어요.

6 찾 (찾다, *chercher*) + 으시 + 는, sfx. proposition + 주소, *adresse* + 는, P.thème = *l'adresse que vous cherchez* ; 저기, *là-bas* + 보다, *voir*, 보이 (보

5 – [Je] n'ai pas pu acheter de pastèque car [elles] ont toutes été vendues chez le marchand de primeurs *(magasin de fruit)*.

***

6 – L'adresse [que vous] cherchez est l'immeuble [qu'on] voit là-bas.

***

7 – [J']ai changé [ma] coiffure ; depuis, [mon] image a beaucoup changé.

***

8 – Avez[-vous] une crème solaire résistante à l'eau ?

***

9 – [Je] ne [vous] entends pas très bien. Pourriez[-vous] répéter, s'il vous plaît ?

이다, *se voir*, 보였다, *s'être ou être vu*) + 저, pronom démonstratif, *là* + 건물, *immeuble* + 이에요 (이다) = litt. "c'est l'immeuble-là qui se voit là-bas".

7 헤어스타일, ***hairstyle*** coréanisé (terme anglais signifiant *coiffure, coupe de cheveux*) + 을, P.COD + 바꾸 (바꾸다, *changer*) + 었 + 더니, *par la suite* + 이미지, ***image*** coréanisé + 가, P.sujet + 많이 + 바뀌었 (바뀌었다, *s'être ou avoir changé*, 바뀌다, *se changer*) = litt. "j'ai changé la coiffure, par la suite, l'image s'est beaucoup changée".

8 물, *eau* + 에, *par* (raison) + 잘, *bien* + 씻다, *laver*, 씻기 (씻기다, *se laver*, 씻겼다, *s'être lavé*) + 지 않 (지 않다, *ne pas*) + 는, sfx. proposition + 선크림, ***sun cream*** coréanisé (terme anglais signifiant *crème solaire*) + 없 (없다, *ne pas avoir*) + 어요 = litt. "vous n'avez pas de crème solaire qui ne se lave pas bien par l'eau ?".

9 잘, *bien* + 안, *ne pas* + 듣다, *écouter*, 들리 (들리다, *(s')entendre*, 들렸다, *s'être ou avoir (bien) entendu*) + 어요 = litt. "(le bruit/le son) ne s'entend pas bien = je n'entends pas bien" ; 다시, *de nouveau* + 말, *parole*, 말하다, *parler*, 말씀, *parole* (honorifique), 말씀하 (말씀하시다, *parler* (honorifique)) + 어 주 (어/아 주다, *faire qqch. pour qqun*) + 시 + 어요 = litt. "parlez de nouveau pour moi".

▶ 연습 1 – 번역하십시오.
❶ 이 문을 어떻게 열어요 ? ❷ 문이 잘 안 열리는데 좀 도와주세요. ❸ 아무도 없는데 문이 저절로 열렸어요. ❹ 지금 들리는 노래를 아세요 ? ❺ 저희 할머니는 눈이 잘 안 보이세요.

***

연습 2 – 빈칸을 채우십시오.
❶ C'est ce monsieur qu'on voit là-bas *(homme qui se voit)* qui est mon mari.
저기 ___ 저 남자가 제 남편이에요.

❷ Vous m'entendez bien ? (au style poli avec la m. honorifique)
잘 ____?

❸ Mon numéro de téléphone a changé. (style poli)
제 전화번호가 _____.

❹ La banque est ouverte même le week-end ? *(la banque s'ouvre,* style poli)
주말에도 은행이 ___?

***

연습 3 – 한글로 쓰십시오.
❶ *vent* ❷ *fenêtre* ❸ *immeuble*

Corrigé de l'exercice 1

❶ Comment je peux ouvrir cette porte ? ❷ La porte ne s'ouvre pas bien, aidez-moi, s'il vous plaît. ❸ Il n'y avait personne mais la porte s'est ouverte toute seule. ❹ Connaissez-vous la chanson qu'on entend maintenant ? ❺ Ma grand-mère ne voit pas très bien. *(ma grand-mère, ses yeux ne se voient pas bien)*

***

❺ Je suis navré. Tous les articles ont été vendus. (style ultra formel)
죄송합니다. 물건이 다 _ _ _ _ _.

Corrigé de l'exercice 2

❶ – 보이는 – ❷ – 들리세요 ❸ – 바뀌었어요 ❹ – 열려요
❺ – 팔렸습니다

***

Corrigé de l'exercice 3

❶ 바람 ❷ 창문 ❸ 건물

Deuxième vague : 40ᵉ leçon

제구십 과

웃기지 않아요 !
ousgi-dji anh-ayô

1 식당에서 엄마가 아기를 아기 의자에 앉혀요. [1]

sigdang-éso omma-ga agi-leul agi euidja-é andjhy-oyô

2 엄마가 뛰어다니는 아이를 의자에 앉게 했어요. [2]

omma-ga ttwiodani-neun a'i-leul euidja-é andj-gé hè-ss-oyô

***

3 재미없는 농담이라서 웃기지 않아요. [3]

djèmiobs-neun nôngdam-ilaso ousgi-dji anh-ayô

4 누가 저를 웃게 해 줄 사람 없어요 ? [4]

nouga djo-leul ousgé hè djou-l salam obs-oyô

***

5 숨바꼭질 놀이를 할 때는 몸을 잘 숨겨야 해요. [5]

soumbakkôgdjil nôli-leul ha-l ttè-neun môm-eul djal soumgy-oya hèyô

6 동생을 소파 뒤에 숨게 했어요. [6]

dôngsèng-eul sôpʰa dwi-é soum-gé hè-ss-oyô

***

📄 Notes

1 아기, *bébé* ; 의자, *chaise* ; 아기 의자, *siège bébé* + 에, P.lieu + 앉다, *s'asseoir*, 앉히 (앉히다, *asseoir*) + 어요.

Quatre-vingt-dixième leçon

[Ce] n'est pas rigolo !

1 La maman asseoit [son] bébé dans la chaise bébé au restaurant.
2 Au restaurant, une maman fait asseoir sur une chaise [son] enfant qui court ici et là.

***

3 Comme [c']est une blague nulle, [ce] n'est pas rigolo.
4 Il n'y a personne [qui peut] me faire rire ?

***

5 Quand [on] joue à cache-cache, il faut bien se cacher.
6 [J']ai fait se cacher [mon] petit frère / [ma] petite sœur derrière le canapé.

***

2 뛰다, *courir* ; 뛰어다니 (뛰어다니다, *courir ici et là*) + 는, sfx. proposition + 아이, *enfant* + 를, P.COD + 의자에, *sur la chaise* + 앉 (앉다) + 게 하 (게 하다, *faire ...*) + 었 + 어요. Pour plus d'exemples de 게 하다, *faire ...*, regardez les ph. 4, 6 et 11.

3 재미없 (재미없다, *être nul, ennuyeux, sans intérêt*) + 는, sfx. proposition + 농담, *blague* + 이라서 (이라서/라서, *parce que c'est*) ; 웃다, *rire*, 웃기 (웃기다, *être rigolo*) + 지 않 (지 않다, *ne pas*) + 아요.

4 누가, *quelqu'un* (forme abrégée de 누구, *qui* + 가, P.sujet) + 저를, *me* + 웃게 하다, *faire rire* + 어 주 (어/아 주다, *faire qqch. pour qqun*) + ㄹ, sfx. proposition au futur + 사람, *personne* + 없 (없다, *ne pas exister*) + 어요 = litt. "il n'existe personne qui va me faire rire, pour moi ?".

5 숨바꼭질, *cache-cache* + 놀이를 하 (놀이를 하다, *jouer*) + ㄹ 때 (을/ㄹ 때, *quand*) + 는, P.thème pour l'emphase + 몸, *corps* + 을, P.COD + 잘 + 숨 다, *se cacher*, 숨기 (숨기다, *cacher*) + 어야 하 (어/아야 하다, *devoir*) + 어요 = litt. "quand on joue à cache-cache, on doit bien cacher le corps".

6 소파, *sofa* coréanisé (anglais signifiant *canapé*) + 뒤, *derrière* + 에, P.lieu + 숨게 하 (숨게 하다, *faire se cacher*) + 었 + 어요.

7 한복을 입을 때는 항상 머리를
단정하게 묶어요 ⁷.
hanbôg-eul ib-eul ttè-neun hangsang moli-leul
dandjonghagé moukk-oyô

8 오늘따라 머리가 예쁘게 잘 묶였어요. ⁸
ôneulttala moli-ga yéppeugé djal moukky-oss-oyô

***

9 소방관이 불난 집에서 사람을 살렸어요. ⁹
sôbanggwan-i boulna-n djib-éso salam-eul sally-oss-oyô

10 시청에서 집을 잃은 사람을 새로운
곳에서 살게 했어요. ¹⁰   □
sitchong-éso djib-eul ilh-eun salam-eul sèlôou-n
gôs-éso sal-gé hè-ss-oyô

⬛ : Notes

7 항상, *toujours* + 머리, *cheveux* + 를, P.COD + 단정하다, *être décent, correct*, 단정하게, *correctement* + 묶 (묶다, *attacher*) + 어요.

8 오늘 + 따라, *précisément, tout particulièrement*, ex. : 오늘따라, *aujourd'hui en particulier* ; 그날따라, *justement ce jour-là*, 머리 + 가, P.sujet + 예쁘다, *être joli*, 예쁘게, *joliment* + 잘 + 묶이다, *s'attacher*, 묶였 (묶였다, *être attaché*) + 어요= litt. "les cheveux sont joliment attachés".

9 소방관, *pompier* (소방서, *caserne de pompiers*) + 이, P.sujet + 불, *feu* ; 불나 (불나다, *prendre feu*) + ㄴ, sfx. proposition au passé + 집, *domicile*, *maison* + 에서, P.lieu + 사람 + 을, P.COD + 살다, *vivre* ; 살리 (살리다,

***

▶ 연습 1 – 번역하십시오.
❶ 꼭꼭 숨어라♪♪♪ 머리카락¹ 보인다. **❷** 정말 웃긴
사람이네요 ! **❸** 걱정이 있어요 ? 숨기지 말고 말해
보세요. **❹** 그 의사가 환자를 살렸어요. **❺** 할아버지를
차에서 기다리시게 했어요.
¹ 머리 **moli**, *tête, cheveux* ; 머리카락 **molikʰalag**, *cheveux*

7 Quand [je] porte le hanbok, [j']attache toujours [mes] cheveux correctement.

8 Aujourd'hui, [mes] cheveux sont particulièrement bien attachés.

***

9 Le pompier a sauvé des gens d'une maison [qui] a pris feu.

10 L'hôtel de ville a logé les gens [qui] ont perdu [leur] maison dans un nouvel endroit.

sauver) + 었 + 어요 = litt. "pompier a sauvé la personne de la maison qui a pris feu".

10 집을 + 잃 (잃다, *perdre*) + 은, sfx. proposition au passé + 사람 + 을, P.COD + 새로우 (새롭다, *être nouveau*) + ㄴ, sfx. proposition + 곳, *endroit* + 에서, P.lieu + 살게 하 (살게 하다, *faire vivre*) + 었 + 어요 = litt. "la mairie a fait vivre les gens qui ont perdu la maison dans un endroit qui est nouveau".

***

Corrigé de l'exercice 1

❶ Cache-toi bien, on voit tes cheveux. *(tes cheveux se voient)* ❷ Il est rigolo, lui ! ❸ Avez-vous des ennuis ? Dites-moi tout. *(ne les cachez pas et dites-moi)* ❹ Le médecin a sauvé le patient. ❺ J'ai fait attendre mon grand-père dans la voiture.

연습 2 – 빈칸을 채우십시오.

❶ Je voudrais vivre en Corée.
한국에서 __ 싶어요.

❷ Au secour ! (*sauvez pour moi*, style poli)
__ ___!

❸ Comme il faisait chaud, j'ai fait ouvrir la fenêtre.
더워서 창문을 __ 했어요.

❹ Où est-ce que Dani s'est cachée ? (style familier avec la termi-naison de confirmation)
다니가 어디에 ___?

***

연습 3 – 한글로 쓰십시오.
❶ *blague* ❷ *canapé* ❸ *pompier*

91

제구십일 과

복습 – Révision

Au cours de la semaine passée, nous avons appris trois modes d'expression : le discours rapporté, la phrase passive et la structure causative. Nous allons revoir ceci en détail dans cette nouvelle leçon de révision.

1 Le discours direct et le discours indirect

1.1 Le discours direct

Pour rapporter des éléments annoncés au discours direct, il suffit de placer ces éléments entre guillemets et ensuite d'accoler la particule de citation 이라고/라고 aux guillemets fermants, sans se soucier du style de la phrase, ex. : "만나서 반가워"라고 했어요, *Il m'a dit : "Enchanté de t'avoir rencontré."*

Lorsqu'on cite quelqu'un en donnant son nom, il faut le mettre entre guillemets simples, ex. : 혹시 '다니'라는 학생을 아세요 ?, *Connaissez-vous un étudiant qui s'appelle Dani ("Dani") par hasard ?*

❺ Mamie ! C'est toi qui as caché le chocolat ? (style poli avec la m. honorifique)
할머니가 초콜릿을 _ _ _ _ _ ?

Corrigé de l'exercice 2
❶ – 살고 – ❷ 살려 주세요 ❸ – 열게 – ❹ – 숨었지
❺ – 숨기셨어요

***

Corrigé de l'exercice 3
❶ 농담 ❷ 소파 ❸ 소방관

Deuxième vague : 41ᵉ leçon

91

Quatre-vingt-onzième leçon

1.2 Le discours indirect

Rapporter des éléments au discours indirect nécessite de savoir le temps du discours rapporté, le verbe introducteur et également le mode de la phrase, ex. :

• Phrase déclarative

On utilise le verbe introducteur 이라고/라고 하다, avec le verbe *être*, ex. :
다니라고 해요, *On m'appelle / Je suis Dani.*
소윤이라고 해요, *On m'appelle / Je suis So-yun.*
On utilise le verbe introducteur 다고 하다, avec l'infinitif d'un verbe d'état, ex. :
김밥이 아주 맛있다고 해요, *On dit que le kimbap est vraiment bon.*
On utilise le verbe introducteur 는/ㄴ다고 하다, avec le radical d'un verbe d'action, ex. :
내년에 한국에 간다고 해요, *On me dit qu'il va aller en Corée l'année prochaine.*

• Phrase interrogative

On utilise le verbe introducteur 으냐고/냐고 물어 보다, avec le radical d'un verbe d'état, ex. :

사람이 많으냐고 물어봐다, *On me demande s'il y a du monde.*

On utilise le verbe introducteur 느냐고 물어 봐요, avec le radical d'un verbe d'action, ex. :

언제 결혼하느냐고 물어봐요, *Les gens me demandent quand est-ce que je me marie.*

• Phrase exhortative

Il faut le verbe introducteur 자고 하다 avec le radical d'un verbe, ex. :

내일 만나자고 해요, *Il me propose de nous retrouver demain* (litt. "il me dit de se voir ensemble demain").

• Phrase impérative

On ajoute 으라고/라고 하다 au radical d'un verbe, dans le cas d'un impératif affirmatif, ex. :

의사가 약을 먹으라고 했어요, *Le médecin m'a dit de prendre des médicaments.*

On ajoute 지 말라고 하다 au radical d'un verbe, dans le cas d'un impératif négatif, ex. :

의사가 담배를 피지 말라고 했어요, *Le médecin m'a dit de ne pas fumer.*

2 La phrase passive et la forme causative

Pour mettre une phrase à la forme passive, il faut accoler un des suffixes passifs (이, 히, 리, 기) au radical du verbe. Pour les mettre à la forme causative, il faut accoler 게 하다 après le radical du verbe, ex. :

Phrase active	Phrase passive (dans une phrase)	Forme causative
열다 *ouvrir*	열리다 (열렸다) *s'ouvrir (être ouvert)*	열게 하다 *faire ouvrir*
닫다 *fermer*	닫히다 (닫혔다) *se fermer (être fermé)*	닫게 하다 *faire fermer*
보다 *voir*	보이다 (보였다) *se voir (être vu)*	보게 하다 *faire voir*
팔다 *vendre*	팔리다 (팔렸다) *se vendre (être vendu)*	팔게 하다 *faire vendre*

듣다 écouter	들리다 (들렸다) (s')entendre (être entendu)	듣게 하다 faire écouter
바꾸다 changer	바뀌다 (바뀌었다) se changer (être changé)	바꾸게 하다 faire changer
씻다 laver	씻기다 (씻겼다) se laver (être lavé)	씻게 하다 faire laver
앉다 s'asseoir	앉히다 (앉혔다) asseoir (avoir assis)	앉게 하다 faire s'asseoir

복습 대화

1 잘 씻기는 세제 없어요 ?
djal ssisgi-neun sédjé obs-oyô

2 남자 친구가 내년에 결혼하자고 하는데
잘 모르겠어.
namdja tchin'gou-ga nènyon-é gyolhônha-djagô
ha-neundé djal môleu-géss-o

3 할아버지께서는 손녀 생일 잔치에 오실
수 있다고 하십니다.
halabodji-kkéso-neun sônnyo sèng'il djantchi-é
ô-si-l sou iss-dagô ha-si-bni-da

4 다음 주 반상회에 참석하실 수
있으시냐고 물어 볼까요 ?
da'eum djou bansanghwé-é tchamsogha-si-l sou iss-
eusi-nyagô moulobô-lkka-yô

5 소윤이 엄마한테 김장을 같이 하자고
할까요 ?
sôyoun-i omma-hantʰé gimdjang-eul gatʰi ha-djagô
ha-lkka-yô

6 눈이 잘 안 보여서 안경을 새로
해야겠어.
noun-i djal an bôy-oso an'gyong-eul sèlô hèyagéss-o

7 저는 저기 보이는 저 아파트에 살아요.
djo-neun djogi bôi-neun djo apʰatʰeu-é sal-ayô

8 일찍 올 거라고 했는데 왜 아직도 안
보이지 ?
iltsig ô-l golagô hèss-neundé wè adjig-dô an bôi-dji

9 금연 구역에서 담배를 피우면 벌금을
낸다고 했어요.
geumyon gouyog-éso dambè-leul pʰiou-myon
bolgeum-eul nè-ndagô hèss-oyô

10 비가 절 참 슬프게 하네요.
bi-ga djo-l tcham seulpʰeu-gé ha-néyô

제구십이 과

▶ **동서남북 ? 어느 쪽이에요 ?**
dông-so-nam-boug ? oneu tsôg-i-éyô ?

1 – 주말에 불국사도 보고 휴식도 취할 겸
경주에 다녀왔어요 ¹.
djoumal-é boulgougsa-dô bô-gô hyousig-dô
tchwiha-l gyom gyongjou-é danyow-ass-oyô

2 – 경주가 어디예요 ?
gyongjou-ga odi-yéyô

⬛ Note

1 불국사, *temple Bulguksa* + 도, *aussi* + 보 (보다, *visiter*) + 고, *et* + 휴식, *re-pos* ; 휴식하다, *se reposer*, 휴식을 취하 (휴식을 취하다, *faire une pause*) + ㄹ 겸 (을/ㄹ 겸, *en même temps, à la fois*) + 다녀오 (다녀오다, *passer (lieu)*) + 았 + 어요 = litt. "j'ai passé à Gyeonju pour visiter le temple

Traduction

1 Avez-vous un détergent qui *(se)* lave bien ? **2** Mon petit ami m'a demandé en mariage mais je ne sais pas encore. **3** Le grand-père a dit qu'il pouvait venir à la fête d'anniversaire de sa petite-fille. **4** Je demande aux gens s'ils pourront venir à la réunion des résidents ? **5** On propose à la maman de So-yun de faire du kimjang ensemble ? **6** Comme je ne vois pas très bien *(mes yeux ne se voient pas bien)*, il faut que je fasse faire des lunettes. **7** J'habite dans l'appartement qui est *(se voit)* là-bas. **8** Il m'a dit qu'il viendrait tôt mais pourquoi n'est-il pas encore là *(il ne se voit pas)* ? **9** On m'a dit qu'on doit payer une amende si on fume dans une zone non-fumeur. **10** La pluie me rend *(fait)* vraiment triste.

Deuxième vague : 42e leçon

92

Quatre-vingt-douzième leçon

Nord-sud-est-ouest *(est-ouest-sud-nord)* ? Quelle direction ?

1 – [Je] suis allé à Gyeongju le week-end [dernier] pour visiter le temple Bulguksa et aussi *(en même temps)* pour faire une pause.
2 – [C']est où, Gyeongju ?

Bulguksa et aussi pour faire une pause". 겸 s'emploie entre les noms (ex.: L79, ph. 10, 환영회 겸 회식, "fête et repas"), or, 을/ㄹ 겸 s'accole au radical verbal, ex.: 친구도 만날 겸 커피도 마실 겸 커피숍에 갔어요, *Je suis allé au café pour voir mes amis et aussi pour boire un café*.
• Comparons les verbes dérivés de 다니다, "fréquenter", en tenant compte de la notion de direction que nous avons abordée en L53 : 다녀가다, "fréquenter en allant" ; 다녀오다, "fréquenter en venant". Tous ces verbes peuvent se traduire par *passer* (lieu).

3 – 경주에 아직 안 가 보셨어요 ? [2]
gyongjou-é adjig an g-a bô-sy-oss-oyô

4 경주는 경상북도 남동쪽에 위치한
도시예요 [3].
gyongjou-neun gyongsangboug-dô nam-dông-tsôg-é
witchiha-n dôsi-yéyô

5 첨성대, 불국사, 석굴암 같은 문화
유적지가 많아서 [4]
tchomsongdè, boulgougsa, soggoulam gathᵉun
mounhwa youdjogdji-ga manh-aso

6 관광하기 좋을 뿐 아니라 [5]
gwan'gwangha-gi djôh-eul ppoun anila

7 근처 설악산에 가서 등산하기도
좋아요. [6]
geuntcho solagsan-é g-aso deungsanha-gidô djôh-
ayô

◨ : Notes

2 아직, *encore* ; 아직 안, *pas encore* + 가 (가다) + 보 (어/아 보다, *essayer de*) + 시 + 었 + 어요 = litt. "vous n'avez pas encore essayé d'aller à Gyeongju ?".

3 도, *département* (administratif), *province, région, département* ; 경상북도, *Gyeongsangbuk-do* + 남, *sud* ; 동, *est* ; 쪽, *direction, côté* + 에, P.lieu + 위치, *localité*, 위치하 (위치하다, *se situer*) + ㄴ, sfx. proposition + 도시, *ville* + 예요 = litt. "Gyeongju est une ville qui se situe au sud-est de Gyeongsangbuk-do".

4 첨성대, *Cheomseongdae*, est un observatoire astronomique + 석굴암, *grotte de Seokguram* + 같 (같다, *être comme*) + 은, sfx. proposition + 문화, *culture* + 유적, *vestiges*, 유적지, *site archéologique* + 가, P.sujet + 많 (많다, *être nombreux*) + 아서 = litt. "parce que les sites archéologiques culturels, qui sont comme [...], sont nombreux".

3 – [Vous] n'y êtes pas encore allé ?

4 [C']est une ville [qui] se trouve au sud-est [de] Gyeongsangbuk-do.

5 Parce qu'il y a plusieurs sites archéologiques comme le Cheomseongdae, le temple de Bulguksa [et] la grotte de Seokguram,

6 [c']est bien non seulement pour faire du tourisme mais aussi

7 pour faire de la randonnée pédestre au mont de Seorak, [qui se trouve] à côté.

5 관광, *tourisme* (관광객, *touriste*, 관광지, *site touristique*) ; 관광하 (관광하다, *faire du tourisme*) + 기 좋 (...기 좋다, *être bien à/de...*) + 을 뿐 이라 (A을/ㄹ 뿐(만) 아니라 B, *non seulement A mais aussi B*) = litt. "c'est bien de faire du tourisme mais aussi." 을/ㄹ 뿐(만) 아니라 s'accole à un radical verbal, ex. : 김밥이 맛있을 뿐만 아니라 예뻐요, *Le kimbap est non seulement savoureux mais c'est aussi beau à voir*.

6 근처, *proximité* + 산, *montagne* ; 설악산, *mont Seorak* + 에, P.lieu + 가 (가다) + 어 (아서/어서, *et*) + 등산, *randonnée pédestre* (un peu de vocabulaire au passage : 등산객, *randonneur en montagne* ; 등산화, *chaussures de randonnée* ; 등산복, *tenue de randonneur*) ; 등산하 (등산하다, *faire de la randonnée pédestre*) + 기도 좋 (...기도 좋다, *être bien aussi à/de...*) + 아요 = litt. "c'est bien aussi d'aller au mont Seorak et faire la randonnée pédestre".

8 신라 수도인 경주를 관광하면 [7]
sinla soudô-i-n gyongjou-leul gwan'gwangha-myon

9 마치 신라 시대를 경험하는 셈이지요. [8]
matchi sinla sidè-leul gyonghomha-neun sémi-djiyô

10 한국에서 꼭 가 볼만한 도시 중에
하나예요 [9].
han'goug-éso kkôg g-a bôlmanha-n dôsi djoug-é
hana-yéyô

11 – 지난 번에 안동을 여행하면서 다녀올
걸 그랬네요. [10]
djinan bon-é andông-eul yohèngha-myonso
danyoô-l gol geulè-ss-néyô

12 후회막심이에요. [11] □
houhwémagsim-i-éyô

📓 : Notes

7 신라, *Silla*, période historique de Silla (57-935) + 수도, *capitale* + 이 (이다) + ㄴ, sfx. proposition + 관광하 (관광하다, *visiter*) + 면 (으면/면, *si*) = litt. "si on visite Gyeongju qui est la capitale de Silla".

8 마치, *presque comme, comme si* + 시대, *époque* + 를, P.COD + 경험, *expérience*, 경험하 (경험하다, *faire l'expérience*) + 는 셈이 ((마치) …은/ㄴ/는 셈이다, *cela fait presque comme…*) + 지요, terminaison de confirmation = litt. "cela fait presque comme si on fait l'expérience de

***

▶ 연습 1 – 번역하십시오.
❶ 전화해 보고 올 걸 그랬네요. ❷ 읽을 만한 책이 없어요. ❸ 김치를 좋아하면 한국 음식을 다 좋아하는 셈이지요. ❹ 이 가방은 가벼울 뿐 아니라 튼튼해요[1]. ❺ 주말에 친구들과 등산할 계획이에요.
[1] 튼튼하다 **theuntheunhada**, *être résistant, robuste*.

8 *(Si on visite)* **visiter Gyeongju, capitale [de la période historique de] Silla,**

9 **c'est comme (re)vivre à [cette] époque.**

10 **[C']est une des villes [qu'il] faut absolument essayer de voir en Corée.**

11 **– []'aurais dû la visiter quand [j']étais à Andong la dernière fois.**

12 **[Je] regrette.**

l'époque de Silla". Le verbe auxiliaire 은/ㄴ/는 셈이다 sert à décrire un état ou un résultat qu'on peut ressentir, *cela fait presque comme, cela fait comme si*, ex. : 사진을 봤으니 내 여자 친구를 본 셈이야, ("Comme") *tu as vu sa photo, c'est comme si tu avais déjà rencontré ma petite amie*.

9 꼭, *absolument* + 가 (가다) + 아 보 (어/아 보다, *essayer de*) + ㄹ만 하 (을/ㄹ 만하다, *cela vaut le coup de, mérite de*) + ㄴ, sfx. proposition + 도시, *ville* + 중에 하나 (...중에(서) 하나, *un(e) des...*) + 예요 (이다) = litt. "c'est une des villes qui vaut le coup d'essayer d'y aller absolument".

10 지난 번, *la dernière fois* + 여행하 (여행하다, *voyager*) + 면서 (으면서/면서, *en ...-ant* (gérondif)) + 다녀오 (다녀오다, *visiter*) + ㄹ 걸 그랬 (을/ㄹ 걸 그랬다, verbe auxiliaire exprimant un regret (cf. le conditionnel, ex.: *j'aurais dû*) + 네요 = litt. "j'aurais dû visiter la dernière fois en visitant Andong".

11 후회, *regret* ; 후회막심, *grand regret* (후회하다, *regretter* ; 후회스럽다, *être regrettable*) + 이에요 (이다) = litt. "c'est un grand regret".

***

Corrigé de l'exercice 1

❶ J'aurais dû appeler avant de venir. ❷ Il n'y a pas de livres qui me tente. *(mérite de lire)* ❸ Si vous aimez le kimchi, c'est comme si vous aimiez tous les plats coréens. ❹ Ce sac est non seulement léger mais aussi résistant. ❺ J'ai prévu de faire de la randonnée pédestre le week-end avec mes amis.

연습 2 – 빈칸을 채우십시오.

❶ Quelles (où) sont les villes qui méritent d'être visitées (aller) en France ?

프랑스에서 _ _ _ _ 도시가 어디예요 ?

❷ Le prix a beaucoup augmenté. J'aurais dû l'acheter quand c'était en soldes.

가격이 많이 올랐네요. 세일할 때 _ _ 그랬어요.

❸ Le kimbap est facile à manger et c'est également délicieux.

김밥은 먹기 좋을 _ _ _ _ 아주 맛있어요.

**

연습 3 – 한글로 쓰십시오.
❶ expérience ❷ regret ❸ ville

93

제구십삼 과

Vous allez peut-être trouver la structure de la traduction en français de ce texte un peu déroutante par moments… Cela est tout à fait normal car nous avons préféré suivre la structure de la langue coréenne en la traduisant au plus proche, de façon à vous familiariser avec ces tournures.

▶

인터넷으로 구매하기
inthonés-eulô goumèha-gi

1　다니는 인터넷 쇼핑을 하다가 ¹
　　dani-neun inthonés syôphing-eul ha-daga

◼ : Note

1　쇼핑을 하 (쇼핑을 하다, *faire du shopping*) + 다가, (A다가B, *pendant qu'on fait A, (il arrive) B*) = litt. "Dani, pendant qu'elle fait du shopping en ligne". A다가 B sert à signaler que l'action/état (A) est interrompu(e)/ transformé(e) par le/la deuxième action/état (B), ex.: 밥을 먹다가 전화

❹ Bordeaux est une ville qui se trouve dans le sud-ouest de la France.

보르도는 프랑스 _ _ _ _ 위치한 도시예요.

❺ Je pense aller au parc pour me promener et faire du sport.

산책도 하고 운동도 _ _ 공원에 가려고요.

Corrigé de l'exercice 2

❶ – 가 볼만한 – ❷ – 살 걸 – ❸ – 뿐 아니라 – ❹ – 남서쪽에 –
❺ – 할 겸 –

***

Corrigé de l'exercice 3

❶ 경험 ❷ 후회 ❸ 도시

Deuxième vague : 43ᵉ leçon

93

Quatre-vingt-treizième leçon

Faire des achats sur Internet

1 *(Dani)* en faisant des achats en ligne,

인터넷으로 구매하기

를 받았어요, litt. "pendant que je mange, j'ai répondu à un appel" ("manger" est interrompu par "répondre à un appel"). Nous allons voir ceci plus en détail à la prochaine leçon de révision. Vous aurez également remarqué qu'en coréen, la concordance de temps n'existant pas, il faut seulement mettre au passé le verbe de l'action principal, c'est-à-dire l'action B.

2 마음에 드는 겨울 코트를 발견했습니다. [2]
ma'eumé deu-neun gyo'oul kʰôtʰeu-leul balgyonhè-
ss-seubni-da

3 코트와 코디할 목도리, 니트, 청바지,
부츠도 [3]
kʰôtʰeu-wa kʰôdiha-l môgdôli, nitʰeu, tchongbadji,
boutcheu-dô

4 장바구니에 담았습니다. [4]
djangbagouni-é dam-ass-seubni-da

5 마침 겨울 상품 반값 할인 행사를
한다기에 [5]
matchim gyo'oul sangpʰoum ban'gabs halin hèngsa-
leul ha-ndagié

6 망설임 없이 바로 구매했습니다. [6]
mangsolim obsi balô goumèhè-ss-seubni-da

7 오전에 주문하고 오후에 배송
받았습니다. [7]
ôdjon-é djoumounha-gô ôhou-é bèsông bad-ass-
seubni-da

: Notes

2 마음에 드 (마음에 들다, *plaire à qqn*) + 는, sfx. proposition + 겨울, *hiver* + 코트, *manteau*, **coat** (terme anglais) coréanisé + 를 + 발견, *trouvaille*, 발견하 (발견하다, *dénicher*) + 었 + 습니다 = litt. "Dani a déniché un manteau d'hiver qui lui plaît en faisant du shopping en ligne".

3 코디, *coordination* coréanisé, …와 코디하다 (…와/과 코디하다, *coordonner, assortir un vêtement avec…*) + ㄹ, sfx. proposition au futur + 목, *cou* ; 목도리, *écharpe* + 니트, *pull* (en laine), **knit** (anglais = *tricot*) + 바지, *pantalon* ; 청바지, *jean* + 부츠, *bottes*, **boots** (terme anglais) coréanisé + 도, *aussi* = litt. "une écharpe, un pull, un jean, les bottes qu'elle va coordonner avec le manteau".

2 [Dani] a déniché un manteau *(hiver)* [qui lui] plaît.

3 Une écharpe, un pull, un jean [et] des bottes [qu'elle] va assortir avec ce manteau,

4 [elle] a mis [dans] son panier.

5 Justement, comme les articles [d']hiver étaient soldés à moitié prix,

6 [elle] a tout de suite acheté sans hésitation.

7 [Elle les] a commandé dans la matinée et [le tout] était livré dans l'après-midi.

---

4 바구니, *panier* ; 장바구니, *panier de courses* + 에 담 (A을 / 를 B에 담다, *mettre A dans B*) + 았 + 습니다 = litt. "elle a mis dans le panier".

5 마침, *justement, au même instant* + 상품, *article, produit, marchandise* + 반값, *moitié prix* (반, *moitié* ; 값, *prix*,) + 할인, *réduction, remise* + 행사, *événement*, 행사를 하 (행사를 하다, *organiser un événement*) + ㄴ 다기 에 (...는/ㄴ 다기에, litt. "comme on dit que…") = litt. "justement comme on dit qu'on organise un événement de remise de la moitié du prix".
• Voici quelques exemples de la structure A는다기에 (après le radical du verbe d'action qui se termine par une consonne) / ㄴ 다기에 (qui se termine par une voyelle) / 다기에 (après le radical du verbe d'état) B, litt. "comme on dit que A, je (décide) faire B" : 설날에는 떡국을 먹는 다기에 먹어봤는데 맛이 없었어요, litt. "comme on m'a dit qu'on mangeait du tteokguk au Nouvel An, je l'ai goûté mais ce n'était pas bon", *J'ai goûté le tteokguk car on me disait qu'on en mangeait au Nouvel An, mais je n'ai pas aimé* ; 그 영화가 재미있다기에 꼭 보려고 해요, litt. "comme on me dit que ce film est intéressant, j'ai l'intention de le voir", *Je pense voir ce film parce qu'on m'a dit qu'il était intéressant.*

6 망설임, *hésitation* ; 망설이다, *hésiter* + 없이, *sans* + 바로, *immédiatement* + 구매, *achat*, 구매하 (구매하다, *acheter, acquérir*) + 었 + 습니다 = litt. "elle a immédiatement acheté sans hésitation".

7 오전, *matinée* + 에 + 주문하 (주문하다, *commander*) + 고, *et* + 오후, *après-midi* + 에 + 배송, *envoi, livraison* ; 배송하다, *livrer* ; 배송되다, *être livré* + 받 (받다, *recevoir*) + 았 + 습니다 = litt. "elle commande le matin et elle a reçu la livraison l'après-midi". Souvenez-vous que la concordance de temps n'existe pas en coréen, c'est pourquoi on ne trouve pas de marque du passé après 주문하다.

8   배송은 만족스러운 반면에 [8]
bèsông-eun mandjôgseulo'ou-n banmyoné

9   주문한 코트는 [9]
djoumounha-n kʰôtʰeu-neun

10   사이즈는커녕 색상도 상품 설명과
달랐습니다. [10]
sa'idjeu-neunkʰonyong sègsang-dô sangpʰoum
solmyong-gwa dall-ass-seubni-da

11   다른 옷으로 교환하기에는 번거로울 것
같아서 [11]
daleu-n ôs-eulô gyôhwanha-giéneun bon'golôou-l
gos gatʰ-aso

12   아무래도 환불을 받아야 할 것
같습니다. [12]
amoulèdô hwanboul-eul bad-aya ha-l gos gatʰ-
seubni-da

13 –   "윤지야 ! 인터넷으로 산 옷을
환불받으려면 [13]
youn-dji-ya ! intʰonés-eulô sa-n ôs-eul
hwanboulbad-eulyomyon

14   고객 센터에 문의하면 되지 ?" [14]   □
gôgèg séntʰo-é mouneuiha-myon dwé-dji

Notes

8 배송 + 은, P.thème + 만족, *satisfaction*, 만족스러우 (만족스럽다, *être satisfaisant*) + ㄴ 반면에 (...은/는/ㄴ 반면(에), ... *en revanche*) = litt. "la livraison est satisfaisante, en revanche...".

9 주문, *commande*, 주문하 (주문하다, *commander*) + ㄴ, sfx. proposition + 코트 + 는, P.thème = litt. "quant au manteau qu'elle a commandé".

10 사이즈, *taille* (vêtement), *size* (terme anglais) coréanisé + 는커녕 (A은/는커녕 B도, *loin de A et encore moins de B*) + 색상 (*couleur* ≈ 색) +

8 La livraison était *(est)* satisfaisante, en revanche

9 le manteau [qu'elle] a commandé

10 ne correspondait pas au *(avec)* descriptif [du] produit [en termes de] taille et encore moins [en termes de] couleur.

11 Comme [elle pense que c']est compliqué de [l']échanger

12 [elle] pense *(sans choix)* devoir se faire rembourser.

13 – "Pour me faire rembourser le vêtement que [j']ai acheté en ligne, Yun-ji,

14 il faut que [je] me renseigne auprès du service client, n'est-ce pas ?"

도, *aussi* + 상품, *produit* + 설명, *description* + 과 달ㄹ (…와/과 다르다, *être différent de…*) + 았 + 습니다 = litt. "manteau qu'elle a commandé était différent de la description du produit en taille et même encore moins de la couleur". 은/는커녕, s'accole à un nom ou un adverbe et s'emploie dans une phrase négative, ex. : 밥은커녕 물도 못 마셨어, litt. "je n'ai pas mangé, ni même pu boire de l'eau".

11 다르 (다르다) + ㄴ, sfx. adverbial + 옷, *vêtement* + 으로, *avec* + 교환, *échange*, 교환하 (교환하다, *échanger*) + 기에는 (A기에는 (너무) B, *c'est (trop) B pour A*) + 번거로우 (번거롭다, *être compliqué, contrariant, contraignant*) + ㄹ 것 같 (을/ㄹ 것 같다) + 아서 = litt. "comme elle pense que c'est trop compliqué pour échanger avec un autre vêtement".

12 아무래도, *dans tous les cas, en tout cas, de toute façon* + 환불, *remboursement* ; 환불하다, *rembourser* ; 환불이 되다, *être remboursé*, 환불받 (환불받다, *se faire rembourser*) + 아야 하 (어/아야 하다, *devoir*) + ㄹ 것 같 (을/ㄹ 것 같다) + 습니다 = litt. "il semble qu'elle devrait de toute façon se faire rembourser".

13 사 (사다) + ㄴ, sfx. proposition au passé + 옷 + 을 + 환불받 (환불받다) + 으려면 (으려면/려면, *pour que, afin que*) = litt. "Yun-ji, pour se faire rembourser le vêtement que j'ai acheté en ligne".

14 고객, *client* ; 고객 센터, *service client* + 문의, *demande de renseignement*, 문의하 (…에 문의하다, *s'adresser à, se renseigner auprès de, demander des renseignements à*) + 면 되 (으면/면 되다, *il suffit de*) + 지 (지요 ? au style familier) = litt. "il suffit de m'adresser au service client, non ?".

▶ 연습 1 – 번역하십시오.
  ❶ 좋은 사람인 것 같아서 망설임 없이 바로 만났어요.
  ❷ 광고를 보다가 마음에 쏙 드는 집을 발견했어요.
  ❸ 사고 싶은 물건을 다 장바구니에 담고 싶은데...
계산은 어떻게 하지 ? ❹ 배송이 빨라서 한국 사람들은
인터넷 구매를 많이 합니다. ❺ 색상은 괜찮은데
사이즈가 좀 작아서 교환해야 할 것 같아요.

***

연습 2 – 빈칸을 채우십시오.
❶ Le restaurant (dont on parle) est propre en revanche, les plats ne
sont pas bons.

  그 식당은 깨끗한 ___ 음식이 맛이 없어.

❷ Je n'ai reçu ni appel ni courriel.

  _____ 이메일도 못 받았어요.

❸ On me dit qu'on ne peut pas fumer ici alors je vais aller dans un
autre endroit.

  여기서 담배를 피우면 안 ____ 다른 곳에
가려고요.

***

연습 3 – 한글로 쓰십시오.
❶ *remboursement* ❷ *livraison* ❸ *panier de courses*

Corrigé de l'exercice 1

❶ Je lui ai donné un rendez-vous tout de suite car il/elle me semblait une bonne personne. ❷ J'ai déniché un logement qui me plaisait vraiment en consultant *(regardant)* les annonces. ❸ Je veux mettre tout ce que je veux acheter dans le panier mais... comment je règle après ? ❹ Comme la livraison est rapide, les Coréens commandent beaucoup en ligne. ❺ Je pense que je dois l'échanger car la couleur me plaît mais la taille est un peu petite.

***

❹ Je n'ai vraiment pas le temps aujourd'hui. *(Dans tous les cas,)* il faudra qu'on se voie un autre jour.
오늘은 정말 시간이 없어요. ＿＿＿＿ 다음에 만나야 할 것 같아요.

❺ Je pense qu'il fait trop chaud pour porter un manteau d'hiver.
겨울 코트를 ＿＿＿＿ 너무 더울 것 같아요.

Corrigé de l'exercice 2

❶ – 반면에 – ❷ 전화는커녕 – ❸ – 된다기에 – ❹ – 아무래도 –
❺ – 입기에는 –

***

Corrigé de l'exercice 3

❶ 환불 ❷ 배송 ❸ 장바구니

Deuxième vague : 44ᵉ leçon

5 초롱이가 좋아하는 장난감 안 사 줄
거야. [6]

tchôlông-i-ga djôhaha-neun djangnangam an s-a
djou-l goya

***

6 – 김대리 ! 자꾸 이런식으로 실수하면
곤란해요. [7]

gim-dèli ! djakkou ilo-n-sig-eulô silsouha-myon
gônlanhèyô

7 – 죄송합니다, 부장님. 다음부터는
조심하겠습니다. [8]

djwésôngha-bni-da, boudjangnim. da'eum-boutʰo-
neun djôsimha-géss-seubni-da

***

8 (따르릉)

(ttaleuleung)

– 아가야 ! 내일이 시아버지 제사인데 [9]

aga-ya ! nèil-i siabodji djésa-i-ndé

9 음식 준비 도와주러 올 수 있겠니 ? [10]

eumsig djounbi dôwadjou-lo ô-l sou iss-géss-ni

Prononciation
6 ... *gôl-lann-Hè-yo*

◾ Notes

6 좋아하 (좋아하다) + 는, *sfx. proposition* + 장난감, *jouet* + 안, *ne pas* + 사
(사다) + 아 주 (어/아 주다, *faire qqch. pour qqn*) + ㄹ 거야 (을 거예요
au style familier) = litt. "je ne vais pas acheter pour toi le jouet que tu
aimes".

7 이러 (이렇다, *être comme cela*) + ㄴ, *sfx. proposition* + 식, *manière, ex.:*
어떤 식, *quelle manière* ; 그런 식, *telle manière* + 으로, *avec* + 실수, *erreur*, 실수하 (실수하다, *commettre une erreur*) + 면, *si* + 곤란하 (곤란하

5 [je] ne [t']achèterai pas le jouet que tu veux.

***

6 – M. Kim ! [C']est ennuyeux *(si)* [que vous] commettiez ce genre d'erreurs à répétition.

7 – [Je] suis désolé, monsieur. [Je] ferai attention la prochaine fois.

***

8 *(dring dring)*

– *(Ma belle-fille !)* Demain, [c']est l'anniversaire de la mort de [ton] beau-père,

9 peux[-tu] venir [m']aider à préparer la nourriture ?

다) + 아요 = litt. "si vous commettez souvent une erreur avec manière comme cela, c'est embarrassant".

8 죄송하 (죄송하다 ≈ 미안하다) + ㅂ니다 = *Je suis désolé* ; 다음 + 부터 + 는 + 조심하 (조심하다) + 겠 + 습니다 = litt. "je vais faire attention à partir de la prochaine fois".

• 죄송하다 et 미안하다 sont des expressions similaires. Dans l'usage courant, 죄송하다 s'emploie plutôt dans un contexte formel, empreint de déférence.

9 아가, litt. "bébé", terme employé par la belle-mère (mère de l'époux) pour appeler sa belle-fille avec affection + 야, P.vocative + 내일 + 이, P.sujet + 아버지, *père* ; 시아버지, *beau-père* + 제사, *anniversaire de la mort* + 이 (이다) + ㄴ데 = litt. "ma belle fille ! c'est demain qu'est l'anniversaire de la mort de ton beau-père alors...".

10 도와주 (도와주다) + 러 오 (으러/러 오다, *venir pour*) + ㄹ 수 있 (을/ㄹ 수 있다) + 겠 + 니 ? = litt. "tu peux venir aider la préparation de la nourriture ?".

10 – 어머님, 회사 일이 늦게 끝날 것 같아요. [11]
omonim, hwésa il-i neudjgé kkeut^hna-l gos gat^h-ayô

11 못 갈 것 같은데 형님한테 연락해
볼까요 ? [12]
môs ga-l gos gat^h-eundé hyongnim-hant^hé yonlaghè
bô-lkkayô

***

12 – 언제 [13] 같이 밥 먹어요 !
ondjé gat^hi bab mog-oyô

13 – 언제요 ?
ondjé-yô   □

**: Notes

11 어머님, litt. "mère" (honorifique), terme employé par la belle-fille pour
appeler sa belle-mère + 회사, *entreprise* + 일, *travail* + 이 + 늦게 + 끝
나 (끝나다, *se terminer*) + ㄹ 것 같 (을/ㄹ 것 같다) + 아요 = litt. "belle-
mère, je pense que le travail d'entreprise se termine tardivement".

12 못, *ne pas pouvoir* + 가 (가다) + ㄹ 것 같 (을/ㄹ 것 같다) + 은데 = litt.
"je pense que je ne pourrai pas aller" ; 형님, terme employé par la
belle-sœur pour appeler sa belle-sœur aînée + 한테, P.COI + 연락하 (연

***

▶ 연습 1 – 번역하십시오.
❶ 회사 일이 많아서 요즘은 항상 늦게 집에 들어가요.
❷ 엄마 말을 안 들으면 장난감을 안 사 주신다고
했어요. ❸ 품절이라서 살 수 없었어요. ❹ 재고가
없으니 다른 원하시는 물건으로 교환해 드릴게요.
❺ 다음부터는 조심할게요.

10 – *(Belle-mère,)* [je] pense que [je] vais finir le travail assez tard.

11 [Je] ne pourrai pas venir alors [voulez-vous que je] contacte la femme de votre fils aîné ?

***

12 – [On] mange *(mangeons)* ensemble un de ces jours !

13 – Quand [ça] ?

락하다) + 아 보 (어/아 보다, *essayer de*) + ㄹ까요 ? = litt. "on essaie de contacter à la belle-sœur aînée ?".

13 언제, *un de ces jours*, *quand*, peut être employé dans un contexte où l'on ne précise pas l'heure exactement : 언제 한번 만나요, litt. "rencontrons-nous un jour", 언제 차/커피 한 잔 해요, litt. "buvons une tasse de thé/café un jour", etc. Ce genre d'expression est souvent employé en guise de salutation. Ce n'est pas réellement une proposition de rendez-vous, c'est plutôt une formule souvent utilisée dans le but de prendre congé de quelqu'un d'une manière amicale, aucune suite n'est toutefois attendue. Si on enchaîne en demandant de fixer un rendez-vous, comme dans notre dialogue ph. 13, la situation devient alors un peu, voire très embarrassante car l'autre personne n'avait pas forcément l'intention de poursuivre dans cette direction…

***

Corrigé de l'exercice 1

❶ En ce moment, je rentre toujours tard car il y a beaucoup de travail. ❷ Ma maman m'a dit qu'elle ne m'achèterait pas le jouet si je ne l'écoutais pas. ❸ Je n'ai pas pu l'acheter car c'était en rupture de stock. ❹ Je vous l'échange contre l'article que vous voulez car je n'ai plus de stock. ❺ Je vais faire attention la prochaine fois.

연습 2 – 빈칸을 채우십시오.

❶ Je suis désolé. Je vais vous contacter dès que je reçois le produit.
죄송합니다, 고객님. 물건을 __ __
연락드리겠습니다.

❷ L'article que vous voulez est épuisé.
____ 물건이 품절입니다.

❸ Je me suis fait gronder par ma maman car j'ai dessiné sur le mur.
(style poli)
벽에 낙서해서 엄마한테 ____.

***

연습 3 – 한글로 쓰십시오.
❶ *situation* ❷ *erreur* ❸ *épuisement d'un stock*

***

제사 djésa *est un rite traditionnel coréen dont l'origine remonte jusqu'au totémisme et au chamanisme. Autrefois, on invoquait les esprits de la nature et des ancêtres afin de demander protection face au danger. Mais c'est le confucianisme et sa philosophie de respect envers les ancêtres qui ont véritablement apporté toute la culture et les coutumes autour de ce rite. Ainsi,* **제사** *désigne plus exacte-ment un culte mais également le repas organisé à la mémoire des ancêtres. On prépare une table avec des offrandes (nourriture) en*

❹ J'ai grondé mon enfant qui a dessiné sur le mur. (style poli)
낙서한 아이를 ____.

❺ Allez-vous vous comporter ainsi *(de cette manière ; comme cela)* ?
자꾸 __ ___ 하실 거예요 ?

Corrigé de l'exercice 2
❶ – 받는 대로 – ❷ 원하시는 – ❸ – 혼났어요 ❹ – 혼냈어요
❺ – 이런 식으로 –

***

Corrigé de l'exercice 3
❶ 상황 ❷ 실수 ❸ 품절

***

l'honneur de l'esprit des ancêtres. La disposition et le contenu de ce qui se trouve sur la table sont ordonnancés. Généralement, ce rite se pratique au cours de fêtes nationales comme par exemple lors du 설, Nouvel An ou de 추석, Chuseok, ainsi qu'à la date anniversaire de la mort d'un membre de la famille. Ce rite peut avoir lieu deux fois par an ou plus selon les familles.

Deuxième vague : 45ᵉ leçon

제구십오 과

▶ **승객 여러분께 안내 말씀드립니다.** [1]
seunggèg yoloboun-kké annè malsseumdeuli-bni-da

1 (공항에서)
(gônghang-éso)

– 한국으로 가는 항공편 탑승 수속을
시작합니다 [2].
han'goug-eulô ga-neun hanggôngpʰyon tʰabseung
sousôg-eul sidjagha-bni-da

2 여권과 항공권을 보여 주시겠어요 ? [3]
yogwon-gwa hanggônggwon-eul bôy-o djou-si-géss-oyô

3 아기와 함께 여행하시면 편한 좌석으로
바꿔 드릴게요. [4]
agi-wa hamkké yohènga-si-myon pʰyonha-n
djwasog-eulô bakkw-o deuli-lgéyô

4 짐은 여기에 올려 주시면 됩니다. [5]
djim-eun yogi-é ôlly-o djou-si-myon dwé-bni-da

Notes

1 승객, *passager* + 여러분, *mesdames et messieurs, vous tous* + 께, P.COI forme honorifique + 안내, *service d'information* + 말씀, *paroles* (forme honorifique de 말), 말씀드리 (말씀드리다, *parler à qqn*, forme honorifique de 말하다) = litt. "nous parlons les informations à vous tous, les passagers".

2 가 (가다) + 는, sfx. proposition + 항공(편), *vol* (≈ 비행(편)) + 탑승, *embarquement* + 수속, *démarche, formalité* + 을 + 시작하 (시작하다) + ㅂ니다 = litt. "nous commençons la démarche d'embarquement du vol qui va en Corée".

3 여권, *passeport* + 과, *et* + 항공권, *billet d'avion* + 을, P.COD + 보다, *voir*, 보이 (보이다, *faire voir, montrer, présenter qqch. à qqn*) + 어 주 (어/아 주다) + 시 + 겠 + 어요 = litt. "allez-vous montrer pour moi le billet d'avion et le passeport ?"

Quatre-vingt-quinzième leçon

Mesdames et messieurs les passagers, votre attention, s'il vous plaît

1 *(À l'aéroport)*
   – [Nous] commençons *(les démarches)* l'embarquement du vol pour la Corée.
2 Pourriez[-vous] présenter [votre] passeport ainsi que [votre] billet d'avion, s'il vous plaît ?
3 Si [vous] voyagez avec [votre/vos] bébé(s), [je peux vous] proposer une place [plus] confortable.
4 [Vous pouvez] mettre *(monter)* [vos] bagages, ici.

• Le suffixe 권 accolé à un nom signifie *titre*, *droit*, *billet de...* ex.: 상품, *marchandise* ; 상품권, *chèque cadeau*, *bon d'achat* ; 입장, *entrée* (dans une salle) ; 입장권, *billet d'entrée* ; 투표, *vote* ; 투표권, *droit de vote*.

4 여행하 (여행하다) + 시 + 면 = litt. "si vous voyagez avec bébé" ; 편하 (편하다, *être confortable*) + ㄴ, sfx. proposition + 좌석, *place* (version sino-coréenne de 자리, *place*) + 으로 + 바꾸 (바꾸다) + 어 드리 (어/아 드리다, forme honorifique de 어/아 주다) + ㄹ게요, futur certain = litt. "je vais changer, pour vous, avec une place qui est confortable".

5 짐, *bagage*, *charge* + 은, P.thème + 여기 + 에 + 올리 (올리다, *monter*) + 어 주 (어/아 주다) + 시 + 면 되 (으면/면 되다, *il suffit de/que*) + ㅂ니다 = litt. "il suffit que vous montiez les bagages ici".
Voyez de nouveau la façon dont on fait preuve de déférence envers le COI (ph. 3, *pour vous*) grâce à 어/어 드리다, et envers le sujet (ph. 4, *vous*) grâce à 으시/시.

5 손님 ! 수하물이 허용 무게를 많이
   초과해서 [6]
   sônnim ! souhamoul-i hoyông mougé-leul manhi
   tchôgwahèso

6 초과금을 부담하셔야 합니다. [7]
   tchôgwageum-eul boudamha-sy-oya ha-bni-da

7 (비행기 안에서)
   (bihènggi an-éso)

   – 저희 항공기가 곧 이륙합니다. [8]
   djoheui hanggônggi-ga gôd ilyougha-bni-da

8 승객 여러분께서는 안전벨트를 꼭
   착용해 주시기 바랍니다. [9]
   seunggèg yoloboub-kkésoneun andjonbélt^{h}eu-leul
   kkôg tchagyônghè djou-si-gi bala-bni-da

9 승무원의 지시에 따라 주시기
   바랍니다. [10]
   seungmouwon-eui djisi-é ttal-a djou-si-gi bala-bni-
   da

10 – 손님 ! 어디가 불편하십니까 ? [11]
   sônnim ! odi-ga boulp^{h}yonha-si-bni-kka

**⌐ Notes

6 수하물, *bagage* (à main) (≈ 짐 ph. 4) + 이, P.sujet + 허용, *autorisation* +
   무게, *poids* + 초과, *excès, excédent,* 초과하 (초과하다, *dépasser, excéder*)
   + 어서 = litt. "parce que le bagage dépasse le poids d'autorisation".

7 초과금, *surplus* + 부담, *(prise en) charge,* 부담하 (부담하다, *prendre
   en charge*) + 시 + 어야 하 (어/아야 하다) + ㅂ니다 = litt. "vous devez
   prendre en charge le surplus".

5 *(Client ! Car)* [vos] bagages dépassent beaucoup le poids autorisé

6 [vous] devez payer un supplément.

7 *(Dans l'avion)*

– Notre avion [va] bientôt décoller.

8 [Nous] vous prions d'attacher [votre] ceinture de sécurité.

9 Veuillez suivre les instructions de l'équipage.

10 – Madame/Monsieur *(client)* ! Avez[-vous] mal quelque part ?

---

8 저희, *notre* (forme honorifique de 우리) + 항공기, *avion* (≈ 비행기) + 곧, *bientôt* + 이륙, *décollage*, 이륙하 (이륙하다, *décoller*) + ㅂ니다 = litt. "notre avion décolle bientôt".

9 께서는, P.thème forme honorifique + 안전, *sécurité*, 안전벨트, *ceinture de sécurité* + 꼭, *absolument* + 착용, *port* (du verbe *porter*), 착용하 (착용하다, *porter*) + 어 주 (어/아 주다) + 시 + 기, sfx. nominalisation + 바라 (바라다, *vouloir, espérer*) + ㅂ니다 = litt. "passager, nous voulons que vous portiez absolument votre ceinture de sécurité".

Regardons quelques exemples supplémentaires de la forme 기(를) 바라다, *espérer, souhaiter de/que*, qui s'accole au radical du verbe : 행복하기를 바래, *Je te souhaite d'être heureux*, 건강하시기를 바랍니다, *Je souhaite que vous soyez en bonne santé*.

10 승무원, *équipage* + 의, *de* + 지시, *instructions, directives* + 에 따르 (...에 따르다, *suivre, obéir à...*) + 아 주 (어/아 주다) + 시 + 기 바라 (...기 바라다, *vouloir, espérer de/que*) + ㅂ니다 = litt. "nous espérons que vous suivez les instructions de l'équipage".

La forme 어/아 주시기 바라다 s'emploie principalement au style ultra-formel pour donner des instructions, des directives, ex. : 자리에 앉아 주시기 바랍니다, *Veuillez / Nous vous prions de vous asseoir* ; 휴대폰을 끄다, *éteindre le téléphone portable* → 휴대폰을 꺼 주시기 바랍니다, *Veuillez / Nous vous prions d'éteindre votre téléphone portable*.

11 어디, *quelque part* + 가, P.sujet + 불편하 (불편하다, litt. "être inconfortable", *avoir mal quelque part*) + 시 + ㅂ니까 ? = litt. "quelque part est inconfortable ?"

11 – 네, 너무 긴장했는지 배가 아파요. [12]
né, nomou gindjanghè-ss-neundji bè-ga apʰ-ayô

12 지금 당장 화장실에 가야 할 것
같은데요... [13]
djigeum dangdjang hwadjangsil-é g-aya ha-l gos
gatʰ-eundéyô

13 – 죄송하지만 이륙 중이니 조금만 참아
주십시오. [14]
□
djwésôngha-djiman ilyoug djoung-i-ni djôgeum-man
tcham-a djou-si-bsiô

Notes

12 긴장, *tension*, 긴장하 (긴장하다, *se crisper, se tendre*) + 었 + 는지, *on ignore si… mais/alors* + 배, *ventre* + 가, P.sujet + 아프 (아프다, *être malade*) + 아요 = litt. "j'ignore si je me suis trop crispé mais j'ai mal au ventre".
• A은/ㄴ(après le verbe d'état) / 는 (après le verbe d'action) 지 B, *on*

***

▶ 연습 1 – 번역하십시오.
❶ 너무 더워서 참을 수 없어요. ❷ 저희 항공기가
곧 이륙합니다. ❸ 안전벨트를 착용하셨어요 ?
❹ 할아버지께서는 몸이 많이 불편하십니다. ❺ 누구의
지시에 따라야 합니까 ?

***

연습 2 – 빈칸을 채우십시오.
❶ Nous commençons le décollage. Nous vous prions d'éteindre
votre téléphone portable. (style ultra formel)
이륙합니다. 휴대폰을 꺼 ___ ____.

❷ Je vais vous montrer mon billet d'avion.
항공권을 __ 드릴게요.

❸ Je vais regarder votre billet d'avion.
항공권을 _ 드릴게요.

11 – Oui, [je] crois que [je] suis tellement *(trop)* crispé que [j'en] ai mal au ventre.

12 [Je] pense qu'il faut que [j']aille aux toillettes tout de suite.

13 – [Je] suis désolée mais pouvez[-vous] vous retenir un moment car [nous] sommes en train de décoller ?

---

ignore si A mais/alors B, s'accole au radical du verbe et sert à laisser entendre un doute sur A et introduire le fait B relatif à A, ex. : 날 사랑하는지 알고 싶어, litt. "j'ignore si tu m'aimes alors je veux savoir", *Je veux savoir si tu m'aimes.*

13 당장, *tout de suite* + 화장실, *toilettes* + 에, P.lieu + 가 (가다) + 야 하 (아 야 하다, *devoir*) + ㄹ 것 같 (을/ㄹ 것 같다, *je pense*) + 은데요.

14 죄송하 (죄송하다, *être désolé*) + 지만, *mais* + 이륙 + 중 (être) *en train de* + 이(이다) + 니, *comme* + 조금, *un peu* + 만, *seulement* + 참 (참다, *se retenir, supporter*) + 아 주 (어/아 주다) + 십시오 = litt. "je suis désolé mais comme on est en cours de décollage, retenez-vous seulement un peu".

***

Corrigé de l'exercice 1

❶ Je ne peux pas supporter car il fait trop chaud. ❷ Notre avion va bientôt décoller. ❸ Avez-vous mis votre ceinture de sécurité ? ❹ Mon grand-père est très malade. ❺ De qui devrais-je suivre les directives ?

***

❹ Je voudrais l'échanger. (*changez-le pour moi*, **style poli**)
바꿔 _ _ _ .

❺ Oui, je vais vous l'échanger. (style poli, honorifique)
네, 바꿔 _ _ _ _ .

Corrigé de l'exercice 2

❶ – 주시기 바랍니다 ❷ – 보여 – ❸ – 봐 – ❹ – 주세요
❺ – 드릴게요

연습 3 – 한글로 쓰십시오.
❶ *décollage* ❷ *atterrissage* ❸ *équipage*

96

제구십육 과

▶

소설 속 여주인공 [1]
sôsol sôg yodjouin'gông

1 거실에 있는 나무 탁자 위에 유리
꽃병이 놓여 있습니다. [2]
gosil-é iss-neun namou tʰagdja wi-é youli
kkôtchbyong-i nôhy-o iss-seubni-da

2 낡은 소파에 젊은 여자가 앉아
있습니다. [3]
nalg-eun sôpʰa-é djolm-eun yodja-ga andj-a iss-
seubni-da

3 테이블에는 여자가 마시던 커피가 반쯤
남아 있습니다. [4]
tʰéibeul-é-neun yodja-ga masi-don kʰopʰi-ga ban-
tseum nam-a iss-seubni-da

▉ Notes

1 소설, *roman* + 속, *dedans, intérieur, dans* + 주인공, *protagoniste*, 여주인
공, *héroïne* = litt. "héroïne dans un roman".

2 거실, *salon* + 에 있 (있다) + 는, *sfx.* proposition + 나무, *bois* + 탁자, *table
basse* + 위, *dessus* + 에 = litt. "dessus de table basse bois qui se trouve
au salon" ; 유리, *verre* + 병, *bouteille, flacon*, 꽃병, *vase* + 이 + 놓다,
poser, 놓이 (놓이다, *être posé*) + 어 있 (어/아 있다, *rester*) + 습니다 = litt.
"vase en verre reste posé".
Généralement, pour parler du matériau utilisé dans la confection d'un
objet, on peut utiliser cette tournure : ...으로/로 되다, litt. "faire de..."

Corrigé de l'exercice 3
❶ 이륙 ❷ 착륙 ❸ 승무원

Deuxième vague : 46e leçon

96

Quatre-vingt-seizième leçon

L'héroïne [du] roman

1 Un vase [en] verre est posé sur la table basse [en] bois du salon.

2 Une jeune femme est *(reste)* assise dans un vieux canapé.

3 Sur la table, [il] reste environ une demi-tasse [du] café qu'elle buvait.

(matériau), *fait de/en…*, ex. : 나무로 되다, litt. "faire en bois", 나무로 된 탁자, *table basse (faite) en bois* ; 유리로 되다, litt. "faire en verre", 유리로 된 꽃병, *vase (fait) en verre*.

3 낡 (낡다, *être vieux, usé*) + 은, sfx. proposition + 소파, *canapé*, **sofa** (terme anglais) coréanisé + 에 + 젊 (젊다, *être jeune*) + 은, sfx.proposition + 여자, *femme* + 가, P.sujet + 앉 (앉다) + 아 있 (어/아 있다, *rester*) + 습니다 = litt. "une femme qui est jeune reste assise dans un canapé qui est vieux".

Le verbe auxiliaire 어/아 있다 s'accole au radical d'un verbe pour signaler que l'action/l'état du verbe continue, ex. : 서다, *être debout* → 서 있다, *rester debout* ; 열다, *ouvrir* → 열려 있다, *rester ouvert* ; 눕다, *s'allonger* → 누워 있다, *rester allongé* ; 꽃이 피다, *fleurir* → 꽃이 피어 있다, *La fleur reste ouverte*.

4 테이블, *table* (terme anglais coréanisé) + 에 + 는, P.thème pour l'emphase + 여자 + 가, P.sujet + 마시 (마시다) + 던, marque de l'imparfait + 커피 + 가, P.sujet + 반, *moitié*, 반쯤, *environ la moitié* + 남 (남다, *rester*) + 아 있 (어/아 있다, *rester*) + 습니다 = litt. "sur la table, le café qu'elle buvait reste laissé environ la moitié".

Il ne faut pas confondre le verbe 남다, *rester* (qqch.), ex. : 술이 남았어, *Il reste de l'alcool*, 돈이 남았어, *Il reste de l'argent*, avec le verbe auxiliaire 어/아 있다, *rester* (adjectif), ex. : 서 있어, *Je reste debout*.

sa-bèg-youg-sib-sa 사백육십사 • 464

4 여자의 남편이 고장이 난 텔레비전을
고쳐 놓았나 봅니다. [5]

yodja-eui nampʰyon-i gôdjang'i na-n tʰéllébidjon-
eul gôtchy-o nôh-ass-na bô-bni-da

5 여자는 주말 연속극을 보기 위해
리모컨을 찾습니다. [6]

yodja-neun djoumal yonsôggeug-eul bô-gi wihè
limôkʰon-eul tchadj-seubni-da

6 텔레비전을 켜니 [7]

tʰéllébidjon-eul kʰyo-ni

7 여자가 좋아하는 드라마가 벌써 시작된
것 같습니다. [8]

yodja-ga djôhaha-neun deulama-ga bolsso
sidjagdwé-n gos gatʰ-seubni-da

8 드디어 드라마 속 주인공이 이별하는
모양입니다. [9]

deudio deulama sôg djou'in'gông-i ibyolha-neun
môyang'i-bni-da

Notes

5 남편, *mari* + 이, P.sujet + 고장, *panne*, 고장이 나 (고장(이) 나다, *avoir une panne, tomber en panne*) + ㄴ, sfx. proposition + 텔리비전 + 을 + 고 치 (고치다, *réparer*) + 어 놓 (어/아 놓다, *laisser*) + 았, m. passé + 나 보 (나 보다, *supposer*) + ㅂ니다 = litt. "elle suppose que son mari a réparé la télévision qui avait une panne".

• Le verbe auxiliaire 어/아 놓다, *laisser*, s'accole au radical d'un verbe d'action et signifie que le résultat de l'action reste en attente, ex. : 문 을 열다, *ouvrir la porte* → 문을 열어 놓다, *laisser la porte ouverte* (pour que les invités puissent rentrer) ; 선물을 사다, *acheter un cadeau* → 선 물을 사 놓다, *acheter un cadeau et le garder* (en attendant l'occasion de l'offrir).

4 Le mari de la femme semble avoir réparé la télévision, qui était en panne.

5 Elle cherche la télécommande pour regarder la série du week-end.

6 [Quand elle] a allumé *(allume)* la télévision,

7 la série qu'elle aime avait, semble-t-il, déjà commencé.

8 Finalement, les protagonistes semblent se séparer.

---

6 연속극, *série, feuilleton* + 보 (보다) + 기 위해 *(pour, afin de)* + 리모컨, *télécommande*, **remote control** (terme anglais) coréanisé + 을 + 찾 (찾다) + 습니다 = litt. "la femme chercher la télécommande afin de voir le feuilleton de week-end". 기 위해(서), *afin de, pour*, s'accole au radical du verbe, ex.: 살기 위해서, *pour vivre*.

7 켜 (켜다, *allumer*) + 니 (으니/니, *connecteur*) = litt. "elle allume la télévision et".

8 좋아하 (좋아하다) + 는, sfx. *proposition* + 드라마 + 가, P.sujet + 벌써 + 시작하다, *commencer qqch.*, 시작되 (시작되다, *être commencé*) + ㄴ 것 같 (은/ㄴ 것 같다, *il semble que*) + 습니다 = litt. "il semble que la série qu'elle aime est déjà commencée".
• Nous avons déjà appris que le verbe 하다 accolé à un nom transforme ce nom en verbe. Quand le verbe 되다 remplace 하다, le verbe se transforme en passif, ex.: 취업하다, *trouver un travail* → 취업되다, *être embauché* ; 사용, *utilisation* → 사용하다, *utiliser* → 사용되다, *être utilisé* ; 예약하다, *réserver* → 예약되다, *être réservé*.

9 드디어, *enfin, finalement* + 드라마, *feuilleton, série*, **drama** coréanisé + 속, *dedans* + 주인공 + 이, P.sujet + 이별, *séparation*, 이별하 (이별하다, *se séparer*) + 는 모양이 (은/는/ㄴ 모양이다, *il paraît que*) + ㅂ니다 = litt. "il paraît que les protagonistes dans la série finalement se séparent".
• Les verbes auxiliaires 나 보다, 은/는/ㄴ 것 같다 et 은/는/ㄴ 모양이다 servent tous à formuler une hypothèse, ex.: *il semble que, il paraît que, je pense que*, etc. Nous reviendrons sur les différences entre ces verbes dans la prochaine leçon de révision.

9 여자는 주인공이 안타까울 뿐입니다. [10]
yodja-neun djou'in'gông-i antʰakka'ou-l ppouni-bni-da

10 남편에게 언제 들어오는지 물어보려 전화를 합니다. [11]
nampʰyon-égé ondjé deuloô-neundji moulobô-lyo djonhwa-leul ha-bni-da

11 통화 중 갑자기 전화가 끊어지고 텔레비전도 꺼졌습니다. [12]
tʰônghwa djoung gabdjagi djonhwa-ga kkeunhodji-gô tʰéllébidjon-dô kkodjy-oss-seubni-da

12 여자는 점점 무서워지기 시작합니다 [13]...
yodja-neun djomdjom mousow-odji-gi sidjagha-bni-da...

(계속...)
(gyésôg...)

☐

Notes

10 주인공 + 이, P.sujet + 안타까우 (안타깝다, *être triste*) + ㄹ 뿐이 (을/ㄹ 뿐이다, *juste*) + ㅂ니다 = litt. "quant à la femme, elle est juste triste pour les protagonistes". 안타깝다 étant un verbe intransitif, il nécessite un sujet et c'est pour cette raison que 주인공 est marqué par la P.sujet.
• Le verbe auxiliaire 을/ㄹ 뿐이다 sert à compléter une déclaration à l'aide de *juste*, *seulement*, pour rester dans la mesure, ex. : 기쁘다, *être joyeux*, 기쁠 뿐이에요, *Je suis tout simplement/juste content* (être comblé de joie sans autre sentiment).

***

▶ 연습 1 – 번역하십시오.
❶ 테이블 위에 놓으세요. ❷ 벌써 문을 닫았나 봐.
❸ 날씨가 많이 추워졌지 ? ❹ 인터넷으로 예약됐습니다.
❺ 여러분 ! 준비됐어요 ?

9 Elle est triste pour les protagonistes.
10 [Elle] téléphone à [son] mari pour [lui] demander quand [il compte] rentrer.
11 Alors qu'[elle] est au téléphone, soudain, la ligne se coupe et la télévison s'éteint.
12 Elle commence à avoir peur...
(À suivre...)

11 언제, *quand* + 들어오 (들어오다, *rentrer*) + 는지, connecteur introduisant une phrase interrogative + 물어보 (물어보다) + 려고 (으려고/려고, *pour*) + 전화를 하 (전화를 하다) + ㅂ니다 = litt. "elle téléphone à son mari pour demander quand il rentre".
• 은/ㄴ/는지 sert à introduire la phrase interrogative, ex. : 궁금하다, *être curieux*, 생일이 언제인지 궁금해, litt. "je suis curieux c'est quand ton anniversaire", *Je suis curieux de savoir quand tombe ton anniversaire* ; 어디서 만나는지 까먹었어요, *J'ai zappé où on se voit*.

12 끊다, *couper*, 끊어지 (끊어지다, *être coupé*) + 고, *et* + 꺼지, *éteindre*, 꺼지 (꺼지다, *être éteint*) + 었 + 습니다 = litt. "le téléphone est coupé et la télévison est éteinte".
• Le verbe auxiliaire 어/아지다 accolé au radical du verbe d'action le rend passif, ex.: 자르다, *couper* → 잘라지다, *être coupé, se couper* ; 누르다, *appuyer* → 눌러지다, *être appuyé*.

13 점점, *progressivement, petit à petit* + 무서우 (무섭다, *avoir peur*) + 어지 (어/아지다, *devenir*) + 기 시작하 (기 시작하다, *commencer à*) + ㅂ니다 = litt. "elle commence à avoir peur".
• Le verbe auxiliaire 어/아지다 accolé au radical du verbe d'état sert à signaler un état rendu, ex.: 따뜻하다, *être chaud, chaleureux* → 따뜻해지다, *devenir chaud, chaleureux* ; 깨끗하다, *être propre* → 깨끗해지다, *devenir propre*.

***

Corrigé de l'exercice 1
❶ Posez-le sur la table, s'il vous plaît. ❷ Il paraît que c'est déjà fermé. ❸ Le temps est devenu froid, non ? ❹ C'est réservé en ligne. ❺ Tout le monde ! Êtes-vous prêts ?

연습 2 – 빈칸을 채우십시오.

❶ Soudain la télévision s'est allumée... (style poli)

갑자기 텔레비전이 ____ ...

❷ Savez-vous quand est-ce que le train arrive ?

기차가 언제 _____ 아세요 ?

❸ Qu'est-ce qu'il reste (*laissé*) dans le réfrigérateur ? (style poli)

냉장고에 뭐가 __ ___?

❹ Comme il fait chaud, laissez la porte ouverte, s'il vous plaît. (style poli, honorifique)

더우니까 문을 __ ____.

❺ La-bàs, la personne assise sur cette chaise-là est ma maman !

저기 저 의자에 __ ___ 사람이 우리 엄마예요!

***

연습 3 – 한글로 쓰십시오.
❶ *réparer* ❷ *verre* (matériau) ❸ *bois*

***

Vous connaissez probablement déjà les fameux dramas coréens et c'est peut-être ce qui vous a amené à apprendre cette langue. Ils font en quelque sorte partie de la vie quotidienne en Corée. L'intrigue d'un drama diffusé la veille est un sujet de conversation récurrent entre amis, entre collègues ou avec les voisins. C'est une façon de lancer la conversation d'une manière amicale ; "As-tu vu ce qui s'est passé entre Yuri et Sungwook dans le drama hier soir... ?" est une bonne phrase d'accroche pour lancer une discussion !

Un drama coréen consiste généralement en une série de seize épisodes diffusés deux fois par semaine (soit le lundi-mardi, soit le mercredi-jeudi, soit le samedi-dimanche) sur une durée d'environ deux mois. Les acteurs principaux sont de vrais faiseurs de tendances en

Corrigé de l'exercice 2

❶ – 켜졌어요 ❷ – 도착하는지 – ❸ – 남아 있어요 ❹ – 열어 놓으세요 ❺ – 앉아 있는 –

Corrigé de l'exercice 3

❶ 고치다 ❷ 유리 3 나무

***

matière de mode. Les vêtements et accessoires qu'ils portent dans la série se vendent comme des petits pains, et les commerçants profitent du succès de la série pour associer certains de leurs produits aux personnages de drama. On peut alors retrouver dans certaines boutiques les "boucles d'oreilles de Kim Dani", "la veste style David", etc. Nous vous recommandons de regarder quelques épisodes car cela pourra vous aider à comprendre dans quelle situation on emploie telle ou telle terminaison orale et cela vous donnera également un sujet commun à aborder avec vos amis coréens.

Deuxième vague : 47e leçon

제구십칠 과

▶

사람 살려 ! (계속)
salam sally-o *(gyésôg)*

1 여자는 어둠 속에서 두려움에 떨고
있습니다. [1]
yodja-neun odoum sôg-éso doulyo'oum-è ttol- gô
iss-seubni-da

2 갑자기 무슨 그림자가 창문 밖을 스쳐
지나갑니다. [2]
gabdjagi mouseun geulimdja-ga tchangmoun bakk-
eul seutchyo djinaga-bni-da

3 놀란 여자는 아무거나 잡히는 물건을
집어 듭니다. [3]
nôlla-n yodja-neun amougona djabhi-neun
moulgon-eul djibo deu-bni-da

4 – "사람 살려 !"
salam sally-o

5 – "여보 ! 나야. 근데 지금 리모컨 들고
뭐하는 거야 ?" [4]
yobô ! na-ya. geundé djigeum limôkʰon deul-gô
mwoha-neun goya

▢ : Notes

1 어둠, *obscurité* (어둡다, *être obscur*) + 속, *intérieur* + 에서, P.lieu + 두려
움, *peur* + 에 떨 (…에 떨다, *trembler de…*) + 고 있 (고 있다) + 습니다 =
litt. "femme est en train de trembler de peur dans l'obscurité".

2 무슨, nom ayant un rôle d'article indéfini, *un(e)* + 그림자, *ombre* + 가,
P.sujet + 창문 + 밖 + 을, P.COD + 스쳐 지나가 (스쳐 지나가다, *passer à l'instant*) + ㅂ니다 = litt. "une ombre passe à l'instant en dehors de la fenêtre".

Quatre-vingt-dix-septième leçon

Au secours ! *(suite)*

1 Elle, plongée dans l'obscurité, tremble de peur.
2 Soudain, une ombre passe par la fenêtre.
3 Surprise, elle saisit le premier objet *(n'importe objet qui est saisi)* qui lui tombe [sous la main].
4 – Au secours ! *(personne sauver)*
5 – Chérie ! [C']est moi. Mais qu'est-ce que [tu] fais *(maintenant)* avec la télécommande ?

• 무슨 se traduit comme l'article indéfini *un(e)* selon le contexte, ex. : 무슨 그림자, *une ombre* (qu'on ne connaît pas) ≠ 그 그림자, *l'ombre* (qu'on connaît) ≠ 이 그림자, *cette ombre*.

3 놀라 (놀라다, *s'étonner, être surpris*) + ㄴ, sfx. proposition + 여자 + 는, P.thème + 아무거나, *n'importe quoi* + 잡다, *saisir* (à la main), 잡히 (잡히다, *être saisi, tomber sous la main*) + 는, sfx. proposition + 물건 + 을, P.COD + 집어 드 (집어 들다, *prendre* (à la main)) + ㅂ니다 = litt. "femme qui est surprise prend un objet n'importe quoi qui tombe sous la main".

• Le connecteur 어/아 sert à créer un verbe en reliant deux verbes, ex. : 집어 들다, litt. "saisir et porter", *prendre* (à la main avec les doigts) formé de 집(집다, *saisir* (avec les doigts)) + 어 + 들다, *porter* ; 스쳐 지 나가다, litt. "effleurer et passer", *passer par*, formé de 스치 (스치다, *effleurer*) + 어 + 지나가다, *passer* (ph. 2).

4 여보, *chéri*, appellation employée entre conjoints + 나, *moi* + 야 (이야 (après une consonne) / 야 (après une voyelle), vient du verbe 이다, *être*, au style familier) + 근데 + 지금 + 리모컨 + 들 (들다) + 고, *et* + 뭐하 (뭐하다, litt. "faire quoi", forme contractée de 무엇하다) + 는 거야, termi-naison orale = litt. "chérie ! c'est moi. mais tu prends la télécommande et tu fais quoi, maintenant ?"

• La terminaison orale 는 거야 (style familier) / 는 거예요 (style poli) s'emploie souvent avec les mots interrogatifs pour demander une in-formation, ex. : 이거 어떻게 하는 거예요 ?, litt. "je fais comment ça ?", *Cela fonctionne comment ?* ; 내일 어디 가는 거야 ?, *On va où demain ?*

sa-bèg-tchil-sib-i 사백칠십이 • 472

6 – "당신이었어 ? 인기척도 없이 들어오면 어떡해 ? [5]

dangsin-i-oss-o ? in'gitchog-dô obsi deuloô-myon
ottoghè

7 도둑인 줄 알았잖아.

dôdoug-i-n djoul al-ass-djanha

8 어찌나 놀랐는지 간 떨어지는 줄 알았네." [6]

otsina nôll-ass-neundji gan ttolodji-neun djoul
al-ass-né

9 – "안 그래도 고양이 소리라도 내려던 참이었어. [7]

an geulèdô gôyang'i sôli-ladô nè-lyodon tchami-oss-o

10 이렇게 놀랄 걸 알았다면 안 들어왔을 거야." [8]

ilohgé nôlla-l gol al-assdamyon an deulow-asseul goya

11 – "다시 말해 볼래 ?"

dasi malhè bô-llè

□

**: Notes

5 당신, *tu*, *toi*, pronom personnel employé entre conjoints + 이 (이다) + 었 + 어 = litt. "c'était toi ?" ; 인기척, litt. "signe de présence humaine" + 도, *même* + 없이, *sans* + 들어오 (들어오다) + 면 어떡해 (...으면/면 어떡하 다, litt. "faire comment si...") + 어 = litt. "je fais comment si tu rentres sans même pas un signe de présence ?"

• La forme 으면/면 어떡하다 conjuguée avec une terminaison inter-rogative s'emploie souvent pour formuler un reproche indirect, sous-entendu, ex. : 늦으면 어떡해요 ?, litt. "comment fait-on si vous êtes en retard ?", *Pourquoi êtes-vous en retard ?* (sous-entendu "ça ne se fait pas, je ne suis pas content").

6 – [C']est toi ? Pourquoi tu rentres sans faire de bruit ?

7 []']ai cru que [c']était un cambrioleur.

8 []']étais tellement affolée que [j']ai eu une peur bleue.

9 – *(Avant que tu dis,)* [j']hésitais justement à miauler comme un chat.

10 Si [j']avais su que ça [te] ferait aussi peur, [je] ne serais pas rentré.

11 – Peux[-tu] répéter ? *(tu essaies de parler encore une fois)*

---

6 어찌나 놀라(놀라다) + 았 + 는지 (어찌나 A 은/는/ㄴ지 B, *C'est telle-ment/si A que B*) = litt. "j'étais si surprise que" ; 간, *foie*, 간 떨어지 (간(이) 떨어지다, litt. "le foie tomber", *avoir une peur bleue*) + 는 줄 알았 (은/는/ㄴ 줄 았았다, *avoir cru que*) + 네, terminaison orale = litt. "j'ai cru que mon foie tombait".
 • Regardons un peu plus en détails la forme 어찌나 A 은/는/ㄴ지 B, *C'est tellement/si A que B*, ex. : 어찌나 비싼지 살 수 없었어요, *C'était tellement cher que je n'ai pas pu l'acheter* ; 다비드가 어찌나 한국어를 잘 하는지 한국 사람인 줄 알았어요, *David parle tellement bien coréen que j'ai cru qu'il était coréen*.

7 안 그래도, litt. "avant qu'on dise" + 고양이 + 소리 + 라도 (이라도 (après une consonne) / 라도 (après une voyelle), *au moins*) + 내 (소리를 내다, *émettre un son*) + 려던 참이었 ((안 그래도)... 으려던/려던 참이 다, litt. "(avant qu'on me le dise), j'étais sur le point de/j'allais...)" + 어 = litt. "avant que tu me dises, j'allais émettre au moins le son de chat".

8 이렇게, *comme ça* + 놀라 (놀라다) + ㄹ, sfx. proposition au futur + 걸 (forme contractée de 것, *chose, fait*, et de 을, P.COD) + 알 (알다) + 았다 면 (었다면/았다면, *si* (imparfait)) = litt. "si je savais le fait que tu vas t'étonner ainsi" ; 안 + 들어오 (들어오다) + 았 거야 (었/았 것이다, conditionnel passé : 었/았 거예요 (style poli) / 거야 (style familier)) = litt. "je ne serais pas rentré".

▶ 연습 1 – 번역하십시오.
❶ 안 그래도 지금 예약하려고 했어요. ❷ 이렇게 하시면 어떡합니까 ? ❸ 인기척을 하고 들어갈까 ? ❹ 어찌나 조용한지 아무도 없는줄 알았어요. ❺ 여자는 어둠 속에서 창 밖을 보고 있습니다.

***

연습 2 – 빈칸을 채우십시오.
❶ n'importe quel objet que j'ai pris
아무거나 __ 물건

❷ n'importe quel objet qui tombe sous la main
아무거나 ___ 물건

❸ J'étais sur le point de vous contacter maintenant. (honorifique)
안 그래도 지금 _____ 참이었어요.

❹ J'ai cru que cette personne-là était Dani.
저 사람이 다니 __ 알았어.

❺ Je serais venu si j'avais su que c'était ton anniversaire. (style poli)
생일인 걸 알았다면 꼭 __ ___.

***

연습 3 – 한글로 쓰십시오.
❶ ombre ❷ cambrioleur ❸ obscurité

Corrigé de l'exercice 1

❶ J'allais justement le réserver maintenant. **❷** Pourquoi avez-vous fait ainsi ? **❸** On fait des bruits de pas en entrant ? **❹** C'est tellement calme que j'ai cru qu'il n'y avait personne. **❺** Elle, dans l'obscurité, regarde par la fenêtre.

***

Corrigé de l'exercice 2

❶ – 잡은 – **❷** – 잡히는 – **❸** – 연락드리려던 – **❹** – 인줄 – **❺** – 왔을 거예요

Corrigé de l'exercice 3

❶ 그림자 **❷** 도둑 **❸** 어둠

Deuxième vague : 48ᵉ leçon

제구십팔 과

복습 – Révision

Au cours de la semaine passée, nous avons appris plusieurs verbes auxiliaires. Nous allons à présent les comparer avec des expressions similaires pour mieux comprendre dans quel contexte les utiliser.

1 Exprimer la simultanéité

는 대로 / 자마자, *dès que*, *aussitôt que*, sont tous deux des connecteurs qui servent à introduire des actions presque simultanées. La seule différence entre les deux réside dans le fait que les deux actions peuvent se chevaucher ou non, par exemple, 자마자 peut s'employer dans une situation où les deux actions peuvent se produire de manière simultanée (son usage est donc plus répandu) tandis que 는 대로 ne fonctionnera pas dans ce cas, ex. :
우유를 사자마자 마셔요, *Je bois du lait dès que j'en achète.* 우유를 사는 대로 마셔요. (*acheter* et *boire* ne peuvent pas se produire en même temps. La phrase n'est donc pas naturelle.)

2 Formuler une hypothèse

Nous avons appris plusieurs formes permettant de formuler une hypothèse : 나 보다 vs 은/는/ㄴ 것 같다 vs 은/는/ㄴ 모양이다, que l'on pourrait traduire par *je pense que*, *il me semble que*, *j'imagine que*, etc. Voici quelques exemples d'utilisation :
비가 오나 봐요 (en ayant reçu quelques gouttes), *Je pense qu'il pleut.* On est plutôt sûr/certain qu'il pleut.
비가 오는 것 같아요 (on ne voit pas la pluie mais on en entend le son), *Je pense qu'il pleut.* On peut imaginer qu'il pleut.
비가 오는 모양이에요 (après avoir vu, par exemple, une personne entrer, mouillée, avec un parapluie), *J'imagine qu'il pleut.* Le fait de voir la scène sert d'indication.

***

Quatre-vingt-dix-huitième leçon

3 Le verbe auxiliaire 어/아지다

Le verbe auxiliaire 어/아지다, selon qu'il est accolé au radical d'un verbe d'état ou d'un verbe d'action, peut :
• apporter un changement d'état (avec un verbe d'état), ex. :
크다, *être grand* → 커지다, *devenir grand*
작다, *être petit* → 작아지다, *devenir petit*
검다, *être noir* → 검어지다, *devenir noir*
• se transformer en passif (avec un verbe d'action), ex. :
알다, *connaître, savoir* → 알려지다, *être connu, su*
끊다, *couper* → 끊어지다, *être coupé, se couper*
만들다, *faire* → 만들어지다, *être fait*
쓰다, *écrire* → 써지다, *être écrit, s'écrire*

4 Le verbe 하다 vs le verbe 되다

Le verbe 하다 accolé à un nom le transforme en verbe actif, alors que 되다, accolé à un nom, le modifie en passif, ex. :
소화, *digestion* → 소화하다, *digérer* → 소화되다, *être digéré*
방해, *gêne* → 방해하다, *gêner* → 방해되다, *être gêné*
입학, *entrée d'une école* → 입학하다, *entrer dans une école* → 입학되다, *être admis dans une école*
등록, *enregistrement* → 등록하다, *enregistrer* → 등록되다, *être enregistré*.

Un verbe transitif formé avec 하다 peut prendre une P.COD, ex. : 소화를 하다, 방해를 하다, alors qu'un verbe intransitif formé avec 되다 peut prendre une P.sujet, ex. : 소화가 되다, 등록이 되다.

***

▶ 복습 대화

1 경주는 어느 쪽에 위치한 도시예요 ?
Gyongdjou-neun oneu tsôg-é witchiha-n dôsi-yéyô

2 미리 전화해 볼 걸 그랬네요.
mili djonhwahè bô-l gol geulèss-néyô

3 너무 긴장을 했는지 배가 불편하네요.
nomou gindjang-eul hè-ss-neundji bè-ga
boulpʰyonha-néyô

4 색상은 마음에 드는 반면에 사이즈가
너무 커요.
sègsang-eun ma'eum-è deu-neun banmyoné
sa'idjeu-ga nomou kʰ-oyô

5 좌석이 너무 불편해서 참을 수 없어요.
djwasog-i nomou boulpʰyonhèso tcham-eul sou
obs-oyô

6 안전벨트를 꼭 착용해 주셔야 합니다.
andjonbéltʰeu-leul kkôg tchagyônghè djou-sy-oya
ha-bni-da

7 저희 항공기가 곧 이륙할 예정이니
휴대폰을 꺼 주시기 바랍니다.
djoheui hanggônggi-ga gôd ilyougha-l yédjong-i-ni
hyoudèpʰôn-eul kk-o djou-si-gi bala bni-da

8 은행에 돈이 얼마나 남아 있는지
모르겠어요.

eunhèng-é dôn-i olmana nam-a iss-neundji môleu-géss-oyô

9 안 그래도 여권을 보여드리려고
했어요.

an geulèdô yogwon-eul bôy-o deuli-lyogô hè-ss-oyô

10 이렇게 많이 살 줄 알았다면
배달시켰을 거야.

ilohgé manhi sa-l djoul al-assdamyeon bèdalsikʰy-oss-eul goya

Traduction

1 Gyeongju est une ville qui se trouve de quel côté ? **2** J'aurai dû appeler en premier (à l'avance). **3** Je crois que je suis tellement crispé que j'ai mal au ventre. **4** La couleur me plaît, en revanche, la taille est trop grande. **5** (Comme) le siège est tellement inconfortable que je ne peux pas le supporter. **6** Il faut absolument que vous mettiez la ceinture de sécurité. **7** Notre avion va bientôt décoller alors veuillez éteindre votre téléphone portable. **8** Je ne sais pas combien il me reste à la banque. **9** J'allais vous montrer mon passeport avant que vous me le demandiez. **10** Si j'avais su que j'achèterais autant, je me serais fait livrer.

Deuxième vague : 49e leçon

다들 주목해 주세요 !

제구십구 과

작별 인사 ?
djagbyol insa

1 – 시간이 정말 빨리 가지요 ? [1]
sigan-i djongmal ppali ga-djiyô

2 벌써 여러분과 선생님이 작별할 시간이 다가왔어요. [2]
bolsso yoloboun-gwa sonsèngnim-i djagbyolha-l sigan-i dagaw-ass-oyô

3 여러분 같은 멋진 학생을 만나서 [3]
yoloboun gatʰeun mosdji-n hagsèng-eul man-naso

4 선생님도 재미있게 공부할 수 있었어요. [4]
sonsèngnim-dô djèmiissgé gôngbouha-l sou iss-oss-oyô

5 선생님은 여러분들이 앞으로 많이 보고 싶을 거예요. [5]
sonsèngnim-eun yoloboun-deul-i apʰeulô manhi bô-gô sipʰ-eul goyéyô

: Notes

1 시간 + 이 + 빨리, *vite*, forme adverbiale du verbe 빠르다, *être rapide* + 가 (가다, *passer* (le temps)) + 지요 ?

2 벌써, *déjà* + 여러분, *vous (tous)* + 과, *avec* + 선생님, *professeur* (le locuteur s'auto-désigne) + 이, P.sujet + 작별, *adieu*, 작별하 (작별하다, *se séparer, faire ses adieux*) + ㄹ, sfx. proposition au futur + 시간, *temps* + 이, P.sujet + 다가오 (다가오다, *approcher, être imminent*) + 았 + 어요 = litt. "déjà, le temps que je (professeur) vais faire les adieux avec vous s'est approché".

Quatre-vingt-dix-neuvième leçon

On ne se dit pas "au revoir" *(adieu salut)* ?

1 – Le temps passe vraiment vite, non ?
2 [Il] est déjà l'heure de vous dire au revoir.
3 Comme [j'ai] rencontré des élèves extraordinaires comme vous,
4 j'ai pu travailler tout en m'amusant.
5 Dorénavant, vous allez beaucoup me manquer.

3 여러분 + 같은, *comme* + 멋지 (멋지다, *être extraordinaire*) + ㄴ, sfx. proposition + 학생 + 을, P.COD + 만나 (만나다) + 아서 (어서/아서) = litt. "parce que j'ai rencontré les étudiants qui sont extraordinaires comme vous".

4 선생님, façon de s'auto-désigner *(je)* + 도, *aussi* + 재미있 (재미있다, *être amusant*) + 게, sfx. adverbe + 공부하 (공부하다, *étudier*) + ㄹ 수 있 (을/ㄹ 수 있다) + 었 + 어요 = litt. "professeur (moi) aussi, j'ai pu étudier d'une manière amusante".

5 선생님 + 은, P.thème + 여러분 + 들 + 이, P.sujet + 앞으로, *désormais, dorénavant* + 많이 + 보 (보다) + 고 싶 (고 싶다) + 을 거예요 = litt. "professeur (je) vais beaucoup vouloir vous voir dorénavant". Rappelons la contruction inversée du français : A은/는 B이/가 보고 싶다, litt. "A vouloir voir B", *B manquer à A*, ex.: L55, note 2, 가족들이 많이 보고 싶어요, *Ma famille me manque*.

6 오늘이 마지막 수업인데
ôneul-i madjimag sou'ob-i-ndé

7 프랑스에서 온 다비드 씨부터 소감을
발표해 볼까요 ? [6]
pʰeulangseu-éso ô-n dabideu ssi-boutʰo sôgam-eul
balpʰyôhè bô-lkkayô

8 – 네, 선생님. 저는 다섯 달 전만 해도
한국어로 말하기가 두려웠는데 [7]
né, sonsèngnim. djo-neun dasos dal djon-man hèdô
han'gougo-lô malha-giga doulyow-oss-neundé

9 선생님 가르침 덕분에 한국어가 많이
늘었어요 [8].
sonsèngnim galeutchim dogboun-è han'gougo-ga
manhi neul-oss-oyô

10 지금은 시청, 구청, 동사무소 등 공공
기관에 가는 것도 [9]
djigeum-eun sitchong, goutcheong, dôngsamousô
deung gônggông gigwan-é ga-neun gos-dô

11 거의 문제없다고 할 수 있어요. [10]
go'eui moundjéobs-dagô ha-l sou iss-oyô

Notes

6 프랑스 + 에서 + 오 (오다) + ㄴ, sfx. proposition au passé + 다비드 + 씨
+ 부터, à partir de + 소감, impression + 을, P.COD + 발표, déclaration, 발
표하 (발표하다, déclarer, s'exprimer) + 어 보 (어/아 보다, essayer de) +
ㄹ까요 (을/ㄹ까요 ?) = litt. "à partir de David, qui est venu de France,
on déclare l'impression ?"

7 다섯, cinq (comptage coréen) + 달, mois + 전, avant, il y a + 만 해도, déjà
seulement (s'accole au nom) + 한국어, coréen (langue) + 로 (으로/로), en

6 Aujourd'hui, [c']est [notre] dernier cours *(alors)*,

7 *(à partir de)* David, [vous] qui *(est venu)* venez de France [qu'en avez-vous] pensé ?

8 – Oui, madame/monsieur *(professeur)*. Il y a cinq mois, j'avais peur de parler en coréen mais

9 grâce à votre enseignement, [mon] coréen s'est beaucoup amélioré.

10 Maintenant, même pour me rendre dans des institutions publiques [comme] l'hôtel de ville, la mairie, les bureaux administratifs du quartier,

11 [je] peux dire que [je] n'ai presque plus de problème.

+ 말하 (말하다, *parler*) + 기, sfx. nominalisation + 가, P.sujet + 두려우 (…이/가 두렵다, *avoir peur de, craindre (de)*…) + 었 + 는데 = litt. "déjà seulement il y a cinq mois, j'avais peur de parler en coréen".

8 가르침, *enseignement* (vient du verbe 가르치다, *enseigner*) + 덕분에, *grâce à* + 한국어 + 가, P.sujet + 많이 + 늘 (늘다, litt. "s'améliorer, s'augmenter") + 었 + 어요.

Un pas de plus pour s'habituer au verbe actif (souvent verbe transitif) et au verbe passif (verbe intransitif) : 늘다, *s'améliorer, être amélioré, augmenter, être augmenté* vs 늘리다, *améliorer, augmenter*, ex.: 실력, *compétence* ; 실력이 늘었어요, *Ses compétences se sont améliorées* ; 실력을 늘렸어요, *Il a amélioré ses compétences*.

9 시청, *hôtel de ville* + 구청, *mairie* + 동사무소, *bureau administratif de quartier* (courant en Corée) + 등, *etc.* + 공공, *public* (nom) (ex.: 공공 도서관, *bibliothèque publique*, 공공의 적, litt. "ennemi du public") + 기관, *organisme* + 에 + 가 (가다) + 는, sfx. proposition + 것, *chose* + 도, *même* = litt. "même la chose/le fait que je vais aux organismes publics, hôtel de ville, etc.".

10 거의, *presque* + 문제없 (문제없다, *il n'y a pas de problème*) + 다고 할 수 있 (…는다고 (après le verbe d'action) / 다고 (après le verbe d'état) 할 수 있다, *on peut dire que*) + 어요 = litt. "on peut dire qu'il n'y a presque pas de problème".

12   선생님 ! 죄송하지만 부탁 하나만
　　　드려도 될까요 ? **11**
　　　sonsèngnim ! djwésôngha-djiman bouthag hana-
　　　man deuly-odô dwé-l-kkayô

13 – 네, 다비드 씨, 말씀해 보세요 **12**.
　　　né dabideu ssi malsseumhè bô-séyô

14   들어 드릴 수 있는 부탁이면 당연히
　　　들어 드릴게요. **13**
　　　deul-o deuli-l sou iss-neun bouthag-i-myon
　　　dang'yonhi deul-o deuli-lgéyô

15 – 내일도 저희와 같이 한국어 수업을
　　　하면 안 될까요 ? **14**
　　　nèil-dô djoheui-wa gathi han'gougo sou'ob-eul
　　　ha-myon an dwé-lkkayô

　　　(계속)
　　　(gyésôg...)

　　　　　　　　　　　　　　　　　　　□

: Notes

11 죄송하 (죄송하다) + 지만, *mais* + 부탁드리 (부탁드리다, *demander un
　　service / une faveur*, forme honorifique de 부탁하다 dans laquelle 하나
　　만, *seulement un*, est inséré) + 어도 되 (어/아도 되다, *permettre*) + ㄹ까

　　　　　　　　　　　***

연습 1 – 번역하십시오.
❶ 죄송합니다만 제가 들어 드릴 수 없는 부탁입니다.
❷ 덕분에 오늘 정말 즐거웠어요. ❸ 한국어를 잘 못
해서 공공 기관에 가기가 두려워요. ❹ 선생님이 많이
보고 싶을 거예요. ❺ 한국에 다녀온 소감을 말해
볼까요 ?

12 Madame/Monsieur ! Excusez-moi mais, puis[-je vous]
demander une faveur ?
13 – Oui, David. Dites[-moi].
14 [']'y] répondrai favorablement, si [je le] peux.
15 – Est-il possible que [nous] étudiions le coréen
ensemble demain aussi ?
(À suivre…)

요 ? = litt. "je suis désolé mais vous permettez de demander seulement un service ?"

12 말씀하 (말씀하다, *parler*, forme honorifique de 말하다) + 어 보 (어/아
보다, *essayer de*) + 시 + 어요 = litt. "essayez de parler".

13 들어 드리 (들어 드리다, *accepter* (une demande)), forme honorifique
de 들어주다) + ㄹ 수 있 (을/ㄹ 수 있다) + 는, sfx. proposition + 부탁,
demande + 이 (이다) + 면 (이면/면) = litt. "si c'est une demande que je
peux accepter" ; 당연히, *évidemment* + 들어 드리 (들어 드리다) + ㄹ게
요 = litt. "j'accepte évidemment".

14 내일 + 도 + 저희, *nous*, forme humble de 우리 + 와, *avec* + 같이, *ensemble* + 한국어, *coréen* (langue) + 수업, *cours* + 을, P.COD + 하 (수업
하다, *donner le cours, suivre un cours*) + 면 (으면/면) + 안 + 되 (되다) +
ㄹ까요 ? = litt. "ce n'est pas permis si vous donnez le cours de coréen
ensemble (avec nous) demain aussi ?"

***

Corrigé de l'exercice 1

❶ Je suis désolé mais je ne peux pas accepter cette demande.
❷ Aujourd'hui, j'ai passé un très bon moment grâce à vous. *(grâce à
vous, aujourd'hui, j'étais très content)* ❸ Comme je ne parle pas bien le
coréen, j'ai peur d'aller dans des institutions publiques. ❹ Vous allez
nous manquer, professeur. ❺ Qu'avez-vous pensé de votre voyage en
Corée ? *(on va parler du ressenti de votre voyage en Corée)*

연습 2 – 빈칸을 채우십시오.

❶ Je vous présente Dani, étudiante en échange, qui vient de France.
_____ _ 교환 학생 다니를 소개할게요.

❷ Il y a tout juste (seulement) un mois, ma petite fille ne pouvait se déplacer qu'à quatre pattes.
한 달 __ __ 우리 손녀가 기어 다니기만[1] 했어요.

❸ Maintenant, on peut dire qu'elle n'a presque plus de problème pour marcher.
이제 __ __ 거의 문제없다고 할 수 있어요.

***

연습 3 – 한글로 쓰십시오.
❶ *cours* ❷ *impression* ❸ *mairie*

100

제백 과

미래 계획 (계속)
milè gyéhwég (gyésog)

1 – 저는 한국어를 계속 공부해서 [1]
djo-neun han'gougo-leul gyésôg gôngbouhèso

2 잘 나가는 프리랜서 통번역사가 될까 싶어요. [2]
djal naga-neun pʰeulilènso tʰôngbonyogsa-ga dwé-lkka sipʰ-oyô

Notes
1 계속, *continuellement* + 공부하 (공부하다) + 어서, *et* = litt. "je vais continuellement étudier le coréen et".

❹ Chut ! Taisez-vous. Le film va bientôt commencer. (*le temps où le film commence s'est approché*, **style poli**)

쉿 ! 조용히 하세요. 영화가 시작할 ___ _____.

❺ S'il vous plaît, faites-moi une faveur. (**style poli, honorifique**)

제 부탁 하나만 _____.

¹ 기어 다니다, *se déplacer à quatre pattes*

Corrigé de l'exercice 2

❶ 프랑스에서 온 – ❷ – 전만 해도 – ❸ – 걷는 것도 –
❹ – 시간이 다가왔어요 ❺ – 들어주세요

***

Corrigé de l'exercice 3

❶ 수업 ❷ 소감 ❸ 구청

Deuxième vague : 50ᵉ leçon

100

Centième leçon

Projet [d']avenir *(suite)*

1 – Moi, je vais continuer à étudier le coréen et
2 [j']ai l'intention de devenir traducteur-interprète
freelance, très demandé.

2 잘, *bien* + 나가 (잘 나가다, *être très demandé*) + 는, sfx. proposition + 프리랜서, (travailler) *indépendant*, ***freelance*** (terme anglais) coréanisé + 통번역사 (forme fusionnée de 통역사, *interprète*, et de 번역가, *traducteur*) + 가 되 (…이/가 되다, *devenir…*) + ㄹ까 싶 (을/ㄹ까 싶다/하다, *avoir intention de*) = litt. "j'ai l'intention de devenir interprète/traducteur indépendant qui est très demandé".

• 을/ㄹ까 싶다/하다 s'accole au radical d'un verbe d'action pour exprimer une intention ou un souhait incertain, ex : 내일은 친구와 영화를 볼까 싶어, litt. "j'ai l'intention de voir un film demain avec un ami", *Je pense aller voir demain un film avec un ami* ; 주말에 등산을 할까 해요, *Je pense faire une randonnée pédestre ce week-end*.

3 – 그동안 한국어가 부족한 탓에 제대로
된 일을 할 수가 없었는데 **³**

geudông'an han'gougo-ga boudjôgha-n tʰas-é
djédèlô dwé-n il-eul ha-l sou-ga obs-oss-neundé

4 요즘은 한국어가 많이 는 것을
실감해요. **⁴**

yôdjeum-eun han'gougo-ga manhi neu-n gos-eul
silgamhèyô

5 조만간 좋은 소식을 들려드릴 수 있지
않을까 싶어요. **⁵**

djômangan djôh-eun sôsig-eul deulyodeuli-l sou iss-
dji anh-eulkka sipʰ-oyô

6 – 저는 한국에 대해 계속 공부할 겸
한국을 알릴 겸 해서 **⁶**

djo-neun han'goug-é dèhè gyésôg gôngbouha-l
gyom han'goug'eul alli-l gyom hèso

7 블로그를 만들 거예요.

beullôgeu-leul mandeu-l goyéyô

📑 Notes

3 그동안, litt. "pendant ce temps-là", *jusqu'ici* + 부족, *manque* (nom), 부족
하 (부족하다, *être insuffisant*) + 탓, *défaut*, 은/는/ㄴ 탓에, *à cause, du fait
que* + 제대로, *correctement* + 되 (되다, *aller bien*) + ㄴ, sfx. proposition
+ 일, *travail* + 을, P.COD + 하 (하다) + ㄹ 수 없 (을/ㄹ 수 없다, *ne pas
pouvoir*, la P.sujet 가 est insérée pour l'emphase) + 었 + 는데 = litt. "je ne
pouvais pas faire le travail qui soit correct pendant ce temps-là, faute
de mon coréen insuffisant".

• Voici quelques exemples de l'utilisation du verbe d'état 되다 : 일이 잘
되었습니다, *Le travail est bien avancé* ; 일이 잘 안 되었어요, *L'affaire n'a
pas évolué* (comme prévu) ; 제대로 되었나요 ?, *(Les problèmes) se sont
bien résolus ?* ; 제대로 안 되네요, *Cela ne marche pas comme il faut.*

3 – Jusqu'ici, [je] ne pouvais pas avoir un travail correct parce que [mon] coréen n'était pas assez bon,

4 mais maintenant [je] constate que [mon] coréen s'est beaucoup amélioré.

5 [J']espère pouvoir [vous] annoncer une bonne nouvelle prochainement.

6 – Moi, pour étudier et informer sur la Corée,

7 [je] vais créer un blog.

---

4 요즘 + 은, P.thème pour l'emphase + 느 (늘다, *s'améliorer, être amélioré*) + ㄴ, sfx. proposition + 것, *chose* + 을, P.COD + 실감, *impression vive, forte impression* 실감하다, *réaliser* + 어요 = litt. "en ce moment, je réalise la chose que le coréen est beaucoup amélioré".

5 조만간, *prochainement* + 좋 (좋다) + 은, sfx. proposition + 소식, *nouvelle* + 을, P.COD + 들려드리 (들려드리다, forme honorifique de 들려주다, *raconter*) + ㄹ 수 있 (을/ㄹ 수 있다) + 지 않을까 싶 (지 않을까 싶다, litt. "il semblerait qu'il soit peut-être possible", *imaginer que*) + 어요 = litt. "il semblerait qu'il soit possible que je vous fais entendre une nouvelle qui est bien prochainement".

• 지 않을까 싶다/하다, litt. "il semblerait qu'il soit peut-être possible", et 을/ㄹ까 싶다/ 하다, *avoir l'intention de* (ph. 2), peuvent se traduire d'une manière similaire voire identique. La différence est que 지 않을까 싶다/하다 (avec insertion de 지 않다, *ne pas*) relève plus de l'incertitude que 을/ㄹ까 싶다/ 하다, ex.: 영화를 볼까 싶어, *Je pense voir un film* vs 영화를 보지 않을까 싶어, *Je verrais peut-être un film* (mais je ne suis vraiment pas sûr).

6 한국 + 에 대해, *concernant* + 공부하 (공부하다) + (A)ㄹ 겸 + 한국 + 을, P.COD + 알다, *connaître*, 알리 (알리다, *faire connaître*) + (B)ㄹ 겸 해서 = litt. "(je vais créer un blog) non seulement pour étudier continuellement sur la Corée mais aussi pour faire connaître sur la Corée".

• A을/ㄹ 겸 B을/겸 해서, *non seulement A mais aussi B*, ex.: 쇼핑도 할 겸 친구도 볼 겸 해서 백화점에 갔어요, *Je suis allé au grand magasin non seulement pour le shopping mais aussi pour voir mes copines*, *Je profite de faire du shopping dans un grand magasin pour voir mes copines*.

8   한국의 고풍스러운 문화와 넉넉한
       인심은 널리 알릴만해요. [7]
       han'goug-eui gôpʰoungseulo'ou-n mounhwa-wa
       nognogha-n insim-eun nolli alli-lmanhèyô

9 – 저는 한국에 계속 남아서
       djo-neun han'goug-é gyésôg nam-aso

10 한국인보다 한국어를 잘 하는 연예인이
       되고 말겠어요. [8]
       han'gougin-bôda han'gougo-leul djal ha-neun
       yonyéin-i dwé-gô mal-géss-oyô

11 드라마도 날마나 보고 케이팝을 자주
       듣다가 보니까 [9]
       deulama-dô nalmada bô-gô kʰéipʰab-eul djadjou
       deud-daga bônikka

12 웬만한 표현은 거의 다 외울
       지경이에요. [10]
       wénmanhan pʰyôhyon-eun go'eui da wéou-l
       djigyong'i-éyô

13 – 지금처럼 열심히 노력하다가 보면 [11]
       djigeum-tcholom yolsimhi nôlyogha-daga bômyon

Notes

7 고풍스러우 (고풍스럽다, *être (de style) ancien*) + ㄴ, sfx. proposition +
문화, *culture* + 와, *et* + 넉넉하 (넉넉하다, *être généreux*) + ㄴ, sfx. proposition + 인심, *cœur, générosité* + 은, P.thème + 널리, *partout* + 알
다, *connaître*, 알리 (알리다, *faire connaître*) + ㄹ 만하 (을/ㄹ 만하다,
mériter de, valoir la peine de) + 어요 = litt. "le cœur qui est généreux et
la culture qui a le style ancien méritent de se faire connaître partout".

8 한국인, *Coréen* (personne) + 보다, P.comparative, *que* + 한국어를 잘
하 (한국어를 잘 하다, *parler bien le coréen*) + 는, sfx. proposition + 연
예인, *stars, célébrité à la télévision* + 이 되 (...이/가 되다, *devenir...*) +

8   La culture ancienne et la générosité *(qui est généreuse)*
coréennes méritent de se faire connaître partout.
9 – Moi, je [vais] rester *(continuellement)* en Corée et
10 finir par devenir une star [à la télévision] qui parle le
coréen mieux que les Coréens.
11 Comme [j']écoute souvent de la K-pop et [que je]
regarde tous les jours des dramas,
12 [je] connais par cœur les expressions de la vie
courante.
13 – Si [vous] faites des efforts comme maintenant,

고 말 (고 말다, *finir par, aboutir à*) + 겠 + 어요 = litt. "(je vais rester
continuellement en Corée ensuite) je vais finir par devenir la star qui
parle le coréen mieux que les Coréens".

9 드라마 + 도 + 날마다, *tous les jours* + 보 (보다) + 고, *et* + 케이팝, *K-pop*
+ 을 + 자주 + 듣 (듣다) + 다가 보니까 (A다가 보니(까) B, *pendant qu'on
fait A, on réalise B* ou *à force de faire A, on réalise B*) = litt. "à force de
regarder le feuilleton tous les jours et écouter la K-pop souvent, je
réalise que…"

10 웬만하 (웬만하다, litt. "être de niveau ordinaire ou voire au-dessus")
+ ㄴ, sfx. proposition + 표현, *expression* + 은, P.thème + 거의, *presque* +
다, *tout* + 외우 (외우다, *mémoriser par cœur*) + ㄹ 지경이 (을/ㄹ 지경
이다, *être dans l'état de*) = litt. "je suis dans l'état de connaître par cœur
presque toutes les expressions de la vie courante".

11 지금 + 처럼 + 열심히, *avec ardeur* + 노력, *effort*, 노력하 (노력하다, *faire
ses efforts*) + 다가 보면 (A다가 보면 B, *si on fait A, on réalise B*) = litt.
"si vous faites vos efforts comme maintenant".

14 여러분들이 원하는 꿈을 반드시 이룰 거예요. ¹²

yoloboun-deul-i wanha-neun kkoum-eul bandeusi ilou-l goyéyô

15 선생님은 항상 여러분을 응원해요. ¹³

sonsèngnim-eun hangsang yoloboun-eul eung'wonhèyô

16 여러분들이 정말 자랑스러워요. 모두들 힘내세요 ! ¹⁴

□

yoloboun-deul-i djongmal djalangseulow-oyô. môdou-deul himnè-séyô

Notes

12 여러분, *vous* + 들, P.pluriel + 이, P.sujet + 원하 (원하다, *désirer*) + 는, sfx. proposition + 꿈 + 을, P.COD + 반드시, *certainement* + 이루 (이루다,

***

▶ 연습 1 – 번역하십시오.
❶ 계속 공부하다보면 한국어 문법에 익숙해 질 거야. ❷ 아마 내년쯤에 이사를 가지 않을까 싶어요. ❸ 다니와 꼭 친구가 되고 말겠어요. ❹ 경주는 한번 꼭 방문해 볼만해. ❺ 운동도 할 겸 산책도 할 겸 공원에 가려고요.

***

연습 2 – 빈칸을 채우십시오.
❶ Je vais tellement souvent au restaurant *(pendant que je vais souvent au restaurant, je réalise que)*, je suis devenu leur client fidèle.
그 식당을 자주 __ ___ 단골이 되었어요.

❷ Je n'ai pas pu l'acheter car il me manquait de l'argent *(faute d'argent)*.
돈이 ___ __ 살 수 없었어요.

❸ Je suis de tout cœur avec toi. (style familier, futur certain)
항상 ____.

14 [vous] allez certainement réaliser les rêves que vous désirez.

15 Je suis de tout cœur avec vous.

16 [Je] suis vraiment fière de vous. Bon courage à tous !

réaliser) + ㄹ 거예요 = litt. "vous allez réaliser certainement le rêve que vous désirez".

13 선생님 + 은 + 항상 + 여러분 + 을, P. COD + 응원, *encouragement*, 응원하 (응원하다, *encourager qqn*) + 어요 = litt. "professeur (je) vous encourage".

14 정말 + 자랑스러우 (... 이/가 자랑스럽다, *être fier de...*) + 어요 = *Je suis vraiment fier de vous* ; 모두 + 들, m. pluriel + 힘, *force*, 힘내 (힘내다, *se donner du courage*) + 시 + 어요 = litt. "tout le monde, donnez-vous du courage".

***

Corrigé de l'exercice 1

❶ Si tu étudies le coréen avec assiduité, tu vas te familiariser avec la grammaire. *(si tu étudies le coréen continuellement, tu vas réaliser que tu es habitué à la grammaire)* ❷ Je pense peut-être déménager l'année prochaine. ❸ Je veux vraiment être ami *(je vais finir par être ami)* avec Dani. ❹ Gyeongju mérite d'être visitée au moins une fois. ❺ Je vais aller au parc pour faire du sport et aussi pour me promener.

***

❹ Je suis vraiment fier de ma fille.
   제 __ 정말 자랑스러워요.

❺ C'est le chanteur le plus en vogue en ce moment.
   요즘 제일 ____ 가수예요.

Corrigé de l'exercice 2

❶ – 가다 보니까 – ❷ – 부족한 탓에 – ❸ – 응원할게
❹ – 딸이 – ❺ – 잘 나가는 –

연습 3 – 한글로 쓰십시오.
❶ *star* ❷ *blog* ❸ (travailleur) *indépendant*

***

*Votre patience a payé et vous voici arrivé au bout du voyage !
Un long trajet qui a demandé beaucoup d'efforts et de régularité. Vous y êtes arrivé et c'est avec une immence fierté que nous
vous félicitons. Merci d'avoir fait ce chemin avec nous, ce fut
un grand plaisir de pouvoir vous accompagner tout au long de
cette aventure. Maintenant, à vous de continuer à explorer la
langue coréenne de façon à entrenir et développer vos acquis.*

Corrigé de l'exercice 3

❶ 연예인 ❷ 블로그 ❸ 프리랜서

***

N'hésitez pas à lire des blogs coréens ou à traduire des chansons coréennes... bref, à continuer d'apprendre tout en vous divertissant ! Et n'oubliez pas de continuer la deuxième vague jusqu'au bout, soit une leçon chaque jour en phase d'activation de la 52ᵉ à la 100ᵉ à partir de demain ! Bonne continuation !

Deuxième vague : 51ᵉ leçon

Appendice grammatical

Voici un bref récapitulatif des spécificités grammaticales et langagières du coréen. Il faut retenir une chose : si l'art de la langue française s'appuie sur sa logique, l'art de la langue coréenne se bâtit sur le "Vide", comme le disait François Cheng pour expliquer la philosophie chinoise. Ceci signifie que dans la phrase coréenne, les éléments que l'on peut deviner sont souvent omis. Cette omission est une forme de "Vide", une manière plus naturelle de valoriser les choses inhérentes. C'est pour cela qu'il faut être parfaitement conscient du contexte pour savoir ce qu'il manque dans la phrase. Ce "Vide" ne doit pas être considéré comme un manque mais plutôt comme un espace à combler par les locuteurs pour valoriser la conversation.

1 L'ordre des mots dans la phrase (sujet-objet-verbe)

L'ordre des mots dans la phrase en coréen suit le schéma "SOV" (sujet → objet → verbe). Ce schéma est inversé par rapport au français (sauf pour le sujet) qui lui suit l'ordre "SVO" (sujet → verbe → objet). Par exemple, la phrase *Je vais à l'école* en français se construit ainsi en coréen : 저는 학교에 가요 ("je école-à aller").
De même, alors que le français a plutôt tendance à utiliser des prépositions, le coréen est plus enclin à utiliser la postposition. Par exemple, *à l'école* se dira 학교에 ("école-à") en coréen.

2 Le groupe nominal

Le nom n'a pas de genre (masculin, féminin) ni d'article défini/indéfini (*le, la, un, une*) en coréen. Ainsi, 친구를 만나요 ("ami se-voir"), peut se traduire de plusieurs manières selon le contexte : *Je vois une amie / un ami / l'amie / l'ami* (qu'on m'a présenté/e).

On omet souvent la marque du pluriel et le pronom possessif s'il n'y a pas d'ambiguïté. Ainsi les deux versions en coréen 친구가/ 친구들이 많아요 ("ami/ami(e)s être-nombreux") = *J'ai beaucoup d'amis*, ont la même valeur car la pluralité est mise en évidence grâce à l'utilisation du verbe 많다, *être-nombreux*.
La phrase 친구가 착해요 ("ami être-sympa"), peut être traduite *Mon ami(e) est sympa* si l'on sait que le locuteur parle de son ami(e).

Le pronom personnel (*je, tu, il, elle, nous, vous, ils, elles*) s'emploie très rarement à l'oral. S'il peut être deviné, alors on l'omet. Par exemple, on évite quasiment toujours de se désigner par *je* et de désigner son interlocuteur par *tu, vous* dans une conversation.

Mais comment faire si on en a besoin ?

Il existe plusieurs manières de remplacer le pronom personnel. Par exemple, un professeur peut se désigner (*je*) par le métier qu'il exerce, *professeur*, 선생님, dans quel cas il dira : 선생님을 보세요 ("professeur regarder"), *Regardez-moi.*

Et en dehors des cours ? La personne choisira son identité en fonction de la situation, du titre ou encore du rôle qu'elle remplit au sein de sa famille. Cela relève plus de la question culturelle que de la grammaire. Vous avez pu en avoir un aperçu dans les leçons en fonction des cas, ex. : L16 다비드씨 ("David"), *il* ; L57 언니 ("grande sœur"), *tu* ; L72 소윤이 엄마 ("maman de So-yun"), *vous.*

Le complément d'objet direct (COD) et le complément d'objet indirect (COI) sont également très souvent omis. En effet, plus on omet d'éléments, plus cela sonne naturel en coréen.

3 Les particules

Les particules (notées P. dans l'ouvrage) n'ont pas de sens en soi mais elles servent à identifier une fonction grammaticale. Il existe des particules de sujet (이/가), de thème (은/는), de COD (을/를), de COI (에게/한테), de lieu (에/에서), de temps (에).

Voici quelques exemples :

친구가 착해요 ("ami-P.sujet être-sympa"), *Mon ami est sympa.*

저는 프랑스 사람이에요 ("je-P.thème france personne-être"), *Je suis français(e).*

친구를 좋아해요 ("ami-P.COD aimer"), *J'aime bien mon ami.*

친구한테 줘요 ("ami-P.COI donner"), *Je le donne à mon ami.*

학교에 가요 ("école-P.lieu aller"), *Je vais à l'école.*

여름에 만나요 ("été-P.temps se-voir"), *On se voit en été.*

4 Le groupe verbal

On ne conjugue pas un verbe en fonction du sujet mais on le forme en fonction du registre que l'on doit employer vis-à-vis de l'interlocuteur et de la situation. En coréen, on emploie principalement trois registres : le style familier (-아/-어), le style poli (-아요/-어요) et le style ultra formel (-습니다/-ㅂ니다).
Ex. : le verbe 먹다, *manger* (infinitif), peut avoir trois formes selon le registre exigé : 먹어 / 먹어요 / 먹습니다.

La construction du verbe se constitue de deux parties obligatoires : le radical du verbe (R) et la terminaison (T). Par exemple, avec le verbe *manger*, nous pouvons avoir 먹-다 (radical du verbe-terminaison de l'infinitif), *manger* ; 먹-어요 (radical du verbe-terminaison de style poli), *(je) mange*.
La construction du verbe peut également se composer de trois parties (R-V/M-T) : radical du verbe (R)-verbe auxiliaire (V) et/ou marque (du temps, honorifique, d'hypothèse, etc.) (M) - terminaison (T). Évidemment, c'est le radical qui donne le sens principal du verbe, le verbe auxiliaire sert à orienter ou mieux guider le radical verbal et la marque apporte des informations supplémentaires sur le temps et le registre employé envers le sujet. Par ex. : 먹고 싶었어요, *J'ai voulu manger*, se décortique ainsi : 먹-고 싶-었-어요, *manger* (R)-*vouloir* (V)-marque du passé (M)-terminaison de style poli (T).

Le groupe verbal est très important en coréen. En effet, l'omission du sujet et de l'objet (COD et COI) est possible car le verbe peut comprendre tous ces éléments.

On n'accorde pas le verbe (genre, nombre) et la concordance des temps n'existe pas en coréen, ex. : 친구가 커요 ("ami être-grand"), *Mon ami(e) est grand(e)* ; 엄마가 / 엄마와 아기가 자요 ("maman / maman-et bébé dormir"), *Maman dort / Maman et bébé dorment*.

Les verbes coréens se répartissent en deux catégories : sémantique ou syntaxique.

Au niveau sémantique, on distingue les verbes d'état des verbes d'action. Les premiers décrivent l'état du sujet, comme le ferait un adjectif en français, ex. : 예쁘다, *être joli(e)* → 꽃이 예뻐요 ("fleur être-joli"), *La fleur est jolie*. Les seconds expriment, comme leur nom l'indique, l'action réalisée, ex. : 만나다, *se voir* → 친구를 만나요 ("ami se-voir"), *Je vois un(e) ami(e)*.

Au niveau syntaxique, on distingue les verbes intransitifs des verbes transitifs. Les premiers ne nécessitent qu'un sujet, ex. : 자다, *dormir* → 아기가 자요, *Le bébé dort* ; 예쁘다, *être joli(e)* → 꽃이 예쁘다, *La fleur est jolie*. Ainsi les sujets, ex. : 아기, *bébé* et 꽃, *fleur*, sont marqués par la P.sujet. Les seconds, quant à eux, demandent un complément d'objet, ex. : 사다, *acheter* → 우유를 사요, *J'achète du lait* ; 재우다, *coucher* → 아기를 재워요, *Je couche mon bébé* ; 주다, *donner* → 엄마에게 꽃을 줘요, *Je donne une fleur à ma maman*. Ainsi les compléments d'objet direct (COD) et indirect (COI) sont marqués par la particule adaptée, ex. : 우유, *lait* (COD), 아기, *bébé* (COD), 꽃, *fleur* (COD), 엄마, *maman* (COI).

Lexiques

Liste des abréviations utilisées :

adj.	adjectif	n.	nom
aff.	affirmatif	P.	particule
cl.	classificateur	pl.	pluriel
hon.	honorifique	sfx.	suffixe
int.	interrogatif	termin.	terminaison
litt.	littéralement	v.	verbe

Lexique coréen-français

A

a	아	*interjection* 26
abodji	아버지	père 51, 69
adeul	아들	fils 23
adjig	아직	pas encore 25, 38, 45
adjossi	아저씨	monsieur 38, 44
adjou	아주	très 19
adjoumoni	아주머니	madame 38 ; dame 75
agi	아기	bébé *(à l'écrit)* 22
ago	악어	crocodile 72
a'i	아이	enfant 23
a'iseukʰeulim	아이스크림	crème glacée 57
akka	아까	tout à l'heure (il y a un moment) 73
alda	알다	comprendre 45, 57
aleumdabda	아름답다	être magnifique 86
allida	알리다	faire connaître 100
almadjda	알맞다	être adéquat/e 65
amoudédô	아무데도	nulle part 85
amoudéna	아무데나	n'importe où 85
amougos	아무것	rien 57
amoulèdô	아무래도	de toute façon, en tout cas 93
an	안	ne pas 12 ; *marque de négation* 25 ; dedans, intérieur 53
an'gyong	안경	lunettes 64
an'gyong(eul) hada/ madjtchouda	안경(을) 하다/ 맞추다	faire faire des lunettes 64
an'gyongdjib	안경집	étui à lunettes 64
an'gyongdjom	안경점	chez l'opticien/ne 64

andjda	앉다	s'asseoir 78, 90
andjhida	앉히다	asseoir 90
andjon	안전	sécurité 95
andjonbélt^heu	안전벨트	ceinture de sécurité 95
anè	아내	femme 38
an'gè	안개	brouillard 76
anida	아니다	ne pas être 69
aniyô	아니요	non 24
annè bangsông	안내 방송	annonce (information) 47
annyonghaséyô	안녕하세요 ?	bonjour ! 1
annyonghi	안녕히	paisiblement 52
ant^hakkabda	안타깝다	être dommage, être regrettable, être triste 96
ap^h	앞	devant 18, 34, 48
ap^heulô	앞으로	désormais, dorénavant 60
appa	아빠	papa 22
aso/oso	아서/어서	parce que 37
atchim	아침	petit-déjeuner 31 ; matin 73
ATM	ATM	distributeur automatique 54
ayô	아요	*termin. style poli* 7

B

bab	밥	riz (cuit) 31 ; repas 73, 87
badag	바닥	sol (surface) 88
badagida	바닥이다	être quasi nul 88
badda	받다	recevoir 25, 41
badji	바지	pantalon 39, 93
bagmoulgwan	박물관	musée 58
bagouni	바구니	panier 93
bagsasèng	박사생	doctorant/e 83
bak^hangseu	바캉스	vacances 62
bakk	밖	extérieur 31, 53 ; dehors 31, 53, 74
bakké	밖에	ne... que, seulement 71
bakkouda	바꾸다	répondre au téléphone 50 ; échanger 53 ; changer 89
bakkwodjouda	바꿔주다	passer (qqn) au téléphone 50
bakkwuida	바뀌다	se changer 89
bal	발	pied 61
balabôda	바라보다	scruter 75
balam	바람	vent 76
baleum	발음	prononciation 71
balgyon	발견	trouvaille 93
balgyonhada	발견하다	dénicher 93
balô	바로	justement 16, 48 ; juste 48
balp^hyô	발표	déclaration 99
balp^hyôhada	발표하다	déclarer, s'exprimer 99

bam	밤	nuit 50, 73
ban	반	et demie 24 ; moitié 93, 96
bandeusi	반드시	certainement 100
bandji	반지	bague 88
bang	방	chambre 13
ban'gabda	반갑다	être enchanté/e 1
bangabs	반값	à moitié prix 93
(bang)bob	(방)법	méthode (manière) 82
bangbob	방법	manière, méthode 62
banggeum	방금	à l'instant, tout à l'heure 75
banmal	반말	tutoiement 78
bansanghwé	반상회	réunion des résidents 81
bantchan	반찬	accompagnement (plat) 31, 38
bantseum	반쯤	environ la moitié 96
bappeuda	바쁘다	être occupé/e 37, 43 ; être pressé/e 43
bè	배	ventre 57
bèbouleuda	배부르다	avoir le ventre plein 57
bèdal	배달	livraison 68, 73
bèdal(eul) hada	배달(을) 하다	livrer 68, 73
bèdalhada	배달하다	livrer 68
bèdalsikʰida	배달시키다	faire livrer 73
bèdeumintʰon	배드민턴	badminton 66
bègôpʰeuda	배고프다	avoir faim, avoir le ventre vide 57
bèsông	배송	livraison 93
bèsôngdwéda	배송되다	être livré/e 93
bèsônghada	배송하다	livrer 93
bètchou	배추	chou chinois 87
beulôgeu	블로그	blog 100
bi	비	pluie 32, 37
bi(ga) ôda	비(가) 오다	pleuvoir 32
bibimbab	비빔밥	*bibimbap* (plat coréen) 33
biga ôda	비가 오다	pleuvoir 37
bihènggi	비행기	avion 45, 95
billyodjouda	빌려주다	prêter 78
binkʰan	빈칸	blanc (espace vide) 58 ; parenthèse 65
bissada	비싸다	être cher/-ère 26, 29 ; être coûteux/-euse 29
bnida	ㅂ니다	*termin. style ultra formel aff.* 1
bnikka	ㅂ니까 ?	*termin. style ultra formel int.* 1
bôda	보다	regarder/voir (qqch./qqn) 7 ; regarder qqch./qqn 17 ; se rencontrer, se retrouver, se voir 18 ; *P.comparative* 71 ; visiter 92

bôdjeunggeum	보증금	caution 67
bôg	복	chance 41 ; bonheur 41, 52
bôgi	보기	exemple 65
bôida	보이다	se voir 89 ; faire voir, montrer 95
bôkkda	볶다	faire revenir (ingrédients) 82
bôla	보라	violet 76
bolgeum	벌금	amende, contravention 85
bolida	버리다	jeter 85
bolsso	벌써	déjà 24, 38, 57, 89
bôm	봄	printemps 33
bon	번	fois (coréen), numéro (sino-coréen) 44
bônèda	보내다	envoyer, virer (de l'argent) 54
bon'golôbda	번거롭다	être compliqué/e (contrariant) 93
bônin	본인	soi-même 83
bonyog	번역	traduction 58
bonyog(eul) hada	번역(을) 하다	traduire 58
bonyogga	번역가	traducteur/-trice 100
bonyoghada	번역하다	traduire 65
boseu	버스	bus 44
bosos	버섯	champignon 82
bôssam	보쌈	bossam (porc cuit) 73
bôtʰong	보통	en général, généralement 31
boubou	부부	couple marié 59
boudam	부담	charge (poids, gêne) 88 ; charge 95
boudamhada	부담하다	prendre en charge 95
boudamseulobda	부담스럽다	être pesant/e (gênant) 67 ; être lourd/e 88
boudjôg	부족	insuffisance 100
boudjôghada	부족하다	être insuffisant/e 100
boug	북	nord 92
bouin	부인	épouse, femme 53
boul	불	feu 90
bouleuda	부르다	inviter (qqn) 25
boulnada	불나다	prendre feu 90
boulo	불어	français (langue) 8
boulpʰyonhada	불편하다	ne pas être pratique, être inconfortable 67, 95
boumônim	부모님	parent 41
boun	분	cl. (minute) 24 ; personne (hon.) 75 ; personne (forme soutenue) 81
bousda	붓다	verser 82
boutʰag	부탁	demande 99
boutʰagdeulida	부탁드리다	demander un service (hon.) 99
boutʰaghada	부탁하다	demander un service 99
boutʰida	붙이다	coller 85

bout^hyodjida	붙여지다	être collé/e 85
boutcheu	부츠	bottes 93
boutchida	부치다	envoyer, expédier 39
boutchimgè	부침개	*buchimgae* (galette) 32
byog	벽	mur 94
byong	병	*cl. (bouteille)* 28 ; maladie 53, 61
byong'won	병원	clinique, hôpital, chez le médecin 40 ; lieu médicalisé, chez le médecin 53

D

da	다	tout 57, 79
dab	답	réponse 65
dabhada	답하다	répondre 65
dadda	닫다	fermer 41, 89
dadhida	닫히다	être fermé/e 89
dadjida	다지다	hacher 82
da'eum	다음	prochain 37
da'eum dal	다음 달	le mois prochain 59
da'eum djou	다음 주	semaine prochaine 45
dagaôda	다가오다	approcher, être imminent/e 99
dahèng	다행	bonne fortune (chance) 41
dahèng'ida	다행이다	être chanceux/-se 41
dakkda	닦다	laver, nettoyer 51
dal	달	lune 71 ; mois 75
daleuda	다르다	être autre 34, 43 ; être différent/e 34, 43, 65
dalg	닭	coq/poule 72
dali	다리	jambe 61
dambè	담배	cigarette 15
dambèleul p^hiouda	담배를 피우다	fumer (du tabac) 85
damda	담다	mettre (qqch. dans qqch.) 93
damim sonsèngnim	담임 선생님	professeur principal 48
dandjonghada	단정하다	être décent/e 90
dangdjang	당장	tout de suite 95
danggeun	당근	carotte 82
dan'gôl	단골	fidèle *(n.)*, habitué/e *(n.)* 82
dan'gôlsônnim	단골손님	client/e fidèle 82
dangsin	당신	tu (entre conjoints) 97
dang'yonhi	당연히	évidemment 99
danida	다니다	fréquenter 9
dano	단어	vocabulaire 61
danyogada	다녀가다	passer (*litt.* fréquenter en allant) 92
danyoôda	다녀오다	passer (*litt.* fréquenter en venant) 92
dè	대	*cl. (véhicule, machine électrique)* 28

dèhaggyô	대학교	université 48, 67
dèhagsèng	대학생	étudiant/e à l'université 48, 83
dèhagwonsèng	대학원생	étudiant/e en master 83
dèpʰa	대파	poireau 82
dèsin(é)	대신(에)	à la place de 81
dètché	대체	remplacement 82
deudda	듣다	écouter 17, 58
deudio	드디어	enfin, finalement 96
deul	들	*P.pl.* 9
deula'ibeu	드라이브	promenade en voiture 46
deulama	드라마	drama 77 ; série (feuilleton) 96
deulda	들다	porter (dans la main), tenir (dans la main) 56 ; porter 97
deullida	들리다	s'entendre 75 ; entendre 89
deullyodeulida	들려드리다	raconter *(hon.)* 100
deullyodjouda	들려주다	raconter 100
deulo deulida	들어 드리다	accepter (une demande) *(hon.)* 99
deulodjouda	들어주다	accepter (une demande) 99
deulogada	들어가다	(r)entrer (en allant / se déplaçant vers un endroit) 50 ; s'insérer, rentrer 65
deuloôda	들어오다	entrer (en venant de quelque part) 47
deung	등	etc. 31, 82
deunggyô	등교	aller à l'école (n.) 83
deunggyôhada	등교하다	aller à l'école 83
deungsan	등산	randonnée (en montagne) 53 ; randonnée pédestre 92
deungsan(eul) hada	등산(을) 하다	faire de la randonnée (en montagne) 53
deungsan'gèg	등산객	randonneur en montagne 92
deungsanbôg	등산복	tenue de randonneur 92
deungsanhada	등산하다	faire une randonnée pédestre 92
deungsanhwa	등산화	chaussures de randonnée 92
didjotʰeu	디저트	dessert 31
dja	자	allez ! *(interjection)*, bon ! *(interjection)* 58
dja(madja)	자(마자)	dès que 75
djabda	잡다	agripper, saisir 88 ; saisir (à la main) 97
djabdji	잡지	magazine 54
djabhida	잡히다	tomber sous la main 97
djada	자다	dormir 12
djadjangmyon	자장면	*jajangmyeon* (nouilles noires) 57
djadjon'go	자전거	vélo 43
djadjou	자주	souvent 33, 51

djagbyol	작별	adieu 99
djagbyolhada	작별하다	faire ses adieux 99
djagda	작다	être petit/e 29
djagnyon	작년	année dernière 69, 87
djagpʰoum	작품	œuvre 58
djakkou	자꾸	de plus en plus, souvent 94
djal	잘	bien 4
djal nagada	잘 나가다	être très demandé/e 100
djalangseulobda	자랑스럽다	être fier/-ère 100
djali	자리	place 78
djamkkan	잠깐	un instant, petit moment 50
djamsi	잠시	un instant, un moment 53
djan	잔	*cl. (verre, tasse)* 27
djangbagouni	장바구니	panier de courses 93
djanglè	장래	avenir 68
djangnan'gam	장난감	jouet 94
djansôli	잔소리	radotage 69
djansôli(leul) hada	잔소리(를) 하다	radoter 69
djantchi	잔치	fête 88
djasanghada	자상하다	être galant/e 19
djasin	자신	confiance 66
djasin(i) issda	자신(이) 있다	avoir confiance en soi 66
djasin(i) obsda	자신(이) 없다	ne pas avoir confiance en soi 66
djayouloôbda	자유롭다	être libre / se sentir libre 67
djé	제	mon/ma/mes 5
djédèrô	제대로	correctement 100
djédô	제도	système 67
djègô	재고	stock 94
djèhwalyông	재활용	recyclage 81
djéil	제일	le/la plus 62
djèlèsig	재래식	ancien/ne 86
djèlyô	재료	ingrédient 82
djèmi	재미	plaisir 80
djèmiissda	재미있다	être drôle/amusant/e, être intéressant/e 9, 17
djèmiobsda	재미없다	être ennuyeux/-se, être nul/le 35
djèouda	재우다	mariner 82
djésa	제사	anniversaire de la mort 94
djétchol	제철	*de, à, pleine saison* 33
djeulgobgé	즐겁게	joyeusement 67
dji anhda	지 않다	ne pas 20
dji malda	지 말다	ne pas 58
dji môshada	지 못하다	ne pas pouvoir 30
djib	집	maison 11, 17, 86 ; logement 82
djibanil	집안일	tâche ménagère 51
djibbab	집밥	repas fait maison 41

djibda	집다	saisir (avec les doigts) 97
djibdeuli	집들이	pendaison de crémaillère 59, 82
djibo deulda	집어 들다	prendre (à la main) 97
djiboung	지붕	toit 86
djidjobounhada	지저분하다	être sale 75
djidô	지도	direction (orientation) 79
djidôhada	지도하다	diriger (qqn), guider (qqn) 79
djigab	지갑	portefeuille 57
djigdjang	직장	lieu de travail 9
djigeum	지금	maintenant 24, 47, 50
djigob	직업	métier 3
djig'won	직원	employé/e 54
djihatchol	지하철	métro 45
djilmoun	질문	question 75
djim	짐	bagage 95
djiman	지만	mais 23, 30
djinandal	지난달	le mois dernier 59
djinèda	지내다	passer du temps / aller (bien) 4 ; vivre (v.) 67
djisi	지시	directives, instructions 95
djiyô	지요	n'est-ce pas ? 37
djo	저	je/me/moi 1 ; ce/tte … là-bas 19
djodjollô	저절로	automatiquement 89
djog	적	ennemi 99
djôgbal	족발	*jokbal* (pieds de cochon) 73
djogda	적다	être peu 34
djôgeum	조금	un peu 26
djogi	저기	là-bas 16
djôhahada	좋아하다	aimer qqch./qqn 6
djôhda	좋다	être bien 18 ; être satisfait/e 45 ; être content/e 45, 54
djoheui	저희	nous/notre *(humble)* 75
djolmda	젊다	être jeune 96
djôlob	졸업	fin d'études 60
djôlobsig	졸업식	cérémonie de remise des diplômes 60
djôm	좀	un peu 26, 46
djôman'gan	조만간	prochainement 100
djomdjom	점점	petit à petit, progressivement 96
djomsim	점심	déjeuner *(n.)* 6, 31 ; midi 34
djomwon	점원	vendeur/-euse 38, 53
djon	전	avant 46, 50 ; passé 75
djon'gông	전공	spécialité (études) 83
djôndèsmal	존댓말	vouvoiement 78
djongdab	정답	bonne réponse 65
djongdô	정도	environ/vers 31 ; environ 47

djonghèdjida	정해지다	être fixé/e 83
djônglô	종로	Jongno (quartier touristique à Séoul) 18
djonglyoudjang	정류장	arrêt (bus, autocar) 44
djongmal	정말	vraiment 11
djonhwa	전화	appel téléphonique 41, 50
djonhwa(leul) badda	전화(를) 받다	décrocher (téléphone) 50
djonhwa(leul) golda	전화(를) 걸다	téléphoner 50
djonhwa(leul) hada	전화(를) 하다	téléphoner 41, 50
djonsihwi	전시회	exposition (salon) 86
djontʰông	전통	tradition, traditionnel/le 41
djontʰôngmounhwa	전통문화	culture traditionnelle 86
djonyog	저녁	dîner (n.) 31, 73
djosgalag	젓가락	baguette (couvert) 31
djôsim	조심	attention/précaution/prudence 29
djôsimhada	조심하다	faire attention, prendre garde 29
djouda	주다	donner 10
djoudjèlyô	주재료	ingrédients principaux 82
djouhwang	주황	orange (couleur) 76
djouin	주인	propriétaire 67
djouin'gông	주인공	protagoniste 96
djoulô	주로	principalement 31
djoulodeulda	줄어들다	diminuer 83
djoumal	주말	week-end 43
djoumôg	주목	attention (concentration) 79
djoumôghada	주목하다	prêter attention (à qqch.) 79
djoumoun(eul) hada	주문(을) 하다	commander 27
djounbi	준비	préparation 37, 41, 43
djounbi(leul) hada	준비(를) 하다	se préparer 69
djounbihada	준비하다	préparer 37, 41, 43
djoung	중	en cours 53
djounggoug	중국	Chine 71
djounggougo	중국어	chinois (langue) 56, 71
djounghaggyô	중학교	collège 83
djounghagsèng	중학생	collégien/ne 48, 83
djousô	주소	adresse 89
djoutchadjang	주차장	parking 16
djoutchahada	주차하다	se garer 16
djôyônghada	조용하다	être calme 34, 58 ; être silencieux/-se 58
djôyônghi hada	조용히 하다	se taire 58
djwasog	좌석	place 95
djwésônghada	죄송하다	être désolé/e, être navré/e 81
djwi	쥐	rat 72
do	더	plus 54 ; le/la plus (comparatif) 64

dô	도	aussi 4 ; département (administratif), province, région 92
dobda	덥다	avoir/faire chaud 33
dôbda	돕다	aider (qqn) 51
dôdjon	도전	défi 66
dôdog	도덕	éthique 83
dôdoug	도둑	cambrioleur, voleur 97
dogbouné	덕분에	grâce à 99
dôlagada	돌아가다	retourner (quelque part) 39
dôlaôda	돌아오다	rentrer 8 ; retourner (de quelque part) 39
dôlbôda	돌보다	s'occuper de qqn (prendre soin) 80
dôldjantchi	돌잔치	*fête du premier anniversaire d'un enfant* 88
dôn	돈	argent 11, 39
dông	동	est (point cardinal) 92
dông'an	동안	pendant 59
dônggab	동갑	même âge, personne du même âge 78
dônggeulahda	동그랗다	être rond/e 72
dônglyô	동료	collègue 9
dôngmoul	동물	animal 72
dôngné	동네	quartier 66
dôngsamousô	동사무소	bureau administratif de quartier 99
dôngsèng	동생	cadet/te, petit frère / petite sœur 46
dôsi	도시	ville 92
dôsilag	도시락	boîte à *lunch* 43
dôsogwan	도서관	bibliothèque (lieu) 68
dôtchag	도착	arrivée 46
dôtchaghada	도착하다	arriver 46
dou bontsè	두 번째	le/la deuxième 79
douleuda	두르다	verser (huile, crème, sauce) 82
doulyobda	두렵다	craindre, avoir peur 99
doultsè	둘째	le/la deuxième 55
doulyo'oum	두려움	peur 97
dwéda	되다	atteindre (âge) 23 ; devenir 59 ; aller bien 100
dwèdji	돼지	porc 72
dwi	뒤	derrière 90

E

é	에	*P.lieu* 8 ; *P.temps* 18
é bihè	에 비해	comparé à 87
é ttala(so)	에 따라(서)	selon 83
égé	에게	*P.COI* 10

ègi	애기	bébé *(à l'oral)* 22
ègsésoli	액세서리	accessoire 26
ègsyon	액션	action 17
ègyô	애교	coquinerie 80
éi	에이	hé/bof *(interjection)* 10
éseupʰéulésô	에스프레소	expresso 27
éso	에서	P.lieu 8
eui	의	P.déterminative 5
euidja	의자	chaise 90
euimi	의미	signification 88
euisa	의사	médecin 53, 61
euisang	의상	costume 41
eul	을	P.COD 3
eul/l sou issda	을/ㄹ 수 있다	pouvoir 38
eul/l sou obsda	을/ㄹ 수 없다	ne pas pouvoir 38
eul/l ttè	을/ㄹ 때	lorsque 32
eulô/lô	으로/로	par 27 ; avec (ustensile, outil, etc.), comme / en tant que, en (outil, transport, etc.), par (ici, là, moyen, etc.) 31
eulo/lo ôda	으러/러 오다	venir pour 39
eulyogô/lyogô	으려고/려고	afin de, pour (que) 69
eum	음	euh... *(interjection)* 6
eumag	음악	musique 17
eumaghwé	음악회	concert 66
eumlyô	음료	boisson 41
eumlyog	음력	calendrier lunaire 25
eumsig	음식	plat/nourriture 6, 29
eun	은	P.thème 7
eun/n hou	은/ㄴ 후	après avoir (+ participe passé) 74
eung'won	응원	encouragement 100
eung'wondada	응원하다	encourager 100
eunhèng	은행	banque 39, 54
eunhèng'won	은행원	banquier/-ère 39
eunikka/nikka	으니까/니까	parce que 37
eusseug eusseug	으쓱 으쓱	*onomatopée (représentant un haussement d'épaules)* 22
èwandôngmoul	애완동물	animal de compagnie 75

Ɠ

ga	가	P.sujet 7
gabang	가방	sac 11
gabdjagi	갑자기	soudainement 51
gabs	값	prix 93
gada	가다	aller 8 ; passer (temps) 99
gadjang	가장	le/la moins 29, 71 ; le/la plus 29, 71

gadjôg	가족	famille 5
gadjyogada	가져가다	apporter (en allant) 53
gadjyoôda	가져오다	apporter (en venant) 53
ga'eul	가을	automne 33
gagé	가게	magasin 15, 38, 53 ; boutique, commerce 53
gagyog	가격	prix 87
gakkabda	가깝다	être proche 16, 48
gakkeum	가끔	parfois, de temps en temps 51
galeutchida	가르치다	enseigner 51
galeutchim	가르침	enseignement 99
gamgi	감기	rhume 40
gamgié gollida	감기에 걸리다	attraper un rhume 40
gamsahada	감사하다	remercier 16, 27, 36
gan	간	foie 97
gan(i) ttolodjida	간(이) 떨어지다	avoir une peur bleue 97
gandjang	간장	sauce soja 82
ganeung	가능	possibilité 82
ganeunghada	가능하다	être possible 82
gang'adji	강아지	chiot 72
ganhôsa	간호사	infirmier/-ère 61
gansig	간식	goûter (n.) 31
gaseum	가슴	poitrine 61
gathda	같다	être identique 41, 65
gatheun	같은	comme 41
gathi	같이	ensemble 18
gè	개	cl. (petits objets) 28 ; chien 72
gègang	개강	rentrée scolaire 67
géimhada	게임하다	jouer à un jeu 12
géss	겠	marque du futur 27
geu	그	ce/tte ...-là 18
geudông'an	그동안	jusqu'ici (temps) 100
geugdjang	극장	cinéma (salle, bâtiment) 18
geugo	그거	ça là 26
geugos	그것	cette chose-là 26
geul	글	texte 65
geulè	그래	oui 48
geulèdô	그래도	malgré tout cela, tout de même 66
geulèso	그래서	donc 19 ; c'est pour cette raison que 30 ; c'est pour cela que 40
geulida	그리다	dessiner, peindre 36
geuligô	그리고	et 10
geulim	그림	dessin, peinture 36
geulimdja	그림자	ombre 97
geulohda	그렇다	être comme cela 26
geulohgé	그렇게	ainsi (comme cela) 74

geulom	그럼	alors 18, 26
geulomyon	그러면	dans ce cas 57
geulondé	그런데	au fait 18, 39
geulssé	글쎄	voyons... (hésitation) 25
geum	금	or (métal précieux) 88
geuman	그만	ne plus 69
geumbang	금방	bientôt, tout de suite 53
geumyôil	금요일	vendredi 18
geumyon	금연	interdiction de fumer (n.) 85
geumyon gouyog	금연 구역	zone non-fumeur 85
geumyonsog	금연석	place non-fumeur (restaurant, café) 85
geuntcho	근처	près (de) 20
geunyang	그냥	rien de spécial 43
geutchida	그치다	s'arrêter 76
gèwol	개월	mois (durée) 71
giboun	기분	humeur 37, 60, 74 ; sentiment 60
giboun(i) gwèntchanhda	기분(이) 괜찮다	être de bonne humeur 74
gibouni djôhda	기분이 좋다	être de bonne humeur 37, 60
gidalida	기다리다	attendre 46, 53
gidèhada	기대하다	espérer 45
gidjoun	기준	base (modèle) 82
gidô hada	기도 하다	*il arrive parfois que* 32
gigwan	기관	organisme 99
gil	길	rue 37 ; chemin 39
gileuda	기르다	élever 75
gileum	기름	huile 82
gimbab	김밥	*kimbap* (rouleau à base de riz et d'algue séchée) 6
gimdjang	김장	*kimjang* (préparation du kimchi d'hiver) 87
gimtchi	김치	*kimchi* (chou chinois pimenté et fermenté) 30
gimtchitsigè	김치찌개	*kimchijjigae* (ragoût au kimchi) 34
gindjang	긴장	tension 95
gindjanghada	긴장하다	se crisper, se tendre 95
ginyomphoum	기념품	souvenir (objet) 45
gio danida	기어 다니다	se déplacer à quatre pattes 99
giôn	기온	température 76
gisougsa	기숙사	résidence 67
giwa	기와	tuile 86
giwadjiboung	기와지붕	toit de tuiles 86
gô	고	et 19
gô issda	고 있다	être en train de 75
gô siphda	고 싶다	bien vouloir 25

gôd	곧	bientôt 45
gôdeunghaggyô	고등학교	lycée 48, 83
gôdeunghagsèng	고등학생	lycéen/ne 48, 83
gôdjang	고장	panne 96
gôdjang'i nada	고장이 나다	avoir une panne, tomber en panne 96
gôdjib	고집	entêtement 80
gôdjibi séda	고집이 세다	être têtu/e 80
go'eui	거의	presque 31, 57
gogdjong	걱정	inquiétude, souci 60, 62
gogdjong(eul) hada	걱정(을) 하다	s'inquiéter, se soucier 62
gôgèg	고객	client/e 53
gôgèg séntʰo	고객 센터	service client 93
gogi	거기	là 18
gôhyang	고향	ville natale 55
gôleuda	고르다	choisir 65
gollida	걸리다	prendre (temps) 45
goloso	걸어서	à pied 48
gôm	곰	ours 22
gômabda	고맙다	être reconnaissant/e 10
gômin	고민	préoccupation, souci 67
gôminida	고민이다	se préoccuper de, se soucier de 67
gômô	고모	tante paternelle 55
gômôbou	고모부	mari de la tante paternelle 55
gondjô	건조	séchage 76
gondjôhada	건조하다	être sec/-èche 76
gông'won	공원	parc 12
gông'yon	공연	spectacle 66
gôngbou	공부	étude 8
gôngbouhada	공부하다	étudier / faire des études 8
gônggông	공공	public (n.) 99
gônghang	공항	aéroport 45
gôngsa	공사	travaux 53
gôngtʰo	공터	terrain vague 80
gônlan	곤란	embarras 94
gônlanhada	곤란하다	être embarrassant/e 94
gonmoul	건물	immeuble 89
gôntchoung	곤충	insecte 72
gôpʰoungseulobda	고풍스럽다	être ancien/ne 100
gos	것	chose 5
gôs	곳	endroit, lieu 41
gosil	거실	salon 96
gôtchida	고치다	réparer 96
gôtchou	고추	piment 87
gôtchousgalou	고춧가루	poudre de piment 87
goug	국	soupe 31

gougmoul	국물	bouillon/jus 33
gougo	국어	langue maternelle 83
gougyonghada	구경하다	aller voir (spectacle, événement) 87
gouhada	구하다	chercher (logement) 67
gou'i	구이	grillade 33
gouleum	구름	nuage 76
gouleumi kkida	구름이 끼다	se couvrir de nuages, être nuageux/-se 76
goumè	구매	achat 93
goumèhada	구매하다	acheter, acquérir 93
goutchong	구청	mairie 99
gouyog	구역	zone 85
gôyang'i	고양이	chat 75
gôyou	고유	inhérent 86
gwadja	과자	biscuit 31
gwadjé	과제	devoir (travail d'école) 78
gwadjong	과정	cycle (enseignement) 83
gwahag	과학	science 83
gwa'il	과일	fruit 31, 33
gwan'gwang	관광	tourisme 92
gwan'gwangdji	관광지	site touristique 92
gwan'gwanggèg	관광객	touriste 92
gwan'gwanghada	관광하다	faire du tourisme, visiter 92
gwanggô	광고	publicité 67
gwèntchanhda	괜찮다	être pas mal 64
gwi	귀	oreille 61
gwiyobda	귀엽다	être mignon/ne 22
gyédan	계단	escalier 53, 74
gyéhwég	계획	plan (projet), projet 62
gyéhwég(eul) séouda	계획(을) 세우다	avoir un projet 62
gyésan	계산	règlement 27
gyésida	계시다	rester (hon.) 41 ; se trouver (hon.) 50
gyésôg	계속	en continu, continuellement 60
gyôbôg	교복	uniforme scolaire 83
gyôhwan	교환	échange 67
gyôhwanhada	교환하다	échanger 93
gyôhwé	교회	église 15
gyoldjong	결정	décision 81
gyoldjong(eul) hada	결정(을) 하다	décider 81
gyolhôn	결혼	mariage 59
gyolhôn(eul) hada	결혼(을) 하다	se marier 59
gyolhônsig	결혼식	cérémonie de mariage 59
gyom	겸	en même temps (à la fois) 79
gyongbiwon	경비원	gardien (d'immeuble) 81
gyonghom	경험	expérience 92

gyonghomhada	경험하다	faire l'expérience 92
gyo'oul	겨울	hiver 33
gyôsil	교실	salle de classe 38
gyôsou(nim)	교수(님)	professeur d'université 78
gyôyoug	교육	éducation 83

H

hada	하다	faire 1, 3 ; prendre (repas) 31 ; parler (une langue) 71
hadjiman	하지만	mais 30, 54
hagbon	학번	numéro d'étudiant 78
haggyô	학교	école 8
hagô	하고	avec (qqn), et 6
hagsa	학사	licence 83
hagsèng	학생	étudiant/e 3
hagwi	학위	diplôme 83
hagwon	학원	institut privé 15
haha	하하	*haha* 24
halabodji	할아버지	grand-père 51
halin	할인	réduction (remise) 93
halmoni	할머니	grand-mère 51
halou	하루	journée 73
hamboulô	함부로	sans faire de distinction, n'importe comment, sans réfléchir, à tort et à travers 85
hamkké	함께	ensemble 67
han	한	même 22
(han)... tseum	(한) ... 쯤	environ 71
han'gougmal	한국말	coréen (parlé) 78
han'gougo	한국어	coréen (langue) 8
hanbôg	한복	*hanbok* (costume traditionnel coréen) 41
hanbon	한번	une fois 38
handjanhada	한잔하다	prendre un verre 32
hanggông(pʰyon)	항공(편)	vol (avion) 95
hanggônggi	항공기	avion 95
hanggônggwon	항공권	billet d'avion 95
han'goug	한국	Corée 2
hangsang	항상	toujours 31, 34
hanôg	한옥	maison ancienne 86
hansig	한식	plat coréen, repas coréen 86
hantʰé	한테	*P.COI* 30
hasougdjib	하숙집	famille d'accueil (logement) 67
hayahda	하양다	être blanc/he 76
hè	해	an, année 41
hèndeupʰôn	핸드폰	téléphone portable 26

hèngbôg	행복	bonheur 59, 70
hèngbôghada	행복하다	être heureux/-se 59, 70
hèngbôghagé	행복하게	*dans le bonheur* 59
hèngsa	행사	événement 93
hèngsaleul hada	행사를 하다	organiser un événement 93
héodjida	헤어지다	se quitter 52 ; quitter qqn, rompre avec qqn 60
héoseut^ha'il	헤어스타일	coiffure 89
heubyon	흡연	fait de fumer (n.) 85
heubyon gouyog	흡연 구역	zone fumeur 85
heuimang	희망	espoir, souhait 68
himdeulda	힘들다	être dur/e 61
himnèda	힘내다	se donner du courage 100
hôgsi	혹시	par hasard 78
holi	허리	taille (hanches) 61
hôn(eul) nèda	혼(을) 내다	gronder 94
hôn(i) nada	혼(이) 나다	se faire gronder 94
hou	후	après 31
houhwé	후회	regret 92
houhwéhada	후회하다	regretter 92
houhwémagsim	후회막심	grand regret 92
houhwéseulobda	후회스럽다	être regrettable 92
housig	후식	dessert 31
houtchou	후추	poivre 82
hoyông	허용	autorisation 95
hwa	화	colère 74
hwa(ga) nada	화(가) 나다	être en colère 74
hwadjang	화장	maquillage 53
hwadjang(eul) hada	화장(을) 하다	se maquiller 53
hwadjangp^houm	화장품	produit cosmétique 53
hwadjangsil	화장실	toilettes 95
hwanboul	환불	remboursement 93
hwanbouleul badjda	환불을 받다	se faire rembourser 93
hwanboulhada	환불하다	rembourser 93
hwanbouli dwéda	환불이 되다	être remboursé/e 93
hwandja	환자	patient/e (n.) 53
hwanyonghwi	환영회	fête de bienvenue 79
hwanyoung	환영	bienvenue 79
hwéeui	회의	réunion 53
hwésa	회사	entreprise 9
hwésawon	회사원	employé/e d'une entreprise 3, 54
hwésig	회식	repas en groupe (avec des collègues) 32
hyanggi	향기	parfum 68
hyangsou	향수	eau de parfum 26
hyondè	현대	moderne (n.) 86

hyondèsig	현대식	moderne *(adj.)* 86
hyong	형	grand frère *(employé par un cadet)* 55
hyouga	휴가	congé 62
hyousig	휴식	repos 92
hyousigeul tchwihada	휴식을 취하다	faire une pause 92
hyousighada	휴식하다	se reposer 92

I

i	이	*P.sujet*, ce/cette/ces 5 ; dents 73
i(leul) dakkda	이(를) 닦다	se brosser les dents 73
ib	입	bouche 61
ibda	입다	porter (vêtement) 38 ; s'habiller 38, 86
ibobôda	입어보다	essayer (vêtement) 86
ibon dal	이번 달	ce mois-ci 59
ibon djou	이번 주	cette semaine 18
ibyol	이별	séparation 96
ibyolhada	이별하다	se séparer 96
ida	이다	être *(v.)* 1
idjé	이제	maintenant 11 ; (enfin) maintenant 58
idjobolida	잊어버리다	oublier complètement 24
igda	익다	cuire 82
igos	이것	ceci / cette chose(-ci) 5
igsoughada	익숙하다	être expérimenté, être habitué/e 79
ihè	이해	compréhension 73
ihè(leul) hada	이해(를) 하다	comprendre 73
il	일	travail 9, 52 ; *cl. (jour)* 25 ; affaire 50
iladô/ladô	이라도/라도	au moins 97
ilago/lago	이라고/라고	*sfx. citation directe* 85
ilang/lang	이랑/랑	avec, et 27, 32
ilbôn	일본	Japon 37, 45, 71
ilbôno	일본어	japonais (langue) 71
ileum	이름	prénom / nom complet 5
ilgda	읽다	lire 38, 51
ilgi yébô	일기 예보	météorologie 76
ilhada	일하다	travailler 9
ilhda	잃다	perdre 90
ilohgé	이렇게	ainsi 73
ilonada	일어나다	se lever 73
ilouda	이루다	réaliser (rêve) 100
iltʰo	일터	lieu de travail 80
iltsig	일찍	tôt 12
ilyôil	일요일	dimanche 13

ilyoug	이룩	décollage 95
ilyoughada	이룩하다	décoller 95
iméil	이메일	e-mail 56
imidji	이미지	image 89
imô	이모	tante maternelle 55
imôbou	이모부	mari de la tante maternelle 55
ina/na	이나/나	ou 31
in'gi	인기	popularité 33
in'giissda	인기있다	être populaire, avoir du succès 33
in'gitchog	인기척	*litt.* signe de présence humaine 97
insa	인사	salutation 1
insim	인심	générosité 100
int^honés bèngk^hing	인터넷 뱅킹	banque en ligne 54
isanghada	이상하다	être étrange 64 ; être bizarre 64, 88
isanghagé	이상하게	bizarrement, étrangement 64
issda	있다	se trouver 9 ; exister 15 ; il y a 15, 19 ; avoir (*litt.* exister) 19 ; rester 43
it^halia	이탈리아	Italie 71
it^haliao	이탈리아어	italien (langue) 71
ittaga	이따가	tout à l'heure 39
iyônghada	이용하다	utiliser (outil) 54

K

k^hadeu	카드	carte 27
k^hap^héôlé	카페오레	café au lait 27
k^héip^hab	케이팝	K-pop 100
k^heuda	크다	être grand/e 29, 76
k^heunsoul	큰술	cuillère à soupe (mesure) 82
k^hi	키	taille (stature) 77
k^hiouda	키우다	élever 75
k^hô	코	nez 61
k^hôdi	코디	coordination 93
k^hôdihada	코디하다	coordonner 93
k^homp^hyout^ho	컴퓨터	ordinateur 20
k^honggeulliswi	콩글리쉬	*konglish* (faux anglicisme) 20
k^hop^hisyôb	커피숍	café (lieu) 27
k^hôt^heu	코트	manteau 93
k^hyoda	켜다	allumer 96
kkadji	까지	jusqu'à 48
kkakka	까까	gâteau (langage enfantin) 72
kkamahda	까맣다	être noir/e 76
kkamogda	까먹다	éplucher et manger, zapper 24
kkankkanhada	깐깐하다	être exigeant/e, être méticuleux/-se 78
kké	께	*P.COI (hon.)* 41, 51

kkèkkeushada	깨끗하다	être propre 67
kkésoneun	께서는	*P.thème (hon.)* 69
kkeunda	끊다	couper 96
kkeunodjida	끊어지다	être coupé/e 96
kkeutʰnada	끝나다	se terminer 94
kkili	끼리	entre 58
kkodjida	꺼지다	être éteint/e 96
kkôg	꼭	sans faute 45 ; sûrement (de manière certaine) 62
kkôngtchô	꽁초	mégot 85
kkôtch	꽃	fleur 68
kkôtchbyong	꽃병	vase 96
kkôtchdjib	꽃집	chez le/la fleuriste 68
kkôtchhyanggi	꽃향기	parfum de fleur 68
kkôtchi pʰida	꽃이 피다	fleurir 96
kkwè	꽤	assez 71

L

lang	랑	et 27
lésipʰi	레시피	recette 82
leul	를	*P.COD* 6
limôkʰon	리모컨	télécommande 96
lô	로	par 27
loumméitʰeu	룸메이트	colocataire 67

M

mada	마다	chaque 51
madjboli	맞벌이	couple dans lequel les deux membres travaillent 80
madjda	맞다	être exact/e 44 ; être correct/e 44, 65
madjihada	맞이하다	accueillir 79
madjimag	마지막	fin *(n.)* 99
ma'eul	마을	village 15
ma'eum	마음	cœur 64
ma'eumé deulda	마음에 들다	plaire 64
maggolli	막걸리	*makgeolli* (alcool de riz doux et laiteux) 32
magnè	막내	benjamin/e 55
mal	말	cheval 72 ; parole 89
malhada	말하다	parler 89
mal(eul) nôhda	말(을) 놓다	tutoyer (se) 78
malgô	A말고 B	*pas A mais (plutôt) B* 57
mali	마리	*cl. (animaux)* 22
malsseum	말씀	parole *(hon.)* 95
malsseumdeulida	말씀드리다	parler à qqn *(hon.)* 95

man	만	seulement / ne... que 50
mandeulda	만들다	cuisiner, fabriquer 41 ; faire (plat) 82 ; créer 100
mandeulodjida	만들어지다	être fait/e (fabriqué, produit) 85
mandjida	만지다	toucher 42, 58
mandjôg	만족	satisfaction 93
mandjôgseulobda	만족스럽다	être satisfaisant/e 93
maneul	마늘	ail 82
mangsolida	망설이다	hésiter 93
mangsolim	망설임	hésitation 93
manhda	많다	être nombreux/-ses 15
manhi	많이	beaucoup 33, 41, 52, 55
mannada	만나다	se rencontrer 37, 48 ; croiser qqn 39 ; se croiser 48 ; fréquenter (qqn), sortir (avec qqn) 59
mannam	만남	rencontre 4
masida	마시다	boire 10
masissda	맛있다	être délicieux/-euse, être savoureux/-euse 29
masobsda	맛없다	être mauvais/e, ne pas être bon (saveur) 29
matchan'gadjiida	마찬가지이다	être équivalent/e, être identique, être pareil/le 85
matchi	마치	comme si, presque comme 92
matchida	마치다	terminer 52
matchim	마침	justement, au même moment 93
matchimnè	마침내	finalement 59
mèbda	맵다	être pimenté/e 30
mègdjou	맥주	bière 32
mènnal	맨날	tout le temps 73
ményou	메뉴	menu 82
mèou	매우	très 58
mibda	밉다	être vilain/e 80
migoug	미국	États-Unis 71
mikkeulobda	미끄럽다	être glissant/e 37
mili	미리	à l'avance 70
misoul	미술	art (enseignement) 83
mitchida	미치다	être fou/folle 61
môdeun	모든	tout(es)/tous 41
môdou	모두	tout 27, 41, 51
môeuda	모으다	collecter 51
môg	목	cou 61, 93
mogda	먹다	manger 6
môgdôli	목도리	écharpe 93
môgi	모기	moustique 72

môgyôg(eul) hada	목욕(을) 하다	se baigner 75
môgyôgsik^hida	목욕시키다	donner un bain 75
môim	모임	rassemblement 39
molda	멀다	être loin 16
môleuda	모르다	ne pas connaître, ignorer, ne pas savoir 18
moli	머리	tête 61 ; cheveux 90
môm	몸	corps 74, 90
môs	못	ne pas pouvoir 30
mosissda	멋있다	être charmant/e 19
moudjigè	무지개	arc-en-ciel 76
mougé	무게	poids 95
mougobda	무겁다	être lourd/e 56
moukkda	묶다	attacher 90
moukkida	묶이다	s'attacher (objet) 90
moul	물	eau 62
mouleum	물음	interrogation 65
mouleup^h	무릎	genou(x) 61, 74
moulgon	물건	article (chose) 38 ; objet 38, 88
moulnôli	물놀이	jeux dans l'eau 62
moulobôda	물어보다	demander (interroger) 73
moun	문	porte 41, 47
mounbob	문법	grammaire 71
moundjé	문제	questionnaire 65 ; problème (polémique) 81
mouneui	문의	demande de renseignement 93
mouneuihada	문의하다	se renseigner 93
mounhwa	문화	culture 86
mouos	무엇	que 3
mouseun	무슨	quel/le 6 ; un/e *(article indéfini)* 97
mousobda	무섭다	avoir peur 40, 62 ; être effrayant/e 40, 72 ; faire peur 62
mousowohada	무서워하다	craindre 72
mwo	뭐	quoi 5, 17
mwohada	뭐하다	*litt.* faire quoi 97
myoneulagi	며늘아기	belle-fille (femme du fils) *(forme familière)* 80
myoneuli	며느리	belle-fille (femme du fils) 80
myoneunim	며느님	belle-fille (femme du fils) *(forme soutenue)* 80
myong	명	*cl.* (personne) 28
myongdjol	명절	fête (traditionnelle) 41
myotch	몇	quel/le 23

N

na	나	je/me/moi 74
nadj	낮	jour (vs nuit) 50
nadjoung	나중	un autre jour, plus tard 62
nagada	나가다	sortir (en allant) 53
nagso	낙서	gribouillage 94
nagsohada	낙서하다	gribouiller 94
nahda	낳다	accoucher, enfanter 59
na'i	나이	âge 23
nakksitʰo	낚시터	zone de pêche à la ligne 80
nala	나라	pays 2
nalgda	낡다	être vieux/vieille (usé/e) 96
nalmada	날마다	chaque jour 67
nalssi	날씨	temps (météo) 37, 43
nalssiga djôhda	날씨가 좋다	faire beau (temps) 37
nalssinhada	날씬하다	être mince 22
nam	남	sud 92
nam(sèg)	남(색)	indigo 76
namda	남다	rester (temps) 25 ; rester 96
namdja	남자	homme 19, 53
namdja tchin'gou	남자 친구	petit ami 19
namdôngsèng	남동생	cadet, petit frère 46
namnyogônghag	남녀공학	école mixte 83
namnyonôsô	남녀노소	tout le monde 82
namou	나무	bois 96
namoul	나물	*namul* (plat d'accompagnement à base d'herbes comestibles) 33
nampʰyon	남편	époux, mari 38, 53, 81
naôda	나오다	passer (émission, radio, télévision, etc.) 47 ; sortir (en venant) 53 ; se présenter 81
né	네	oui 4 ; pardon ? 24 ; famille de... 87
né bontsè	네 번째	le/la quatrième 79
nèda	내다	payer 85
nèil	내일	demain 49
nèlida	내리다	descendre 44
nèlyogada	내려가다	descendre (en allant) 53
nèlyoôda	내려오다	descendre (en venant) 53
nèngdjanggô	냉장고	réfrigérateur 57
nèngmyon	냉면	*naengmyeon* (plat froid à base de nouilles) 57
nènyon	내년	année prochaine 69
neudjgé	늦게	en retard, tardivement 46
neugdè	늑대	loup 72
neul	늘	toujours 67

neulda	늘다	s'améliorer, augmenter 99
neun	는	*P.thème* 1
nèyông	내용	contenu 65
nitʰeu	니트	pull (en laine) 93
nognoghada	넉넉하다	être généreux/-se 100
nôhda	놓다	poser 96
nôhida	놓이다	être posé/e 96
nôlahda	노랗다	être jaune 76
nôlang	노랑	jaune 76
nôlda	놀다	s'amuser, jouer 39
nôli	놀이	jeu 80
nôlitʰo	놀이터	aire de jeux 80
nôllada	놀라다	s'étonner, être surpris/e 97
nôlyog	노력	effort 100
nôlyoghada	노력하다	faire des efforts 100
nomda	넘다	dépasser 31
nomodjida	넘어지다	tomber (se renverser, chuter) 74
nomou	너무	trop 22
nôngdam	농담	blague 90
nônggou	농구	basketball 66
nôpʰda	높다	être haut/e 76
nôtʰeu	노트	cahier de note 78
nougou	누구	qui 5
nougou nougou	누구 누구	qui *(pl.)* 25
nougouna	누구나	n'importe qui (quiconque) 82
noun	눈	neige 37 ; yeux 61, 64 ; œil (yeux) 72
nouna	누나	grande sœur *(employé par un cadet)* 55
nouni ôda	눈이 오다	neiger 37
nounmoul	눈물	larme 74
nounmoul(i) nada	눈물(이) 나다	avoir les larmes aux yeux 74

O

o/a bôda	어/아 보다	essayer de 38
o/aya hada	어/아야 하다	devoir 40
obmou	업무	tâche (travail, emploi) 79
obsda	없다	ne pas exister 11
obsi	없이	sans 93
ôda	오다	venir 26, 44 ; arriver 44
ôdab	오답	mauvaise réponse 65
odi	어디	où 16 ; quelque part 40
odison'ga	어디선가	*de quelque part* 75
odjé	어제	hier 17
ôdjon	오전	matin, matinée 73
odoubda	어둡다	être obscur/e 97

odoum	어둠	obscurité 97
ôhou	오후	après-midi 37
oigou	어이구	*interjection* 24
okkè	어깨	épaule 61
ôlè	오래	longtemps 45, 59
ôlèsdông'an	오랫동안	pendant longtemps 59
ôleuda	오르다	augmenter 87
ôleuntsôg	오른쪽	côté droit 47
olgoul	얼굴	visage 61
ôlhè	올해	cette année 23
ôli	오리	canard 72
olinidjib	어린이집	crèche (garde d'enfant) 83
ôllagada	올라가다	monter (en allant) 53
ôllaôda	올라오다	monter (en venant) 53
ôllida	올리다	monter (qqch.) 95
olma	얼마	quelque 25 ; combien 26 ; certain 46
olmana	얼마나	combien (de temps) 47 ; combien (de) 71
olyobda	어렵다	être difficile 20
omma	엄마	maman 22
omona	어머나	oh là là ! 36
omoni	어머니	mère 23
omonim	어머님	mère *(hon.)* 23
ôn	온	entier 74
ondjé	언제	quand 18
ondjéna	언제나	toujours 29, 69
oneu	어느	quel/le 2
ôneul	오늘	aujourd'hui 6
ongdong'i	엉덩이	fesse 61
onni	언니	grande sœur *(employé par la cadette)* 26
ono	언어	langue (parlée, écrite) 71
o'oullida	어울리다	bien aller, bien se marier (s'accorder) 32
ôppa	오빠	grand frère *(employé par une cadette)* 55
ôs	옷	vêtement 11, 29, 38
oso	어서	vite 26
oso ôséyô	어서 오세요	bonjour *(employé envers des invités ou des clients)* 26
oso/aso	어서/아서	ensuite 51, 73
oss	었	*sfx. passé* 4
ottohda	어떻다	être comment 20
ottohgé	어떻게	comment 18

otton	어떤	un/e certain/e quelque chose (*indéfini*) 85
oulda	울다	miauler 75
ouli	우리	notre, nous 69
oundjon	운전	conduite 46
oundjon myonho	운전 면허	permis de conduire 46
oundjonhada	운전하다	conduire 46
oundônghada	운동하다	faire du sport 12
ousan	우산	parapluie 37
ousda	웃다	rire 90
ousgida	웃기다	être rigolo/te 90
outchébou	우체부	facteur 39, 68
outchégoug	우체국	bureau de poste 39
outchétʰông	우체통	boîte aux lettres 39, 68
ouyou	우유	lait 10
oyô	어요	*termin. style poli* 4

P

pʰal	팔	bras 61
pʰalahda	파랗다	être bleu/e 76
pʰalang	파랑	bleu 76
pʰalda	팔다	vendre 89
pʰali	파리	mouche 72
pʰallida	팔리다	se vendre 89
pʰatʰi	파티	fête 25
pʰeula'ipʰèn	프라이팬	poêle 82
pʰeulangseu	프랑스	France 2
pʰeulangseuo	프랑스어	français (langue) 8
pʰeulilènso	프리랜서	(travailleur) indépendant (*freelance*) 100
pʰeullôliseutʰeu	플로리스트	fleuriste 68
pʰi	피	sang 74
pʰi(ga) nada	피(가) 나다	saigner 74
pʰianô	피아노	piano 51, 66
pʰianô(leul) tchida	피아노(를) 치다	jouer du piano 51
pʰidja	피자	pizza 73
pʰigônhada	피곤하다	être fatigué/e 13
pʰilyô	필요	nécessité 38
pʰilyôhada	필요하다	avoir besoin, être nécessaire 38
pʰiso	피서	vacances 62
pʰoug	푹	*onomatopée* (bien dormir), profondément (dormir) 40
pʰoulda	풀다	défouler, dénouer 74
pʰoumdjol	품절	épuisement (d'un stock) 94
pʰoumdjolida	품절이다	être épuisé/e (stock) 94
pʰyô	표	billet, ticket 45

pʰyôhyon	표현	expression 52
pʰyondji	편지	lettre 68
pʰyonhada	편하다	*être libre de tout souci*, être confortable, être pratique 45, 67
pʰyonlihada	편리하다	être pratique 54
ppadjida	빠지다	tomber (dedans) 74
ppalèhada	빨래하다	faire la lessive 13
ppaleuda	빠르다	être rapide 54, 99
ppalgahda	빨갛다	être rouge 76
ppalgang	빨강	rouge 76
ppalli	빨리	vite 99
ppallippalli	빨리빨리	vite vite 24
ppang	빵	pain 10
ppoulida	뿌리다	saupoudrer 82

S

sa ôda	사 오다	acheter (et venir), acheter et rapporter 45
sada	사다	acheter 10
sadjin	사진	photo 5, 58
sadjin tsigda	사진 찍다	prendre une photo 58
sagyédjol	사계절	quatre saisons 33
sa'idjeu	사이즈	taille (vêtement) 93
sal	살	*cl. (âge)* 23
salam	사람	personne 2
salang	사랑	amour 59
salang hada	사랑 하다	aimer 59
salangseulobda	사랑스럽다	être adorable 69, 72
salda	살다	habiter 48 ; vivre *(v.)* 48, 90
sallida	살리다	sauver 90, 97
samgyétʰang	삼계탕	*samgyetang* (plat coréen) 33
samgyobsal	삼겹살	*samgyopsal* (poitrine de porc) 32
samtchôn	삼촌	oncle paternel 55
san	산	montagne 92
sanghwang	상황	situation 94
sangpʰoum	상품	article (marchandise), marchandise 93
santchèg	산책	promenade 37, 74
santchèg(eul) hada	산책(을) 하다	se promener 74
santchèghada	산책하다	se promener 37
sasil	사실	vérité 40
satchôn	사촌	cousin/e 55
sayông	사용	utilisation 67
sayônghada	사용하다	utiliser 67
sè	새	nouveau/-lle 41 ; neuf/-ve 41, 51
sé bontsè	세 번째	le/la troisième 79

sèg	색	couleur 76
sèg(sang)	색(상)	couleur 93
sèhè	새해	nouvelle année 41 ; Nouvel An 41, 52
sèhè bôg manhi badeuséyô	새해 복 많이 받으세요	bonne année ! 41
séil	세일	solde 38
sèlô	새로	de nouveau 64 ; pour la première fois 79
sèlôbda	새롭다	être nouveau/-lle 90
sènggag	생각	idée 43 ; pensée 68, 71
sènggag(i) nada	생각(이) 나다	penser à, se rappeler 68
sènghwal	생활	vie 9
sèng'il	생일	anniversaire 25
sèng'ilsang	생일상	table d'anniversaire 82
sèngsinsang	생신상	table d'anniversaire (forme soutenue) 82
sèngson	생선	poisson 33
sèngsongou'i	생선구이	poisson grillé 33
sésou(leul) hada	세수(를) 하다	faire sa toilette 73
séstsè	셋째	le/la troisième 55
seubdô	습도	humidité 76
seubnida	습니다	*termin. style ultra formel aff.* 1
seubnikka	습니까 ?	*termin. style ultra formel int.* 7
seullompʰeu	슬럼프	mauvaise période 74
seulpʰeuda	슬프다	être triste 60
seunggèg	승객	passager 95
seungmouwon	승무원	équipage 95
seupʰéin	스페인	Espagne 71
seupʰéino	스페인어	espagnol (langue) 71
seutchida	스치다	effleurer 97
seutchyo djinagada	스쳐 지나가다	passer à l'instant 97
seutʰeuléseu	스트레스	stress 74
seutʰeuléseu(leul) badda	스트레스(를) 받다	être stressé/e, stresser 74
seutʰeuléseu(leul) djouda	스트레스(를) 주다	stresser 74
seutʰeuléseu(leul) pʰoulda	스트레스(를) 풀다	se débarrasser du stress 74
si	시	*sfx. hon.* 1 ; *cl. (heure)* 24
siabodji	시아버지	beau-père (père de l'époux) 94
siboumô(nim)	시부모(님)	parents du marié 80
sidjag	시작	commencement 76, 80
sidjagdwéda	시작되다	être commencé/e 96
sidjaghada	시작하다	commencer 76, 80
sidjang	시장	marché 38, 50

sigan	시간	temps (heure) 24 ; heure (durée), temps (durée) 31 ; temps 81
sigdang	식당	restaurant 15
sigsa	식사	repas 31
sigsahada	식사하다	prendre un repas 31
sigyôngyou	식용유	huile comestible (soja etc.) 82
sihom	시험	examen (contrôle) 61
sihom(eul) bôda/ tchileuda	시험(을) 보다/ 치르다	passer/avoir un / se présenter à un examen (contrôle) 61
sihomgôngbou	시험공부	préparation d'un examen, révision (pour un examen) 61
sihomgôngbou(leul) hada	시험공부(를) 하다	préparer un examen, réviser (pour un examen) 61
silgam	실감	impression vive 100
silgamhada	실감하다	réaliser (constater) 100
silhda	싫다	ne pas aimer 64 ; être désagréable 74
sillyé	실례	excuse 23
sillyog	실력	compétences 99
silsou	실수	erreur 94
silsouhada	실수하다	commettre une erreur 94
simsimhada	심심하다	s'ennuyer 41
sinbal	신발	chaussures 11, 29
sinibsawon	신입사원	nouvel/le employé/e 79
sinla	신라	Silla (période historique) 92
sinmoun	신문	journal 51
sitchong	시청	hôtel de ville 44
siwonhada	시원하다	être rafraîchissant/e 33
so	서	ouest 92
sô	소	bœuf/vache 72
sôbanggwan	소방관	pompier 90
sôbangso	소방서	caserne de pompiers 90
sodjom	서점	librairie 68
sôdjou	소주	soju (alcool de riz) 32
sôg	속	dans, dedans 96 ; intérieur 96, 97
sôgam	소감	impression (sentiment) 99
sôgè	소개	présentation 55
sôgôgi	소고기	viande de bœuf 82
sogsa	석사	master 83
sôgsagida	속삭이다	chuchoter 58
sôli	소리	son (bruit) 75 ; cri 85
sôli(leul) nèda	소리(를) 내다	émettre un son 97
sôlitchida	소리치다	crier 85
sollal	설날	Seollal (Nouvel An) 41
solmyong	설명	explication 58 ; description 93
solt^hang	설탕	sucre 82

somin	서민	homme du peuple 86
sôn	손	main 61
sôndja	손자	petit garçon 80
sôndjou	손주	petite fille / petit garçon 80
sông'i	송이	*cl. légumes, fruits* 82
songdjog	성적	note (évaluation) 83 ; note (résultat) 88
sonkʰeulim	선크림	crème solaire 89
sonmoul	선물	cadeau 25, 88
sônnim	손님	client/e 34, 38, 54
sônnyo	손녀	petite-fille 80
sonsèngnim	선생님	professeur 10, 38
sonsonhada	선선하다	faire/être frais/-îche 33
sontʰèghada	선택하다	choisir 67
so'oul	서울	Séoul 9, 15
sôpʰa	소파	canapé 90
sôpʰô	소포	colis 39, 68
sôsig	소식	nouvelle (*n.*) 100
sôsol	소설	roman 96
sotʰoulda	서툴다	être inexpérimenté/e, être maladroit/e 78
soubag	수박	pastèque 89
soudgalag	숟가락	cuillère 31
soudô	수도	capitale 92
sougmô	숙모	femme de l'oncle paternel 55
sougô haséyô	수고 하세요	bon courage ! 52
souhag	수학	mathématiques 83
souhamoul	수하물	bagage (à main) 95
soumbakkôgdjil	숨바꼭질	cache-cache 90
soumda	숨다	se cacher 90
soumgida	숨기다	cacher 90
sounhada	순하다	être calme, être sage (doux) 80
sounso	순서	tour (file d'attente, jeu) 54
souob	수업	cours (leçon) 66
sousôg	수속	démarche (formalité) 95
souyong	수영	natation 62
souyong(eul) hada	수영(을) 하다	nager 62
soyang	서양	Occident 86
ssada	싸다	être bon marché, être peu cher/-ère 29, 45
sseuda	쓰다	employer, utiliser 52 ; porter (lunettes, chapeau) 64
ssi	씨	*terme de politesse* 1
ssineunyô	씨는요	et vous ? (*locution*) 3
ssisda	씻다	laver 89
ssisgida	씻기다	se laver 89

ssodjida	써지다	être écrit 85
swibda	쉽다	être facile 52
swida	쉬다	se reposer 17, 40
swimtʰo	쉼터	lieu de repos 80
syawohada	샤워하다	prendre une douche 12
syôpʰing	쇼핑	shopping 11
syôpʰinghada	쇼핑하다	faire du shopping 11
syôpʰingséntʰo	쇼핑센터	centre commercial 20
syoupʰo	슈퍼	supermarché (abréviation) 10
syoupʰomakʰés	슈퍼마켓	supermarché 10

T

tcha	차	voiture 16 ; thé 31 ; écart 76
tchadjda	찾다	chercher 26, 57, 67 ; retirer (de l'argent) 39, 54
tchaga maghida	차가 막히다	il y a des embouteillages 46
tchaghada	착하다	être gentil/le, être sympa 19
tchagyông	착용	port (porter) 95
tchagyônghada	착용하다	porter 95
tcham	참	véritablement 36 ; réellement 52
tchamda	참다	se retenir, supporter 95
tchamgileum	참기름	huile de sésame 82
tchamsog	참석	présence 81
tchamsog(eul) hada	참석(을) 하다	se présenter 81
tchangmoun	창문	fenêtre 89
tchèg	책	livre 20
tchèouda	채우다	remplir 58, 65
tchéyoug	체육	sport (enseignement) 83
tchida	치다	frapper (une balle) 66
tchikʰin	치킨	poulet frit 32, 73
tchindjolhada	친절하다	être aimable, être gentil/le 51
tchindjong boumô(nim)	친정 부모(님)	parents de la mariée 80
tchin'ga	친가	famille du côté paternel 55
tchin'gou	친구	ami/e 6
tchingtchan	칭찬	compliment 36
tchingtchanhada	칭찬하다	complimenter (qqn) 36
tchinhada	친하다	être proche (intime) 60 ; être proche de qqn 67
tchintchog	친척	parent (famille) 88
tchô	초	début 87
tchôdè	초대	invitation 41, 59
tchôdè(leul) hada	초대(를) 하다	inviter 59
tchôdèhada	초대하다	inviter 41
tchôdeunghaggyô	초등학교	école élémentaire 83
tchôdeunghagsèng	초등학생	écolier 83
tcho'eum	처음	début 71

tchôgwa	초과	excédent, excès 95
tchôgwahada	초과하다	dépasser, excéder 95
tchôkʰôllis	초콜릿	chocolat 10
tchôlôg	초록	vert 76
tchongbadji	청바지	jean 93
tchongsôhada	청소하다	faire le ménage 13
tchontchonhi	천천히	doucement 57
tchos (bontsè)	첫 (번째)	le/la premier/-ère 79
tchostsè	첫째	aîné 55
tchoubda	춥다	faire/avoir froid 33
tchouggou	축구	football 66
tchouggou(leul) hada	축구(를) 하다	jouer au football 66
tchouggoudjang	축구장	terrain de football 66
tchoughahada	축하하다	féliciter 25
tchoulbal	출발	départ 47
tchoulbalhada	출발하다	partir 47
tchoulgeun	출근	*fait d'aller au travail* 69 ; aller au travail *(n.)* 79
tchoulgeun(eul) hada	출근(을) 하다	aller au travail 69
tchousog	추석	*Chuseok* (fête des récoltes) 41
tchwidjigdwéda	취직되다	être embauché/e 69
tchwidjighada	취직하다	trouver un emploi 69
tchwimi	취미	loisir 66
tchwisô	취소	annulation 77
tchwisôhada	취소하다	annuler 77
tchwisôsikʰida	취소시키다	faire annuler 77
tchyodabôda	쳐다보다	regarder 72
tʰabseung	탑승	embarquement 95
tʰada	타다	prendre/monter (véhicule) 43
tʰagdja	탁자	table basse 96
tʰal	탈	masque 71
tʰas	탓	défaut 100
tʰègbè	택배	service de livraison (de colis) 53
tʰègsi	택시	taxi 45
tʰéibeul	테이블	table 96
tʰéllébidjon	텔레비전	télévision 69
tʰéniseu	테니스	tennis 66
tʰeugbyol	특별	particularité, spécialité 33
tʰeugbyolhada	특별하다	être particulier/-ère, spécial/e 33
tʰeugbyolhi	특별히	particulièrement, spécialement 33
tʰeughi	특히	particulièrement 71
tʰeuntʰeunhada	튼튼하다	être résistant, être robuste 92
tʰôkki	토끼	lapin 72
tʰôngbonyogsa	통번역사	traducteur/-trice-interprète 100
tʰônghwa	통화	conversation téléphonique 53
tʰôngyogsa	통역사	interprète 100

tʰôyôil	토요일	samedi 12
tʰwédjig	퇴직	retraite 80
tʰwégeun	퇴근	*fait de rentrer du travail* 69
tʰwégeun(eul) hada	퇴근(을) 하다	rentrer du travail 69
tsadjeung	짜증	irritation (colère) 74
tsadjeung(eul) nèda	짜증(을) 내다	s'énerver 74
tsadjeung(i) nada	짜증(이) 나다	être énervé/e, s'énerver 74
tseum	쯤	environ/vers 31
tsôg	쪽	côté, direction 53
ttada	따다	obtenir (diplôme, qualité, statut) 46 ; obtenir (prix, médaille, diplôme) 83
ttal	딸	fille (descendance) 23
ttala	따라	précisément (tout particulièrement) 90
ttaleuda	따르다	obéir, suivre 95
ttam	땀	sueur 74
ttam(i) nada	땀(이) 나다	transpirer 74
ttè	때	lors 32
tteugobda	뜨겁다	être brûlant/e, être très chaud/e 30
tteus	뜻	sens (signification) 85
ttô	또	encore 57, 69
ttodeulda	떠들다	parler fort 58
ttog	떡	*tteok* (gâteau de riz) 31
ttogbôkki	떡볶이	*tteokbokki* (gâteau de riz sauté avec sauce pimentée) 6
ttôgttôghada	똑똑하다	être intelligent/e 64
ttolda	떨다	trembler 97
ttoungttounghada	뚱뚱하다	être gros/se 22
ttwiodanida	뛰어다니다	courir ici et là 90

W

wansong	완성	achèvement 82
wè	왜	pourquoi 30, 38, 43
wéga	외가	famille du côté maternel 55
wégoug	외국	pays étranger 62
wéhalabodji	외할아버지	grand-père maternel 55
wéhalmoni	외할머니	grand-mère maternelle 55
wénmanhada	웬만하다	être ordinaire 100
wéntsôg	왼쪽	côté gauche 47
wéouda	외우다	apprendre par cœur, mémoriser 61
wésamtchôn	외삼촌	oncle maternel 55
wésougmô	외숙모	femme de l'oncle maternel 55
wi	위	dessus 96
wokʰingmam	워킹맘	*working mom* (anglais = "maman qui travaille") 81

wol	월	*cl. (mois)* 25
wolsé	월세	loyer 67
wolyôil	월요일	lundi 87
won	원	won (monnaie coréenne) 26
wonhada	원하다	désirer 66, 94
wonloum	원룸	studio 67

Y

yag	약	médicament 61, 68
yaggoug	약국	pharmacie 61, 68
yagou	야구	baseball 66
yagsa	약사	pharmacien/ne 61, 68
yagsôg	약속	rendez-vous 18
yang	양	mouton 72
yanglyog	양력	calendrier solaire 25
yangnyom	양념	assaisonnement, condiment 82
yangnyomdjang	양념장	sauce 82
yangnyomdwida	양념되다	être assaisonné/e 82
yangpʰa	양파	oignon 82
yangsig	양식	plat occidental, repas occidental 86
yasig	야식	collation de nuit 73
yatchè	야채	légume 82
yédjon	예전	passé *(n.)* 83
yémè	예매	réservation (billet) 45
yémè(leul) hada	예매(를) 하다	réserver (billet) 45
yéppeuda	예쁘다	être joli/e 11
yéppohada	예뻐하다	adorer (chérir) 72
yésnal	옛날	autrefois 85
yéyag	예약	réservation (place) 45
yô	요	*termin. politesse* 3
yobô	여보	chéri/e 97
yobôséyô	여보세요	allô 50
yodja	여자	femme 19, 53, 59
yodja tchin'gou	여자 친구	petite amie 19
yôdjeum	요즘	ces jours-ci 51
yodjouin'gông	여주인공	héros/héroïne 96
yodôngsèng	여동생	petite sœur 5, 46 ; cadette 46
yog	역	gare, station 44
yogi	여기	ici 16
yogiyô	여기요	s'il vous plaît 27
yogwon	여권	passeport 95
yohèng	여행	voyage 45
yohèng(eul) gada	여행(을) 가다	partir en voyage 45
yol	열	chaleur (fièvre) 74
yol(i) nada	열(이) 나다	avoir chaud (fièvre) 74
yolda	열다	ouvrir 89

yoleum	여름	été 33
yôlihada	요리하다	faire la cuisine 13
yollida	열리다	s'ouvrir 89
yoloboun	여러분	tout le monde/vous tous 38 ; vous (tout le monde, mesdames et messieurs) 58
yolsimhi	열심히	ardemment 67 ; sérieusement 69
yoltcha	열차	wagon 47
yondjou(leul) hada	연주(를) 하다	jouer (instrument de musique) 66
yonggoug	영국	Angleterre 71
yonghwa	영화	film 17
yong'o	영어	anglais (langue) 51, 71
yongsoudjeung	영수증	facture 53
yon'gyolhada	연결하다	relier 65
yonhyou	연휴	férié 41
yonlag	연락	contact 60
yonlag(eul) hada	연락(을) 하다	se contacter 60
yonlagdeulida	연락드리다	contacter (hon.) 94
yonlaghada	연락하다	se contacter 56
yonpʰil	연필	crayon 88
yonsé	연세	âge (hon.) 23
yonsôggeug	연속극	série (feuilleton) 96
yonyéin	연예인	star 100
yo'ou	여우	renard 72
yopʰ	옆	(à) côté (de) 20
youhèng	유행	mode 86
youhènghada	유행하다	être à la mode 86
youli	유리	verre (matériau) 96
youmyong	유명	renom, renommée 34
youmyonghada	유명하다	être connu/e 34 ; être renommé/e 34
youtchiwon	유치원	école maternelle 83

Lexique français-coréen

A

accepter (une demande)
deulo deulida - 들어 드리다 *(hon.)*,
deulodjouda - 들어주다 99

accessoire
ègsésoli - 액세서리 26

accompagnement (plat)
bantchan - 반찬 31, 38

accoucher
nahda - 낳다 59

accueillir
madjihada - 맞이하다 79

achat
goumè - 구매 93

acheter
sada - 사다 10 ; goumèhada - 구매하다 93

acheter (et venir)
sa ôda - 사 오다 45

achèvement
wansong - 완성 82

acquérir
goumèhada - 구매하다 93

action
ègsyon - 액션 17

adéquat/e (être~)
almadjda - 알맞다 65

adieu
djagbyol - 작별 99

adieux (faire ses ~)
djagbyolhada - 작별하다 99

adorable (être ~)
salangseulobda - 사랑스럽다 69, 72

adorer (chérir)
yéppohada - 예뻐하다 72

adresse
djousô - 주소 89

aéroport
gônghang - 공항 45

affaire
il - 일 50

afin de
eulyogô/lyogô - 으려고/려고 69

âge
na'i - 나이 23

âge *(hon.)*
yonsé - 연세 23

âge (même ~)
dônggab - 동갑 78

âge (personne du même ~)
dônggab - 동갑 78

agripper
djabda - 잡다 88

aider (qqn)
dôbda - 돕다 51

ail
maneul - 마늘 82

aimable (être ~)
tchindjolhada - 친절하다 51

aimer
salanghada - 사랑하다 59

aimer (ne pas ~)
silhda - 싫다 64

aimer qqch./qqn
djôhahada - 좋아하다 6

aîné
tchostsè - 첫째 55

ainsi
ilohgé - 이렇게 73

ainsi (comme cela)
geulohgé - 그렇게 74

aire de jeux
nôlitʰo - 놀이터 80

aller
gada - 가다 8

aller (bien ~)
o'oullida - 어울리다 32

aller à l'école
deunggyôhada - 등교하다 83

aller à l'école (n.)
deunggyô - 등교 83

aller au travail
tchoulgeun(eul) hada - 출근(을) 하다 69

aller au travail (n.) — tchoulgeun - 출근 79

aller bien — dwéda - 되다 100

aller voir (spectacle, événement) — gougyonghada - 구경하다 87

allez ! (interjection) — dja - 자 58

allô — yobôséyô - 여보세요 50

allumer — kʰyoda - 켜다 96

alors — geulom - 그럼 18, 26

améliorer (s'~) — neulda - 늘다 99

amende — bolgeum - 벌금 85

ami/e — tchingou - 친구 6

amour — salang - 사랑 59

amuser (s'~) — nôlda - 놀다 39

an — hè - 해 41

ancien/ne (être ~) — gôpʰoungseulobda - 고풍스럽다 100

ancien/ne — djèlèsig - 재래식 86

anglais (langue) — yong'o - 영어 51, 71

Angleterre — yonggoug - 영국 71

animal — dôngmoul - 동물 72

animal de compagnie — èwandôngmoul - 애완동물 75

année — hè - 해 41

année (cette ~) — ôlhè - 올해 23

année (nouvelle ~) — sèhè - 새해 41

année dernière — djagnyon - 작년 69, 87

année prochaine — nènyon - 내년 69

anniversaire — sèng'il - 생일 25

anniversaire de la mort — djésa - 제사 94

annonce (information) — annè bangsông - 안내 방송 47

annulation — tchwisô - 취소 77

annuler — tchwisôhada - 취소하다 77

annuler (faire ~) — tchwisôsikʰida - 취소시키다 77

appel téléphonique — djonhwa - 전화 41, 50

apporter (en allant) — gadjyogada - 가져가다 53

apporter (en venant) — gadjyoôda - 가져오다 53

apprendre par cœur — wéouda - 외우다 61

approcher — dagaôda - 다가오다 99

après — hou - 후 31

après avoir (+ participe passé) — eun/n hou - 은/ㄴ 후 74

après-midi — ôhou - 오후 37

arc-en-ciel — moudjigè - 무지개 76

ardemment — yolsimhi - 열심히 67

argent — dôn - 돈 11, 39

arrêt (bus, autocar) — djonglyoudjang - 정류장 44

arrêter (s'~) — geutchida - 그치다 76

arrivée — dôtchag - 도착 46

arriver — ôda - 오다 44 ; dôtchaghada - 도착하다 46

art (enseignement) — misoul - 미술 83

article (chose)	moulgon - 물건 38
article (marchandise)	sangpʰoum - 상품 93
assaisonné/e (être ~)	yangnyomdwida - 양념되다 82
assaisonnement	yangnyom - 양념 82
asseoir	andjhida - 앉히다 90
asseoir (s'~)	andjda - 앉다 78, 90
assez	kkwè - 꽤 71
attacher	moukkda - 묶다 90
attacher (s'~) (objet)	moukkida - 묶이다 90
atteindre (âge)	dwéda - 되다 23
attendre	gidalida - 기다리다 46, 53
attention (concentration)	djoumôg - 주목 79
attention (faire ~)	djôsimhada - 조심하다 29
attention/précaution/prudence	djôsim - 조심 29
au fait	geulondé - 그런데 18, 39
augmenter	ôleuda - 오르다 87 ; neulda - 늘다 99
aujourd'hui	ôneul - 오늘 6
aussi	dô - 도 4
automatiquement	djodjollô - 저절로 89
automne	ga'eul - 가을 33
autorisation	hoyông - 허용 95
autre (être ~)	daleuda - 다르다 34, 43
autrefois	yésnal - 옛날 85
avance (à l'~)	mili - 미리 70
avant	djon - 전 46, 50
avec	ilang/lang - 이랑/랑 32
avec (qqn)	hagô - 하고 6
avec (ustensile, outil, etc.)	eulô/lô - 으로/로 31
avenir	djanglè - 장래 68
avion	bihènggi - 비행기 45, 95 ; hanggônggi - 항공기 95
avoir (*litt.* exister)	issda - 있다 19

B

badminton	bèdeumintʰon - 배드민턴 66
bagage	djim - 짐 95
bagage (à main)	souhamoul - 수하물 95
bague	bandji - 반지 88
baguette (couvert)	djosgalag - 젓가락 31
baigner (se ~)	môgyôg(eul) hada - 목욕(을) 하다 75
bain (donner un ~)	môgyôgsikʰida - 목욕시키다 75
banque	eunhèng - 은행 39, 54
banque en ligne	intʰonés bèngkʰing - 인터넷 뱅킹 54
banquier/-ère	eunhèng'won - 은행원 39
base (modèle)	gidjoun - 기준 82
baseball	yagou - 야구 66

bonne année !	sèhè bôg manhi badeuséyô - 새해 복 많이 받으세요 41
bossam (porc cuit)	bôssam - 보쌈 73
bottes	boutcheu - 부츠 93
bouche	ib - 입 61
bouillon/jus	gougmoul - 국물 33
boutique	gagé - 가게 53
bras	pʰal - 팔 61
brosser les dents (se ~)	i(leul) dakkda - 이(를) 닦다 73
brouillard	an'gè - 안개 76
brûlant/e (être ~)	tteugobda - 뜨겁다 30
buchimgae (galette)	boutchimgè - 부침개 32
bureau administratif de quartier	dôngsamousô - 동사무소 99
bus	boseu - 버스 44

C

ça là	geugo - 그거 26
cache-cache	soumbakkôgdjil - 숨바꼭질 90
cacher	soumgida - 숨기다 90
cacher (se ~)	soumda - 숨다 90
cadeau	sonmoul - 선물 25, 88
cadet	namdôngsèng - 남동생 46
cadet/te	dôngsèng - 동생 46
cadette	yodôngsèng - 여동생 46
café (lieu)	kʰopʰisyôb - 커피숍 27
café au lait	kʰapʰéôlé - 카페오레 27
calendrier lunaire	eumlyog - 음력 25
calendrier solaire	yanglyog - 양력 25
calme (être ~)	djôyônghada - 조용하다 34, 58 ; sounhada - 순하다 80
cambrioleur	dôdoug - 도둑 97
canapé	sôpʰa - 소파 90
canard	ôli - 오리 72
capitale	soudô - 수도 92
carotte	danggeun - 당근 82
carte	kʰadeu - 카드 27
caserne de pompiers	sôbangso - 소방서 90
caution	bôdjeunggeum - 보증금 67
ce/tte ... là-bas	djo - 저 19
ce/tte ...-là	geu - 그 18
ce/cette/ces	i - 이 5
ceci / cette chose(-ci)	igos - 이것 5
ceinture de sécurité	andjonbéltʰeu - 안전벨트 95
centre commercial	syôpʰingséntʰo - 쇼핑센터 20
cérémonie de mariage	gyolhônsig - 결혼식 59
cérémonie de remise des diplômes	djôlobsig - 졸업식 60

certain	olma - 얼마 46
certainement	bandeusi - 반드시 100
chaise	euidja - 의자 90
chaleur (fièvre)	yol - 열 74
chambre	bang - 방 13
champignon	bosos - 버섯 82
chance	bôg - 복 41
chanceux/-se (être ~)	dahèng'ida - 다행이다 41
changer	bakkouda - 바꾸다 89
changer (se ~)	bakkwida - 바뀌다 89
chaque	mada - 마다 51
charge	boudam - 부담 95
charge (poids, gêne)	boudam - 부담 88
charmant/e (être ~)	mosisssda - 멋있다 19
chat	gôyang'i - 고양이 75
chaud (avoir/faire ~)	dobda - 덥다 33
chaud (fièvre) (avoir ~)	yol(i) nada - 열(이) 나다 74
chaud/e (être très ~)	tteugobda - 뜨겁다 30
chaussures	sinbal - 신발 11, 29
chaussures de randonnée	deungsanhwa - 등산화 92
chemin	gil - 길 39
cher/-ère (être ~)	bissada - 비싸다 26, 29
cher/-ère (être peu ~)	ssada - 싸다 29, 45
chercher	tchadjda - 찾다 26, 57, 67
chercher (logement)	gouhada - 구하다 67
chéri/e	yobô - 여보 97
cheval	mal - 말 72
cheveux	moli - 머리 90
chien	gè - 개 72
Chine	djounggoug - 중국 71
chinois (langue)	djounggougo - 중국어 56, 71
chiot	gang'adji - 강아지 72
chocolat	tchôkʰôllis - 초콜릿 10
choisir	gôleuda - 고르다 65 ; sontʰèghada - 선택하다 67
chose	gos - 것 5
chose (cette ~-là)	geugos - 그것 26
chou chinois	bètchou - 배추 87
chuchoter	sôgsagida - 속삭이다 58
Chuseok (fête des récoltes)	tchousog - 추석 41
cigarette	dambè - 담배 15
cinéma (salle, bâtiment)	geugdjang - 극장 18
client/e	sônnim - 손님 34, 38, 54 ; gôgèg - 고객 53
client/e fidèle	dan'gôlsônnim - 단골손님 82
clinique	byong'won - 병원 40
cœur	ma'eum - 마음 64

contacter (se ~)	yonlaghada - 연락하다 56 ; yonlag(eul) hada - 연락(을) 하다 60
contacter *(hon.)*	yonlagdeulida - 연락드리다 94
content/e (être ~)	djôhda - 좋다 45, 54
contenu	nèyông - 내용 65
continu (en ~)	gyésôg - 계속 60
continuellement	gyésôg - 계속 60
contravention	bolgeum - 벌금 85
conversation téléphonique	tʰônghwa - 통화 53
coordination	kʰôdi - 코디 93
coordonner	kʰôdihada - 코디하다 93
coq/poule	dalg - 닭 72
coquinerie	ègyô - 애교 80
Corée	han'goug - 한국 2
coréen (langue)	han'gougo - 한국어 8
coréen (parlé)	han'gougmal - 한국말 78
corps	môm - 몸 74, 90
correct/e (être ~)	madjda - 맞다 44, 65
correctement	djédèrô - 제대로 100
cosmétique (produit ~)	hwadjangpʰoum - 화장품 53
costume	euisang - 의상 41
côté	tsôg - 쪽 53
(à) côté (de)	yopʰ - 옆 20
cou	môg - 목 61, 93
couleur	sèg - 색 76 ; sèg(sang) - 색(상) 93
coupé/e (être ~)	kkeunodjida - 끊어지다 96
couper	kkeunda - 끊다 96
couple marié	boubou - 부부 59
courir ici et là	ttwiodanida - 뛰어다니다 90
cours (en ~)	djoung - 중 53
cours (leçon)	souob - 수업 66
cousin/e	satchôn - 사촌 55
coûteux/-euse (être ~)	bissada - 비싸다 29
couvrir de nuages (se ~)	gouleumi kkida - 구름이 끼다 76
craindre	mousowohada - 무서워하다 72 ; doulyobda - 두렵다 99
crayon	yonpʰil - 연필 88
crèche (garde d'enfant)	olinidjib - 어린이집 83
créer	mandeulda - 만들다 100
crémaillère (pendaison de ~)	djibdeuli - 집들이 59, 82
crème glacée	a'iseukʰeulim - 아이스크림 57
crème solaire	sonkʰeulim - 선크림 89
cri	sôli - 소리 85
crier	sôlitchida - 소리치다 85
crisper (se ~)	gindjanghada - 긴장하다 95
crocodile	ago - 악어 72

croiser (se ~)	mannada - 만나다 48
croiser qqn	mannada - 만나다 39
cuillère	soudgalag - 숟가락 31
cuillère à soupe (mesure)	kʰeunsoul - 큰술 82
cuire	igda - 익다 82
cuisine (faire la ~)	yôlihada - 요리하다 13
cuisiner	mandeulda - 만들다 41
culture	mounhwa - 문화 86
culture traditionnelle	djontʰôngmounhwa - 전통문화 86
cycle (enseignement)	gwadjong - 과정 83

D

dame	adjoumoni - 아주머니 75
dans	sôg - 속 96
dans ce cas	geulomyon - 그러면 57
de toute façon	amoulèdô - 아무래도 93
débarrasser du stress (se ~)	seutʰeuléseu(leul) pʰoulda - 스트레스(를) 풀다 74
début	tchoʼeum - 처음 71 ; tchô - 초 87
décent/e (être ~)	dandjonghada - 단정하다 90
décider	gyoldjong(eul) hada - 결정(을) 하다 81
décision	gyoldjong - 결정 81
déclaration	balpʰyô - 발표 99
déclarer	balpʰyôhada - 발표하다 99
décollage	ilyoug - 이륙 95
décoller	ilyoughada - 이륙하다 95
décrocher (téléphone)	djonhwa(leul) badda - 전화(를) 받다 50
dedans	an - 안 53 ; sôg - 속 96
défaut	tʰas - 탓 100
défi	dôdjon - 도전 66
défouler	pʰoulda - 풀다 74
dehors	bakk - 밖 31, 53, 74
déjà	bolsso - 벌써 24, 38, 57, 89
déjeuner (n.)	djomsim - 점심 6, 31
délicieux/-euse (être ~)	masissda - 맛있다 29
demain	nèil - 내일 49
demande	boutʰag - 부탁 99
demandé/e (être très ~)	djal nagada - 잘 나가다 100
demande de renseignement	mouneui - 문의 93
demander (interroger)	moulobôda - 물어보다 73
demander un service	boutʰaghada - 부탁하다 99
demander un service (hon.)	boutʰagdeulida - 부탁드리다 99
démarche (formalité)	sousôg - 수속 95
demie (et ~)	ban - 반 24
dénicher	balgyonhada - 발견하다 93
dénouer	pʰoulda - 풀다 74

drama	deulama - 드라마 77
droit (côté ~)	ôleuntsôg - 오른쪽 47
drôle/amusant/e (être ~)	djèmiissda - 재미있다 9, 17
dur/e (être ~)	himdeulda - 힘들다 61

E

eau	moul - 물 62
écart	tcha - 차 76
échange	gyôhwan - 교환 67
échanger	bakkouda - 바꾸다 53 ; gyôhwanhada - 교환하다 93
écharpe	môgdôli - 목도리 93
école	haggyô - 학교 8
école maternelle	youtchiwon - 유치원 83
école mixte	namnyogônghag - 남녀공학 83
école élémentaire	tchôdeunghaggyô - 초등학교 83
écolier	tchôdeunghagsèng - 초등학생 83
écouter	deudda - 듣다 17, 58
écrit (être ~)	ssodjida - 써지다 85
éducation	gyôyoug - 교육 83
effleurer	seutchida - 스치다 97
effort	nôlyog - 노력 100
efforts (faire des ~)	nôlyoghada - 노력하다 100
effrayant/e (être ~)	mousobda - 무섭다 40, 72
église	gyôhwé - 교회 15
élever	gileuda - 기르다, kʰiouda - 키우다 75
e-mail	iméil - 이메일 56
embarquement	tʰabseung - 탑승 95
embarras	gônlan - 곤란 94
embarrassant/e (être ~)	gônlanhada - 곤란하다 94
embauché/e (être ~)	tchwidjigdwéda - 취직되다 69
embouteillages (il y a des ~)	tchaga maghida - 차가 막히다 46
émettre un son	sôli(leul) nèda - 소리(를) 내다 97
employé/e (nouvel/le ~)	sinibsawon - 신입사원 79
employé/e	djig'won - 직원 54
employé/e d'une entreprise	hwésawon - 회사원 3, 54
employer	sseuda - 쓰다 52
en (outil, transport, etc.)	eulô/lô - 으로/로 31
en même temps (à la fois)	gyom - 겸 79
en tout cas	amoulèdô - 아무래도 93
enchanté/e (être ~)	ban'gabda - 반갑다 1
encore	ttô - 또 57, 69
encore (pas ~)	adjig - 아직 25, 38, 45
encouragement	eung'won - 응원 100
encourager	eung'wondada - 응원하다 100
endroit	gôs - 곳 41

énervé/e (être ~)	tsadjeung(i) nada - 짜증(이) 나다 74
énerver (s'~)	tsadjeung(eul) nèda - 짜증(을) 내다, tsadjeung(i) nada - 짜증(이) 나다 74
enfant	a'i - 아이 23
enfanter	nahda - 낳다 59
enfin	deudio - 드디어 96
ennemi	djog - 적 99
ennuyer (s'~)	simsimhada - 심심하다 41
ennuyeux/-se (être ~)	djèmiobsda - 재미없다 35
enseignement	galeutchim - 가르침 99
enseigner	galeutchida - 가르치다 51
ensemble	gatʰi - 같이 18 ; hamkké - 함께 67
ensuite	oso/aso - 어서/아서 51, 73
entendre	deullida - 들리다 89
entendre (s'~)	deullida - 들리다 75, 89
entêtement	gôdjib - 고집 80
entier	ôn - 온 74
entre	kkili - 끼리 58
entreprise	hwésa - 회사 9
(r)entrer (en allant / se déplaçant vers un endroit)	deulogada - 들어가다 50
entrer (en venant de quelque part)	deuloôda - 들어오다 47
environ	djongdô - 정도 47 ; (han)... tseum - (한) ... 쯤 71
environ/vers	djongdô - 정도, tseum - 쯤 31
envoyer	boutchida - 부치다 39 ; bônèda - 보내다 54
épaule	okkè - 어깨 61
éplucher et manger	kkamogda - 까먹다 24
épouse	bouin - 부인 53
époux	nampʰyon - 남편 53, 81
épuisé/e (être ~) (stock)	pʰoumdjolida - 품절이다 94
épuisement (d'un stock)	pʰoumdjol - 품절 94
équipage	seungmouwon - 승무원 95
équivalent/e (être ~)	matchan'gadjiida - 마찬가지이다 85
erreur	silsou - 실수 94
escalier	gyédan - 계단 53, 74
Espagne	seupʰéin - 스페인 71
espagnol (langue)	seupʰéino - 스페인어 71
espérer	gidèhada - 기대하다 45
espoir	heuimang - 희망 68
essayer (vêtement)	ibobôda - 입어보다 86
essayer de	o/a bôda - 어/아 보다 38
est (point cardinal)	dông - 동 92
et	hagô - 하고 6 ; geuligô - 그리고 10 ; gô - 고 19 ; lang - 랑 27 ; ilang/lang - 이랑/랑 32
États-Unis	migoug - 미국 71

etc.	deung - 등 31, 82
été	yoleum - 여름 33
éteint/e (être ~)	kkodjida - 꺼지다 96
éthique	dôdog - 도덕 83
étonner (s'~)	nôllada - 놀라다 97
étrange (être ~)	isanghada - 이상하다 64
étrangement	isanghagé - 이상하게 64
être (ne pas ~)	anida - 아니다 69
être (v.)	ida - 이다 1
être comme cela	geulohda - 그렇다 26
être en train de	gô issda - 고 있다 75
étude	gôngbou - 공부 8
étudiant/e en master	dèhagwonsèng - 대학원생 83
étudiant/e	hagsèng - 학생 3
étudiant/e à l'université	dèhagsèng - 대학생 48, 83
étudier / faire des études	gôngbouhada - 공부하다 8
étui à lunettes	an'gyongdjib - 안경집 64
euh... (interjection)	eum - 음 6
événement	hèngsa - 행사 93
évidemment	dangyonhi - 당연히 99
exact/e (être ~)	madjda - 맞다 44
examen (contrôle)	sihom - 시험 61
examen (contrôle) (passer/avoir un / se présenter à un ~)	sihom(eul) bôda/tchileuda - 시험(을) 보다/치르다 61
excédent	tchôgwa - 초과 95
excéder	tchôgwahada - 초과하다 95
excès	tchôgwa - 초과 95
excuse	sillyé - 실례 23
exemple	bôgi - 보기 65
exigeant/e (être ~)	kkankkanhada - 깐깐하다 78
exister	issda - 있다 15
exister (ne pas ~)	obsda - 없다 11
expédier	boutchida - 부치다 39
expérience	gyonghom - 경험 92
expérience (faire l'~)	gyonghomhada - 경험하다 92
expérimenté (être ~)	igsoughada - 익숙하다 79
explication	solmyong - 설명 58
exposition (salon)	djonsihwi - 전시회 86
expression	pʰyôhyon - 표현 52
expresso	éseupʰeulésô - 에스프레소 27
exprimer (s'~)	balpʰyôhada - 발표하다 99
extérieur	bakk - 밖 31, 53

F

fabriquer	mandeulda - 만들다 41
facile (être ~)	swibda - 쉽다 52

facteur	outchébou - 우체부 39, 68
facture	yongsoudjeung - 영수증 53
faim (avoir ~)	bègôpʰeuda - 배고프다 57
faire	hada - 하다 1, 3
faire (plat)	mandeulda - 만들다 82
faire connaître	allida - 알리다 100
faire voir	bôida - 보이다 95
fait/e (être ~) (fabriqué, produit)	mandeulodjida - 만들어지다 85
famille	gadjôg - 가족 5
famille d'accueil (logement)	hasougdjib - 하숙집 67
famille de...	né - ...네 87
famille du côté maternel	wéga - 외가 55
famille du côté paternel	tchin'ga - 친가 55
fatigué/e (être ~)	pʰigônhada - 피곤하다 13
faute (sans ~)	kkôg - 꼭 45
féliciter	tchoughahada - 축하하다 25
femme	yodja - 여자 19, 53, 59 ; anè - 아내 38 ; bouin - 부인 53
femme de l'oncle maternel	wésougmô - 외숙모 55
femme de l'oncle paternel	sougmô - 숙모 55
fenêtre	tchangmoun - 창문 89
férié	yonhyou - 연휴 41
fermé/e (être ~)	dadhida - 닫히다 89
fermer	dadda - 닫다 41, 89
fesse	ongdong'i - 엉덩이 61
fête	pʰatʰi - 파티 25 ; djantchi - 잔치 88
fête (traditionnelle)	myongdjol - 명절 41
fête de bienvenue	hwanyonghwi - 환영회 79
feu	boul - 불 90
fidèle (habitué/e) (n.)	dan'gôl - 단골 82
fier/-ère (être ~)	djalangseulobda - 자랑스럽다 100
fille (descendance)	ttal - 딸 23
fille (petite-~)	sônnyo - 손녀 80
film	yonghwa - 영화 17
fils	adeul - 아들 23
fin (n.)	madjimag - 마지막 99
fin d'études	djôlob - 졸업 60
finalement	matchimnè - 마침내 59 ; deudio - 드디어 96
fixé/e (être ~)	djonghèdjida - 정해지다 83
fleur	kkôtch - 꽃 68
fleurir	kkôtchi pʰida - 꽃이 피다 96
fleuriste	pʰeullôliseutʰeu - 플로리스트 68
fleuriste (chez le/la ~)	kkôtchdjib - 꽃집 68
foie	gan - 간 97
fois (coréen)	bon - 번 44
fois (pour la première ~)	sèlô - 새로 79

fois (une ~)	hanbon - 한번 38
football	tchouggou - 축구 66
football (jouer au ~)	tchouggou(leul) hada - 축구(를) 하다 66
football (terrain de ~)	tchouggoudjang - 축구장 66
fortune (bonne ~) (chance)	dahèng - 다행 41
fou/folle (être ~)	mitchida - 미치다 61
frais/-îche (faire/être ~)	sonsonhada - 선선하다 33
français (langue)	boulo - 불어, pʰeulangseuo - 프랑스어 8
France	pʰeulangseu - 프랑스 2
frapper (une balle)	tchida - 치다 66
fréquenter	danida - 다니다 9
fréquenter (qqn)	mannada - 만나다 59
frère (grand ~) (employé par un cadet)	hyong - 형 55
frère (grand ~) (employé par une cadette)	ôppa - 오빠 55
frère (petit ~)	namdôngsèng - 남동생 46
froid (faire/avoir ~)	tchoubda - 춥다 33
fruit	gwa'il - 과일 31, 33
fumer (du tabac)	dambèleul pʰiouda - 담배를 피우다 85
fumer (fait de ~) (n.)	heubyon - 흡연 85

G

galant/e (être ~)	djasanghada - 자상하다 19
garçon (petit ~)	sôndja - 손자 80
gardien (d'immeuble)	gyongbiwon - 경비원 81
gare	yog - 역 44
garer (se ~)	djoutchahada - 주차하다 16
gâteau (langage enfantin)	kkakka - 까까 72
gauche (côté ~)	wéntsôg - 왼쪽 47
général (en ~)	bôtʰông - 보통 31
généralement	bôtʰông - 보통 31
généreux/-se (être ~)	nognoghada - 넉넉하다 100
générosité	insim - 인심 100
genou(x)	mouleupʰ - 무릎 61, 74
gentil/le (être ~)	tchaghada - 착하다 19 ; tchindjolhada - 친절하다 51
glissant/e (être ~)	mikkeulobda - 미끄럽다 37
goûter (n.)	gansig - 간식 31
grâce à	dogbouné - 덕분에 99
grammaire	mounbob - 문법 71
grand/e (être ~)	kʰeuda - 크다 29, 76
grand-mère	halmoni - 할머니 51
grand-mère maternelle	wéhalmoni - 외할머니 55
grand-père	halabodji - 할아버지 51
grand-père maternel	wéhalabodji - 외할아버지 55

image	imidji - 이미지 89
immeuble	gonmoul - 건물 89
imminent/e (être ~)	dagaôda - 다가오다 99
impression (sentiment)	sôgam - 소감 99
impression vive	silgam - 실감 100
inconfortable (être ~)	boulpʰyonhada - 불편하다 67, 95
(travailleur) indépendant (*freelance*)	pʰeulilènso - 프리랜서 100
indigo	nam(sèg) - 남(색) 76
inexpérimenté/e (être ~)	sotʰoulda - 서툴다 100
infirmier/-ère	ganhôsa - 간호사 61
ingrédient	djèlyô - 재료 82
ingrédients principaux	djoudjèlyô - 주재료 82
inhérent	gôyou - 고유 86
inquiéter (s'~)	gogdjong(eul) hada - 걱정(을) 하다 62
inquiétude	gogdjong - 걱정 60, 62
insecte	gôntchoung - 곤충 72
insérer (s'~)	deulogada - 들어가다 65
instant (à l'~)	banggeum - 방금 75
instant (un ~)	djamkkan - 잠깐 50 ; djamsi - 잠시 53
institut privé	hagwon - 학원 15
instructions	djisi - 지시 95
insuffisance	boudjôg - 부족 100
insuffisant/e (être ~)	boudjôghada - 부족하다 100
intelligent/e (être ~)	ttôgttôghada - 똑똑하다 64
interdiction de fumer (*n.*)	geumyon - 금연 85
intéressant/e (être ~)	djèmiissda - 재미있다 9, 17
intérieur	an - 안 53 ; sôg - 속 96, 97
interprète	tʰôngyogsa - 통역사 100
interrogation	mouleum - 물음 65
invitation	tchôdè - 초대 41, 59
inviter	tchôdèhada - 초대하다 41 ; tchôdè(leul) hada - 초대(를) 하다 59
inviter (qqn)	bouleuda - 부르다 25
irritation (colère)	tsadjeung - 짜증 74
Italie	itʰalia - 이탈리아 71
italien (langue)	itʰaliao - 이탈리아어 71

J

jajangmyeon (nouilles noires)	djadjangmyon - 자장면 57
jambe	dali - 다리 61
Japon	ilbôn - 일본 37, 45, 71
japonais (langue)	ilbôno - 일본어 71
jaune	nôlang - 노랑 76
jaune (être ~)	nôlahda - 노랗다 76
je/me/moi	djo - 저 1 ; na - 나 74
jean	tchongbadji - 청바지 93

lessive (faire la ~)	ppalèhada - 빨래하다 13
lettre	pʰyondji - 편지 68
lever (se ~)	ilonada - 일어나다 73
librairie	sodjom - 서점 68
libre (être ~ / se sentir ~)	djayoulôbda - 자유롭다 67
licence	hagsa - 학사 83
lieu	gôs - 곳 41
lieu de repos	swimtʰo - 쉼터 80
lieu de travail	djigdjang - 직장 9 ; iltʰo - 일터 80
lieu médicalisé	byong'won - 병원 53
lire	ilgda - 읽다 38, 51
livraison	bèdal - 배달 68, 73 ; bèsông - 배송 93
livre	tchèg - 책 20
livré/e (être ~)	bèsôngdwéda - 배송되다 93
livrer	bèdalhada - 배달하다 68 ; bèdal(eul) hada - 배달(을) 하다 73 ; bèsônghada - 배송하다 93
livrer (faire ~)	bèdalsikʰida - 배달시키다 73
logement	djib - 집 82
loin (être ~)	molda - 멀다 16
loisir	tchwimi - 취미 66
longtemps	ôlè - 오래 45, 59
lors	ttè - 때 32
lorsque	eul/l ttè - 을/ㄹ 때 32
loup	neugdè - 늑대 72
lourd/e (être ~)	mougobda - 무겁다 56 ; boudamseulobda - 부담스럽다 88
loyer	wolsé - 월세 67
lundi	wolyôil - 월요일 87
lune	dal - 달 71
lunettes	an'gyong - 안경 64
lunettes (faire faire des ~)	an'gyong(eul) hada/madjtchouda - 안경(을) 하다/맞추다 64
lycée	gôdeunghaggyô - 고등학교 48, 83
lycéen/ne	gôdeunghagsèng - 고등학생 48, 83

M

madame	adjoumoni - 아주머니 38
magasin	gagé - 가게 15, 38, 53
magazine	djabdji - 잡지 54
magnifique (être ~)	aleumdabda - 아름답다 86
main	sôn - 손 61
maintenant	idjé - 이제 11 ; djigeum - 지금 24, 47, 50
(enfin) maintenant	idjé - 이제 58
mais	djiman - 지만 23, 30 ; hadjiman - 하지만 30, 54

maison	djib - 집 11, 17, 86
maison ancienne	hanôg - 한옥 86
makgeolli (alcool de riz doux et laiteux)	maggolli - 막걸리 32
mal (être pas ~)	gwèntchanhda - 괜찮다 64
maladie	byong - 병 53, 61
maladroit/e (être ~)	sotʰoulda - 서툴다 78
malgré tout cela	geulèdô - 그래도 66
maman	omma - 엄마 22
manger	mogda - 먹다 6
manière	bangbob - 방법 62
manteau	kʰôtʰeu - 코트 93
maquillage	hwadjang - 화장 53
maquiller (se ~)	hwadjang(eul) hada - 화장(을) 하다 53
marchandise	sangpʰoum - 상품 93
marché	sidjang - 시장 38, 50
mari	nampʰon - 남편 38 ; nampʰyon - 남편 53, 81
mari de la tante maternelle	imôbou - 이모부 55
mari de la tante paternelle	gômôbou - 고모부 55
mariage	gyolhôn - 결혼 59
marier (bien se ~) (s'accorder)	ooullida - 어울리다 32
marier (se ~)	gyolhôn(eul) hada - 결혼(을) 하다 59
mariner	djèouda - 재우다 82
masque	tʰal - 탈 71
master	sogsa - 석사 83
mathématiques	souhag - 수학 83
matin	atchim - 아침, ôdjon - 오전 73
matinée	ôdjon - 오전 73
mauvais/e (être ~), ne pas être bon (saveur)	masobsda - 맛없다 29
médecin	euisa - 의사 53, 61
médecin (chez le ~)	byongwon - 병원 40 ; byong'won - 병원 53
médicament	yag - 약 61, 68
mégot	kkôngtchô - 꽁초 85
même	han - 한 22
mémoriser	wéouda - 외우다 61
ménage (faire le ~)	tchongsôhada - 청소하다 13
menu	ményou - 메뉴 82
mère	omoni - 어머니 23
mère *(hon.)*	omonim - 어머님 23
météorologie	ilgi yébô - 일기 예보 76
méthode	bangbob - 방법 62
méthode (manière)	(bang)bob - (방)법 82
méticuleux/-se (être ~)	kkankkanhada - 깐깐하다 78
métier	djigob - 직업 3
métro	djihatchol - 지하철 45

namul (plat d'accompagnement à base d'herbes comestibles)	namoul - 나물 33
ne pas	an - 안 12 ; dji anhda - 지 않다 20 ; dji malda - 지 말다 58
ne plus	geuman - 그만 69
ne... que	bakké - 밖에 71
nécessaire (être ~)	pʰilyôhada - 필요하다 38
nécessité	pʰilyô - 필요 38
neige	noun - 눈 37
neiger	nouni ôda - 눈이 오다 37
nettoyer	dakkda - 닦다 51
neuf/-ve	sè - 새 41, 51
nez	kʰô - 코 61
noir/e (être ~)	kkamahda - 까맣다 76
nombreux/-ses (être ~)	manhda - 많다 15
non	aniyô - 아니요 24
nord	boug - 북 92
note (cahier de ~)	nôtʰeu - 노트 78
note (évaluation)	songdjog - 성적 83
note (résultat)	songdjog - 성적 88
notre	ouli - 우리 69
nous	ouli - 우리 69
nous/notre *(humble)*	djoheui - 저희 75
nouveau (de ~)	sèlô - 새로 64
nouveau/-lle	sè - 새 41
nouveau/-lle (être ~)	sèlôbda - 새롭다 90
Nouvel An	sèhè - 새해 41, 52
nouvelle *(n.)*	sôsig - 소식 100
nuage	gouleum - 구름 76
nuageux/-se (être ~)	gouleumi kkida - 구름이 끼다 76
nuit	bam - 밤 50, 73
nul (être quasi ~)	badagida - 바닥이다 88
nul/le (être ~)	djèmiobsda - 재미없다 35
nulle part	amoudédô - 아무데도 85
numéro *(sino-coréen)*	bon - 번 44
numéro d'étudiant	hagbon - 학번 78

O

obéir	ttaleuda - 따르다 95
objet	moulgon - 물건 38, 88
obscur/e (être ~)	odoubda - 어둡다 97
obscurité	odoum - 어둠 97
obtenir (diplôme, qualité, statut)	ttada - 따다 46
obtenir (prix, médaille, diplôme)	ttada - 따다 83
Occident	soyang - 서양 86
occupé/e (être ~)	bappeuda - 바쁘다 37, 43

occuper de qqn (prendre soin) (s'~)	dôlbôda - 돌보다 80
œil (yeux)	noun - 눈 72
œuvre	djagpʰoum - 작품 58
oh là là !	omona - 어머나 36
oignon	yangpʰa - 양파 82
ombre	geulimdja - 그림자 97
oncle maternel	wésamtchôn - 외삼촌 55
oncle paternel	samtchôn - 삼촌 55
opticien/ne (chez l'~)	an'gyongdjom - 안경점 64
or (métal précieux)	geum - 금 88
orange (couleur)	djouhwang - 주황 76
ordinaire (être ~)	wénmanhada - 웬만하다 100
ordinateur	kʰompʰyoutʰo - 컴퓨터 20
oreille	gwi - 귀 61
organiser un événement	hèngsaleul hada - 행사를 하다 93
organisme	gigwan - 기관 99
ou	ina/na - 이나/나 31
où	odi - 어디 16
oublier complètement	idjobolida - 잊어버리다 24
ouest	so - 서 92
oui	né - 네 4 ; geulè - 그래 48
ours	gôm - 곰 22
ouvrir	yolda - 열다 89
ouvrir (s'~)	yollida - 열리다 89

P

pain	ppang - 빵 10
paisiblement	annyonghi - 안녕히 52
panier	bagouni - 바구니 93
panier de courses	djangbagouni - 장바구니 93
panne	gôdjang - 고장 96
panne (avoir une ~)	gôdjang'i nada - 고장이 나다 96
panne (tomber en ~)	gôdjang'i nada - 고장이 나다 96
pantalon	badji - 바지 39, 93
papa	appa - 아빠 22
par	eulô - 으로, lô - 로 27
par (ici, là, moyen, etc.)	eulô/lô - 으로/로 31
parapluie	ousan - 우산 37
parc	gông'won - 공원 12
parce que	aso/oso - 아서/어서, eunikka/nikka - 으니까/니까 37
pardon ?	né - 네 ? 24
pareil/le (être ~)	matchan'gadjiida - 마찬가지이다 85
parent	boumônim - 부모님 41
parent (famille)	tchintchog - 친척 88
parenthèse	binkʰan - 빈칸 65

parents de la mariée	tchindjong boumô(nim) - 친정 부모(님) 80
parents du marié	siboumô(nim) - 시부모(님) 80
parfois	gakkeum - 가끔 51
parfum	hyanggi - 향기 68
parfum (eau de ~)	hyangsou - 향수 26
parfum de fleur	kkôtchhyanggi - 꽃향기 68
parking	djoutchadjang - 주차장 16
parler (une langue)	hada - 하다 71
parler à qqn (hon.)	malsseumdeulida - 말씀드리다 95
parler fort	ttodeulda - 떠들다 58
parole (hon.)	malsseum - 말씀 95
parole	mal - 말 11
particularité	tʰeugbyol - 특별 33
particulier/-ère, spécial/e (être ~)	tʰeugbyolhada - 특별하다 33
particulièrement	tʰeugbyolhi - 특별히 33 ; tʰeughi - 특히 71
partir	tchoulbalhada - 출발하다 47
partir en voyage	yohèng(eul) gada - 여행(을) 가다 45
passager	seunggèg - 승객 95
passé	djon - 전 75
passé (n.)	yédjon - 예전 83
passeport	yogwon - 여권 95
passer (litt. fréquenter en allant)	danyogada - 다녀가다 92
passer (litt. fréquenter en venant)	danyoôda - 다녀오다 92
passer (du temps)	djinèda - 지내다 67
passer (temps)	gada - 가다 99
passer (émission, radio, télévision, etc.)	naôda - 나오다 47
passer (qqn) au téléphone	bakkwodjouda - 바꿔주다 50
passer du temps / aller (bien)	djinèda - 지내다 4
passer à l'instant	seutchyo djinagada - 스쳐 지나가다 97
pastèque	soubag - 수박 89
patient/e (n.)	hwandja - 환자 53
pause (faire une ~)	hyousigeul tchwihada - 휴식을 취하다 92
payer	nèda - 내다 85
pays	nala - 나라 2
pays étranger	wégoug - 외국 62
peindre	geulida - 그리다 36
peinture	geulim - 그림 36
pendaison de crémaillère	djibdeuli - 집들이 59, 82
pendant	dông'an - 동안 59
pendant longtemps	ôlèsdông'an - 오랫동안 59
pensée	sènggag - 생각 68, 71
penser à	sènggag(i) nada - 생각(이) 나다 68
perdre	ilhda - 잃다 90
père	abodji - 아버지 51, 69
période (mauvaise ~)	seullompʰeu - 슬럼프 74

permis de conduire	oundjon myonho - 운전 면허 46
personne	salam - 사람 2
personne *(forme soutenue)*	boun - 분 81
personne *(hon.)*	boun - 분 75
pesant/e (gênant) (être ~)	boudamseulobda - 부담스럽다 67
petit à petit	djomdjom - 점점 96
petit ami	namdja tchin'gou - 남자 친구 19
petit frère / petite sœur	dôngsèng - 동생 46
petit/e (être ~)	djagda - 작다 29
petit-déjeuner	atchim - 아침 31
petite amie	yodja tchin'gou - 여자 친구 19
petite fille / petit garçon	sôndjou - 손주 80
peu (être ~)	djogda - 적다 34
peu (un ~)	djôgeum - 조금 26 ; djôm - 좀 26, 46
peur	doulyo'oum - 두려움 97
peur (avoir ~)	mousobda - 무섭다 40, 62 ; douloybda - 두렵다 99
peur (faire ~)	mousobda - 무섭다 62
peur bleue (avoir une ~)	gan(i) ttolodjida - 간(이) 떨어지다 97
pharmacie	yaggoug - 약국 61, 68
pharmacien/ne	yagsa - 약사 61, 68
photo	sadjin - 사진 5, 58
photo (prendre une ~)	sadjin(eul) tsigda - 사진(을) 찍다 58
piano	pʰianô - 피아노 51, 66
piano (jouer du ~)	pʰianô(leul) tchida - 피아노(를) 치다 51
pied	bal - 발 61
pied (à ~)	goloso - 걸어서 48
piment	gôtchou - 고추 87
pimenté/e (être ~)	mèbda - 맵다 30
pizza	pʰidja - 피자 73
place	djali - 자리 78 ; djwasog - 좌석 95
place (à la ~ de)	dèsin(é) - 대신(에) 81
place non-fumeur (restaurant, café)	geumyonsog - 금연석 85
plaire	ma'eumé deulda - 마음에 들다 64
plaisir	djèmi - 재미 80
plan (projet)	gyéhwég - 계획 62
plat coréen	hansig - 한식 86
plat occidental	yangsig - 양식 86
plat/nourriture	eumsig - 음식 6, 29
pleuvoir	bi(ga) ôda - 비(가) 오다 32 ; biga ôda - 비가 오다 37
pluie	bi - 비 32, 37
plus	do - 더 54
plus (le/la ~)	gadjang - 가장 29, 71 ; djéil - 제일 62
plus (le/la ~) *(comparatif)*	do - 더 64
plus en plus (de ~)	djakkou - 자꾸 94

poêle	pʰeula'ipʰèn - 프라이팬 82
poids	mougé - 무게 95
poireau	dèpʰa - 대파 82
poisson	sèngson - 생선 33
poisson grillé	sèngsongou'i - 생선구이 33
poitrine	gaseum - 가슴 61
poivre	houtchou - 후추 82
pompier	sôbanggwan - 소방관 90
populaire (être ~)	in'giissda - 인기있다 33
popularité	in'gi - 인기 33
porc	dwèdji - 돼지 72
port (porter)	tchagyông - 착용 95
porte	moun - 문 41, 47
portefeuille	djigab - 지갑 57
porter	tchagyônghada - 착용하다 95 ; deulda - 들다 97
porter (dans la main)	deulda - 들다 56
porter (lunettes, chapeau)	sseuda - 쓰다 64
porter (vêtement)	ibda - 입다 38
posé/e (être ~)	nôhida - 놓이다 96
poser	nôhda - 놓다 96
possibilité	ganeung - 가능 82
possible (être ~)	ganeunghada - 가능하다 82
poste (bureau de ~)	outchégoug - 우체국 39
poudre de piment	gôtchousgalou - 고춧가루 87
poule/coq	dalg - 닭 72
poulet frit	tchikʰin - 치킨 32, 73
pour (que)	eulyogô/lyogô - 으려고/려고 69
pourquoi	wè - 왜 30, 38, 43
pouvoir	eul/l sou issda - 을/ㄹ 수 있다 38
pouvoir (ne pas ~)	dji môshada - 지 못하다, môs - 못 30 ; eul/l sou obsda - 을/ㄹ 수 없다 38
pratique (être ~)	pʰyonhada - 편하다 45, 67 ; pʰyonlihada - 편리하다 54
pratique (ne pas être ~)	boulpʰyeonhada - 불편하다 67
précisément (tout particulièrement)	ttala - 따라 90
premier/-ère (le/la ~)	tchos (bontsè) - 첫 (번째) 79
prendre (à la main)	djibo deulda - 집어 들다 97
prendre (repas)	hada - 하다 31
prendre (temps)	gollida - 걸리다 45
prendre en charge	boudamhada - 부담하다 95
prendre feu	boulnada - 불나다 90
prendre garde	djôsimhada - 조심하다 29
prendre/monter (véhicule)	tʰada - 타다 43
prénom / nom complet	ileum - 이름 5
préoccupation	gômin - 고민 67

Q

quand	ondjé - 언제 18
quartier	dôngné - 동네 66
quatrième (le/la ~)	né bontsè - 네 번째 79
que	mouos - 무엇 3
quel/le	oneu - 어느 2 ; mouseun - 무슨 6 ; myotch - 몇 23
quelque	olma - 얼마 25
quelque chose (un/e certain/e ~) (indéfini)	otton - 어떤 85
quelque part	odi - 어디 40
question	djilmoun - 질문 75
questionnaire	moundjé - 문제 65
qui	nougou - 누구 5
qui (pl.)	nougou nougou - 누구 누구 25
quitter (se ~)	héodjida - 헤어지다 52
quitter qqn	héodjida - 헤어지다 60
quoi	mwo - 뭐 5, 17

R

raconter	deullyodjouda - 들려주다 100
raconter (hon.)	deullyodeulida - 들려드리다 100
radotage	djansôli - 잔소리 69
radoter	djansôli(leul) hada - 잔소리(를) 하다 69
rafraîchissant/e (être ~)	siwonhada - 시원하다 33
randonnée (en montagne)	deungsan - 등산 53
randonnée (faire de la ~ (en montagne))	deungsan(eul) hada - 등산(을) 하다 53
randonnée pédestre	deungsan - 등산 92
randonnée pédestre (faire une ~)	deungsanhada - 등산하다 92
randonneur en montagne	deungsan'gèg - 등산객 92
rapide (être ~)	ppaleuda - 빠르다 54, 99
rappeler (se ~)	sènggag(i) nada - 생각(이) 나다 68
rapporter (acheter et ~)	sa ôda - 사 오다 45
rassemblement	môim - 모임 39
rat	djwi - 쥐 72
réaliser (constater)	silgamhada - 실감하다 100
réaliser (rêve)	ilouda - 이루다 100
recette	lésipʰi - 레시피 82
recevoir	badda - 받다 25, 41
reconnaissant/e (être ~)	gômabda - 고맙다 10
recyclage	djèhwalyông - 재활용 81
réduction (remise)	halin - 할인 93
réellement	tcham - 참 52
réfléchir (sans ~)	hamboulô - 함부로 85

réfrigérateur	nèngdjanggô - 냉장고 57
regarder	tchyodabôda - 쳐다보다 72
regarder/voir (qqch./qqn)	bôda - 보다 7, 17
région	dô - 도 92
règlement	gyésan - 계산 27
regret	houhwé - 후회 92
regret (grand ~)	houhwémagsim - 후회막심 92
regrettable (être ~)	houhwéseulobda - 후회스럽다 92 ; antʰakkabda - 안타깝다 96
regretter	houhwéhada - 후회하다 92
relier	yon'gyolhada - 연결하다 65
remboursé/e (être ~)	hwanbouli dwéda - 환불이 되다 93
remboursement	hwanboul - 환불 93
rembourser	hwanboulhada - 환불하다 93
rembourser (se faire ~)	hwanbouleul badda - 환불을 받다 93
remercier	gamsahada - 감사하다 16, 27, 36
remplacement	dètché - 대체 82
remplir	tchèouda - 채우다 58, 65
renard	yo'ou - 여우 72
rencontre	mannam - 만남 4
rencontrer (se ~)	bôda - 보다 18 ; mannada - 만나다 37, 48
rendez-vous	yagsôg - 약속 18
renom	youmyong - 유명 34
renommé/e (être ~)	youmyonghada - 유명하다 34
renommée	youmyong - 유명 34
renseigner (se ~)	mouneuihada - 문의하다 93
rentrée scolaire	gègang - 개강 67
rentrer	dôlaôda - 돌아오다 8 ; deulogada - 들어가다 65
rentrer du travail	tʰwégeun(eul) hada - 퇴근(을) 하다 69
réparer	gôtchida - 고치다 96
repas	sigsa - 식사 31
repas (prendre un ~)	sigsahada - 식사하다 31
repas coréen	hansig - 한식 86
repas en groupe (avec des collègues)	hwésig - 회식 32
repas fait maison	djibbab - 집밥 41
repas occidental	yangsig - 양식 86
répondre	dabhada - 답하다 65
répondre au téléphone	bakkouda - 바꾸다 50
réponse	dab - 답 65
réponse (bonne ~)	djongdab - 정답 65
réponse (mauvaise ~)	ôdab - 오답 65
repos	hyousig - 휴식 92
reposer (se ~)	swida - 쉬다 17, 40 ; hyousighada - 휴식하다 92
réservation (billet)	yémè - 예매 45

salon	gosil - 거실 96
salutation	insa - 인사 1
samedi	tʰôyôil - 토요일 12
samgyetang (plat coréen)	samgyétʰang - 삼계탕 33
samgyopsal (poitrine de porc)	samgyobsal - 삼겹살 32
sang	pʰi - 피 74
sans	obsi - 없이 93
satisfaction	mandjôg - 만족 93
satisfaisant/e (être ~)	mandjôgseulobda - 만족스럽다 93
satisfait/e (être ~)	djôhda - 좋다 45
sauce	yangnyomdjang - 양념장 82
sauce soja	gandjang - 간장 82
saupoudrer	ppoulida - 뿌리다 82
sauver	sallida - 살리다 90, 97
savoir (ne pas ~)	môleuda - 모르다 18
savoureux/-euse (être ~)	masissda - 맛있다 29
science	gwahag - 과학 83
scruter	balabôda - 바라보다 75
sec/-èche (être ~)	gondjôhada - 건조하다 76
séchage	gondjô - 건조 76
sécurité	andjon - 안전 95
selon	é ttala(so) - 에 따라(서) 83
semaine (cette ~)	ibon djou - 이번 주 18
semaine prochaine	da'eum djou - 다음 주 45
sens (signification)	tteus - 뜻 85
sentiment	giboun - 기분 60
Seollal (Nouvel An)	sollal - 설날 41
Séoul	so'oul - 서울 9, 15
séparation	ibyol - 이별 96
séparer (se ~)	ibyolhada - 이별하다 96
série (feuilleton)	deulama - 드라마, yonsôggeug - 연속극 96
sérieusement	yolsimhi - 열심히 69
service client	gôgêg séntʰo - 고객 센터 93
service de livraison (de colis)	tʰègbè - 택배 53
seulement	bakké - 밖에 71
seulement / ne... que	man - 만 50
shopping	syôpʰing - 쇼핑 11
shopping (faire du ~)	syôpʰinghada - 쇼핑하다 11
signification	euimi - 의미 88
s'il vous plaît	yogiyô - 여기요 27
silencieux/-se (être ~)	djôyônghada - 조용하다 58
Silla (période historique)	sinla - 신라 92
site touristique	gwan'gwangdji - 관광지 92
situation	sanghwang - 상황 94
sœur (grande ~) *(employé par la cadette)*	onni - 언니 26

sœur (grande ~) (employé par un cadet)	nouna - 누나 55
sœur (petite ~)	yodôngsèng - 여동생 5, 46
soi-même	bônin - 본인 83
soju (alcool de riz)	sôdjou - 소주 32
sol (surface)	badag - 바닥 88
solde	séil - 세일 38
son (bruit)	sôli - 소리 75
sortir (avec qqn)	mannada - 만나다 59
sortir (en allant)	nagada - 나가다 53
sortir (en venant)	naôda - 나오다 53
souci	gogdjong - 걱정 60, 62 ; gômin - 고민 67
soucier (se ~ de)	gôminida - 고민이다 67
soucier (se ~)	gogdjong(eul) hada - 걱정(을) 하다 62
soudainement	gabdjagi - 갑자기 51
souhait	heuimang - 희망 68
soupe	goug - 국 31
souvenir (objet)	ginyompʰoum - 기념품 45
souvent	djadjou - 자주 33, 51 ; djakkou - 자꾸 94
spécialement	tʰeugbyolhi - 특별히 33
spécialité	tʰeugbyol - 특별 33
spécialité (études)	djon'gông - 전공 83
spectacle	gông'yon - 공연 66
sport (enseignement)	tchéyoug - 체육 83
sport (faire du ~)	oundônghada - 운동하다 12
star	yonyéin - 연예인 100
station	yog - 역 44
stock	djègô - 재고 94
stress	seutʰeuléseu - 스트레스 74
stressé/e (être ~)	seutʰeuléseu(leul) badda - 스트레스(를) 받다 74
stresser	seutʰeuléseu(leul) djouda - 스트레스(를) 주다 74
studio	wonloum - 원룸 67
succès (avoir du ~)	in'giissda - 인기있다 33
sucre	soltʰang - 설탕 82
sud	nam - 남 92
sueur	ttam - 땀 74
suivre	ttaleuda - 따르다 95
supermarché	syoupʰomakʰés - 슈퍼마켓 10
supermarché (abréviation)	syoupʰo - 슈퍼 10
supporter	tchamda - 참다 95
sûrement	kkôg - 꼭 45
sûrement (de manière certaine)	kkog - 꼭 62
surpris/e (être ~)	nôllada - 놀라다 97
sympa (être ~)	tchaghada - 착하다 19

système	djédô - 제도 67

T

table	tʰéibeul - 테이블 96
table basse	tʰagdja - 탁자 96
table d'anniversaire	sèng'ilsang - 생일상 82
table d'anniversaire (forme soutenue)	sèngsinsang - 생신상 82
tâche (travail, emploi)	obmou - 업무 79
tâche ménagère	djibanil - 집안일 51
taille (hanches)	holi - 허리 61
taille (stature)	kʰi - 키 77
taille (vêtement)	sa'idjeu - 사이즈 93
taire (se ~)	djôyônghi hada - 조용히 하다 58
tante maternelle	imô - 이모 55
tante paternelle	gômô - 고모 55
tard (plus ~)	nadjoung - 나중 62
tardivement	neudjgé - 늦게 46
taxi	tʰègsi - 택시 45
télécommande	limôkʰon - 리모컨 96
téléphone portable	hèndeupʰôn - 핸드폰 26
téléphoner	djonhwa(leul) hada - 전화(를) 하다 41, 50 ; djonhwa(leul) golda - 전화(를) 걸다 50
télévision	tʰéllébidjon - 텔레비전 69
température	giôn - 기온 76
temps	sigan - 시간 81
temps (durée)	sigan - 시간 31
temps (heure)	sigan - 시간 24
temps (météo)	nalssi - 날씨 37, 43
temps en temps (de ~)	gakkeum - 가끔 51
tendre (se ~)	gindjanghada - 긴장하다 95
tenir (dans la main)	deulda - 들다 56
tennis	tʰéniseu - 테니스 66
tension	gindjang - 긴장 95
tenue de randonneur	deungsanbôg - 등산복 92
terminer	matchida - 마치다 52
terminer (se ~)	kkeutʰnada - 끝나다 94
terrain vague	gôngtʰo - 공터 80
tête	moli - 머리 61
têtu/e (être ~)	gôdjibi séda - 고집이 세다 80
texte	geul - 글 65
thé	tcha - 차 31
ticket	pʰyô - 표 45
toilette (faire sa ~)	sésou(leul) hada - 세수(를) 하다 73
toilettes	hwadjangsil - 화장실 95
toit	djiboung - 지붕 86

tu (entre conjoints)	dangsin - 당신 97
tuile	giwa - 기와지붕 86
tutoiement	banmal - 반말 78
tutoyer (se)	mal(eul) nôhda - 말(을) 놓다 78

U

un/e *(article indéfini)*	mouseun - 무슨 97
uniforme scolaire	gyôbôg - 교복 83
université	dèhaggyô - 대학교 48, 67
utilisation	sayông - 사용 67
utiliser	sseuda - 쓰다 52 ; sayônghada - 사용하다 67
utiliser (outil)	iyônghada - 이용하다 54

V

vacances	bakʰangseu - 바캉스, pʰiso - 피서 62
vache/bœuf	sô - 소 72
vase	kkôtchbyong - 꽃병 96
vélo	djadjon'go - 자전거 43
vendeur/-euse	djomwon - 점원 38, 53
vendre	pʰalda - 팔다 89
vendre (se ~)	pʰallida - 팔리다 89
vendredi	geumyôil - 금요일 18
venir	ôda - 오다 26, 44
venir pour	eulo/lo ôda - 으러/러 오다 39
vent	balam - 바람 76
ventre	bè - 배 57
ventre plein (avoir le ~)	bèbouleuda - 배부르다 57
ventre vide (avoir le ~)	bègôpʰeuda - 배고프다 57
véritablement	tcham - 참 36
vérité	sasil - 사실 40
verre (matériau)	youli - 유리 96
verre (prendre un ~)	handjanhada - 한잔하다 32
verser	bousda - 붓다 82
verser (huile, crème, sauce)	douleuda - 두르다 82
vert	tchôlôg - 초록 76
vêtement	ôs - 옷 11, 29, 38
viande de bœuf	sôgôgi - 소고기 82
vie	sènghwal - 생활 9
vieux/vieille (être ~) (usé/e)	nalgda - 낡다 96
vilain/e (être ~)	mibda - 밉다 80
village	ma'eul - 마을 15
ville	dôsi - 도시 92
ville natale	gôhyang - 고향 55
violet	bôla - 보라 76
virer (de l'argent)	bônèda - 보내다 54

visage	olgoul - 얼굴 61
visiter	bôda - 보다, gwan'gwanghada - 관광하다 92
vite	oso - 어서 26 ; ppalli - 빨리 99
vite vite	ppallippalli - 빨리빨리 24
vivre (v.)	salda - 살다 48, 90 ; djinèda - 지내다 67
vocabulaire	dano - 단어 61
voir (se ~)	bôda - 보다 18 ; bôida - 보이다 89
voiture	tcha - 차 16
vol (avion)	hanggông(pʰyon) - 항공(편) 95
voleur	dôdoug - 도둑 97
vouloir (bien ~)	gô sipʰda - 고 싶다 25
vous (et ~) ? (locution)	ssineunyô - 씨는요 3
vous (tout le monde, mesdames et messieurs)	yoloboun - 여러분 58
vouvoiement	djôndèsmal - 존댓말 78
voyage	yohèng - 여행 45
voyons... (hésitation)	geulssé - 글쎄 25
vraiment	djongmal - 정말 11

W

wagon	yoltcha - 열차 47
week-end	djoumal - 주말 43
won (monnaie coréenne)	won - 원 26
working mom (anglais = "maman qui travaille")	wokʰingmam - 워킹맘 81

Y

yeux	noun - 눈 61, 64

Z

zapper	kkamogda - 까먹다 89
zone	gouyog - 구역 85
zone de pêche à la ligne	nakksitʰo - 낚시터 80
zone fumeur	heubyon gouyog - 흡연 구역 85
zone non-fumeur	geumyon gouyog - 금연 구역 85

▶▶▶ Le coréen

chez Assimil, c'est également :

Guide et Kit de conversation coréen
Cahier d'écriture Coréen
Cahier d'exercices Coréen débutants

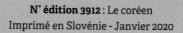

N° édition 3912 : Le coréen
Imprimé en Slovénie - Janvier 2020